普通高等教育“十二五”规划教材

保 险 学

主　编　邹新阳　谢家智

副主编　胡智慧　秦冬梅

参　编　宋　平　董文杰

　　　　龙莎莉

科 学 出 版 社

北 京

内 容 简 介

本书博采国内外保险理论研究与保险教材众家之长，全面反映保险学理论与实务操作最新前沿，内容全面、细致、具体。全书共四篇：保险原理篇主要梳理风险、保险、保险合同、保险基本原则、保险基金与保险投资的基本内容；保险业务篇分别介绍财产保险、人身保险和再保险的主要业务；保险经营管理篇从微观、中观和宏观等层面展示保险市场、保险营销、保险监管和保险公司财务管理等知识；保险操作篇讲解保险实务的操作规程，是本书的特色篇。

本书可作为经济管理类本科生的保险学教材，也可以作为保险专业硕士和专科生的选用教材，同时也是保险工作者和希望了解保险知识的一般读者的一本很好的参考书。

图书在版编目（CIP）数据

保险学/邹新阳，谢家智主编．—北京：科学出版社，2013
普通高等教育“十二五”规划教材
ISBN 978-7-03-037772-2
Ⅰ.①保… Ⅱ.①邹…②谢… Ⅲ.①保险学－高等学校－教材
Ⅳ.①F840
中国版本图书馆 CIP 数据核字（2013）第 124126 号

责任编辑：兰　鹏　张　凯／责任校对：李　莉
责任印制：徐晓晨／封面设计：蓝正设计

科学出版社出版
北京东黄城根北街 16 号
邮政编码：100717
http://www.sciencep.com
北京虎彩文化传播有限公司印刷
科学出版社发行　各地新华书店经销
*
2013 年 6 月第　一　版　开本：787×1092　1/16
2018 年 8 月第五次印刷　印张：21 3/4
字数：516 000

定价：54.00 元

（如有印装质量问题，我社负责调换）

前　言

随着经济、社会的快速发展，越来越多的不确定因素开始进入人们的生产和生活之中，不断打破原有的固定模式，形成诸多新型风险，这就需要保险同步跟进。保险作为我国的朝阳产业，发展迅猛，但与发达国家相比，还存在差距，特别是大量外资保险公司的进入，使得抬升保险产业整体水平，优化内部行业结构显得尤其紧迫。产业要发展，首先需要产业人员的发展，每一年都有大量人员进入保险行业，这就使得提高保险从业人员及后备人员的专业素养成为当务之急。保险学属于操作性很强的一门学科，我们培养的专业人才应该能够与社会需要相对接，但经常的情形是，学生只懂得保险理论，对实际业务操作非常陌生。虽然也开设保险实务课程，但市面上没有适合本科生选用的教材，不利于学生的深入理解和课后复习。为此，本书特别安排了保险操作篇，具体介绍财产保险和人身保险的业务操作流程，以供教师选用。

本书共分四篇，十五章，包括保险原理篇、保险业务篇、保险经营管理篇和保险操作篇，由西南大学经济管理学院副教授邹新阳博士、博士生导师谢家智教授主编，重庆交通大学胡智慧博士、重庆工商大学秦冬梅副教授为副主编，参与本书编写的人员还有重庆交通大学的宋平、重庆财政局的董文杰和西南大学的龙莎莉。具体分工如下：谢家智编写了第一章风险、第二章保险概述；宋平编写了第三章保险合同、第六章财产损失保险；董文杰编写了第四章保险的基本原则、第十一章保险营销；秦冬梅编写了第五章保险基金与保险投资、第十三章保险公司财务管理；胡智慧编写了第七章无形财产保险、第八章人身保险、第十五章人身保险业务流程；邹新阳编写了第九章再保险、第十二章保险监管、第十四章财产保险业务流程；龙莎莉编写了第十章保险市场。全书由邹新阳副教授统稿完成。

本书在编写过程中特别注重结合当前保险市场发展，尽量避免知识陈旧，新《保险法》的内容贯彻本书的始终；强调学生理论和实践相结合，每章均有阅读材料，有利于对知识的深入理解。

本书在编写过程中，参阅大量国内外的相关教材、著作和论文，在此一并表示衷心感谢！书中引用、文献标注如有疏漏，敬请谅解。由于编者的时间和水平有限，难免存在不足，恳请同行专家及读者提出宝贵意见，以便再版时修改，使本书日臻完善。最后，衷心感谢科学出版社的编辑兰鹏在本书出版过程中的辛勤工作！

编者
2013 年 3 月

目 录

第二篇 保险业务

第三篇 保险经营管理

第四篇 保险操作

第一篇

保险原理

第一章

风　　险

风险无时不在、无处不有，我们就生活在风险之中，因此需要防范和规避风险，于是产生了风险管理的思想、方法、手段。保险是风险管理手段之一，实现了风险管理的专业化、行业化和精算化；同时，保险人也运用风险管理方法防范风险、防灾防损。因此在学习保险之前，需要先来认识风险和掌握风险管理的基本框架。

第一节　风险概述

一、风险的概念

（一）风险学说

迄今为止，保险界没有统一的风险(risk)定义，但均把可能出现积极结果类的风险，如投资风险排除在外，即保险学中研究的风险是可保风险，是纯粹风险，是没有获利可能的风险。从国外主要研究成果及教材的表述来看，主要的风险学说包括两大类，即主观风险说和客观风险说。主观风险说认为风险是损失的可能性及不确定性，损失可能性更多地为定性分析，而损失不确定性则更加强调概率判断。当损失发生的概率在0～0.5的区间向右移动，表明风险不发生的确定性减少；当概率在0.5～1的区间向右移动，则表明风险发生的确定性增大。当概率等于0或者1时，不确定性转化为确定性，表明风险一定发生和不发生。持有该类观点的学者中较具代表性的包括：罗伯特·麦尔(Robert I. Mehr)在《保险概论》中将风险定义为损失的不确定性；C. A. 克布(C. A. Kulp)和约翰·W. 霍尔(John W. Hall)在《意外事故保险》中指出风险是在一定条件下财务损失的不确定性；杰里·罗森勃鲁姆(Jerry S. Rosenbloom)在《风险管理案例研究》中将风险定义为一种不确定的损失。

风险客观说与风险主观说并非截然不同，仅是判断的角度有所不同，客观说更加强调风险的客观实在性，认为风险是可以用客观尺度度量的，风险是可测度概率的大小。具体地，其又可细分成两类判断：其一认为风险的客观存在来源于多因素的结合，即风险的多因素结合说，风险是多种风险因素的结合体；其二认为风险是预期结果与实际结果的变动，即结果变动说，无变动，风险为零，有变动，风险存在。可能变动的结果越多、变动越大，风险也就越大。持该观点的学者，如亚瑟·威廉姆斯(C. Arthur Williams)和理查德·汉斯(J. R. Rchard M. Heins)，在其合著的《风险管理与保险》中将风险界定为在给定的条件下，一段特殊时间内所发生的可变动的结果；欧文·普费尔(Irving Pfeffer)在《保险与经济理论》中提出：风险是由客观概率度量的现象。

（二）风险的一般定义

虽然不同的学派和学者对于风险有不同的界定和表述，但在风险的基本含义是损失不确定性上达成共识。通常的，我们认为风险是指某种随机事件发生后给人们利益造成损失的不确定性。这种不确定性又分为客观的不确定性和主观的不确定性。前者是实际结果与预期结果的离差，可以使用统计学工具加以度量；后者是风险遭受者对客观风险的评价，同个人的知识、经验、精神和心理状态有关，不同的人面临相同的客观风险时会有不同的主观不确定性。因此，在理解风险的含义时需要强调风险是一个与损失相关联的概念，存在风险就意味着存在损失的可能性。“风险”与“不确定性”既有联系，又有区别：风险是不以人们是否觉察为判断标准的客观存在，而不确定性是由个人的心理状态产生的，只有当人们对某种事件加以注意时才有意识。那么怎样定义风险才更合适呢？我们认为风险是偶然事件发生引起的损失的不确定性，其包含两层含义：第一，风险是偶发性事件，即可能发生也可能不发生的事件；第二，风险事件发生的结果不确定，风险发生的具体时间、空间、损失的范围、规模及程度，在风险发生之前，主观上不能准确预期和料定。风险尽管是一种不确定性，但保险学所研究的风险是可测定的，即可保风险，市场风险、投机风险不在研究范畴之内。

（三）与风险相关的概念

1. 概率与大数法则

风险是损失发生的不确定性，即损失是随机发生的，要认识风险，就需要研究随机现象，研究随机事件的重要工具是概率(probability)和大数法则(laws of large number)，这两大数学工具成为风险管理和保险的理论依据。概率是不确定事件的确定性程度，概率是衡量随机事件出现可能性大小的尺度，必然发生事件的概率定为1，不可能发生事件的概率则为0，随机事件的概率介于0与1之间。概率在风险管理和保险研究中意义重大，保险费的计算主要依据概率。例如，人寿保险纯费率的制定依据死亡率；失业保险纯费率的制定依据失业率；等等。

将概率论运用于风险研究必须考量足够多的风险事件，才能够获取相对科学的平均出险率指标，这就涉及大数法则。大数法则是随机事件的大量出现，往往呈现几乎一致的规律，也就是一致规律性使其成为保险的数理基础。随机事件单次发生的结果是不确定的，即风险可能发生，也可能不发生，只有通过大量反复的重复，才具有稳定性。风险管理和保险要寻找的规律性，必须通过大数法则获得。常用的大数法则主要包括贝努里(Bernulli)法则、泊松(Poisson)法则、辛钦(Khinchine)法则、切比雪夫(Chebyshev)法则和泊莱尔(Borel)法则，在保险实践中，切比雪夫法则应用最为广泛。保险人通过大量的观察、观测和统计，依据大数法则，获得准确的损失概率，即承保的风险单位越多，损失概率的偏差越小，确定的损失率越准确，费率也就越科学。

2. 损失频率与损失程度

依据概率论和大数法则可以获得风险发生的频次以及单次事件发生后损失的大小，这就涉及损失频率与损失程度两个概念。一般而言，损失频率是一定时间内一定数目的危险单位中可能受到损失的次数，可以用分数或百分率来表示：

$$损失频率=损失次数/危险单位数 \tag{1-1}$$

损失程度是一次事故造成标的物损失的额度与其完好价值的比率，可以表示为

$$损失程度=实际损失额/完好价值 \tag{1-2}$$

损失频率与损失程度间存在一定的关系，有低频高程度、高频低程度，也有低频低程度，但在多种风险事件中主要呈现负相关关系，即高频风险事件，损失程度低，低频风险事件损失程度高。交通风险中的航空风险是该规律的典型案例，飞机几乎属于最安全的交通工具，但一旦有航空事故发生，常常出现全损的最坏结果。对两者关系的直观表达可以通过描述工业生产意外事故的汉立区三角(Heinrich Triangle)来展示(图 1-1)。汉立区三角表达的是在工业生产事故中，每发生一次大的伤害事故，常伴随有30 次小的伤害事故和 300 次无伤害事故。

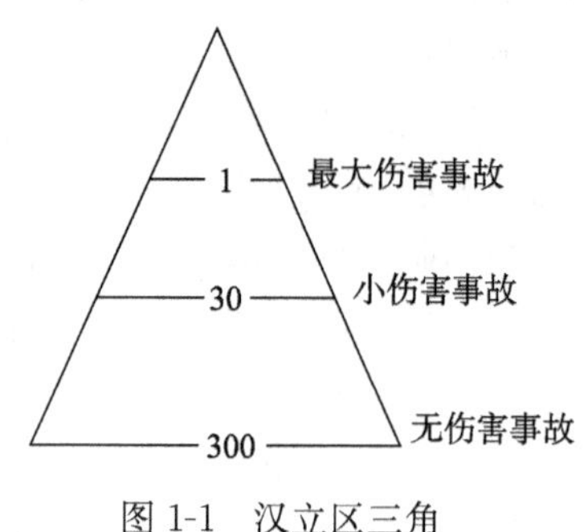

图 1-1 汉立区三角

二、风险的特征

(1)客观性。风险独立于人的主观意识而客观存在，不以人的意志为转移，无论是自然界还是社会经济领域中的风险均具有这一特征，这是由事物内在因素、客观规律所决定的。无论是地震、洪水、台风等自然灾害，还是瘟疫、战争、社会冲突、意外事故、失业等社会风险均是如此。人们只能在有限的时空内改变风险存在和发生的条件，使得风险转化出现或者保持一定的状态，必要时做出应对风险损失的准备，但无法改变风险的客观存在，不能消除风险。

(2)普遍性。风险无时不在，无处不有，在人类的日常生活中，吉凶祸福变幻莫测，生老病死以及财产的毁损灭失等风险事件，随时随地可能发生，风险渗透到社会生活的方方面面。现代科技不仅没有消灭风险，反而使部分风险的危害性呈上升趋势。而正是由于风险对人类社会生产和人们生活构成普遍的威胁，保险的存在才具有必然性。

(3)不确定性。风险事故的发生在大数上是必然的，但对于特定的个体而言，遭遇风险则是偶然的和不确定的，是由风险事故的随机性决定的。首先，风险事故发生空间不确定。例如，就全社会而言，火灾未能消除，所有的建筑物都面临火灾的风险，并且也必然有些建筑物发生火灾，但是具体到某一栋建筑物，是否发生火灾则是不确定的。其次，风险事故发生时间不确定。例如，人总是要死的，但是何时死亡，在健康状况正常的情况下是不可预知的。最后，风险事故发生后损失程度不确定。例如，台风区、洪涝区的人们往往知道每年或大或小要遭受台风或洪水的袭击，但是人们却无法预知未来年份发生的台风或洪水是否会造成财产损失或人身伤亡及其程度如何。

(4)可测定性。风险的不确定性说明风险属于随机现象，是不可预知的，但那是就个别单位而言的。就风险总体来说，根据数理统计原理，随机现象一定要服从于某种概率分

布，就是说对一定时期内特定风险发生的频率和程度是可以依据大数法则和概率论原理加以正确测定的。而且，随着人们知识水平的提高、数据挖掘能力的增强及风险处理技术的进步，人们对风险测定的准确度会越来越高。

(5)可变性。风险不是一成不变的，由于自然的、社会的、经济的、政治的因素等发生变化，风险的频率和程度均会发生变化。常见的导因主要有以下三个：其一，科技进步。随着科技水平的提高，人们认识风险、抵御风险的能力增强，同时科技进步还会导致新风险的产生。其二，经济体制与结构的转变。经济结构的转变会增加某些人的失业风险，经济的繁荣或萧条也会使得风险的性质发生变化。其三，政治与社会结构的改变。政治制度、法律、政策的改变以及民情风俗的变化都会使风险改变。风险具体的变化包括风险消灭、性质转化、量的转变和新风险的产生。

三、风险的基本要素

(一)风险因素

风险因素(hazard)是指引起或增加风险事故发生的机会或扩大损失幅度的原因和条件。风险因素是风险事故发生的潜在原因，是造成损失的间接原因。风险因素是就产生或增加损失频率与损失程度的情况而言的。例如，人的健康状况、年龄、业务活动范围和业余生活特点可能引起人的死亡伤残事故，是风险因素；雇员的业务素质高低可能影响经济单位某项工作的成败，是风险因素；建筑物的建筑材料与建筑结构可能引起火灾，是风险因素。按照其性质不同，风险因素通常分为以下三类：

(1)实质性风险因素(physical hazard)。实质性风险因素是有形的并能直接影响事物物理功能的因素，即某一标的本身所具有的足以引起或增加损失的机会和损失幅度的客观原因和条件。例如，汽车刹车系统失灵对于交通事故、环境污染对于人类健康危害、气压过高对于锅炉爆炸、建筑物的材料和结构对于建筑物火灾等，都是实质性风险因素。对于实质性风险因素，人们有时在一定条件和程度下可以对其加以控制，有时却无能为力。

(2)道德风险因素(moral hazard)。道德风险因素是与人的品德修养有关的无形因素，即由于个人的不诚实、不正直或不轨企图促使风险事故的发生，以致引起社会财富损毁或人身伤亡的原因或条件。例如，偷工减料引起产品事故，故意纵火引起火灾，贪污受贿侵吞国家及他人财产，抢劫、盗窃、欺诈等导致发生风险和损失等，均构成道德风险因素。

(3)心理风险因素(morale hazard)。心理风险因素又称风纪风险，是与人的心理状态有关的无形因素，与人们的不注意、不关心、侥幸或者存在的依赖心理有关，以至于增加风险事故发生的机会和加大损失的严重程度。心理风险因素与道德风险因素不同，不是人的故意行为，而是在特定条件下人们的一种心理状态或依赖状态。例如，乱扔烟头导致火灾发生、忘记锁门导致财物被盗、设计缺陷导致工程受损、忽视驾驶安全导致车祸等，均属于心理风险因素。

实质性风险因素与人无关，故也称物质风险因素；道德风险因素和心理风险因素与人的行为密切相关，前者侧重于人的恶意行为，是“故意”，后者侧重于人的疏忽行为，是“过失”，后两类风险因素合称为人为风险因素。

（二）风险事故

风险事故(peril)又称风险事件，是造成生命财产损失的偶发事件，是损失的媒介和直接原因，风险有可能变为现实以至引起损失的结果，必须通过风险事故的发生。例如，下雨后路面湿滑造成车祸，这里下雨是风险因素，车祸是风险事故。同样的，与车祸同为风险事故的还有火灾、疾病、地震等。

（三）损失

损失(loss)是指非故意的、非计划的和非预期的经济价值的减少。损失有两个基本要素：一是经济价值的减少；二是非故意、非计划和非预期。两者缺一不可。经济价值的减少强调的是损失能以货币计量，即使对于人身伤亡，也是从由此引起的给其本人及家庭带来的经济困难或者其对社会创造经济价值的能力减小出发来考虑的。例如，厂房遭雷电引起火灾造成的财产损毁和灭失，地震发生造成的房屋倒塌与物质损毁等均是风险理论意义下的损失。非故意、非计划和非预期强调的是损失发生的偶然性和不可设计性，如固定资产折旧、恶意行为、记忆力衰退等均不是风险理论意义下的损失。而偶然的车祸导致受害人丧失双腿，虽然受害者的双腿不能用经济价值衡量，但是其医治费用和残废导致的收入减少可以用金钱衡量，故符合损失的定义。

损失通常分为直接损失和间接损失两种形态，前者一般是指风险事故直接造成的有形或实质损失，一般包括财产损毁或灭失与人身伤害；后者一般是指伴随风险事故发生而引起的无形损失，通常包括收入损失、额外费用损失和责任损失。具体地，损失可以细分为实质损失、费用损失、收入损失、责任损失、精神损失和信誉损失等。

（四）风险因素、风险事故、损失之间的关系

保险理论中更多地采用哈顿(Willian Haddon Jr)的能量释放理论解释风险因素、风险事故和损失的关系，强调三者间存在因果关系，理论依据在于事物承受的能量已经超过可容纳的能量，导致出现问题。三者间关系的具体表述为风险因素引起风险事故，风险事故导致损失(图 1-2)。例如，汽车刹车系统失灵导致车毁人亡，则刹车系统失灵是风险因素，车祸是风险事故，车毁人亡是损失。值得关注的是，同一事件在一定条件下是造成损失的直接原因构成风险事故，而在其他条件下，则可能是造成损失的间接原因构成风险因素。例如，冰雹导致路面溜滑，发生车祸致人死亡，冰雹为风险因素，而冰雹直接击伤行人，则冰雹便成为风险事故了。总之，风险因素的客观存在决定风险事故发生的可能性和损失的不确定性，风险因素的综合作用决定风险事故发生的频率及损失程度，风险事故是造成损失的直接原因，是损失的媒介，风险的危害强度通过损失来度量。

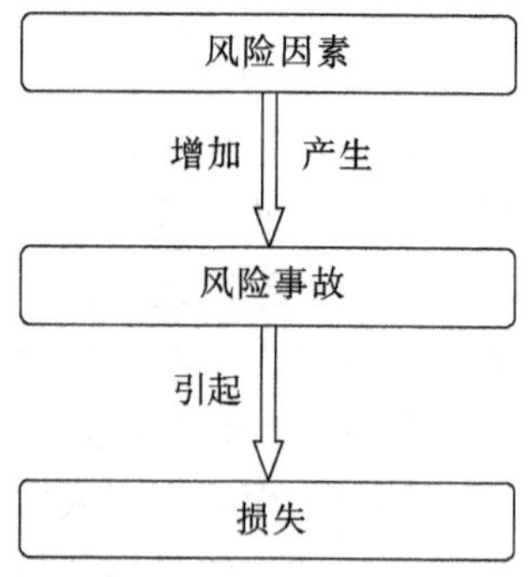

图 1-2 风险因素、风险事故与损失的关系

四、风险的类别

（一）按风险性质划分

(1)纯粹风险(pure risk)。纯粹风险是指那些只有损失可能而无获利机会的风险，为美国学者毛伯莱所创立。当纯粹风险发生时，当事人只有遭受损失与否的结果，如火灾、沉船或车祸等发生最好的结果是未造成实质性伤害，肯定伴随的是一定程度的财产损失和人身伤亡，绝对不会获得任何其他利益。纯粹风险能够预测，是风险管理的主要对象。

(2)投机风险(speculative risk)。投机风险是指既可能有损失也可能有获利机会的风险。例如，人们进行股票投资之后，就面临着股票市值波动的风险：如果股票价格上涨，投资者可以因此获利，如果股票价格下跌，投资者则要遭受损失。纯粹风险和投机风险相比，前者只有净损失的可能性，人们必然避而远之。而后者却有获利的可能，甚至获利颇丰，人们必为求其利甘冒风险而为之。纯粹风险的后果有两种可能，一是损失，二是无损失；而投机风险则有三种可能，一是损失，二是无损失，三是盈利，故保险人对于投机风险不予承保。

（二）按产生风险的环境划分

(1)静态风险(static risk)。静态风险是在社会、经济、政治、技术以及组织等方面正常的情况下，由于自然力变动或人的行为失常所引起的风险。前者如地震、海难、雹灾，后者如人的死亡、残疾、盗窃、欺诈等。静态风险适用于大数法则，能较好地测算和预测风险发生的规律。

(2)动态风险(dynamic risk)。动态风险是指由于社会、经济、政治、技术以及组织等方面发生变动所致的损失或损害的风险，资本扩大、技术改进、人口增长、利率变动或环境变化等都可以引发此类风险，如政府经济政策的改变、市场结构调整、消费者爱好转移等。动态风险是由于人类社会活动而产生的，涉及面较大，较难测算，与经济及社会变动密切相关。

(3)两类风险的区别。静态风险与动态风险的主要区别体现在以下三个方面：①损失与否不同。静态风险对于个体和社会来说，都是纯粹损失；而动态风险对于一部分个体可能有损失，但对于另一部分个体则可能获利，从社会总体上看也不一定有损失，甚至有收益，如消费者爱好的转移引起旧产品失去销路，增加对新产品的需求。静态风险一般均为纯粹风险；而动态风险则包含纯粹风险和投机风险。②影响范围不同。静态风险通常只影响到少数个体；而动态风险的影响则比较广泛，往往会带来连锁反应，常常表现为系统性风险。③发生特点不同。静态风险在一定条件下具有一定的规律性，服从概率分布，能较好地适用大数法则；而动态风险则不具备这一特点，运动极不规则，难以进行综合预测，无规律可循。

（三）按风险的对象划分

(1)财产风险(property risk)。财产风险是可能导致财产发生毁损、灭失和贬值的风险。例如，家庭因为盗窃发生的损失；建筑物遭受地震、洪灾、火灾的风险；飞机在飞行中坠毁的风险；船舶在航行中遭到沉没、倾覆、搁浅的风险；汽车在行驶中发生碰撞的风险；经济、政治等因素发生变化导致财产贬值的风险；等等。

(2)人身风险(person risk)。人身风险是指导致人的死亡、残废、疾病、衰老及劳动力丧失或降低等的风险。人会因为生老病死等生理规律和自然、政治、军事或社会等原因而早逝、伤残、工作能力丧失或年老无依靠等。人身风险通常又可分为生命风险、意外伤害风险和健康风险三类。

(3)责任风险(liability risk)。责任风险是指因侵权或违约依法对他人遭受的人身伤亡或财产损失应负赔偿责任的风险。例如，汽车撞伤了行人，如果属于驾驶人的过失，就属于责任风险，需要向受害人或其家属给付赔偿金。类似地，医疗事故造成病人病情加重，生产销售有缺陷的产品给消费者造成伤害都属于此类风险。与财产风险和人身风险相比，责任风险是一种更为复杂而又比较难以控制的风险，尤以专业技术人员，如医生、律师、会计师和工程师等职业的责任风险为甚。

(4)信用风险(credit risk)。信用风险是指经济交往中，权利人与义务人之间，由于一方违约或违法而给对方造成经济损失的风险。常见的信用风险有两类：一类是债务人不能或不愿意履行债务而给债权人造成损失的风险；另一类是交易一方不履行义务而给另一方造成经济损失的风险。

（四）按风险的形成原因划分

(1)自然风险(nature risk)。自然风险是指自然或物理现象所导致的风险，地震、火灾、洪灾、冻灾、雹灾、旱灾、虫灾以及各种瘟疫等自然现象经常、大量发生导致人们经济生活、物质生产及生命损害，构成自然风险事故。自然风险具有如下特征：①自然风险形成的不可控性。自然灾害的发生是受自然规律作用的结果，人类对自然灾害具有基本的认识，但对于大多数灾害的控制往往束手无策。②自然风险形成的周期性。虽然自然灾害的形成不可控，但其具有周期性，人类能够对灾害予以预防。③自然风险事故引起后果的共沾性。自然风险事故发生后，涉及的对象往往非常广泛，甚至殃及全人类，自然风险事故引起的后果的共沾性越大，经济损失就越惨重。

(2)社会风险(society risk)。社会风险是指由于个人行为的不正常或团体行为的不可预料性导致损失的风险。例如，个人行为的抢劫、偷窃、谋杀、玩忽职守，团体行为的暴乱、罢工和战争等均属于社会风险。由于社会风险的规律性较之自然风险难于把握，因此其保险操作的难度较大。

(3)经济风险(economy risk)。经济风险是指在生产和销售活动中，由于受各种市场供求关系、经济贸易条件等因素变化以及经营者的决策失误，导致产量减少、商品价格下跌遭受损失甚至破产的风险。现代经济虚拟化程度越来越高，与传统工农业生产相比较，经济风险发生的频率和程度均大幅增加。

(4)政治风险(politics risk)。政治风险是由于政治原因招致的风险，包括种族冲突、地方叛乱、宗教迫害以及战争等。具体地，在保险实务中，常指在对外投资和贸易往来中，因上述政治原因或者订约双方所不能控制的原因，使债权人或者投资人可能遭受损失的风险，又称国家风险。例如，因输入国发生战争、革命、内乱而中止货物进口；因输入国实施进口或外汇管制，对输入货物加以限制或禁止；因本国变更外贸法令，使输出货物无法送达目的国，造成合同无法履行而形成的损失等。社会风险与政治风险有时难于区分，一个社会问题长期得不到解决可能演化为社会风险，进一步积累就可能生成政治风险。

此外，风险按照是否可以保险分为可保风险和不可保风险；按照承担风险的主体不同分为个人风险、家庭风险、企业风险和国家风险；按照风险是否可管理分为可管理风险和不可管理风险；按照风险程度不同分为微观风险和宏观风险；按照影响程度不同划分为基本风险和特定风险；按照风险是否可以客观量化分为客观风险和主观风险。

第二节　风险成本与偏好

风险充斥于世界的各个角落，我们每一天的活动都处于风险之中，可以试想一下，一个没有风险的世界一定是沉寂的和毫无生机的，但我们是否真的希望每时每刻都有风险降临？显然不是，因为风险会打破我们安定的生活，遭受风险总是一件令人痛苦的事情，虽然偶尔也给我们带来意想不到的快乐。这就使得人们需要通过各式各样的方法规避风险，产生风险管理过程中的代价，即风险成本。同时，不同个人和组织对风险的接纳程度又是不同的，存在差异的风险偏好，因此，风险管理就是在一定风险偏好下的风险成本控制。

一、风险成本

（一）风险成本的含义

风险成本(risk cost)是指由于风险的客观存在和风险事故发生导致损失后，人们必须支付的费用和预期经济利益的减少，也称风险代价。风险成本是风险管理中必须考量的指标，是风险发生以及预防风险支付的货币量，该额度越小越好，风险成本按照管理的不同需要可以划分为不同的类别。

（二）风险成本的分类

1. 预防成本与补救成本

风险成本按照支付目的的不同，分为预防成本(preventive cost)和补救成本(remedial cost)，预防成本在风险发生前支付，补救成本在风险发生后支付。为了预防和控制风险损失，采取的各种措施支付的货币量构成预防成本，例如，为了减少盗窃、抢劫的风险发生，对安全保卫工作支付的费用，例如，安保设施、设备，安保人员的薪金、津贴，安保训练费用等；又如，为了避免雷击，购置预防和减震的设备及其维护保养费用等；再如，为了有一个健康的身体而支付的健身学费、器材费用和占用时间的机会成本等。

补救成本相对于预防成本而言是消极的，但实际生活中，无法预计的风险太多，不可能做到事事防患于未然，风险成本更多地表现为补救成本。补救成本又可以细分为直接成本和间接成本两个部分：直接成本是指风险造成的财产及人身的直接损失成本，如家庭财产毁损的实际价值、人体伤害的医疗费用等；间接成本是指风险损失发生后导致的财产或人身以外的损失成本，如交通事故发生后，营运车辆的收入损失成本和责任赔偿费用。

2. 经济成本、社会成本和精神成本

经济成本(economic cost)是指能够以货币计量的成本，包括为防止、控制风险事故发生支付的货币量和风险事故发生后所致的人员伤亡和物质财产毁损导致货币量支出的增加额。例如，地震发生前，为防控其风险，设置专门管理部门、科研机构和人员对其进行分析、判断和研究的费用支出；地震发生后房屋倒塌、人员伤亡、正常的生产生活无法进行造成的成本支付。

社会成本(social cost)是指社会为风险造成伤害后所付出的代价，社会成本具体表现为资源配置的浪费、社会福利的减少和生产效率的降低，又常细分为资源配置成本(resources allotment cost)和效率成本(efficiency cost)两个部分。资源配置成本是指客观存在的风险以及风险发生所致的可能后果导致生产资源流向相对安全的区域，甚至出现社会投资短期化倾向。例如，即使在一个地震频发、火山频发的地带非常需要设置某类生产企业，但投资者通常不会选择，即使选择投产，也不会制订长期计划。另外，因风险的存在，使劳动力、资本、科技等资源配置过程中也出现结构性问题，如资源过多地流入低风险的部门和行业，而高风险部门和行业则得不到应有的资源支持。效率成本指的是因风险的存在使社会资源利用效率降低，必须预留大量资金作为损失准备金，无法参与到社会再生产环节中。

精神成本(moral cost)是因风险的客观存在导致人们精神忧虑而造成的损失。风险，特别是损失，长期对人们的心理形成暗示，造成压力、甚至恐惧，影响正常工作效率和出现工作失误，造成不必要的损失。

二、风险偏好

(一)风险偏好的含义

风险偏好(risk appetite)是行为人对风险的基本态度和反应，是建立在风险容忍度基础之上的。行为人对风险的不同反应，即不同的风险偏好直接影响其风险管理决策。面对相同的风险，不同决策者因为各自偏好的不同选择不同的风险对策，分为低度冒险者、中度冒险者和高度冒险者。影响风险偏好的因素很多，如年龄、性别、性格、知识、文化、宗教信仰、财富总量、信息占有和潜在损失程度等。

(二)风险偏好的类型

(1)风险规避者(risk averter)。风险规避者也称低度冒险者，主要特征为厌恶风险，以投资为例，风险规避者更倾向于收益较低，但没有风险或者风险较低的存款或者债券。以就业选择为例，风险规避者更倾向于收入稳定，而不是收入高。

(2)风险追逐者(risk lover)。风险追逐者与风险规避者刚好相反，天生喜欢冒险，主动追逐风险，以期获得更高的收益回报，属于高度冒险者。同样以投资为例，当预期收益判断差异不大的情况下，风险追逐者选择潜在风险可能较大的一个，目的在于获得更大的效用。

(3)风险中立者(risk neutral)。风险中立者对风险的判断中性，从冒险的角度来看，属于中度冒险者，该偏好既不规避风险，也不主动追逐，能够接受面临的风险。

(三)风险偏好的判断

风险偏好不是一成不变的，同一个人在不同时期可能出现不同的风险偏好，不同的人也可能具有相同偏好，那么如何具体判断行为人的风险偏好呢？我们使用效用论手段揭示不同偏好的表现。这里假定某行为人的期望结果为 $E[W]$，行为结果有两个，高收益(有

收益)为 W_1，低收益(无收益或亏损)为 W_2，W_1 的发生概率为 P，则有

$$E[W]=PW_1+(1-P)W_2 \tag{1-3}$$

由于不同风险偏好的行为者对行为效用的表现是不一样的，所以可以通过效用判断行为者的类型。如果行为者的效用期望值等于行为期望效用，则该行为者为风险中立者，原因在于他仅对期望值感兴趣，而对于风险是不在意的，即

$$U(E[W])=U(PW_1+(1-P)W_2)=PU(W_1)+(1-P)U(W_2) \tag{1-4}$$

如果行为人期望值的效用大于行为的期望效用，表明其倾向于确定结果，而不是具有相同期望值的不确定结果，$\mathrm{d}^2U/\mathrm{d}W^2<0$，效用函数严格凹性，则其为风险规避者，相反则为风险追逐者。规避者和追逐者的效用关系式表示如式(1-5)和式(1-6)所示：

$$U(E[W])=U(PW_1+(1-P)W_2)>PU(W_1)+(1-P)U(W_2) \tag{1-5}$$

$$U(E[W])=U(PW_1+(1-P)W_2)<PU(W_1)+(1-P)U(W_2) \tag{1-6}$$

也可以更直观地从图形上判断风险偏好(图 1-3)，用横轴代表行为 W，纵轴代表行为效用 $U(W)$，则有直线 A 代表风险中立，曲线 B 代表风险规避，而曲线 C 代表风险追逐。

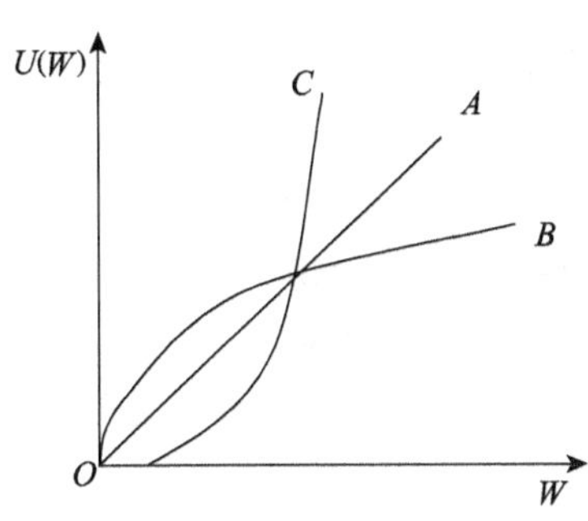

图 1-3　不同风险偏好的效用曲线

(四)风险偏好的度量

同属于一个类型的风险偏好，其程度是不同的，效用函数二阶导数的符号仅能表明风险偏好，无法判断数值的大小。要想具体判断不同风险偏好者的具体状况，可以选择阿罗-普拉特绝对风险厌恶度(absolute risk aversion，ARA)度量：

$$\mathrm{ARA}=-\frac{U''(W)}{U'(W)}=-\frac{\mathrm{d}\ln U'(W)}{\mathrm{d}W} \tag{1-7}$$

ARA>0，表明为风险规避者；ARA<0，表明为风险追逐者；ARA=0，表明为风险中立者。ARA 绝对值的大小，直接表明不同风险偏好的程度。除了可以采用阿罗-普拉特绝对风险厌恶度 ARA 度量外，还可以采用阿罗-普拉特相对风险厌恶度(relative risk aversion，RRA)度量。

第三节　风险管理

一、风险管理的含义及其意义

(一)风险管理的含义

风险管理(risk management)是经济单位透过对风险的认识、衡量和分析，以最小的成本取得最大安全保障的管理方法。风险管理是研究风险发生规律和风险控制技术的一门新兴管理学科，起源于 20 世纪 60 年代的美国。由于对风险管理出发点、概念、性质以及运用范畴侧重点强调不同，学者们对风险管理提出了各种不同的观点，随着时代的变化而不断演变和深化。20 世纪 70 年代，风险管理的概念、原理和实践已经传播到加拿大、欧

洲、拉丁美洲的一些国家。英国的大学开设风险管理课程已经有 20 多年历史，日本的一些大学也开设了风险管理和保险的课程。之后，在亚洲地区，我国的台湾和香港的部分学者也先后对风险管理进行理论研究和应用。随着改革开放的不断深入，我国在恢复国内保险业务后也开始重视风险管理的研究。风险管理是人们对各种风险的认识、控制和处理的主体行为。它要求人们研究风险的发生和变化规律，估算风险对社会经济生活可能造成损害的程度，并选择有效的手段，有计划、有目的地处理风险。在理解风险管理的概念时，需要注意以下几个方面：

（1）风险管理的主体。风险管理的主体是经济单位，这些经济单位包括个人、家庭、企事业单位、社会团体和政府部门以及跨国集团和国际联合组织。

（2）风险管理的对象。风险管理的对象是风险，关于风险管理的对象历史上有纯粹风险说和全部风险说两种观点，前者强调风险管理的对象是纯粹风险，后者强调风险管理应以全部风险为管理对象。

（3）风险管理目标。风险管理目标要清晰，是以最小的成本换取最大的安全保障，进而确保经济单位业务活动的稳定、持续和发展，实现经济单位价值的最大化。因此，良好的风险管理能够增加经济单位成功的概率、降低失败的可能。

（4）风险管理决策。风险管理决策要科学，在风险管理过程中，风险识别和风险衡量是基础，而选择合理的风险处理方法并进行科学的决策是关键。因此，风险管理者需要熟悉风险处理的各种方法，结合实际进行比较和选择，以“成本最低、保障最好”为原则，进行风险管理决策。

（二）风险管理的意义

人们对风险进行管理是基于安全保障的需要和降低风险损失成本的愿望，而有效的风险管理，对于经济单位个体乃至整个社会都有十分重要的意义。

（1）风险管理对个人和家庭的意义。通过有效的风险管理，可以预防个人与家庭遭受经济损失的风险，是个人和家庭在意外事件发生之后得以继续保持原有的生活方式和生活水平的保障，一个家庭能否有效地预防家庭成员的死亡或疾病、家庭财产的损坏或丧失、责任诉讼等风险给家庭生活带来的困扰，直接决定家庭成员能否从身心紧张或恐慌中解脱出来。家庭成员承受的身体上和精神上的压力减轻后，才能够有更好的工作和生活状态。

（2）风险管理对企业的意义。风险管理有利于维持企业生产经营的稳定，有效的风险管理可以使企业充分了解自己所面临的风险及其性质和严重程度，及时采取措施避免或减少风险损失，或者当风险损失发生时能够及时获得补偿，从而保证企业生存并迅速恢复正常的生产经营活动；风险管理有利于增加企业的经济效益，一方面可以降低企业费用，直接增加企业的经济效益，另一方面使企业上下获得安全感，增强扩展业务的信心，增加领导层经营管理决策的正确性，降低企业现金流量的波动；风险管理有利于企业树立良好的社会形象，有助于创造一个安全稳定的生产经营环境，激发劳动者的积极性和创造性，为企业更好地履行社会责任创造条件，帮助企业树立良好的社会形象。

（3）风险管理对社会的意义。风险管理对于个人和家庭、企业以及其他任何经济单位都具有提高经济效益的功效，从而必然使整个社会的经济效益得到保证或增加。同时，风险管理可以使社会资源得到有效利用，使风险处理的社会成本降低，增加全社会的经济效益。

二、风险管理的目标

无论从管理的、过程的还是方法的角度，风险管理一般被看做是一门学科，因而应当有其自身的管理目标。风险管理的目标与风险管理的性质相联系，弄清风险管理的目标反过来又可以补充与完善风险管理的性质。风险管理的总目标是以最小的风险管理成本获得最大的安全保障，实现经济单位价值最大化。这里的成本是指经济单位在风险管理过程中，各项经济资源的投入，其中包括人力、物力和财力，乃至放弃一定的收益机会。至于安全保障，就纯粹风险的管理而言，包括风险损失的减少和实际损失能及时、充分并有效地得到补偿。若考虑投机风险的管理，安全保障还要包括投资收益获得的稳定性和可靠性。以最小成本支出获得最大的安全保障，意味着要坚持成本效益比较的原则。具体而言，风险管理的目标又可以分为损失发生前的目标和损失发生后的目标两种。

（一）损失发生前的目标

(1)经济目标。风险管理必须经济合理，才可以保证其总目标的实现，要尽可能减少不必要的费用支出和损失，尽可能使风险管理计划成本降低。但是费用的减少会影响安全保障的程度，因此如何使风险管理费用和保障程度达到均衡是实现该目标的关键。

(2)安全目标。安全目标就是将风险控制在可承受的范围内，风险管理者必须要让人们意识到风险的存在，而不是隐瞒风险。这样有利于人们提高安全意识，主动配合风险管理计划的实施。与此同时，风险管理者应给予人们足够的安全保障，以减轻企业和员工对潜在损失的烦恼和忧虑。

(3)合法性目标。企业并不是独立于社会之外的，而是受到各种各样法律规章的制约。因此，必须对自己的每一项经营行为、每一份合同都加以合法性的审视，以免不慎涉及官司而蒙受财力、人力、时间或名誉的损失。风险管理者必须密切关注与企业相关的各种法律法规，保证企业经营活动的合法性。

(4)社会责任目标。一个企业遭受损失时，受损的绝不只是企业本身，企业的股东、债权人、客户、消费者或劳动者以及一切与之相关的人员和经济组织均遭受损失。当损失非常严重时，会损害国家和社会的利益。如果企业有完善的风险管理计划，通过控制或转移等方式使损失降低到企业可承受的范围，那无疑是对社会的一种贡献。

（二）损失发生后的目标

(1)生存目标。企业发生重大损失后，首要目标是生存。一个企业要继续存在，需要具备四个要素，即生产、市场、资金和管理。如果损失事件对其中的某个要素产生破坏作用，就可能会导致企业无法生存，故企业的风险管理计划应充分考虑损失事件对生存要素的影响程度，将损失后企业的生存放在首要位置。

(2)持续经营目标。持续经营是指不因为损失事件的发生而使企业生产经营活动中断，虽然生产经营活动中断并不一定会导致企业破产，但企业的竞争者却可能利用这段空档时间抢走企业原有的市场份额，影响其市场地位。因此，企业的风险管理者应尽可能在损失后保证生产经营的持续性。

(3)获利能力目标。企业发生损失，管理者很关心的一个问题就是损失事件对企业获利能力的影响。要想使企业获利水平高于预期的最低报酬率，必须把损失控制在一定范围内。

(4)收益稳定目标。收益稳定对企业而言非常重要，能够为企业树立正常发展的良好形象，增强投资者的投资信心，风险管理应有益于保护企业的收益稳定。

(5)发展目标。企业必须不断发展以求获得长期生存，损失发生后，企业必须建立高质量的风险管理计划，及时有效地处理各种损失结果，使企业在损失发生后能迅速地得到补偿，为企业继续发展创造良好的条件。

(6)社会责任目标。企业及时有效地处理风险事故带来的损失，可以减轻对国家经济的影响，保护企业相关人员和经济组织的利益，从而有利于企业承担责任，树立良好的社会形象。

三、风险管理的基本程序

风险管理一般按照风险识别(risk identification)、风险估测(risk evaluation)、风险评价(risk appraise)、风险对策(risk countermeasures)和效果评价(result appraise)的基本流程进行，具体分述如下：

1. 风险识别

风险识别是风险管理的第一步，是经济单位对面临的潜在风险加以判断、归类整理并对风险性质进行鉴定的过程。存在于经济单位自身周围的风险多种多样、错综复杂，无论是潜在的还是实际存在的，是静态的还是动态的，是企业内部的还是外部的，所有这些风险在一定时期和某个特定条件下是否客观存在以及损害发生的可能性等，都是在风险识别阶段应予以回答的问题。识别风险主要包括感知风险和分析风险两个方面的内容。具体识别的技术方法主要有现场调查法、风险列举法、生产流程图法和财务报表分析法，下面以企业风险管理为例具体说明。

(1)现场调查法：现场调查法是风险管理部门和人员通过进入现场，直接分析企业设备、财产以及生产流程发现诸多潜在的风险，并及时地对风险进行处理。

(2)风险列举法：风险管理部门根据本企业的生产环节，列举可能存在的风险，并有针对性地进行分析。风险列举法是按照风险在企业可能存在的先后顺序，进行风险排列的方法。一般从列出企业购买过程可能遇到的风险开始，继而列出生产过程、销售过程可能面临的所有风险因素。

(3)生产流程图法：风险管理部门根据企业的生产流程图(flow chart)，从原材料投入的储备过程，经由生产过程到销售过程，将其间每个环节细化，制成风险流程图，以便发现企业面临的风险，该方法的优点是能够揭示生产流程中的薄弱环节。

(4)财务报表分析法：按照企业资产负债表、损益表等财务信息资料，对企业的固定资产和流动资产的分布进行风险分析，以便从财务的角度发现企业面临的潜在风险。

2. 风险估测

风险估测是在风险识别的基础上，通过对所收集的大量的详细损失资料加以分析，运用概率论和数理统计，估计和预测风险发生的概率和损失程度。风险估测不仅使风险管理建立在科学的基础上，而且使风险分析定量化。损失分布的确定、损失概率和损失期望值的预测，为风险管理者进行风险决策、选择最佳的管理技术提供可靠科学依据。由于风险估测需要大量风险单位，才能够达到精准的效果，故风险估测常常需要借助社会力量，由专门从事风险管理研究的单位或部门做出。

3. 风险评价

风险评价是指在风险识别和风险估测的基础上，把风险发生的概率、损失程度，结合其他因素综合起来考虑，得出系统发生风险的可能性以及危害程度，并与公认的安全指标相比较，确定系统的危害等级，决定是否需要采取控制措施和采取什么措施。风险评价通过定性、定量分析风险的性质以及比较处理风险所支出的费用，来确定风险是否需要处理和处理的程度。

4. 风险对策

风险对策是在识别分析和估测风险的基础上，根据风险性质、风险频率、损失程度及自身的经济承受能力选择适当的风险处理方法的过程。风险对策分为控制型和财务型两大类：前者的目的是降低风险频率和减少损失程度，重点在于改变引起风险事故和扩大损失的各种条件；后者的目的是以提供基金的方式，对潜在的无法掌控的风险提前做出的财务安排。

5. 效果评价

风险管理的效果评价是分析比较已实施的风险管理技术的结果与预期目标的契合程度，以此来评判管理方案的科学性、适应性和收益性。风险管理效益的大小取决于是否能以最小风险成本获得最大的安全保障，在实务中还要考虑与整体管理目标是否一致，以及具体实施的可行性、可操作性和有效性。

四、风险管理方法

（一）控制型方法

(1)避免(avoidance)。避免是通过放弃某项活动以达到回避因从事该项活动可能导致的风险损失。避免将特定风险造成的各种损失完全消除，是最彻底的风险控制技术，但由于避免了行为活动，也就无法获得行为活动的收益，因而也是最消极的风险管理方法。避免风险通常有三种方法：第一，不从事可能产生风险的活动，如考虑到游泳有溺水的危险就不去游泳；为了免除爆炸，工厂不生产爆竹；为免除责任，学校禁止学生郊游等。第二，终止或放弃某项活动，如发现某项工程项目的实施将面临很大的潜在风险，立即放弃该方案，停止项目实施。第三，改变生产经营活动，具体包括改变生产经营活动的性质、改变工作方法、工作地点和工艺流程等，如化工厂以惰性溶剂代替易燃易爆的溶剂，改有毒电镀为无毒电镀等。

避免风险具有简单易行、全面、彻底的优点，能够完全规避风险，保证经济运行的安全。但避免风险又有很大的局限性，因为某些风险是无法避免的，如地震、洪水等自然灾害和疾病、死亡等，且风险伴随着收益，避免风险意味着放弃收益。有时，当避免了某种风险，可能会产生另一种风险。例如，不坐飞机改乘火车，避免了飞机坠毁，却可能碰上火车脱轨；因传统材料面临被淘汰的风险而使用新材料，但新材料同样要面临可能失败的风险。因此，避免主要适用于损失程度很高或风险管理措施的成本超过预期收益的风险，在企业风险管理实践中，使用避免的情况并不多。

(2)控制(control)。控制是指通过降低损失频率或者减少损失程度来控制风险的风险处理方法，控制方法体现在损失发生前后的全过程中。在损失发生前尽量降低损失频率的行为被称为损失预防，即防损；在损失发生后努力减轻损失程度被称为损失减少，即减损。例如，对汽车司机加强安全教育和驾驶技能培训，可以有效地减少车祸发生的频率，是防损控制；而快速的紧急救援服务和在车上安装安全气囊，则是减损控制。

(3)隔离(isolation)。隔离是指把风险单位进行分割或复制，尽量减少经济单位对某种特殊资产、设备或个人的依赖性，以此来减少因个别设备或个别人员遭受意外事故而造成的总体上的损失。从具体实现的途径来区分，其主要包括分割风险单位和复制风险单位。分隔风险单位是将现在的资产或活动分散到不同的地点，而不是将它们全部集中在可能毁于一次损失的同一地点，这样万一有一处发生损失，不至于影响其他。例如，个人在旅行中把自己的现金分几处放置，大型运输公司分几处建立自己的车库，公司核心管理人员同时、同地出差，尽量不搭乘同一航班等。复制风险单位是指增加风险单位的数量，准备备用的生产资产或设备，以便在正在使用的资产或设备遭受损失后将备用件或者备用方案投入使用。例如，企业制作两套会议记录，储存设备的重要部件，配备后备人员等。

（二）财务型方法

1. 自留

自留(retention or assumption)是指面临风险的经济单位自己承担风险事故所导致损失的一种风险处理方法，主要通过内部资金的融通来弥补损失。自留是处理风险的最普通方法，其采用可能是主动的也可能是被动的。

(1)主动自留。主动自留也称计划自留，是指风险管理者在识别和衡量风险的基础上，对各种风险处理方式进行比较、权衡利弊，最终出于经济效益的考虑而决定将风险留在内部，即由经济单位自己承担风险损失的全部或部分。其具体措施包括：将损失摊入经营成本、建立意外损失基金，存款用以补偿风险损失和组建专业的自保公司等。

(2)被动自留。被动自留也称非计划自留，是指风险管理者因为主观或客观的原因，没有意识到风险的存在，或者对于风险的存在性和严重性认识不足，没有对风险进行处理，或者认识到风险的存在和严重性，但因为客观条件限制而迟迟未进行处理，最终由经济单位自行承担风险损失。现实生活中，被动自留大量存在，如个人或家庭往往认为意外不会降临到自己头上而没有进行任何保险安排，出险后只能自留。

2. 转移

转移(transfer)是经济单位为避免承担风险损失而有意识地将风险损失或与风险损失有关的财务后果转嫁给其他经济单位或组织承担的风险管理方法。风险转移的最常用手段就是保险，除保险之外，还有保证等其他经济方式。

(1)保险(insurance)。保险主要是处理纯粹风险的一种重要的财务型风险处理方法。通过签订保险合同，保险人向投保人收取保险费，用集中起来的保险费建立保险基金，用于补偿被保险人因自然灾害或意外事故造成的经济损失，或承担因死亡、伤残、疾病或年老等产生的保险金给付责任。企业和个人通过缴纳保险费，可以将自身面临的风险转移给保险公司，以小额的成本支出转嫁大额的不确定性损失。在这个过程中，保险并没有改变企业或个人所面临的风险，只是通过一个事先的制度安排，利用保险基金来补偿保险事故发生所导致的经济损失。

(2)其他转移方法：①保证合同。保证合同方法是通过规定合同中一方如不履行合同或不忠诚则赔偿另一方因此而遭受的损失，如建筑工程合同、雇员的忠诚合同等。②融资租赁合同。出租人通过签订融资租赁合同，只负责融通资金，不负责租赁物的质量引起的各项责任，避免了租赁财产的责任风险。③出售。出售方法是通过出售承担风险的财产，将与财产有关的风险转移给购买该项财产的个人或经济单位，出售有些类似于避免，但区别在于出售风险有了新的承担者。④签订免除责任协议。将带有风险的财产或活动转移出去是一种很好的摆脱风险的方法，但在许多场合中是不现实的或不经济的，如医生一般不能因害怕手术失败而拒绝施行手术。因此，签订免除责任协议就是在这种情况下产生的一种解决问题的较好方法。在这种免除责任协议中，不转移带有风险的活动而只是转移可能的责任风险。

上述财务型方法与控制型方法的各种形式各有利弊，适用于不同的风险损失类型，按照风险频率和程度的不同，可以选择不同的方法，具体如表 1-1 所示。

表 1-1　风险管理方法选择表

风险频率	风险程度	方法选择
低	低	自留
高	低	控制
高	高	避免或转移
低	高	转移

五、风险管理与保险的关系

(一)风险管理与保险的研究对象相同

风险是保险和风险管理的共同研究对象，没有风险就无所谓风险管理与保险。保险是防范风险的手段之一，但并非所有风险都是可以保险的。保险主要着眼于风险的分散、转嫁，而风险管理则更多地关注风险的预防、控制和综合治理。但两者的出发点是一致的，均是研究和防控风险。

(二)保险是重要的风险管理方法

最早在风险管理实践中得到广泛运用的方法是保险，保险在风险管理中占有重要地位。风险管理在一定程度和范围内可以化解风险、降低损失，但不可能根除风险，有许多风险损失是无法避免的。有了保险，才能在风险损失发生后，及时给予经济补偿，使灾害损失的影响缩小到可能的最低限度。保险使得风险管理更加科学和完善。在所有风险管理方法中，保险是最为实用的，保险通过先期对风险进行归集，把风险分散在不同时间和空间，实现风险管理的平衡。风险管理实践表明，80％以上的风险都可以通过保险方法进行管理。

(三)风险管理提高保险经济效益

保险和风险管理有着相同的理论基础，应用原则和方法在许多方面也是一致的。保险公司作为一个独立的经济实体，要提高经济效益，也必须加强自身的风险管理。例如，保险公司应用风险识别办法分析哪些风险是可保的、哪些不可保，从而科学地划定责任范围；保险利用风险估算的方法合理厘定费率，使保险费率实现公平、合理和稳定，推动保险业务的发展和稳定公司财务。对于风险管理方法，保险更是可以综合利用。例如，利用避免拒绝接受或注销不良的风险；利用转移安排再保险，以分散风险；利用控制，引导企业做好防灾、施救，减少损失等。

六、可保风险

（一）可保风险的定义

不是所有的风险都可以通过保险来管理，保险人必须对风险进行选择，所谓可保风险是指符合保险人承保条件的风险，是完全满足概率论和大数法则所要求的风险条件，损失能自动实现在投保者之间进行分散和补偿的风险。

（二）可保风险的特征

可保风险首先是风险，要满足风险的共有特征，如偶然性、意外性和不确定性等，可保风险的损失发生必须是超出投保人的控制范围，且与投保人的行为无关。如果风险必然发生或者是投保人有意为之，就具有确定性，不再是风险，而完全是100%要发生的损失，不符合保险操作中遵循大数法则和概率原理管理的不确定性，必然是不可保的，且违背保险的初衷。可保风险除了需要满足上述条件外，还需要一些特定的要件，分述如下：

(1)纯粹性。可保风险首先必须是纯粹的，不能具有投机性，即风险一旦发生仅有遭受损失的可能而无获利机会。类似于股市风险的投机风险，是无法通过保险方式获得安全保障的。

(2)同质大量性。可保风险必须具有大量同质性，针对相同的风险，保险人积累足额保险基金，使受险单位获得充足保障。大量的同质风险单位能够保证风险发生的次数及损失值以较高的概率集中在一个较小的波动幅度内。显然，预测值的偏差越小，就越有利于保险公司的稳定经营。这里所指的“大量”，并无绝对的数值规定，随险种的不同而不同。一般的法则是：损失概率分布的方差越大，就要求有越多的保险标的。保险人为了保证自身经营的安全性，常采用再保险方式，在保险人之间分散风险。这样，集中起来的巨额风险在全国甚至国际范围内得以分散，被保险人的保障度和保险人经营的安全性都得到提高。

(3)可测性。可测性包含两层含义：其一在于损失金额可测，即强调损失是可以确定和测量的，是指损失发生的原因、时间、地点都可被确定且损失金额可以测定。因为在保险合同中，对保险责任、保险期限等都做了明确规定，只有在保险期限内发生的、保险责任范围内的损失，保险人才负责赔偿，且赔偿额以实际损失金额为限，故损失的确定性和可测性非常重要。其二在于损失概率可测，即损失具有确定的概率分布。这在于纯保费部分主要来源于损失概率，保险人只有对损失做出正确的判断，再依靠统计数据计算出费率。

(4)费率适中性。可保风险费率要适中，即费率不能太高，高费率表明投保人需要支付高的保险费，无疑会抑制其保险需求，甚至于超过其购买能力而将其逐出保险市场。例如，某地区自行车失窃案高发，据统计，有40%的新车被盗，如果保险公司设计自行车盗窃险，意味着纯保费为40%，假定营业费率为10%，则表明保险费为保险金额的一半，如此之高的费率，投保人无法承受，也就没有保险市场。

(5)无巨灾损失。巨灾风险是风险中特别需关注的部分，指的是风险发生后造成的损失规模相对其他风险和保险公司自身的准备金而言是规模巨大的，单一公司无法承受。巨灾风险损失规模尚无统一界定，1999年标准·普尔的规定为保险损失超过500万美元。对保险业而言，巨灾风险的存在和损失的发生往往吞噬保险公司所有的准备金和资本金，使保险公司陷入严重的财务危机。故造成巨灾损失的风险不在保险公司的承保范围，换言之，可保风险具有巨灾特点。

需要注意的是，可保风险本身也是处于动态变化之中的，随着保险竞争日趋激烈、保险技术不断完善和保险资本不断扩张，曾经不可保的风险可以转化为可保风险，对可保风险的特征需要辩证地看，当现有界定与保险实践冲突时，有必要做出理性思考。

补充学习资料

火险的控制手段——自动喷淋系统

自动喷淋灭火系统是目前使用最为广泛的一种固定式报警灭火设备，在火灾发生的初期就能及时控制火势，从而最大限度地减少火灾损失。下面通过两幢不同写字楼的命运对比，就能够非常深刻地认识到其意义的重大。2005年2月某日晚上11时左右，西班牙马德里市中心的Torre Windsor写字楼21层的一个房间发生火灾，尽管24小时值班的保安人员和专业消防队竭尽全力，但最终这幢32层100米高的建筑完全被火焰吞噬。另外，因担心建筑进一步坍塌，在写字楼周围还不得不预留500米的隔离区，附近的商业设施只好停业，时间长达数天，大约3万人因此无法正常工作，写字楼拆除工作对整个片区造成的干扰达半年之久。在整个灭火过程中，共喷洒大约600万升水，造成的损失估计超过4亿美元。同样是在马德里，2002年元旦，一幢无人看管的7层高写字楼，由于一台便携式电热毯使用过程中短路而发生火灾，然而和Torre Windsor写字楼不同的是，这幢写字楼安装了自动喷淋灭火系统。火灾发生后，三个喷头同时发挥作用，共喷出的水量估计为2.6万升，仅相当于Torre Windsor写字楼用水量的1/230，这次火灾估计损失为23万美元，仅相当于Torre Windsor损失的1/1700。且该写字楼的工作人员在第二天照常上班，对周围社区人们的生活没有产生任何干扰。

(资料来源：FM全球公司网，http://www.fmglobal.com.cn/UserFiles/File/1257-411414595.pdf.)

复习思考题

1. 什么是风险，风险的特征有哪些?
2. 举例说明风险因素、风险事故和损失之间的联系。
3. 常见的风险分类标准及具体类别有哪些?
4. 什么是风险成本，具体分类包括哪些?
5. 请回答风险偏好的定义，并说说应如何判断和测定风险偏好。
6. 请回答风险管理的定义，并描述风险管理的程序。
7. 风险管理与保险有着何种关系?
8. 请回答可保风险的含义及特征。

第二章

保险概述

随着经济社会的高速发展，人们的风险防范意识和自我保障的要求越来越高，而保险作为转嫁风险的最主要手段，日益渗透入生产、生活之中。本章重点学习保险的含义、特征、类别、功能、作用及其发展渊源。

第一节 保险的内涵与类别

一、保险的含义及相关概念

（一）保险的含义

保险作为一种风险防范和保障机制，可以从不同的角度定义，保险理论中常从概念的大小和学科特征进行界定。常见的界定有广义与狭义之分，广义的保险指的是通过集合同类风险，建立基金，为遭受风险者提供经济保障的机制，强调保险的经济属性。狭义的保险则主要依据《中华人民共和国保险法》(简称《保险法》)的定义，仅限于商业保险，而将同样具有经济保障功能的社会保险排除在外，我们学习的保险学研究的对象是狭义的保险，即商业保险。狭义的保险强调保险的法律属性，保险是合同行为。

1. 保险的经济分析

保险是对国民收入中的一部分后备基金的分配和再分配活动，属于分配环节；没有危险就没有保险，自然灾害和意外事故的存在是保险成立的条件；保险分配是价值形式的分配，是对经济损失补偿的部分或全部的平均分摊，体现公平合理的原则；保险是以善后处理经济补偿损失为目的的联合行为，必须有多数人参与才能有保险行为；保险是一个属概念，其内涵的规定性必须使其外延能够概括所有的保险经济现象。基于以上分析，可以把保险定义为：保险是集合具有同类危险的众多单位或个人，以合理计算分担金的形式实现对部分成员因该事故发生所致经济损失的补偿行为。

2. 保险的法律分析

保险是指由主持集合团体的当事人与个别经济单位，基于对价关系订立契约，转移风险和补偿损失的法律行为。具体地，保险是一种法律关系，当事人间的权利和义务是通过具有法律效力的合同加以约定，其相互关系受法律支配；保险是一种对价关系，投保人以所支付的保险费为代价转移其风险责任，换取保险承担风险损失的经济保障服务，保险人收取保险费后就必须为对方提供相应风险损失的经济保障；保险特指商业保险，是以保险双方当事人的动机和意愿为依据、以两者处于平等的法律地位为前提所从事的保险活动。

3. 保险的一般定义

根据我国《保险法》第 2 条的规定：保险是指投保人根据合同约定，向保险人支付保险费，保险人对于合同约定的可能发生的事故因其发生所造成的财产损失承担赔偿保险金责任，或者当被保险人死亡、伤残、疾病或者达到合同约定的年龄、期限等条件时承担给付保险金责任的商业保险行为。

（二）保险深度与保险密度

(1)保险深度(insurance penetration)。保险深度是保费收入与国内生产总值的比率，反映保险对国内生产总值的贡献程度，体现保险在国民经济中的地位，计算公式如下：

$$\text{保险深度}=\frac{\text{保费收入}}{\text{国内生产总值}} \tag{2-1}$$

我国 2006～2011 年的保险深度如表 2-1 所示，从数据动态变化来看，我国保险发展态势良好。

表 2-1 2006～2011 年我国保险深度动态变化及结构表(单位:%)

年份	2006	2007	2008	2009	2010	2011
保险深度	2.61	2.65	3.12	3.27	3.62	3.04[1)]
寿险深度	1.66	1.68	2.12	2.19	2.41	1.84

1)3.04 为直接按照《国民经济与社会发展统计公报(2007～2012)》中 2011 年的保费收入为 14 339 亿元与国内生产总值为 471 564 亿元计算获得。但公报同时指出 2011 年原保险保费收入同比增速为 10.5%，并指出是按照行业 2011 年全面实施《企业会计准则解释第 2 号》后的口径测算。如果以 10.5%调整 2010 年 14 528 亿元的保费收入，则 2011 年保费收入应为 16 053.44 亿元，则保险密度为 3.40%

资料来源：根据《国民经济与社会发展统计公报(2007～2012)》的数据整理

(2)保险密度(insurance density)。保险密度是指统计区域内常住人口平均保险费支出数额，即人均保费支出，反映收入用于保障的程度，保险密度越大，说明保险业越发达，社会公众越发关注财产和人身的安全保障。其计算公式如下：

$$\text{保险密度}=\frac{\text{保费收入}}{\text{常住人口数}} \tag{2-2}$$

（三）保险金额与保险价值

(1)保险金额(insured amount)。保险金额是保险合同中规定保险人承担赔偿或给付保险金责任的最高额度，是投保人为保障被保险人利益而投保的实际金额，不同保险标的的保险金额确定方法和原则各不相同。需要注意的是，以责任风险为保险标的的保险不采用保险金额而是使用赔偿限额来表示保险人应承担的最高保险金支付责任。

(2)保险价值(insured value)。保险价值是指投保或出险时保险标的的实际价值，是投保人对保险标的实际享有利益的货币表现，但并非所有的保险标的均具有保险价值，如以人身风险为保险标的的保险因为人身的无价性而没有具体的保险价值。

二、保险的要素

(1)存在可保风险。保险保障风险事故，保险的第一要素是存在可保风险，无可保风险则无保险。就某一具体险种而言，总是为相应的风险所设立的，给付保险金必须以约定的某种风险事故发生为条件。

(2)厘定保险费率。保险费是投保人将风险转移给保险公司所应支付的代价，费用必须与所转移的风险相一致。保险首先需要合理厘定保险费率，保险人通常依据损失统计资料，运用大数法则，预计某一可保风险项目下损失概率和损失程度，遵循公平合理原则厘定费率。为了保障费率的科学性和公正性，保险费率通常由保险同业公会厘定或者由国家保险监管部门审定。

(3)建立保险基金。保险人通过收取保险费集合基金，并进行科学管理，作为未来保险人履行赔偿或给付义务的准备。保险基金是社会后备基金，是实现保险职能的物质基础。除了保险费外，保险机构的注册资金、投资收益也是保险基金的构成部分，保险基金是保险行为的物质和货币准备。

(4)订立保险合同。保险是当事人的合同行为，投保人与保险人通过订立保险合同约束彼此的法律关系，明确权利和义务，保险行为的载体是保险合同，保险商品最终通过保险合同体现，保险合同受法律保护意味着保险活动受到法律的保护。

三、保险的特征

(一)保险的基本特征

(1)经济性(economical)。保险首先是一种经济保障行为，体现投保人与保险人之间的经济关系，保险保障的标的是财产和人身，两者是社会生产不可或缺的构成要素，保险能够保障全社会经济活动的顺畅运行，具有经济性特征。

(2)互助性(mutual)。保险是一种“一人为众，众为一人”、“人人为我，我为人人”的互助关系，保险在一定条件下，分担个别单位和个人所不能承担的风险，从而形成经济互助关系。这种经济互助关系通过保险人用多数投保人缴纳的保费而建立起来的保险基金补偿给付少数人发生的风险损失而得以体现。在投保人缴纳保费的环节，表达的是“为人”，在被保险人申请理赔的环节，表达为“为我”，互助性是保险的内在要求，也是保险的本源属性。

(3)科学性(scientific)。保险以风险发生概率作为收取保费的依据，避免了盲目性和随意性，同时能够保证保险公司财务稳定性，最大限度地保障被保险人的经济利益和保险人的稳健经营。保险的科学性还可以从保险计算的术语中得以体现，一般经济行为用“计算”、“核算”和“规划”表达，而保险使用的是“精算”，可见其计算的精准性较之其他经济行为要高得多，充分体现保险的科学性。

(4)契约性(contractual)。保险的契约性是从法律角度判断的，保险是一种契约行为和活动。保险商品交换关系是依据保险合同进行的，双方当事人都依据保险合同规定的各自享有一定的权利和承担一定的义务来从事保险活动。

(5)射幸性(aleatory)。在保险行为中，投保人交付保险费是确定的，而保险人是否承担赔偿或给付保险金的责任则是不确定的，这取决于合同约定的风险事项是否发生。当约定的风险事项发生，即出险，保险人就承担赔偿或给付保险金的责任，但若没有出险，保险人只收取保险费，而无需履行赔偿和给付的义务。

（二）保险的比较特征

(1)保险与储蓄(saving)。保险与储蓄都是在用现在的经济剩余为未来做准备，以应付将来的经济需要。相对于死亡保险，在生存和两全保险中，保险与储蓄的相似性更明显，但仍具有本质区别。保险是一种互助行为，需要自力与他力的结合，且这种结合需要以科学合理的计算——精算为基础，而储蓄则属于个人行为，无求于他人，且对计算技术要求较低；保险基金来源于众多经济单位所缴的保险费，不得随意处分，储蓄则是单个经济单位的自主准备，可自由处分；保险事故发生后，不论已经缴付了多少保险费和缴费时间的长短，被保险人或受益人都可以获得保险金的给付，而储蓄所得的本利和与储蓄时间的长短直接相关，时间越长，金额越高。

(2)保险与赌博(gambling)。保险与赌博唯一可比之处在于射幸性，均是决定于偶然事件的发生而获得金钱或财物，但两者有着本质的区别。保险的目的是基于人类互助合作精神，谋求经济生活的安定，赌博的目的则是利用人类欺诈贪婪的恶性，侥幸图利；保险以转移风险为动机，利人利己，赌博则以谋求意外之财为动机，损人利己；保险变不确定为确定，变危险为安全，可化险为夷，赌博则变确定为不确定，变安全为危险，是风险的制造和增加；保险基于科学的精算基础，赌博则完全建立在随意和偶然之上。

(3)保险与自保(self-insurance)。保险与自保均是处理风险的方法，对于风险事故所造成的损失，都是以科学方法为基础形成资金准备而应付之。但两者也存在区别：保险是众多经济单位的共同行为，而自保是个别经济单位的单独行为，前者通过风险转移来实现，后者是风险自留的一种特殊形式，并非向外转移风险；风险事故发生后，参加保险的被保险人(或受益人)即可获得保险金，而自保基金的积累需要相当长的时间，如果在自保基金形成之前发生风险，经济单位不能获得充分的补偿；保险费的缴付意味着这笔资金的所有权完全转移给保险公司，即使无保险事故发生，投保人也不得收回，而风险事故不发生或损失较少，剩余的自保基金的所有权仍属于经济单位，可自由支配。

(4)保险与救济(aid)。保险与救济都是对不幸事故损失进行补偿的行为，但两者也存在明显区别：保险是合同行为，要受到合同的约束，救济是施舍行为，任何一方都不受约束；保险是以投保人缴付保费为前提的对价交易，救济是单方面给予行为；保险在投保环节是对风险未来发生的先期准备，是事前行为，在损失实际发生后的补偿与给付是事后行为，保险关系建立后的防灾防损又属于事中行为，故保险属于全过程的风险管理，而救济则是风险已经发生并造成不良后果的补救措施，是事后行为。

(5)保险与担保(guarantee)。保险与担保的比较主要体现在信用保证保险与担保的相似作用，但二者也存在明显区别。保险是双务的，投保人缴纳保险费，保险人为被保险人提供保险保障，担保则是单务的，担保人需要在被保证人信用出现问题，即出险后负赔偿责任；信用保险业务操作中，保险人通常要求被保证人提供反担保，而一般的担保行为往往不需要反担保；保险合同是独立契约，担保合同是从属于买卖、借贷等合同的从属契约。

(6)商业保险(commercial insurance)、政策性保险(policy insurance)和合作保险(cooperative insurance)。商业保险、政策性保险和合作保险均属于抵御风险的保险手段，共同构成整个保险体系，但存在明显区别。

商业保险是通过市场调节，以盈利为目的的保险形式；政策性保险则以服务于国家宏观政策为出发点，主要由国家通过制定特定的保险制度实现风险防控，不以盈利为目的，主要通过财政全额出资、按比例出资或者补贴的方式运作。政策性保险又因为服务政策的不同，分为经济政策保险和社会政策保险，社会政策保险即社会保险。典型的经济政策保险是农业保险，主要在于农业的高风险使得商业保险经营方式无法获得平均收益甚至出现亏损，需要由政府设立专门的政策性保险机构或者由政府补贴商业保险公司经营。各国和地区可以根据宏观经济政策的需要，设置专门的经济政策保险组织或机构，实现政府对某一类行业和企业的风险防范保障，如类似于我国的出口导向型国家为了鼓励出口，可以设置专门从事进出口信用保险业务的政策性保险公司。经济政策保险在业务操作上和商业保险的区别很小，主要强调资金来源的财政性。社会政策保险相对于经济政策保险，与商业保险的区别较大，主要体现在：①保险方式不同。商业保险主要为自愿保险，社会保险为强制保险。②保障对象不同。商业保险为符合保险条件的被保险人，社会保险为社会劳动者甚至全体国民。③保障程度不同。商业保险的保障由当事人协商确定，社会保险的保障则由国家规定，尽可能满足保险对象的基本需求。④保费负担不同。商业保险的保费由投保人缴纳，社会保险的保费则由国家、企业和个人按比例分担。

合作保险也称互助保险、互助合作保险，通常是由民间举办的为实现防范某一类风险而通过缴纳保险费，集聚保险基金方式的非营利性质的保险。在保险操作方式上，合作保险和商业保险相似，也是通过积蓄基金分散风险；在保险设立的目的上，合作保险与政策性保险相似，是非营利性的。合作保险主要存在于各种行业组织和民间团体中，如职工互助会、船东互保协会和农产品保险协会等，是一种最古老的保险方式。

四、保险的分类

（一）按实施方式分类

(1)自愿保险。自愿保险是指投保人与保险人在平等自愿原则基础上建立保险关系的保险。由于社会经济主体的差异性，对保险的需求也是多种多样，保险市场中绝大多数保险业务都是采用自愿保险的方式。

(2)强制保险。强制保险是指保险双方以法律、法规或行政命令为依据建立的保险关系，这类保险有两大特征：一是被保险方无权依据自己的意愿决定是否投保；二是保险方不得拒绝符合强制保险条件的被保险方的投保，如机动车辆的交通责任强制保险等。

（二）按保险标的分类

(1)财产损失保险。财产损失保险，也称普通财产保险，是以有形的物质财产为保险标的，对因自然灾害或意外事故所造成的财产损失给予经济补偿的一种保险，主要包括企业财产保险、家庭财产保险、工程保险、运输工具保险和运输货物保险等。

(2)责任保险。责任保险是以被保险人可能的民事损害赔偿责任为保险标的的一种保险。无论法人还是自然人，在进行业务活动或日常生活中，都有可能因疏忽、过失等行为而导致他人遭受损害，这对于行为人而言构成责任风险。风险事故发生后，被保险人依法对他人负有赔偿责任，保险人在一定的限额内予以经济补偿。

(3)信用保证保险。信用保证保险是以信用风险为标的的保险，保险人对信用关系的一方因对方未履行义务或盗窃、诈骗等不法行为而遭受的损失负经济赔偿责任。信用关系的权利方和义务方均可以投保，权利方作为投保人要求保险公司担保义务履行，被称为信用保险；义务方作为投保人要求保险人为其信用提供担保，被称为保证保险。

(4)人身保险。人身保险是以人的生命或身体为保险标的的保险，又细分为人寿保险、人身意外伤害保险和健康保险三类。人寿保险是以人的生命为保险标的，当被保险人死亡或达到保险合同约定的年龄或期限时，由保险人承担给付保险金的责任；人身意外伤害保险特指在保险有效期间，因遭遇非本意的、外来的、突然发生的意外事故，导致被保险人受伤、残废或死亡，由保险人承担给付保险金责任；健康保险是以人的身体为保险标的，当被保险人在保险有效期内因疾病、分娩导致医疗费用支出或经济收入损失时，由保险人承担给付保险金责任。

（三）按风险转移方式分类

(1)原保险。原保险是指投保人与保险人之间直接签订保险合同而订立的保险关系，又称直接保险，未经特别说明，通常所说保险均指风险第一次转移的原保险。

(2)再保险。再保险是指原保险人为避免自己所承担的风险责任过于集中而影响自身的财务稳定性，将其所承保的部分风险转移给其他保险人的经济行为，是风险的二次转移。

(3)再再保险。再再保险也叫转分保，是再保险人将其从原保险人处接受的业务再次分给其他保险人的保险行为和活动，是风险的三次转移。

（四）按照保险金额与价值的关系分类

(1)足额保险。足额保险是保险金额等于保险价值的保险，即投保人以全部保险价值和保险人订立保险合同，足额保险是保障完全的保险。当发生保险事故后，若保险标的发生全部损失，保险人按照保险金额的全部赔偿，若发生部分损失，保险人赔偿实际损失金额。

(2)不足额保险。不足额保险是保险合同中约定的保险金额小于保险价值的保险，不足额保险仅能够保障部分权益，《保险法》第 55 条规定：保险金额低于保险价值的，除合同另有约定外，保险人按照保险金额与保险价值的比例承担赔偿保险金的责任。保险实践中出现不足额保险的原因有三：一是投保人为了少缴保险费或者认为标的遭受全部毁损的可能性不大，主动放弃足额投保；二是保险人认为标的发生风险事故的可能性非常大，只接受部分投保；三是由于当事人以外的因素发生变化，如物价上涨后导致最初的足额保险被动变成不足额保险。

(3)超额保险。超额保险是指保险合同中约定的保险金额大于保险价值的保险，超额保险不受法律保护，《保险法》第 55 条规定：保险金额不得超过保险价值。超过保险价值的，超过部分无效，保险人应当退还相应的保险费。但如果是因客观原因造成的超额投保，如在保险合同存续期间，因为保险标的价值跌落导致的超额保险不在规定范围之内，保险人通常按标的实际价值赔偿。

（五）按承保的风险分类

(1)单一风险保险。单一风险保险是保险人仅就某一种风险承担赔偿和给付保险金责任的保险。例如，对地震保险来说，保险人仅负责对地震造成的伤害进行赔偿。

(2)综合风险保险。综合风险保险是保险人承担两种或两种以上的风险对保险标的造成伤害进而履行赔偿和给付的责任，保险实践中的大部分保险属于综合风险保险。

(3)一切险。一切险是保险人对保险标的承担除了合同中列举的不保风险外的一切风险后果，是风险保障最为全面的保险。与同类型单一风险保险和综合风险保险相比较，也是保险费支付最高的险种。

（六）按投保人不同分类

(1)个人保险。个人保险是投保人为单个的自然人，且保险合同保障的利益也是个人利益的保险，换言之，是以个人名义向保险人购买的保险。

(2)团体保险。团体保险是投保人为企业、事业单位等团体与保险人签订一份保险总合同，保障团体中一定比例或者全部成员财产或人身利益的保险，与同类型个人保险相比较，保险人开办团体保险的费用相对较低，故费率也相应降低。

第二节　保险的功能与作用

一、保险功能观点

保险是商品经济发展到一定阶段的产物，人类在改造自然、征服自然的过程中，为了抵御自然灾害和意外事故，逐步懂得采用“保险”的方式防患于未然和补救发生的损失。从保险功能的演进历程来看，主要包括单一功能、基本功能和多元功能三种观点。

(1)单一功能论。单一功能论主张保险只有经济补偿的唯一功能，认为经济补偿是建立保险基金的根本目的，也是保险形式产生和形成的原因。保险是再生产过程中维护生产力的重要手段，强调保险机制的目的和社会效应。由于通常在定义保险时，会针对财产和人身两个不同的标的，使用“补偿”和“给付”术语，仅认为保险具有经济补偿单一功能是否不合适，学界曾经有过争论，主张单一功能论的学者认为“补偿”和“给付”是对保险同一功能的不同表达。我国台湾学者袁宗蔚认为保险的功能在于补偿，无论是财产保险还是人身保险，在应用本质上没有区别。

(2)基本功能论。基本功能理论坚持保险具有分散风险和经济补偿两个基本功能，两者相辅相成。分散风险是处理偶然性风险事故的技术手段，是保险经济活动特有的内在功能，而经济补偿作为积极体现保险行为内在功能的现实表现是保险经济活动的外部功能。基本功能论较准确地表述了保险机制运行过程中目的和手段的统一，完整地表现了保险的性质，分散风险和经济补偿的统一即构成完整的保险。

(3)多元功能论。多元功能论认为保险除了具有分散风险和经济补偿两个基本功能外，还具有积累资金、融通资金、给付保险金、储蓄、防灾防损、社会管理等功能。多元功能论坚持发展的观点，认为随着市场经济的发展，保险的功能也应该有所发展，但部分观点是值得商榷的。特别是对保险的社会管理功能，存在很大的分歧：有些学者认为保险具有社会保障、社会风险管理、社会关系管理和社会信用管理的功能[①]，但林宝清认为商业保险不具有社会管理功能，属于私法范畴，而社会管理功能属于公法范畴，两者属于两个不同的领域[②]。笔者更倾向于后者，认为随着保险基本理论的发展和保险实践的不断创新，现代保险的功能逐步扩展，但依然是围绕基本功能的，我们认为保险具有分担风险、经济保障、资金融通和监督风险的功能，前两个是保险的基本功能，后两个则是保险的派生功能。而保险的社会管理功能仅能够在特定的历史时期有着阶段性体现，不是保险的本源功能。

二、保险的基本功能

(1)分担风险。分担风险指的是参加保险的少数成员因自然灾害或意外事故所造成的损失由多数成员来承担。保险是一种分担风险损失的方法，是建立在灾害事故的偶然性和必然性的对立统一基础之上的。对个别投保单位和个人来说，灾害事故的发生是偶然的和不确定的，但对所有投保单位和个人来说，灾害事故发生却是必然的和确定的。保险机制之所以能够运转自如，是因为被保险人愿意以缴付小额确定的保险费来换取大额不确定的损失补偿。

(2)经济保障。经济保障功能可细分为经济补偿功能与经济给付功能，是分担风险的延续，是为参加保险的全体成员建立保险基金，用于少数成员遭遇自然灾害或意外事故所受损失的风险补偿或给付。按照保险理论和惯例，经济补偿功能主要由财产保险体现，而经济给付功能则主要由人身保险表达，但两者均为风险事故遭受者提供经济保障，是保险的内在要求和本质特征。

三、保险的派生功能

(1)资金融通。保险具有“事前收费，事后补偿”的特点，保费收入和保额赔付存在时间差，从而使保险这种经济活动具有显著的聚集社会资金的能力。作为金融体系中的重要组成部分，保险业承载和发挥资金融通的功能。保险一方面通过积聚大量的社会闲散资金，化零为整，起到分流社会储蓄、实现储蓄向投资的转化以及分散金融风险的作用；另一方面又通过资金运用，参与资本市场运作，对于推动资本流动、改善金融风险结构、实现金融资源在全社会中的合理配置具有不可替代的作用。在我国，保险对储蓄的分流作用日渐明显，保险对储蓄的分流空间将随着保险的发展而进一步增大。另外，保险公司的长期负债和稳健的现金流结构是政府和企业理想的长期融资渠道，作为机构投资者，保险公司在资本市场中将推进资本的合理配置、有效分散和化解金融风险。保险公司作为“契约型储蓄机构”，通过持股和相互参股等方式，成为资本市场上重要的机构投资者和稳定力量，保险资金来源稳定、期限长、规模大，使得保险的资金融通功能得到充分发挥。

(2)监督风险。保险作为防范风险的手段，其直接研究对象便是风险，保险对风险的关注是全方位和全过程的。以保险流程为例，承保前，需要调查和识别风险，了解其程度大小，是否可保；承保中，需要关注标的动向，做好防灾防损；出险后，需要分析其原因，总结经验。保险在管理风险的过程中，自觉不自觉地就完成了对风险的监督和防控，因此，我们认为保险具有监督风险的功能。保险监督风险的功能还可以从保险公司损失管

---

① 中国保监会武汉保监办课题组．对保险功能的再认识．保险研究，2003，(11)：11～14，23.

② 林宝清．论保险功能说研究的若干逻辑起点问题．金融研究，2004，(9)：19～24.

理服务中清晰地表现出来，如其工作内容一般包括分析潜在损失、评价保险标的风险管理计划、提出合理风险管理的替代方案和有效管理措施等。

四、保险的作用

（一）经济社会的稳定器

(1)直接维护社会成员的利益。保险为被保险的企业和家庭提供了经济上的保护伞、财务上的稳定器，可以使得这些企业和家庭避免由于突如其来的灾害而陷入财务困境，降低企业因意外灾害而破产的可能性。企业安全，家庭稳定，整个社会自然就安全和稳定。

(2)能够提高社会管理效率。随着经济和社会发展，特别是人口老龄化问题日益严重，世界各国都面临着越来越大的来自社会保障方面的压力，商业保险能够起到很好的辅助作用。例如，在我国，商业保险公司在政府政策的支持下，参与提供社会补充养老保险、医疗保险、工伤保险、巨灾保险和农业保险等。又如，有些政府为了鼓励商业养老保险、医疗保险的发展，以缓解社会保障的巨大压力，通常都对投保人购买和保险人承保此类保险给予税收优惠，以更好地发挥商业保险提高社会管理效率的作用。

(3)保险品的设计有利于社会稳定。很多保险商品自身设计就有助于降低社会风险水平，稳定社会生活。例如，机动车辆的保险费率与驾驶员交通违章行为挂钩，有利于引导公众遵纪守法、改善交通安全状况，促进社会稳定。又如，在煤炭开采等高危行业，建立严格的雇主责任保险制度，有利于促进企业加强安全管理、妥善处理生产事故、缓解社会矛盾，分担政府责任，实现社会的安定团结。

（二）金融资源配置的中介

(1)降低交易成本。作为金融中介，保险人降低了资金富余者与资金短缺者间的交易成本。由于保险公司在保险资金运用方面的高效率和保险保障的实用性，居民更愿意将当期消费之外的结余，通过购买保险的形式进行储蓄，并同时获得风险保障；保险人将汇集起来的资金进行投资，具有规模效应，一定程度避免投保人以散户形式自行投资的风险并降低了交易成本；保险人还可以向投保人发放保单质押贷款，减少投保人向银行等信贷机构申请贷款所耗费的时间和机会成本；保险人专业化的运作资金的经验和能力，使得其动员的储蓄可以获得更高的收益和更有效的利用，显著促进金融繁荣。

(2)改变金融资产的期限结构。人们购买保险，是将现在的部分财富积累起来，以满足未来的经济需要。对企业来讲，企业在生产经营过程中难免发生意外事故导致损失，影响企业资金的流动性，必然对企业现有和新投资项目产生资金层面的负效应，为规避此种后果，企业需要留出预防性的储备资金。对个人而言，为了保证家庭财务收支水平的长期均衡，减轻人们对未来意外或年老等原因导致经济收入不足的担忧，也需要进行预防性储备。社会经济主体的此类储备资金使得相当部分社会资金以高流动性的短期资产形式存在，难以满足长期投资资金需要。对于一些经济正在迅速发展的国家和地区而言，很多投资项目规模大、周期长，特别需要长期资金供给，保险可以起到非常重要的作用。一方面，投保人通过定期缴纳保费，为防控风险做准备；另一方面，保险人通过聚集保险金，形成大规模的中长期资金沉淀，用于满足经济发展中的中长期投资需求，同时避免金融体系中资产与负债的期限结构不匹配的危险，维护金融和宏观经济的稳定。

（三）经济发展的重要推动力

（1）为其他部门发展提供资金。保险通过发挥其储蓄和投资功能，可以为其他经济部门的发展提供大量的资金，一国经济的快速发展离不开资金这一重要因素，保险公司在其经营过程中，各项保费的收取和赔付在时间上和数量上存在着差异，使得保险公司会有大量相对“闲置”的资金，并可用于各种投资。保险公司，特别是寿险公司资金的运用，能够活跃资本市场，提供相对大量和低成本的资金来源。

（2）促使科技转化为现实的生产力。科学技术特别是高科技对于一国的经济增长意义十分重大，然而，尽管随着科技水平的提高，人们预防和控制风险的手段、方法也越来越多，但这并不等于能够消除由新技术的发明和应用而产生的高风险；相反，在有些情况下，风险的类型会迅速增加，复杂程度也会大大加深。如果保险公司能够为新科技的发明和应用提供保险，无疑将会有力促进大量的高、新、尖技术转化为现实的生产力，由此加速经济增长。

（四）市场监督的重要方式

保险还可以通过发挥市场监督作用，促进经济的有序运行。在任何一个经济体中，市场监督都是不可缺少的，越是成熟的经济，对市场监督的需要就越大。保险的市场监督作用在产品质量保证保险和产品责任保险中体现最为充分。以产品责任保险为例，厂家向保险公司投保，后者必然对其产品进行核保，如果产品质量低下，保险公司或者不予承保或者将征收很高的费率，在这种情况下，标有产品责任险的产品实际上向消费者传递了两种信息：一是告诉消费者，如果因产品质量问题导致伤害，保险公司可以为其“买单”进行补偿；二是告诉消费者，如果产品质量有问题，保险人是不会为其保险的，这就从另一个角度证明该产品的质量有保证。因此，厂家为扩大市场份额和销售额，愿意寻求保险公司对其产品进行保险，但这必须以较高质量为前提。可见保险公司在对产品质量进行保险的过程中，起到了促进厂家提高产品质量的作用，在某种程度上发挥了市场监督功能。

（五）宏观调控的重要政策工具

保险可以作为宏观调控的政策工具手段，主要体现在出口信用保险中。出口信用保险有利于促进本国的出口贸易的顺利完成：出口企业可以通过保险项下贸易融资业务避免收汇风险和获得融资支持，起到降低风险、促进发展的积极作用；银行通过与保险公司的合作，适当扩大授信额度，增加贷款，降低不良贷款比例，实现稳健经营；政府则可以将保险作为支持出口的政策工具之一，有利于实现其产业政策目标。与保险相比，政府的其他出口政策，如财政补贴、出口退税等在运用时具有明显短板，如财政补贴可能会受到他国竞争企业和本国其他行业的反对，出口退税这一政策工具的管理成本又十分高昂，并且存在一定负面效应。

第三节 保险的起源与发展

一、保险的原始形态

人类的社会活动自始至终伴随着风险，在远古时期，人类通过与自然灾害和意外事故的无数次交手，逐步了解到风险的危害，有了朴素的保险思想。但最初的保险处理方式和今天有一定差距，人们防范风险的准备，有些采用货币方式，有些则采用实物方式。

(1)互助基金会。应对风险的最早形式是互助基金会，其在多个古代文明均有体现。公元前 4500 年，古埃及从事金字塔修建的石匠中建立互助基金组织，用参加者平时缴付的互助会费支付会员死亡后的丧葬费用。同样的处理在中国和罗马均能够找到史料记载：古罗马时代的士兵也组织丧葬互助会，互助会向士兵收取会费，一旦士兵战死，则向其家属支付抚恤金，若士兵调职或退役，则发放旅费；我国古代的轮值基金——合会中有一类叫做寿缘会，也是为丧葬服务的，参会全体会员均需要缴纳会费，如果家中发生“白事”，则可以获得基金会提供的置办丧事的资金。

(2)冒险信用保障。约公元前 3000 年，古巴比伦商人雇佣销售员出海销售货物，为防止销售员故意卷货卷款逃跑，设计了类似于信用保险的制度安排：销货员到外国港口销售货物，顺利归来，商人收取利润的一半；若销货员未归或归来后既无货也无利润，则商人就接收销货员的财产，甚至将其家人作为债务奴隶使用，但如果货物是被强盗劫掠，则可予以免除。

(3)早期的运输保险。约公元前 2000 年，地中海沿岸的商人在遭遇海上风险后，船长有权利决定抛弃一部分船上货物达到保护整艘船及其他货物安全的目的，被抛弃货物的损失由全体利益相关的船方和货方共同分摊，这是有史料记载的最早的共同海损；约公元前 1792 年，古巴比伦对外贸易运输队的交通工具——马匹如果出现死亡，则由运输队全体共同补偿；公元前 1000 年，以色列国王所罗门对从事海外贸易的本国商人征收税金，主要用于海难受害人损失的补偿。

二、商业保险的起源与发展

(一)海上保险

商业保险起源于海上保险，公元前 916 年的《罗地安海商法》正式采用共同海损原则，标志着海上保险的萌芽，现仍为各国海商法所采用。公元前 800～公元前 700 年，希腊雅典地区广泛流行的船舶抵押借款是海上保险的最初形式。船舶抵押借款规定，若船舶安全抵达目的地，借款的本利按约偿还，若船舶中途沉没，则债权债务关系自动消失，但利息远高于一般借款。此制度安排中，借款相当于预先支付的赔款，若船舶安全则由赔款转变为贷款，故需要支付利息。利息高于普通借款，也非常好解释，是因为除了贷款利息外，还有一部分是保险费。现代意义的海上保险开始于意大利，12 世纪末期，十字军东征后，意大利成为东西方贸易的中心，大约在 1250 年，意大利伦巴第商人开始经营海上保险，最初采用口头形式，后正规化为书面合同。现有史料表明，1347 年 10 月 23 日，热那亚商人乔治·勒克维出立的一张承保从热那亚到马乔卡的船舶保险单是人类历史上的第一张保险单。发现美洲后，英国的对外贸易迅速发展，保险中心也由欧洲大陆转移到英国。1568 年，英国开设皇家交易所，为海上保险提供交易。1683 年，爱德华·劳埃德开设的咖啡馆(Lloyd's Coffee House)，于 1691 年从伦敦塔街迁至伦巴第街后，成为船舶、货物和海上保险交易的中心，这就是后来于 1871 年注册的赫赫有名的劳合社(Lloyd's)。1884 年，英国成立“伦敦保险人协会”，对水险条款进行标准化处理，其制定的保险条款——协会条款在国际保险市场上得到广泛应用。1906 年，英国制定的《海上保险法》沿用至今，是世界上最权威的一部海上保险法典。

（二）火灾保险

火灾保险是最早的财产保险形式，开始于德国。1591 年，德国汉堡市的酿造业者成立火灾合作社，合作社成员在遭遇火灾后，可获得重建的资金。1676 年，德国成立汉堡火灾保险社，后又合并为汉堡保险局，成为德国第一家公营保险公司。火灾保险业务的迅速推进必须提及的是英国的一场大火——1966 年伦敦大火。当年 9 月 2 日晚，伦敦市一个面包房起火，火势迅速蔓延，持续 4 昼夜，导致伦敦城约 85%的房屋被毁，20 万人无家可归，财产损失 1 000 万英镑以上。次年，牙科医生尼古拉斯·巴蓬(Nicholas Barbon)独资经营房产火灾保险，开创私营火险先例，并于 1680 年创立注册资本 4 万英镑的火灾保险公司，巴蓬也因此被誉为“现代保险之父”。1710 年，以发明灭火器闻名的英国人查尔斯·波文创办“太阳保险公司”(Sun Fire Office)，将承保范围从不动产扩大到动产，形成现代财产保险业务范围的雏形。

（三）人寿保险

人寿保险是从海上保险分离出来的，15 世纪，人口贩子从非洲大量掳掠并贩卖黑奴到美洲，在运输过程中，将奴隶视为货物投保，后发展成为保障船员、旅客安全的人身保险。人身保险发展中的重要里程碑有两个，第一个是《佟蒂法》，第二个是生命表。17 世纪中叶，意大利银行家伦佐·佟蒂提出一项联合养老计划《佟蒂法》，后为法国国王路易十四所采纳，成为人类历上最早的养老计划。《佟蒂法》按照人口年龄的不同分成 14 组，每人缴纳 300 法郎，一定年限后，政府按照年龄的不同支付不同的利息，年龄高者利息高，直至该组全部成员死亡为止。《佟蒂法》不支付本金，利息支付也较粗糙，为人寿保险奠定科学基础的是生命表的编制。1693 年，天文学家哈雷，以德国西里西亚的勃来斯洛市 1687～1691 年的市民按照年龄分类编制出死亡统计表，即人类社会的第一张完整的生命表。1762 年，英国人辛普森和道林两人发起的人寿及遗属公平保险社，首次将生命表运用到计算人寿保险费率，标志现代人寿保险的科学化。

（四）责任保险

责任保险最早出现于 19 世纪中期的英国，之后迅速发展。1855 年英国铁路乘客公司开办的铁路承运人责任保险开创责任保险的先河；1870 年后，英国开始了工程责任保险，保险人负担对第三者财产摧毁和生命伤害的赔偿；1875 年，伦敦开办马车意外事故的第三者责任保险；1880 年，英国开始对雇主责任承保，承担雇主对雇员意外伤害应付的赔偿责任；之后不久，保险人也对雇主造成非雇员的伤害承保，形成最早的公众责任保险；1890 年，对特许售酒商提供保险，成为最早的产品责任保险；1896 年，北方意外保险公司对药剂师开错处方的过失提供职业损害保险；1923 年又出现了会计师责任保险。至此，现代责任保险的主要险种，在英国均已产生。

（五）信用保证保险

信用保证保险相对于财产保险的其他构成部分出现较晚，信用保险相对于保证保险则更晚。19 世纪中叶，欧美出现商业信用保险，主要承保国内业务。1919 年，英国成立出口信用担保局，政府开始主导出口信用保险。1702 年，英国设立雇主损失保险公司，开创忠诚保证保险。1901 年，美国马里兰州的诚实存款公司在英国首次提供合同担保。

（六）再保险

再保险作为保险人二次分散风险的工具手段开始于 14 世纪。1370 年，第一份再保险合同签发，将意大利热那亚到荷兰斯卢丝的航程分为两段，从热那亚到加的兹的航段自保，而将加的兹到斯卢丝的航段分保。第一次工业革命之后，再保险发展迅速，再保险形式也由临时向合同转化，1821 年，巴黎国民保险公司和布鲁塞尔业主联合公司签订第一个分保合同。1843 年，德国莱茵货物保险公司分设了威塞尔再保险公司。1952 年，德国科隆再保险公司创立，成为世界上第一家独立的专业再保险公司。1863 年，瑞士再保险公司创立；1880 年，慕尼黑再保险公司成立；1890 年，美国也开始成立专业再保险公司。英国保险规范化程度较高，但再保险发展较晚，1907 年英国才有专业再保险公司，但劳合社在 1889 年的意外险中已经尝试采用再保险的方式，受到当时业界的欢迎。之后，保险界又对地震等巨灾风险的再保险机制进行研究和探讨，1910 年英国第一次签订超赔分保合同，该操作一直沿用至今。

三、中国保险的发展

现代保险制度进入中国已有 200 余年的历史，但其间的发展并非一帆风顺，而是经历了排斥、接受、中断和发展等阶段和历程。

（一）保险的舶来期

保险和其他金融现象及现代经济行为一样，是随着帝国主义攻破中国的大门而来的，中国人认识保险是从外商保险公司的经营中学到的。1805 年，主要从事中国贸易经营的英国商人看到中国保险市场的空白，在广州开设于仁保险公司。从此以后，保险成为一种新生经济形式来到中国。1865 年，华商的上海义和公司保险行成立，这是我国第一家自办的保险机构。1875 年，保险招商局成立。1876 年，洋务派饬令招商局设立任和保险公司，此事件标志着中国有了第一家本土的船舶保险公司。随着洋务运动在 19 世纪 90 年代的失败，保险业几乎完全为国外商人及资本家所控制。在该时期，值得一提的是成立于 1899 年的中国永年人寿保险公司，该公司在香港注册，并制定了中国民众死亡经验表，开展寿险业务，是中国的第一家人寿保险公司。但遗憾的是，当时的中国没有可供援引的相关法律，执行的是英国的保险法。20 世纪后，保险业务在中国的开展逐步扩大化和相对规范化，可以界定其为舶来后期。1921 年，中央信托公司开设保险部，开始经营水火险业务。1926 年后，中国的银行资本相继投资保险业，使得当时的保险市场有了一定规模的发展。20 世纪 30 年代后，政府相继出台了一系列的保险法律和规章制度，民族保险业得到一定发展，但因战乱不断，保险的无序竞争、混乱经营和民众的骗保现象均很严重。据不完全统，至 1949 年，中国约有保险公司 400 家，其中华商保险公司 126 家。

（二）保险的中断期

新中国成立后，和其他的金融企业一样，政府采取一系列措施改建社会主义保险体系，主要包括四种处理手段：一是接管官僚资本保险机构，共有 23 家官僚保险机构被接管。二是整顿民营保险机构，对于民营保险机构，采取的策略是整顿、改造和合并，要求重新登记、缴存保证金，经审核合格后复业。三是挤出外资保险机构，对外资保险公司，政府采用的办法是切断其业务来源，外商由于招揽不到业务，先后停业，至1952年年底全部撤离。四是成立新的保险公司。经当时的政务院财政委员会批准，中国人民保险公司于1949年10月20日正式成立，后陆续在全国范围内设立分支机构并办理国内外保险业务。国内业务主要是火灾保险、国家机关和国营企业财产强制保险、货物运输保险、运输工具保险等财产保险，铁路、轮船和飞机的旅客意外伤害强制保险等人身保险和农业保险。但国内业务开展时间很短，在1958年的人民公社体制下，人民的生老病死均由国家和集体包揽下来，保险自然没有存在的空间和必要，同年11月，中国人民保险公司停办一切国内业务，自此中国真正进入没有保险的时期，此时期长达20年之久。

（三）保险的恢复期

1979年，经国务院批准，中国人民保险公司恢复国内业务，至1980年年底，全国除西藏外的各省、自治区和直辖市均恢复了保险分支机构的设立，中国保险又重新成为经济、社会运行中的一个重要组成部分。1986年，新疆生产建设兵团农牧生产保险公司成立；1988年，深圳平安保险公司成立；1991年，太平洋保险公司成立[①]。至此，中国保险市场中出现了多家保险公司，打破中国人民保险公司独家经营的格局。

（四）保险的发展期

1992年，美国友邦保险公司在上海设立分公司，标志着我国保险市场的对外开放。1995年6月30日，第八届全国人民代表大会常务委员会第十四次会议通过了《中华人民共和国保险法》。1998年11月中国保险监督管理委员会正式成立，统一监管保险市场。2001年12月，我国正式加入世界贸易组织，保险市场进一步开放，现在我国境内外资保险公司总数已超过中资保险公司。2002年10月28日，第九届全国人民代表大会常务委员会第三十次会议通过《关于修改〈中华人民共和国保险法〉的决定》。2009年2月28日，第十一届全国人民代表大会常务委员会第七次会议通过《中华人民共和国保险法》的修订，自2009年10月1日起施行。2006年，国务院颁布《国务院关于保险业改革发展的若干意见》，充分肯定保险公司在改革开放后取得的成绩，并对保险业下一步的改革发展提出相关要求。同年，我国通过机动车交通事故责任强制保险并正式施行。2012年5月，我国允许外资保险公司经营交强险业务。2002～2011年是我国保险发展最为迅速的10年，其间许多发展指标都能够非常好地说明问题。2011年保费收入1.43万亿元，是2002年的4.68倍，保险密度1 064元，是2002年的4.5倍，保费规模世界排名第6位，平均每年上升1位；保险公司总资产从6 494亿元增加到66 087亿元，增长9.18倍；保险从业人员从151万人增加到400万人；中资保险法人机构数量从22家增至110家，保险机构数量增加400%，其中6家保险公司在境内外上市，4家公司进入世界企业500强。保险业已成为国民经济中发展最快的行业之一，不同业务类型、多种组织形式的主体日趋丰富，专业化

① 严格地讲，太平洋保险公司成立于1943年。1943年12月，由交通银行、金城银行和大陆银行集资在陪都重庆创办，1946年迁入上海，新中国成立后按官僚资本性质由人民政府接管。1991年，由中国人民银行批准，交通银行在全国各地开办保险业务的基础上新组建一家商业保险公司，承接1943年旧交通银行投资创办的“太平洋股份有限公司”的品牌，定名为“中国太平洋保险公司”，于同年4月26日在上海开业。

分工与合作的市场格局初步奠定，适度竞争、充满活力的现代保险市场体系基本形成。

➤补充学习资料

洋务派首创旧中国保险业

1872 年(清同治十一年)，中国的洋务派在“先富而后能强”的呼声中，采取“官督商办”的经营方式，在上海创办了第一家国家经营的中国招商局，从事航运业。招商局为了拓展业务，出资 20 万两白银，于 1875 年 12 月创办了保险招商局，由唐景星、徐雨之总理其事。保险招商局公布的第一批办理保险业务的地方，为镇江、九江、汉口、宁波、天津、烟台、营口、广州、上海、福州、香港、厦门、汕头等 13 个国内口岸；第二批为台北、淡水、基隆、打狗这 4 个中国台湾省口岸，以及新加坡、吕宋(菲律宾)、西贡、长崎、横滨、神户、大阪、箱馆等国外口岸。自此，打破了外国保险公司对中国保险市场的垄断局面。

保险招商局仿照国外保险业章程，承办该局所有轮船、货栈和货物运输的财产保险业务。1885 年，为了适应保险业务的需要，保险招商局改组为独立的“仁和”、“济和”两家保险公司。1887 年，“仁和”、“济和”又合并组成了“仁济和保险公司”，拥有资金股本 100 万两白银，业务范围也开始从海上转向陆地口岸，承办各种水险与火险业务。

到 20 世纪 30 年代前后，各类性质的保险行业应运而生。从资金性质来看，既有官僚资本的，也有民族资本合股筹建的，还有中外合办的保险企业。这就形成了三足鼎立的格局，其业务则涉及工商、财产、人寿、运输等险种。中国官僚资本开办的保险公司，由国民党政府直接控制下的中央分行、中国银行、交通银行、中国农民银行、中央信贷局、邮政储金汇业局和中央合作金库等投资。例如，1931 年 11 月 1 日由中国银行投资 500 万元创办的中国保险公司，到 1938 年 8 月已扩展到海外，分别在香港和新加坡设立分公司，经营各种财产保险和人寿保险。中国保险公司旗下的子公司——中国人寿保险公司 1940 年由中国农民银行投资建立中国农业保险公司，主要业务由农本局投保，独家经营中国蚕茧保险，并对与农业有关的保险规章制度进行调查研究。中国农民银行还于 1941 年 1 月成立中国农业保险公司，国家资源委员会于 1943 年 7 月成立保险事务所，交通银行于 1943 年 12 月开办了太平洋保险公司。1935 年 10 月，由中央银行拨款 500 万元，在上海成立的中央信托局保险部，除承办一般业务外，还开办了白银保险、盐运保险、集中再保险等几项特殊保险业务。1939 年中央信托局保险部为配合抗日战争开办的战时陆地兵险和战时运输兵险两项特殊险种，是中国人在保险史上的创举。为了开办这两项特殊险种，财政部拨给保险部资金 1000 万元作保险费。

(资料来源：中华网，http://news.china.com/zh_cn/culture/edu/10000941/20041215/12015926.html；中国太平洋财产保险股份有限公司网，http://sz95500.com.cn/20007300780.htm.)

➤复习思考题

1. 请回答保险的定义和基本特征。
2. 保险与储蓄、赌博、自保、救济、担保有着怎样本质的差异？
3. 请回答保险的主要分类标准及具体类别。

4. 概述保险的基本功能和派生功能。
5. 请回答保险在社会经济中的作用。
6. 简述主要保险的起源与发展及中国保险的发展历程。

第三章

保险合同

保险关系是保险当事人之间依据保险合同产生的权利义务关系和国家在对保险业进行监督管理过程中产生的各种社会关系。因此保险合同是构建保险关系最基本的权利义务关系，保险商品的买卖则必须建立在合法有效的保险合同之上。本章将重点介绍保险合同的特征及形式，保险合同的构成，保险合同的履行以及保险合同的解释原则与争议处理。

第一节　保险合同的特征及形式

一、保险合同的概念及具备的条件

（一）保险合同的含义

保险合同(insurance contracts)又称保险契约，它是保险关系双方之间订立的一种具有法律约束力的协议，即根据约定，一方支付保险费给另一方，另一方在保险标的遭受约定的事故时，承担经济赔偿责任，或者在约定事件出现时，履行给付保险金的义务。从以上概念可知，保险合同是约定保险权利义务关系的，由投保人与保险人缔结的协议。

（二）保险合同应具备的条件

保险合同是根据《中华人民共和国合同法》(简称《合同法》)制定的，为了在法律上能合法有效，保险合同必须具备以下四个基本条件。

1. 保险合同当事人必须合法

(1)保险人必须具有合法资格。保险人必须是按照法律规定条件，经金融监督管理部门批准，并取得经营保险业务许可证，向工商行政管理机关办理登记，领取营业执照的法人组织，个人不得从事保险经营。

(2)投保人必须具有合法资格。相对保险人而言，法律对于投保人的资格限定要少得多。一般来说，投保人可以是自然人、法人和其他社会组织。当投保人是自然人时，投保人必须具备完全民事行为能力，无行为能力和限制行为能力的人不能签订保险合同。法律对投保人资格的限定主要体现在投保人对保险客体的合法性要求。我国《保险法》第 12 条规定，人身保险的投保人在保险合同订立时，对被保险人应当具有保险利益；财产保险的被保险人在保险事故发生时，对保险标的应当具有保险利益。

2. 保险合同主体的意思表示必须真实

保险合同首先是双方当事人意思表示一致的结果，其次双方当事人的意思表示必须真实。所谓意思表示真实，是指当事人的内心想法与其表达于外的内容具有一致性。一般情况下，当事人的意思表示总会是真实的，但在某些情况下，由于主观或客观上的原因，往往会造成意思表示不真实的情况，例如，因一方欺诈、胁迫或乘人之危等导致另一方当事人意思表示不真实，此时的合同将会因为意思表示不真实而可能面临被撤销的处理。

3. 保险合同的内容必须合法

保险合同内容合法是指保险合同的内容不得违反现行法律、行政法规的强制性规范；当事人不得规避法律，利用保险合同实现非法目的；当事人不得恶意串通，损害国家利益和社会公共利益。另外保险合同内容合法还包括内容不得违背社会的公序良俗。

4. 保险合同形式必须合法

保险合同是要式合同，即保险合同的订立必须采取法律规定的书面形式，口头合同无效。

二、保险合同的特征

（一）双务性[①]

根据合同当事人双方是否存在对待给付义务将合同分为单务合同和双务合同。双务合同是指当事人双方互负对待给付义务的合同，即一方当事人享有的权利正是对方当事人所负有的义务。而单务合同则是合同当事人双方并不相互负有对待给付义务的合同，即债权人并不是只享有权利而不承担义务，债务人也不是只承担义务而不享有任何权利，只是指当事人的权利义务并不是相对应的。保险学界对于保险合同的这一特征的争议主要源于对单务合同概念理解上的差异。本书认为保险合同是双务合同，原因在于投保人承担交付保险费的义务与保险人收取保险费的权利相互对应；而投保人或被保险人享有的在约定保险事故发生后获取保险赔偿或给付的权利，也正好与保险人承担的该义务相对应，因此保险合同当事人双方相互承担着对待给付的义务。但是对待给付并不意味着等价给付，承担义务也不意味着一定要兑现义务，因此在保险合同中即使投保人交付了保险费，而由于保险事故没有发生，保险人没有真正承担赔偿给付义务也不影响双方当事人互负对待给付义务。

（二）射幸性

射幸是碰运气、赶机会的意思。射幸性是指保险合同履行的结果建立在事件可能发生，也可能不发生的基础之上。在合同有效期内，假如保险标的发生损失，则被保险人从保险人那里得到的赔偿金额可能远远超出其所支出的保险费；反之，若无损失发生，则被保险人只付出了保费，而没有得到任何货币补偿。保险人的情况则刚好相反，当发生保险

---

① 关于保险合同的这个特征有争议，如魏华林、林宝清主编的《保险学》即认为保险合同具有双务性，许谨良编著的《保险学原理》则认为保险合同是单务合同。现在国内大多数教科书认为保险合同是双务合同，而英美法系的学者则大多认为其是单务合同。

事故的时候，保险人给付保险金的金额可能远远超过收取的保费；若无事故发生，则坐收保险费。保险合同的射幸性来源于保险事故发生的偶然性，尤其在财产保险合同中表现得尤为明显。而在人寿保险合同中，大多数情况下，保险人给付保险金的义务是确定的，只是给付时间先后不同而已。因此，许多人寿保险合同具有储蓄性，而射幸性特点较弱。另外，保险合同的射幸性特点是仅就单个合同而言，如果从全部承保的保险合同总体来说，保险费与赔偿金额的关系以精确的数理计算为基础，收入与支出原则上保持平衡，因此总体来看，保险合同不存在射幸性特点。

（三）条件性

所谓条件性，是指保险人的赔付责任取决于被保险人或者受益人是否遵守保险合同的条件。条件是保险合同上的条款，逐条陈述双方的权利和义务。若投保人没有尽到合同要求的义务，则保险人可以根据违反保险合同条件拒绝赔偿。例如，火险单中规定，被保险人在火灾发生之后必须立即给予保险人书面的损失通知，如果被保险人不合理地拖延报告损失的时间，则保险人可以拒赔。

（四）附和性

多数经济合同由当事人就每个合同条款具体协商确定，然而保险合同通常使用格式条款，即合同基本条款由保险人单方面拟定，投保人只能依照该条款选择同意接受或不同意投保，一般没有修改条款的权利。如果有必要修改或变更保单的某项内容，也只能采用保险人事先准备的附加条款或附属保单，而不能完全依照投保人的意思做出改变。为补救这种格式条款的不足，法院在裁决合同中的模糊语句时要做出有利于被保险人的解释。中国保险监督管理委员会(简称中国保监会)2004 年 4 月下发《推进人身保险条款通俗化工作指导意见》，要求保险条款语言流畅、文字浅显易懂，便于消费者理解，对条款中的专业术语应以非专业语言进行释义。但是，保险合同也并非全部采用格式条款形式，有的特殊险种合同不具有附和性，由双方协商签订。因此保险合同不是典型的附和合同，而是具有附和性的合同。保险合同具有附和性的原因在于：保险人掌握保险技术和业务经验；投保人往往不熟悉保险业务，因此很难对条款提出异议。

（五）属人性

保险合同的这一特性体现在财产保险合同中，保险合同所保障的是遭受损失的被保险人本人，而不是遭受损失的财产。由于每个人的禀性、行为等将极大地影响到风险标的发生损失的可能性和严重性，因此保险人在审核投保申请时，需要根据不同投保人的条件以及投保财产的状况来决定接受还是拒绝，或者增设承保的条件和提高费率。也正因为保险合同的属人性，投保人在转让自己财产的同时，不能同时转让其保险合同，除非经过保险公司的同意。

三、保险合同的分类

根据不同的分类标准，保险合同可以划分出不同的保险合同类别。

（一）按照保险合同保障的标的分类

(1)财产保险合同。财产保险合同即以有形财产或无形财产为保险标的的合同，财产保险合同属于价值损失补偿性合同。

(2)人身保险合同。人身保险合同即以人的生命、身体或健康作为保险标的的合同。由于人身不能用金钱价值来衡量，因此保险人在保险事故发生后按约定的保险金额给付保险金，这种给付不是对人的实际利益损失的赔偿，仅是根据投保人的购买力做出的制度安排。但人身保险中的健康保险，负责被保险人的疾病津贴，因疾病等原因引起的医疗费用，是被保险人的实际利益损失，与财产保险相似，属于价值补偿性合同。

（二）按照保险价值是否在合同中预先确定分类

1. 定值保险合同

(1)定值保险合同的含义。定值保险合同是保险合同双方当事人事先确定保险标的价值，并在合同中载明，以确定保险金最高限额的保险合同。在定值保险合同约定的保险事故发生后，保险人应当按照约定的保险价值作为给付保险赔偿金的基础。在实践中，定值保险合同多适用于艺术品、矿石标本、贵重皮毛、古董等不易确定价值的财产为标的的财产保险。海上保险也多采用定值保险，因为海上保险标的物的价值受时间和空间的影响很大，如果在事后估计损失，技术上受到很大限制。在定值保险合同中，除非保险人能够证明被保险人有欺诈行为，否则在保险事故发生后，保险人不得以标的物实际价值与约定价值不符为由拒绝给付保险金。

(2)定值保险合同的优缺点。定值保险合同的优点：一方面，由于保险价值事先确定，保险事故发生后不必再对保险标的重新估价，因此理赔手续简便；另一方面，保险金额的确定简便易行，避免和减少当事人的纠纷。定值保险合同的缺点：保险人与投保人在保险标的价值确定上的信息不对称，投保人容易过高确定保险价值，进行保险欺诈。因此，定值保险合同的运用范围有限。

2. 不定值保险合同

不定值保险合同即保险双方当事人对保险标的不预先确定其价值，而在保险事故发生后再估算价值，确定损失的保险合同。实践中，大多数财产保险合同均采用不定值保险合同。

（三）按照保险金额与保险价值的关系分类

(1)足额保险合同。足额保险合同即保险金额与保险价值相等的保险合同。在足额保险的情况下，保险事故造成保险标的全部损失，保险人应根据保险价值全部赔偿；保险标的物有残值，则保险人对此享有物上代位权，也可以作价折给被保险人，在给付保险金中扣除该部分价值；保险事故造成保险标的部分损失，保险人应按实际损失确定保险赔偿金额；保险人以提供实物或修复服务等形式作为保险赔偿的方式，保险人于赔偿后享有对保险标的物的物上代位权，或者当修复增加保险标的物的实际价值或其功能明显改善时，保险人在赔款中可扣除被保险人的增加利益。

(2)不足额保险合同。不足额保险合同，又称低额保险合同，即保险金额小于保险价值的保险合同。由于不足额保险合同中所规定的保险金额低于保险价值，因此保险标的的这部分风险并未受到保险合同保障，当保险事故导致保险标的全损时，保险人只按约定的保险金额予以赔偿；而导致保险标的部分损失时，保险人按照实际损失的受保障比例确定赔偿金额。

(3)超额保险合同。超额保险合同，即保险金额超过保险价值的保险合同。由于超额保险容易引发道德风险，对保险业的发展危害极大，因此各国的保险立法均严格限制超额保险合同。

（四）按照保险标的数量分类

(1)单个保险合同。单个保险合同又称单独保险合同，即以一人或一物为保险标的的合同。

(2)集合保险合同。集合保险合同即集合多数性质相似的保险标的，而每一保险标的分别订有各自的保险金额的保险合同。在财产保险中，集合被保险人的若干艘船只订立一个保险合同。如果保险事故发生，保险人对每一个保险标的在保险金额的限度内根据实际损失承担保险赔偿责任，如为人身保险，则根据保险金额为足额的保险金给付。

(3)综合保险合同。综合保险合同即对承保的多数保险标的确定一个总的保险金额，而不分别规定保险金额的保险合同。这种合同无特定的保险标的，而是以一定标准设定范围，按此范围内的所有标的来规定一个保险金额，保险人在保险金额的限度内承担保险责任。综合保险合同既可以用在财产、责任保险中，也可以用在团体健康和意外伤害保险中。

（五）按照保险人承保风险分类

(1)指定险保险合同。指定险保险合同即保险人承保一种或几种指定风险的保险合同，在此种合同中，保险人一般在保险条款中明确列举出所承保的风险，仅承保一种风险的叫单一风险保险合同，承保数种风险的叫综合风险保险合同。

(2)一切险保险合同。一切险保险合同即保险人承保"除外责任"以外的一切风险的保险合同，一切险保险合同的保险人在保险条款中不明确列举所承保的风险，而是以"除外责任"条款来确定承保风险范围。其优点在于为被保险人提供较为广泛的风险保障，便于明确责任，减少当事人之间的争议。

（六）按照保险当事人分类

(1)原保险合同。原保险合同是投保人直接与保险人订立的保险合同，保险标的若有损失，由保险人直接向被保险人或受益人承担赔偿给付责任。

(2)再保险合同。再保险合同是原保险人与再保险人订立的保险合同，保险人在直接承保业务之后，把自己承担的保险责任的一部分转让给另一保险人，以分担风险。

四、保险合同的形式

保险合同按照其订立的程序，大致可以分为以下几种书面形式。

（一）投保单

投保单(application form)又称投保书，是投保人向保险人申请订立保险合同的书面要约。投保单由保险人准备，通常有统一的格式，投保人依照保险人所列项目逐一填写。投保单是投保人要向保险人如实告知投保风险的程度或状态的文书，也是保险人决定承保与否的依据。投保单本身并非正式合同的文本，但投保人在投保单中所填写的内容会影响到合同的效力。投保单上若有记载，即使保险单上记载有遗漏，其效力也与记载在保险单上的一样。另外，如果投保人在投保单中告知不实，在保险单上也没有修正，保险人可以以投保人违反诚信原则为由，在规定期限内宣布合同无效。

（二）暂保单

暂保单(binding slip)又称临时保单，是保险单发出前的临时合同，暂保单不是订立保险合同的必经程序，暂保单的出具一般有以下几种情况：保险代理人在争取到业务但尚未向保险人办妥保险单手续前，可先出具暂保单，以作为保险的证明；保险公司的分支机构在接受投保时，需要请示总公司审批，在尚未获得批准前，可先出具暂保单，以作为保险证明；正式保单需由电脑统一处理，而投保人又急需保险凭证，保险人可先签发暂保单，作为保险合同的凭证；保险人和投保人在洽谈或续订保险合同时，订约双方当事人已就主要条款达成协议，但还有些条件需要进一步商讨，在没有完全谈妥之前，可先出具暂保单，以作为保险证明；出口贸易结汇中保险单是必备文件之一，在保险人尚未出具保险单或保险凭证前，先出具暂保单，以证明出口货物已经办理保险，作为结汇凭证之一。暂保单的法律效力与正式保单的效力完全一样，但有效期限较短，一般为30天，在此时限内，保险单或保险凭证出具后，暂保单就自动失去效力，保险人也可在正式保单发出前终止暂保单效力，但必须提前通知投保人。

（三）保险单

保险单(insurance policy)简称保单，是投保人与保险人之间订立保险合同的正式书面证明。保险单必须明确、完整地记载有关保险双方的权利和义务，它所记载的内容是双方履约的依据。

（四）保险凭证

保险凭证(insurance certificate)也是保险合同的一种书面证明，简称小保单，适用范围较小，如货物运输保险和汽车第三者责任险等。在我国，为了简化外贸单证手续，保险公司与外贸公司合作，采用一种联合保险凭证，附印在外贸公司的发票上，当外贸公司缮制发票时，保险凭证也随即办妥。保险凭证与保险单具有同样的法律效力，凡保险凭证未列明的事项，均以保险单上的记载为准。

第二节 保险合同的构成

保险关系属于民事法律关系的范畴，任何一项民事法律关系都包括主体、客体和内容三个构成要素，保险合同是确定保险法律关系的载体，因此保险合同也由保险合同的主体、客体、内容三部分构成。

一、保险合同的主体

保险合同的主体是参加保险这一民事法律关系，并享有权利和承担义务的人，包括保险合同的当事人、关系人和辅助人。

（一）保险合同当事人

保险合同的当事人是合同规定的权利义务承担的主体，包括保险人(insurer)和投保人(applicant)。

(1)保险人。保险人也称承保人，是与投保人签订保险合同，并向投保人收取保险费，在保险合同规定的保险事故发生时，对被保险人承担赔偿损失给付责任的人。各国法律一般要求保险人具有法人资格，并且经过政府有关部门审核批准，取得经营资格，才能经营保险业务。政府对保险人资格审查比较严格，保险人需具备一定数量的资本金，保持应有的偿付能力。另外，为保护被保险人、受益人和社会利益，各国均有专门管理保险人的法律及机构。

(2)投保人。投保人又称要保人，是对保险标的具有可保利益，向保险人申请订立保险合同，并负有交付保险费义务的人。投保人可以是法人，也可以是自然人，通常需要具备以下三个条件：①具有完全民事权利能力和行为能力。根据《中华人民共和国民法》(简称《民法》)，18 周岁以上的公民具有完全民事行为能力，但年满 16 周岁以自己的劳动收入为主要生活来源者视为完全行为能力人，因此对于自然人投保，需要年满 18 周岁或者特殊情况下年满 16 周岁，且精神正常，能够辨认自己的行为，我国简易人身保险条款的投保人年龄为 16 周岁。②对保险标的必须具有可保利益。投保人对保险标的不具有保险利益，则不能申请订立保险合同，已经订立的保险合同也会因此而无效。③有交纳保险费的能力。保险合同是有偿合同，投保人取得风险保障的代价是以支付保险费为前提的，保险人无权免除投保人的这一义务。

(二)保险合同关系人

由于保险合同当事人既可以为自己的利益，也可以为他人的利益签订保险合同，既可以为生存利益投保，也可以为身故利益投保，这使得被保险人(insured)和受益人(beneficiary)成为保险合同两个重要的关系人。

1. 被保险人

被保险人是指其财产、利益或生命、身体、健康等受保险合同保障的人。在财产保险中，被保险人是对保险标的具有所有权或其他利益的人，当保险事故发生使其遭受损失时，被保险人有权请求保险人赔偿。在人身保险合同中，当发生约定的保险事件或保险期满时，被保险人有权请求保险人给付保险金。被保险人与投保人的关系有两种情况：一种是投保人为自己的利益而签订保险合同，这时投保人即为被保险人。另一种是投保人为他人利益签订保险合同，这时投保人和被保险人为两个不同的人，这种情况下，若投保人未能按时交纳保险费，被保险人可以代投保人交付，以便保持合同继续有效，保险人不能予以拒绝。被保险人需要明确规定于合同中，具体方式包括：

(1)在保险合同中明确列出被保险人的名字。被保险人可以是一个，也可以是多个，但均须列明。一般地，当被保险人之一死亡，其余被保险人仍可继续享受保险保障的权利，保险合同继续生效，直至期限届满。

(2)以变更保险合同条款的方式确认被保险人。该方式是在保险合同中增加一项变更被保险人的条款，一旦该条款所约定的条件成立时，补充的对象就自动取得被保险人的地位，变更方式确认被保险人通常用于财产的承租人或受托人等场合，变更后的被保险人资格与原被保险人相同。

(3)采取订立多方面适用的保险条款确认被保险人。该方式不具体指明被保险人的姓名，也不是用排序的方式确定被保险人，而是通过扩展确认被保险人，每一被保险人都具有同等的地位。

2. 受益人

受益人是指人身保险合同中由被保险人或投保人指定的享有保险金请求权的人，分为生存受益人和身故受益人。生存受益人为被保险人本人，身故受益人需要指定或者法定，法定受益人为被保险人的继承人，此处所说受益人主要指的是身故受益人。

(1)受益人的构成条件。受益人的构成条件包括两个内容：①受益人是享有赔偿请求权的人。受益人以外的他人无权分享保险金，在保险合同中，受益人只享有权利，不承担缴付保险费的义务。②受益人要在保险合同中载明。投保人、被保险人本人可以为受益人，也可以指定他人为受益人，当投保人指定他人或本人为受益人时，必须征得被保险人的同意。在指定受益人时，受益人不一定要对被保险人具有保险利益，如果投保人或被保险人未指定受益人，则被保险人的法定继承人即为受益人。受益人的受益权以被保险人死亡时尚生存为条件，若受益人先于被保险人死亡，由投保人或被保险人另行指定新的受益人或者回到法定状态，而不能由受益人的继承人继承受益权。

(2)受益人的可否撤销性。根据受益人是否可撤销，分为可撤销和不可撤销受益人两种。在未作特别说明的情况下，保险合同的受益人通常为可撤销的，针对可撤销的受益人，受益人的撤销或变更不必征得保险人的同意，但应通知保险人，否则保险人对原指定的受益人给付保险金后不再承担赔偿或给付责任；针对不可撤销的受益人，保险合同生效后，投保人或被保险人只有在受益人同意时才有权更换受益人或撤销受益人的受益权。

(3)身故受益人与继承人的区别。虽然身故受益人和继承人都是在被保险人死亡后受益，但是两者的性质不同。受益人享有的受益权是原始取得，继承人享有的遗产分割权是继承取得，受益人没有用其领取的保险金清偿被保险人生前债务的义务，继承人则有在其继承的遗产范围内为被继承人偿还债务的义务。

(三)保险合同辅助人

保险合同的辅助人包括保险代理人(insurance agent)、保险经纪人(insurance broker)和保险公估人(insurance assessor)，三者共同构成保险中介市场的支柱。

(1)保险代理人。保险代理人是根据保险人的委托，向保险人收取佣金，并在保险人授权范围内代为办理保险业务的机构或个人。我国《保险法》把保险代理人分为保险专业代理机构、兼业代理机构和个人代理人，并规定从事保险代理业务的人员必须具备监管机构规定的资格条件，取得监管机构颁发的资格证书。

(2)保险经纪人。保险经纪人是投保人或被保险人的代理人，是独立于保险人的保险中介人，其受投保人或被保险人的委托，代办投保、续保、交付保险费、索赔以及保险档案管理等活动。保险经纪人按照最大诚信原则经营业务，其佣金一般按保险费收入计收，通常由保险人支付，佣金率由保险人和保险经纪人按业务种类和所花费的劳务协商确定，一般在10%～20%的比率内。保险人也可以根据保险经纪人提供的业务质量和赔付率支付利润分享佣金，如果保险经纪人只为被保险人代办索赔手续，由被保险人支付其酬金，同样的，如果保险经纪人仅向客户提供风险管理咨询服务，则由客户支付其咨询费。

(3)保险公估人。保险公估人是指接受保险当事人委托，专门从事保险标的评估、勘验、鉴定、估损、理算等业务的机构或组织。我国《保险法》第129条规定，保险活动当事人可以委托保险公估机构等依法设立的独立评估机构或专业人员，对保险事故进行评估或鉴定。保险理赔是一项专业性很强的工作，保险公估人站在客观公正的立场上，凭借其专业知识做出评价，有助于赔案的合理解决。

二、保险合同的客体

保险合同的客体与保险合同标的不是一个概念，保险合同的客体是指保险人和被保险人双方权利义务所指向的对象，若没有客体，则没有保险合同当事人双方，也无权利、义务可言。保险合同标的则是保险合同所载明的投保对象，是保险事故发生的本体，即作为保险对象的财产及其有关利益或者人的生命、身体和健康。特定的保险标的是保险合同订立的必要内容，但是订立保险合同的目的并非保障保险标的本身。投保人将保险标的投保后并不能保障保险标的本身不发生损失，而是在保险标的发生损失后，他们能够从经济上得到补偿。因此，保险合同实际上保障的是被保险人对保险标的所具有的利益，即可保利益。

可保利益与保险标的的含义不同，但两者又相互依存。通常，可保利益以保险标的的存在为条件：保险标的存在，投保人或被保险人的经济利益也存在；保险标的遭受损失，投保人或被保险人也将蒙受经济上的损失。因此，保险合同的客体是指投保人或被保险人对保险标的所具有的法律上承认的利益，即可保利益。

三、保险合同的内容

保险合同的内容是指保险双方当事人的权利义务的界定。具体而言，保险合同一经签订，投保人与保险人都必须履行合同规定的义务，并享有相应的权利，即投保人必须按照合同约定履行缴纳保险费的义务，保险人则享有收取保费的权利；而在保险事故发生并遭受经济损失或约定事件出现时，保险人必须按照合同约定履行赔偿或给付保险金的义务，被保险人则享有获得赔款或保险金的权利。保险合同的内容体现在保险合同的条款上，具体分为基本条款和附加条款。

（一）基本条款

基本条款是关于保险合同当事人和关系人权利义务的规定以及按照其他法律一定要记载的事项。基本条款主要包括以下几项：

(1)当事人的姓名、名称和住所。该条款是为保险合同的履行提供一个前提，在合同订立后，缴纳保费、赔偿保险金额均需要当事人名称及住所信息。保单是由保险人印制的，直接注明保险人的名称及住所，需要填写的是投保人、被保险人和受益人的姓名、名称及住所。如果被保险人不止一个，则需要在保单中列明。

(2)保险标的。当事人在订立保险合同时，必须将保险标的明确记载于合同中，并据以判断投保人或被保险人是否对其具有保险利益。同一保险合同中可以具有多个保险标的，如集合保险合同和综合保险合同。

(3)保险金额。保险金额是保险合同的重要内容，对于没有保险金额的合同，如责任保险，则由赔偿限额代替。保险金额或赔偿限额由保险当事人约定，是保险人收取保费的计算标准，也是补偿给付的最高限额；也是投保人缴纳保费、被保险人索赔和获得保险保障的最高数额。因此，保险金额对于正确计算保费、进行保险偿付和稳定合同关系等，都具有十分重要的意义。保险金额的确定既要考虑到保险人的利益，也要考虑被保险人的保障程度和合理负担，应当依据以下两个原则：①不超过保险标的价值。在财产保险中，以保险财产估价来核定保险价值，估价过低，保险金额会相应减少，保费也会减少，但保障程度也随之降低，从而使被保险人在保险财产遭受损失时得不到充分的赔偿；反之，如果保险财产估价过高，保险金额就会相应提高，保费也会增加，然而在保险标的遭受损失时，保险人只能按照实际损失给予赔偿，超过保险价值的保险金额得不到赔付。在人身保险中，不存在保险价值的问题，保险金额是在订立合同时，由双方当事人协商确定的，它一般只受到投保人支付保费的能力和被保险人健康状况的限制。②严格遵循可保利益原则。从价值量看，当保险标的属于投保人全部所有，投保人的可保利益与保险价值相等，当投保人只享有保险标的部分权益时，其对该保险标的就仅有部分保险利益。保险金额的确定首先必须明确可保利益，保险金额的大小与可保利益始终保持一致。

(4)保险费。保险费是投保人向保险人购买保险所支付的价格，是建立保险基金的源泉，保险人是否有赔偿能力，取决于其所收取的保费总额是否能够弥补所承担的全部赔偿责任。保险费率一般是保险合同必须记载的事项，但只要投保人同意支付保费，即使合同中没有载明，也不影响合同的效力。

(5)保险期限。保险期限即保险合同的有效期限，即保险合同从生效到终止的时间段，保险期限既是计算保费的依据，也是保险人承担赔偿或给付义务的根据。保险合同是承担风险的合同，风险的不确定性决定了保险合同明确规定期限的必要性，只有在保险期限内发生保险事故，保险人才承担偿付责任。计算保险期限通常有两种方法：①按日历年、月计算。例如，财产保险通常为一年，期满后可以续订新约，人身保险的存续期间较长，有5年、10年、15年、20年甚至终身等。②以一项事件的始末为存续期间。例如，货物运输险以一个运程为保险期间，工程保险以一个工期为保险期间。

（二）附加条款

附加条款是指保险人按照投保人要求增加承保风险的条款，附加条款主要是用于扩大或限制基本条款所规定的权利与义务，增加了附加条款意味着扩大或缩小标准保险合同的承保范围。设立附加条款的目的在于：第一，扩大基本条款的伸缩性，以适应不同投保人的特别需要；第二，变更保险单原规定的内容，如扩大承保的危险责任、增加保险标的等。附加条款通常也由保险人事先印就一定格式，待保险人与投保人做出特别约定后，填好并附贴在保险单上。

第三节 保险合同的履行

一、保险合同的订立

保险合同的订立(conclusion)是投保人与保险人之间基于意思表示一致而做出的拟定合同的法律行为，保险合同的订立须经过投保人提出要求和保险人同意两个阶段，这两个阶段即合同实践中的要约和承诺。

（一）要约

要约(offer)是一方当事人向另一方当事人做出的希望与对方订立合同的意思表示，即一方当事人将其订约意愿以及合同的主要条件明白表达出来，以便让对方考虑是否接受。一个有效的要约应具备三个条件：第一，要约要有明确的订约意图；第二，要约的内容必须明确具体；第三，要约到达受约方时生效。另外，要约原则上是向特定的人提出的，如想向谁订立合同就向谁提出，但是若向不特定的人提出的订约意图明确、内容具体清楚的意思表示也可以是要约。

保险合同的要约通常由投保人提出，投保人根据保险人事先拟定好的保险条款内容填具投保单，并交给保险人的行为即为要约。要约人一经提出要约，在要约的有效期内要受要约约束，受约人只要在要约有效期限内，完全同意要约，要约人就有与受约人订立合同的义务。因为受约人可能因接到要约而拒绝他人的要约，或已为履行合同做了某些准备，如果要约人随意撤回或变更要约，受约人会因此而遭受损失。

（二）承诺

承诺(commitment)是受约人在要约有效期限内接受要约的意思表示，承诺一旦生效，合同即成立。因此承诺也需要具备以下生效要件：第一，承诺的主体是受约人，而非他人；第二，承诺的内容应与要约一致；第三，承诺应在要约有效期限内送达要约人；第四，承诺的形式可以是书面、口头或其他形式，但若要约对承诺的形式有所要求，则承诺的形式应符合该要求。保险合同订立过程中的承诺是保险人对投保人填具的投保单进行审查、签章的承保行为，一旦保险人签章同意投保单的内容，保险合同即告成立。

二、保险合同的生效

保险合同成立(establishment)是指投保人与保险人就保险合同条款达成协议。保险合同的生效则是指保险合同对当事人双方发生约束力，即合同条款产生法律效力。一般而言，合同一经依法成立即生效。但是许多保险合同约定，合同通常是在成立后的某一时刻生效，因此，保险合同成立并不同时表明保险合同生效。保险合同生效前后保险人的责任是不同的：保险合同成立后但尚未生效前发生保险事故的，保险人不承担保险赔付责任；保险合同生效后发生保险事故的，保险人按约定承担保险责任。当然，投保人与保险人也可在合同中约定，合同一经成立即发生法律效力，此时保险合同即生效。

除了时间上的差异之外，保险合同是否生效还取决于双方当事人的意思表示是否真实，若因为违背保险的最大诚信原则而导致当事人签约的意思表示不真实，则保险合同可能会因此而无效。例如，各国保险立法都要求保险人要对合同中的免责条款做出提示或明确说明，否则该条款将无效。

另外，各国保险法通常规定，在下列情况下保险合同无效：合同系代理他人订立但未声明的；恶意的重复保险，保险合同全部无效，若由于善意导致超额保险，则仅仅是保险金额超过保险价值的部分无效；人身保险中未经被保险人同意的死亡保险合同无效，但是父母为未成年子女投保的人身保险不受该限制；人身保险中被保险人的真实年龄已经超过保险人所规定的年龄限制的无效。

三、保险合同的履行

保险合同的履行即双方各自承担自己的义务。

（一）投保人的义务

1. 缴纳保费的义务

缴纳保费是投保人最重要的义务，投保人必须按照约定的时间和方式缴纳保费。保费通常以现金缴纳为原则，但经保险人同意，也可以票据或其他形式缴纳。一般来说，财产保险合同采用一次缴纳保费的形式；人身保险合同可以采取趸交、分期缴纳、终身缴纳等方式。根据保险通例，保费可由投保人缴纳，也可由第三人缴纳，但第三人并不因此享有保险合同上的利益，保险人也不能在第三人缴纳保费后，请求其继续支付，而只能向投保人要求。缴纳保费与合同效力的关系通常由当事人约定，一般情况下，若投保人未按期缴纳保费，将产生下列法律后果：①在约定保费按时缴纳为保险合同生效要件的场合，保险合同不生效；②在财产保险合同中，保险人可以请求投保人缴纳保费及迟延利息，也可以终止保险合同；③在人身保险合同中，如果投保人未按照约定期限缴纳保费，保险人应进行催告。投保人应在一定期限内缴纳保费，否则保险合同自动终止。

2. 通知义务

投保人的通知义务有两个：一个是保险事故危险增加的通知义务；另一个是保险事故发生的通知义务。

(1)危险增加的通知义务。在保险合同中，危险增加有其特定含义，即在订立保险合同时，当事人双方未曾估计到的事故危险程度增加，保险事故危险增加的原因一般有两个：一是由投保人或被保险人的行为所致；二是由投保人或被保险人以外的原因导致。这两种情况下，投保人知道危险增加后，都应当立即通知保险人，保险人接到通知后，通常采取提高费率或解除保险合同两种做法。若保险人提高费率，而投保人不同意，则保险合同自动终止。在保险人接到"危险增加"的通知或未接到通知但已经知晓的情况下，应在一定期限内做出增加保费或解除合同的意思表示，如果没有表示，视为默认，以后不得再主张提高费率或解除合同。投保人履行该通知义务对于保险人正确评估风险具有重要意义，因此各国保险立法均对此加以明确规定。

(2)保险事故发生的通知义务。保险合同生效之后，若发生了保险事故，投保人、被保险人、受益人应及时通知保险人。这一点非常重要，因为及时通知一方面可以使保险人采取适当措施防止损失扩大；另一方面可以迅速查明事实，确定损失，明确责任，不致因调查拖延而丧失证据。关于通知的期限，各国法律规定各不相同，有的几天，有的几周，有的则无明确规定，只是在合同中使用"及时通知"、"立即通知"等字样。如果投保人未履行保险事故发生的通知义务，则可能产生两种后果：一是保险人不解除保险合同，但可以请求投保人或被保险人赔偿保险人遭受的损失；二是保险人免除保险合同上的责任。

3. 避免损失扩大的义务

在保险事故发生后，投保人不仅应及时通知保险人，还应当采取各种必要措施，积极施救，避免损失扩大。投保人或被保险人因此而支付的必要的、合理的费用，由保险人承担。反之，投保人或被保险人未履行施救义务导致损失扩大的，则需要承担相应责任。

（二）保险人的义务

保险合同成立后，一旦保险事故发生，保险人即要按照保险合同规定给付或赔偿保险金，这是保险人的主要义务，在履行这一义务之前，保险人首先需要确定损失赔偿责任。

1. 确定损失赔偿责任

在保险条款中，关于保险人赔偿损失或给付责任的规定称做责任范围，险种不同，保险人的责任范围也不同，对责任范围的判断基于基本责任、附加责任和除外责任的规定。

(1)基本责任。基本责任即保险人依据保险合同的基本条款对被保险人履行赔偿或给付的责任。

(2)附加责任。附加责任即附加于基本责任范围之上的责任，这部分责任是由投保人或被保险人提出要求，并经保险人同意而增加的责任范围。附加责任一般不能单独投保，大多附加在基本责任之上。

(3)除外责任。除外责任是保险标的损失不属于由保险责任范围内的保险事故导致的结果，保险人不予赔偿的责任。对保险人来说，除正面规定其应当承担的责任以外，又明确规定其不应当承担的责任，目的是为了使保险人承担责任的范围更加明确，防止发生纠纷。除外责任大致可以分为四类，即除外风险、除外损失、除外财产、除外场所，有些合同也可用附加责任的方式，将原来属于除外责任的内容扩大为承保责任。规定除外责任的原因：①不可保风险的存在。有些损失明显不符合保险人的可保风险的规定，可能造成无法估量的巨灾损失；有些损失则是被保险人能直接控制掌控的损失或者是完全可以预料到的确定性损失。②增加损失可能性的特殊条件的存在。保险的损失分摊技术是基于这样一种假设，即每个风险单位缴付的保险费要精确地反映长期的损失机会，如果某个风险单位面临特殊的损失风险，它就不能与其他风险单位分摊损失，需要制定单独的费率，在一般的保单中这种风险就属于除外责任。③避免重复保险。例如，汽车通常由机动车辆保险承保，普通财产保险将其作为除外责任。又如，农作物由农业保险承保，普通财产保险也将其作为除外责任。④减少道德风险因素。

2. 履行赔偿给付义务

在责任范围内的保险事故发生后，保险人应向被保险人或受益人赔偿或给付保险金，这是保险人履行赔偿责任的行为。

(1)赔偿金的构成。赔偿金的内容包括：第一，赔偿给付金额。在财产保险中，根据保险财产的实际损失而定，但最高以保险金额为限。如有分项保险金额的，以该分项标的保险金额为限；在人身保险中，则以约定的保险金额为限。第二，施救费用。即在发生保险责任范围内的保险事故时，被保险人为抢救及保护、整理被保险财产而承担的合理费用。第三，为了确定保险责任范围内的损失而支付的检验、估价、出售等合理费用。

(2)赔偿金额的支付方式。保险人原则上以现金赔付损失和费用，不负责实物补偿或恢复原状，但双方在合同中有约定的除外。例如，在财产保险中，保险人按约定负责重建或修理；在健康保险中，保险人按约定负责医疗；在工程险中，保险人按约定重置受损项目或予以修理等。

四、保险合同的变更

保险合同的变更是指在保险合同存续期间，其主体、内容及效力上的改变。保险合同一旦成立生效，当事人双方就应当全面履行合同义务，任何一方无权擅自变更或解除合同。但是在保险合同有效期内，由于实际情况发生变化，会产生变更合同的要求。我国《保险法》第 20 条规定，投保人和保险人可以协商变更合同内容，变更保险合同的，应当由保险人在保单或其他保险凭证上批注或附贴批单，或者由投保人和保险人订立变更的书面协议。保险合同的变更分为主体变更、客体变更和内容变更三种，其中内容变更属于典型的合同变更。

（一）主体变更

保险合同的主体变更通常也指合同转让，即保险合同的当事人和关系人的变更，一般情况下，主要是指被保险人和投保人的变更。

(1)财产保险的主体变更。在财产保险中，保单往往因保险标的所有权发生转移而转让。保单转让的程序有两种：①转让必须得到保险人同意。在此情况下，保险标的所有权发生转移，保险关系则相对消灭。如果想要继续保持保险合同关系，被保险人必须在保险标的所有权转让时，事先书面通知保险人，经保险人同意，并对保单批注后合同转让才有效。财产保单之所以不能自动转让是因为保险人承担的风险与被保险人个人因素有关，保险人承保要考虑被保险人的安全管理能力、道德品质、财务状况等因素。②允许保单随着保险标的转让而自动转移，无须征得保险人的同意。货物运输，尤其是海洋运输路途遥远、流动性大，在货物从起运地到目的地的整个过程中，货物的物权可能几易其手，保险利益也就随之转移。在此过程中，被保险人的个人因素与货物本身的风险没有直接关联，且若每次保单变更都需要保险人同意，必然影响商品流转。因此，在运输保险中，保单可随货权的转移而背书转让。

(2)人身保险的主体变更。在人身保险中，保单一般不需要经过保险人同意即可转让，但在转让后必须通知保险人。这种转让并非因被保险人变更而引起，而是由受让人承担交付保费的义务或享受领取保险金给付的权利。保险合同转让一经确认，原投保人与保险人的保险关系即行消灭，受让人与保险人的保险关系随即建立，在保单主体变更后，原投保人的权利义务也一并转移给了新的合同主体。

（二）客体变更

保险合同客体变更指的是可保利益的变更，在财产保险中，保险标的物价值的增减变化导致保险金额变化，需要由保险合同当事人双方协商确定。被保险人对保险标的的所有权、债权或者其他权利发生变化也视同客体变更，投保人或被保险人都要如实告知保险人。在人身保险中，客体变更主要出现在团体险中，当投保人与被保险人间的经济利益关系发生变化，也需要及时告知保险人。

（三）内容变更

内容变更是指保险合同的主体不变，而其他保险事项发生变更，如被保险人地址变更、保险标的数量发生增减、保险期限、保险金额变更等。这些变更会影响到保险人所承担的风险大小，因此各国保险法一般均规定，投保人或被保险人应向保险人提出变更合同的请求，保险人同意后，办理了变更手续，并按规定加收或减退保费后，合同变更方为有效。

五、保险合同终止

保险合同终止是指合同确定的权利义务消灭，保险合同订立后，有多种原因可以导致保险合同终止。

（一）合同因期限届满而终止

保险合同关系是一种债权债务关系，其存续有一定的时间性。保险合同订立后，虽然未发生保险事故，但如果合同的有效期已届满，则保险人的保险责任自然终止。这是保险合同终止最普遍的原因，保险合同到期以后的续保不是原保险合同的继续而是新保险合同的开始。

（二）合同因履行而终止

保险事故发生后，保险人完成全部保险金额的赔偿或给付义务后，保险责任即告终止。例如，终身人寿保险中的被保险人死亡，保险人给付受益人全部保险金额后，合同终止；企业财产保险在保险期内的全部赔款已达到保险金额，合同终止。但运输工具保险有所不同，如船舶保险的规定，如果在保险合同有效期内船舶发生全部损失，则保险人按保险金额全额赔偿后，保险合同即告终止；但如果船舶在保险合同有效期内连续发生数次部分损失，而每次损失都在保险金额限度内，即使赔款累计总额已达到或超过保险金额，保险人仍要负责到保险合同期满，合同才告终止。这是因为，为了保持继续航行的能力，船舶在发生事故后必须进行修理，所以在修理费用少于保险金额的情况下，保险人赔付后，保险合同中原保险金额继续有效，直至保险期限届满。

（三）合同因解除而终止

保险合同的解除(rescission)包括协商解除、约定解除和法定解除三种。

1. 协商解除

协商解除是指双方当事人在保险合同签订后协商一致解除合同，协商解除属于约定解除的特殊表现形式。

2. 约定解除

约定解除是指双方事先在保险合同中约定解除合同的条件，一旦出现所约定的条件时，一方或双方即有权利解除合同。因此约定解除是保险合同当事人基于意思自治而提前终止合同效力的一种方式。

3. 法定解除

法定解除是指法律规定的原因出现时，保险合同当事人一方依法行使解除权，消灭已生效的保险合同关系。法定解除是一种单方面的法律行为，依法享有解除权的当事人向对方发出解除合同的通知，通知到达对方，合同即告解除，因此单方行使解除权无须征得对方同意，若对方有异议，可申请人民法院或仲裁机构予以确认。法定解除分别由投保人和保险人在法定的情形下行使。

(1)投保人的法定解除权。《保险法》第 15 条规定，除本法另有规定或保险合同另有约定外，保险合同成立后，投保人可解除合同，保险人不得解除合同。该条是《保险法》赋予投保人任意解除合同的特权，因为保险合同是一种风险转移方式，投保人有权处分自己的风险，选择保险、不保险或者放弃保险。考察大多数国家的保险立法，多数国家的保险法均赋予投保人这一任意解除权。但是《保险法》第 50 条规定，在货物运输保险合同和运输工具航程保险合同中，保险责任开始后，合同当事人不得解除合同。另外，保险法也允许通过保险合同的约定来限制投保人对保险合同的任意解除权。

(2)保险人的法定解除权。一般情况下，为维护保险消费者利益，保险合同成立后，保险人不得擅自解除保险合同。但在出现下列情形时，保险人可以行使法定解除权：①投保人违反如实告知义务。《保险法》第 16 条规定，投保人因故意或重大过失未履行如实告知义务，足以影响保险人决定是否同意承保或提高保险费率的。②投保人、被保险人有保险欺诈行为。例如，未发生保险事故，被保险人或受益人谎称发生了保险事故，向保险人提出赔偿或给付保险金请求的；又如，投保人、被保险人故意制造保险事故的。③投保人、被保险人违反减灾防损义务。《保险法》第 51 条规定，投保人、被保险人未按照约定履行其对保险标的安全应尽责任的，保险人有权要求增加保险费或者解除合同。④被保险人违反危险增加通知义务。在合同有效期内，保险标的危险程度显著增加的，被保险人未及时通知保险人。⑤人身保险中误报年龄。投保人申报的被保险人年龄不真实，并且其真实年龄不符合合同约定的，但合同成立后逾 2 年的除外。⑥合同效力中止，且超过复效期。《保险法》第 37 条规定，合同效力中止之日起满 2 年双方未达成复效协议的，保险人有权解除合同。

（四）合同因违约失效而终止

如果被保险人违反保险合同的基本条件，保险人有权解除合同，例如，终身保险合同的保费交纳一般有季交、半年交、年交等方式，如果投保人不能如期交纳保险费，则保险人可以使正在生效的合同中途失效。但在一定条件下，中途失效的合同经被保险人履约并为保险人所接受后，还可以恢复效力，复效期是自合同中止后 2 年内。然而，并非所有保险合同都可以复效，不能如期交纳保费而被中止的合同其后果也可能不同。一般说来，人寿保险和简易人身保险，因不能如期交纳保险费而被暂时中止效力的，被保险人可以争取合同复效；但财产保险合同因不能如期交纳保费而被终止合同的，通常不能恢复合同效力。需要注意的是，合同解除与合同无效是两个不同的概念。二者虽然都使合同对当事人失去效力，且都可以发生溯及既往的效果，但二者有很大不同，主要表现在：

(1)前提条件不同。合同无效是针对缺失有效要件的合同，而合同解除针对的则是有效成立的合同。

(2)是否体现当事人的意志不同。合同无效是绝对无效，不依当事人意志为转移；合同解除主要适用合同自由原则，是否行使解除权取决于当事人的选择，若当事人不行使解除权，则合同一直有效。

(3)原因不同。合同解除的原因可由当事人约定，也可由法律规定；合同无效的原因只能由法律规定。

(4)确认权不同。合同无效的确认权属于法院或仲裁机构；合同的解除则由当事人自己决定并行使。

（五）合同因标的灭失而终止

在保险期间，保险标的因为保险合同以外的原因灭失，保险合同自然终止。例如，汽车投保车辆损失险，但因为自燃而灭失，车辆损失险也就终止了。

第四节 保险合同的解释原则与争议处理

一、保险合同的解释原则

保险合同的订立应该按照有关法律要求做到条款齐全、文字准确，使之成为双方当事人履行权利义务的可靠法律依据。但实际上，由于现实情况错综复杂，保险条款不可能把所有细节规范到位，或者予以细致说明。因此在履约过程中，为避免双方发生争议，需要对相关条款给予解释，消除歧义。保险合同的解释是指当保险当事人由于对合同内容的用语理解不同而发生争议时，依照法律规定的方式或者约定俗成的方式，对保险合同的内容或文字的含义予以确定或说明。保险合同的解释原则通常有以下几种：

(1)文义解释原则。文义解释即按照合同条款通常的文字含义并结合上下文来解释，它是解释保险合同条款最主要的方法，文义解释要求被解释的合同字句具有单一且明确的含义。例如，有关术语本来就只有唯一意思，或联系上下文只能具有某种特定含义，或根据商业习惯通常仅指某种意思，那就必须按照它们的本意去理解，如飓风、地震、泥石流这些字句都有非常明确特定的含义。

(2)意图解释原则。意图解释是指在无法运用文字解释方式时，通过其他背景材料进行逻辑分析来判断合同当事人订约当时的真实意图，由此解释合同条款的内容。合同的真实内容应是当事人通过协商后形成的一致意思表示，因此合同解释必须尊重双方当时的真实意图。意图解释只适用于合同的条款不精当、语义混乱，不同的当事人对同一条款所表达的实际意思理解有分歧的情况。如果文字表达清楚，没有含混之处，就应当按照字面解释，不能任意推测。

(3)有利于被保险人的解释原则。有利于被保险人的解释原则是指当保险合同的当事人对合同条款有争议时，法院或仲裁机构往往会做出有利于被保险人的解释。保险合同是格式合同，具有专业性，一般人不能完全理解，因此为了避免保险人利用其有利地位侵害投保人及被保险人的利益，各国都规定在保险人与投保人、被保险人或受益人对合同条款有两种以上的解释时，应当做出有利于被保险人的解释。但是这一原则同样不能滥用，如果条款意图清楚、语言文字没有歧义，即使发生争议，也应该依据合同约定给出公平、合理的解释。

(4)批注优于正文的解释原则。为了满足不同投保人需要，有时保险人需要在统一印制的保单上加批注，或增减条款，或进行修改。这时，如果前后条款内容有矛盾或抵触，后加的批注条款效力应当优于原有条款。保险合同更改后应写明批改日期，如果由于未写明日期而使条款发生矛盾，手写的批注应该优于打印的批注，加贴的批注优于正文的批注。

(5)补充解释原则。补充解释是指当保险合同条款约定内容有遗漏或不完整时，借助商业习惯、国际惯例、公平原则等对保险合同内容进行务实、合理的补充解释，以便合同继续履行。

二、保险合同的争议处理

当保险合同双方发生争议时，可以通过以下几种方式解决争议：

(1)协商(compromise)。协商是当事人在互谅互让的基础上，谈判解决争议，达成双方都能够接受的和解协议。协商解决的好处在于，可以省去诉讼或仲裁的费用及麻烦，而且气氛友好，灵活性大，有利于合同继续履行。

(2)调解(mediation)。调解院或合同管理机关等第三人的参与之下，通过第三人的斡旋协调，使双方自愿达成协议，平息争端。调解必须遵循法律、政策和自愿平等原则，若当事人不愿调解，不能强行调解。若调解不成立或调解后又反悔的，可以申请仲裁或诉讼。调解虽然不是仲裁和诉讼的必经程序，但是在我国的司法实践中非常重视调解的作用。

(3)仲裁(arbitration)。争议双方按照事前约定或者事后达成的书面仲裁协议，自愿将彼此间的争议交由双方共同信任、法律认可的仲裁机构进行裁决。我国的仲裁实行或裁或审，一裁终局的制度。即提请仲裁机构仲裁，就不能再向人民法院提起诉讼，仲裁裁决具有终局性。因此，仲裁结果对双方都具有法律约束力和强制执行力。

(4)诉讼(litigation)。诉讼是通过法院审判解决纠纷的一种方式。目前，国内保险合同纠纷多数采用诉讼方式解决争议，主要是因为保险条款中没有仲裁条款或者在争议发生后没有订立仲裁协议。需要注意的是，当事人提起诉讼应当在法律规定的时效期间之内。根据相关法律规定，保险合同纠纷诉讼由被告住所地或者保险标的物所在地人民法院管辖。如果保险标的物是运输工具或者运输中的货物，由被告所在地或者运输工具登记注册地、运输目的地、保险事故发生地的人民法院管辖。

➤补充学习资料

普通货车装载硫酸纠纷案

某年 6 月 15 日，某投保人向保险公司投保一部东风大货车。根据投保人所提供的行驶证，保险公司按照普通货车费率档次为其办理车辆综合险，并附加车上货物责任险。同年 9 月 19 日，该车运载一罐硫酸时不慎将一行人撞伤，车辆冲下路肩导致硫酸罐脱落，硫酸泻入路边鱼塘中，造成鱼塘中部分鱼及藕死亡。被保险人于是就车辆损失、伤者损失费用、道路损失、鱼塘损失以及货物损失向保险公司提出索赔。保险公司以普通货车上临时加装了罐体而没有通知保险公司为由拒绝赔偿，被保险人便将保险公司起诉到法院。

分析：

本案中，被保险车辆投保时为普通货车，出事故时车上加装的硫酸罐是硫酸厂运载硫酸时由硫酸厂提供，并没有经过有关部门批准，这显然违反了我国道路交通安全管理规定。同时也表明，车上加装硫酸罐，改变了被保险车辆的性质，这一变更保险合同的行为需要经保险公司同意方可。大货车加装硫酸罐运载硫酸，使保险标的危险程度明显增加，但是投保人没有及时通知保险公司，根据《保险法》相关规定，属于故意不履行如实告知义务，保险公司有权拒绝赔偿，并且不退还保险费。

(资料来源：徐爱荣．保险学习题与案例．上海：复旦大学出版社，2009.)

➤复习思考题

1. 请回答保险合同的构成。

2. 请回答财产保险合同与人身保险合同中被保险人地位的不同。
3. 请回答保险合同各种形式在订立保险合同的过程中的用途。
4. 保险合同成立过程中的要约和承诺分别是什么？需要具备哪些生效要件？
5. 请回答保险合同的含义及特征。
6. 请论述保险合同制度如何平衡保险人与投保人之间的权利义务以实现公平效率？

第四章

保险的基本原则

在规范和维护保险当事人权益关系时，保险合同坚持和贯彻四条重要原则，即可保利益原则、最大诚信原则、近因原则和损失补偿原则以及与之相关的派生原则。这些原则是处理合同双方权益关系的基本出发点，充分体现在保险契约法的各个条文中。

第一节　可保利益原则

可保利益原则(principle of insurable interests)是构成保险制度最基本的原则之一，同时也是保险合同特有的原则。它能有效促进保险制度充分发挥其自身职能。

一、可保利益原则的定义

（一）可保利益

可保利益也叫保险利益，是指投保人对保险标的具有的法律上承认的利益。这种利益是由于投保人对保险标的具有的各种利害关系而产生的，而这种利害关系表现在：如果保险事故发生，投保人在保险标的上的经济利益就会遭受损失；如果保险事故不发生，则投保人在保险标的上的利益就会继续存在。

（二）可保利益的构成条件

(1)可保利益必须是合法利益。投保人对保险标的所具有的利益必须被法律认可，符合法律规定，受到法律保护，与社会公共利益相一致。它产生于国家制定的相关法律或法规，以及法律所承认的有效合同，而不是违反。法律规定，通过不正当手段获得的利益不受法律保护，当然不能作为可保利益，如抢劫、盗窃所得不存在可保利益，走私物品、违禁品等也无可保利益可言。

(2)可保利益必须是经济利益。所谓经济利益，是指投保人或被保险人对保险标的的利益必须是可以通过货币计量的利益。因为保险合同的目的是补偿损失，保险保障是通过货币形式的经济补偿或给付来实现的，因此，投保人对保险标的的可保利益必须要能用货币来计量，否则保险人的承保和补偿就难以进行。

(3)可保利益必须是确定利益。确定利益是指投保人对保险标的所具有的现有利益和预期利益，即客观上是已经确定或将来可以确定的利益。现有利益是指在客观上或事实上已经存在的利益，如投保人或被保险人对已取得所有权、经营权、抵押权的标的所具有的利益。期待利益是指在客观上或事实上尚不存在，但据有关法律或有效合同的约定可以确定在今后一段时间内将会产生的经济利益，如预期的营业利润和租金等。在投保时，现有利益或期待利益都可作为确定保险金额的依据，但在发生保险事故进行受损索赔时，期待利益已成为现实利益才能赔付，保险人的赔偿以实际损失的可保利益为限。

（三）可保利益原则的含义

可保利益原则又可称为保险利益原则，是指在签订和履行保险合同的过程中，投保人或被保险人对保险标的必须具有可保利益，如果投保人对保险标的不具有可保利益，所签订的保险合同无效；或者保险合同生效后(人身保险除外)，投保人或被保险人失去了对保险标的的可保利益，保险合同也随之失效。可保利益原则是保险运行中的一项重要原则。可保利益既是订立保险合同和保险合同生效的先决条件，也是财产保险合同存续期间保持合同效力的前提条件。各国保险法对可保利益原则都非常重视，也都把可保利益作为保险合同生效的要件。

二、可保利益原则的意义

（一）避免赌博行为

保险和赌博都有不确定性，都会因偶然事件的发生获得货币收入或遭受货币损失。如果保险关系的确立不是建立在投保人对保险标的所具有保险利益的基础上，投保人就可以对任意保险标的投保，由于保险费与保险金额的巨大差额，则可能使该投保人以较小的保费支出获得几倍甚至几十倍的保险金额赔偿。此种保险行为无异于赌博，与“互助共济”的保险思想相违背，也不利于社会公共利益。可保利益原则要求投保人必须对保险标的具有可保利益，是为了使保险与赌博相区别，实现保险补偿损失的目的。在保险业发展初期的英国，出现过保险赌博，在保险标的损毁的情况下，没有经济损失的被保险人却获得了赔偿，使保险标的充当了赌博的对象，严重影响社会安定，诱发并助长不良行为的产生。

（二）防止道德风险的发生

所谓道德风险，是指被保险人或受益人为获得保险赔偿或给付而故意违反道德规范，甚至故意犯罪，促使保险事故的发生，或在保险事故发生时故意放任使损失扩大。如果投保人或被保险人对其投保的保险标的无任何利害关系，那么一旦保险标的受损，该保险合同的被保险人或受益人就可以获得高于保险费若干倍的保险赔偿或给付，从保险中获得额外利益。然而，如果保险期内该标的不发生任何损失，投保人或被保险人不但不能获得保险赔偿或给付，反而损失了所缴纳的保险费。由此，会促使某些动机不良的人，在订立保险合同后，故意制造保险事故或纵容保险事故的发生，以谋取保险赔偿，从而产生道德风险。反之，如果投保人或被保险人对保险标的有可保利益，则其参加保险是为了获得一种经济保障，而且根据可保利益原则，即使保险事故发生，也只是获得损失补偿，而不会额外获利，这样就彻底消除了道德风险的根源，可以有效地防止道德风险的发生。

（三）限定保险保障的最高额度

保险的宗旨是补偿被保险人因保险标的发生保险事故时所遭受的经济损失，但与此同时也不允许被保险人通过保险而获得额外的利益。由此，在财产保险中，当保险标的发生损失时，被保险人谋求损害赔偿的范围应以可保利益为限制，即被保险人得到的保险赔偿金额不得超过其对财产的可保利益，保险人的责任范围也只限定于被保险人的可保利益之内。因此，以可保利益作为保险人承保的最高限度，既能使被保险人在发生损失时得到足够的、充分的补偿，又不会使其通过保险获得额外的利益。

三、可保利益原则的运用

（一）可保利益原则在财产保险中的应用

1. 财产保险可保利益的确立

财产保险合同保障的并非财产本身，而是财产中所包含的经济利益。该可保利益是由投保人对保险标的具有某种利害关系而产生的，这种利害关系一般指的是因法律上或契约上的权利或责任而产生的利害关系。凡因财产发生风险事故而蒙受经济损失或因财产安全而得到利益或预期利益者，均具有财产保险的可保利益。其具体包括：

(1)财产所有人、经营管理人对其所有的或经营管理的财产具有可保利益。例如，公司法定代表对公司财产具有可保利益；房主对其所有的房屋具有可保利益；货物所有人对其货物具有可保利益等。

(2)财产的抵押权人对抵押财产具有可保利益。对财产享有抵押权的人，对抵押财产具有可保利益。抵押是债的一种担保，当债权不能得以清偿时，抵押权人有从抵押的财产价值中优先受益的权利。但是，在抵押贷款中，抵押权人对抵押财产所具有的可保利益只限于其所贷出款项的额度，且在债务人清偿债务后，抵押权人对抵押财产的权益消失，其可保利益也就随之而消失。

(3)财产的保管人、货物的承运人、各种承包人、承租人等对其保管、占用、使用的财产，在负有经济责任的条件下具有可保利益。

(4)经营者对其合法的预期利益具有可保利益。例如，因营业中断导致预期的利润损失、租金收入减少、票房收入减少等，经营者对这些预期利益都具有可保利益。

2. 财产保险的可保利益时效

一般情况下，财产保险的可保利益必须在保险合同订立时到损失发生时的全过程中存在。当保险合同生效时，如果投保人无可保利益，那么该合同就是自始无效合同。如果损失发生时，被保险人的可保利益已经终止或转移出去，也不能得到保险人的赔偿。例如，甲银行在进行抵押贷款时，对抵押品投保，当该行收回所放款项后，抵押品受损，尽管保险合同尚未过期，但甲银行不能得到保险人的赔款。但是在海上货物运输保险中，买方往往在投保时货物所有权还未到手，而货权的转移是必然的。为了便于保险合同的订立，可保利益不必在保险合同订立时存在，但当损失发生时被保险人必须具有可保利益。

3. 财产保险的可保利益变动

可保利益的存在并非一成不变，由于各种原因常使可保利益发生转移和消灭等变化。可保利益的转移是指在保险合同有效期间，投保人将可保利益转移给受让人，经保险人同意并履行合同变更的相关手续后，原保险合同继续有效。可保利益消灭是指投保人或被保险人对保险标的的可保利益随着保险标的的灭失而消灭。

在财产保险中，财产所有权人以其合法财产投保后，在保险合同有效期内，如果将财产所有权转移给他人，作为原所有权人，由于其丧失了对保险标的的所有权，其可保利益也就随之消失。而新的财产所有人与保险人并没有合同关系，则原保险合同终止。但在保险实务中，因保险标的易主发生所有权让予时，经原所有权人与受让人在保险标的所有权转让前提出申请，并获得保险人同意后，可以对原保险合同进行批改变更被保险人，即批改后由新的财产所有人取代原投保人的地位，原保险合同继续有效。这种情况即为可保利益的转移，可保利益发生转移往往发生在保险事故发生以前。此外，当被保险人死亡时，可保利益可依法转移给继承人；当被保险人破产时，其财产便转移给破产债权人和破产管理人，破产债权人和破产管理人对该财产具有可保利益。

（二）可保利益原则在人身保险中的应用

1. 人身保险的可保利益的确立

人身保险保险标的是人的生命或身体，只有当投保人对被保险人的生命或身体具有某种利害关系时，其才对被保险人具有可保利益。即当被保险人生存及身体健康时才能保证投保人应有的经济利益；反之，如果被保险人死亡或伤残，将使投保人遭受经济损失。其具体包括：

(1)为自己投保。当投保人为自己投保时，投保人对自己的寿命或身体具有可保利益。因其自身的生存、安全健康与其利益直接相关。

(2)为他人投保。当投保人为他人投保时，即投保人以他人的生命或身体为保险标的进行投保时，可保利益的形成通常基于三种情况：①亲密的血缘关系。投保人对与其具有亲密血缘关系的人，法律规定具有可保利益。这里的亲密血缘关系主要是指父母与子女之间、亲兄弟姐妹之间、祖父母与孙子女之间。但不能扩展为较疏远的家族关系，如叔侄之间、堂(表)兄弟姐妹之间等。在英、美等国，成年子女与父母之间、兄弟姐妹之间，是否存在可保利益是以是否存在金钱利害关系为基准的。②法律上的利害关系。投保人对与其具有法律利害关系的人具有可保利益。例如，婚姻关系中的配偶双方；不具有血缘关系，但具有法定扶养、抚养、赡养关系的权利义务方，如养父母与子女之间。③经济上的利益关系。投保人对与其具有经济利益关系的人具有可保利益，如债权人与债务人之间、保证人与被保证人之间、雇主与其重要的雇员之间等。例如，在债权债务关系中，债务人的死亡对债权人的切身利益有直接影响，因此，债权人对债务人具有可保利益，但以其具有的债权为限。

《保险法》第31条规定，投保人对下列人员具有保险利益：本人；配偶、子女、父母；前项以外与投保人有抚养、赡养或者扶养关系的家庭其他成员、近亲属；与投保人有劳动关系的劳动者，除前款规定外，被保险人同意投保人为其订立合同的，视为投保人对被保险人具有可保利益。为了保证被保险人的人身安全，《保险法》第34条规定，以死亡为给付保险金条件的合同，未经被保险人同意并认可保险金额的，合同无效。

2. 人身保险的可保利益时效

与财产保险不同，人身保险的可保利益必须在保险合同订立时存在，而保险事故发生时是否具有可保利益并不重要。也就是说，在发生索赔时，即使投保人对被保险人失去可保利益，也不影响保险合同的效力。之所以必须在保险合同订立时存在可保利益，是为了防止诱发道德风险，进而危及被保险人生命或身体的安全。此外，由于人身保险具有长期性、储蓄性的特点，如果一旦投保人对被保险人失去可保利益，保险合同就失效的话，就会使被保险人失去保障。而且领取保险金的受益人是由被保险人指定的，如果合同订立之后，因可保利益的消失，而使受益人丧失了在保险事故发生时所应获得的保险金，无疑会使该权益处于不稳定的状态之中。故此，人身保险的可保利益是订立合同的必要前提条件，而不是给付的前提条件。保险事故发生时，无论投保人存在与否，也无论投保人是否具有可保利益，保险人均按合同中约定的条件给付保险金。

3. 人身保险的可保利益变动

在人身保险中，投保人对被保险人的可保利益分为两种情况，即被保险人的可保利益专属投保人和非专属投保人。如果人身保险合同为债权债务关系而订立，这时被保险人的可保利益专属于投保人(债权人)，当投保人死亡时，可保利益可由投保人的合法继承人继承；如果人身保险合同为特定的人身关系而订立，如血缘关系、抚养关系等，这时被保险人的可保利益非专属投保人，可保利益一般不得转移。

(三)可保利益原则在责任保险中的应用

责任保险的保险标的是被保险人对他人的财产损失或人身伤亡依法或根据合同应承担的民事损害的经济赔偿责任。因而，投保人与其所应负的民事损害赔偿责任之间的法律关系便构成了责任保险的可保利益。即凡是法律、行政法规或合同所规定的应对他人的财产损失或人身伤亡负有经济赔偿责任者，都可以投保责任保险。

(1)场所责任人。各种固定场所如饭店、旅馆、影剧院、体育场馆等的所有人、管理人，对因固定场所的缺陷或管理上的过失及其他意外事件导致消费者等人身伤害或财产损失依法应承担的经济赔偿责任具有可保利益，可以投保公众责任保险。

(2)产品责任人。产品的制造商、销售商、修理商对因其制造、销售、修理的产品有缺陷，而使用户或消费者造成财产损失或人身伤害依法应承担的经济赔偿责任具有可保利益，可以投保产品责任保险。

(3)专业技术人员。各类专业技术人员如医师、药剂师、美容师、会计师、律师、建筑师等对因其工作上的疏忽或过失造成他人财产损失或人身伤害的依法应承担的经济赔偿责任具有可保利益，可以投保职业责任保险。

(4)雇主。雇主对其雇员在受雇期间因从事与职业行为有关的工作而患职业病或伤、残、亡等依法应承担医疗费、工伤补贴、家属抚恤等责任具有可保利益，可以投保雇主责任保险。

(四)信用保证保险可保利益的确定

信用保险和保证保险均以债务履行为保险标的，均以债务人届期不履行债务为保险事故。当保险事故发生时，会致使债权人遭受经济损失，由此债权人对保险标的具有可保利益。目前理论界对信用保险的可保利益的认识具有一致性，即认为在信用保险中，投保人是合同的债权人，若债务人不履行合同条件会致使债权人受到经济损失，因此债权人对于保险标的具有可保利益，可以以投保人的身份进行投保。但对于保证保险，由于投保人是合同的债务人，由此在对保证保险的可保利益的确认上存在较大的分歧：有的学者认为，在保证保险合同中，保险标的是投保人合同债务的履行，这种债务履行显然与投保人有利害关系，因此，保证保险合同的投保人对保险标的具有可保利益；而另有学者认为债务的履行对合同的债权人有利，对借款合同的债务人不利。且债务不履行是否发生，实际上取决于作为投保人的债务人的主观意愿，这不符合保险事故必须是客观的不确定风险的基本原理。由此，保证保险不符合《保险法》关于保险标的、保险事故和可保利益的规定，投保人对于债务履行的保险标的不具有可保利益，是一类特别的保险。

第二节　最大诚信原则

任何一项民事活动，各方当事人都应遵循诚信原则。诚信原则是世界各国立法对民事、商事活动的基本要求。《保险法》第5条规定：保险活动当事人行使权利、履行义务应当遵循诚实信用原则。但是，在保险合同关系中对当事人诚信的要求比一般民事活动更严格，要求当事人具有“最大诚信”，保险合同是最大诚信合同。

一、最大诚信原则的内涵

（一）最大诚信原则的含义

最大诚信原则(principle of the utmost good faith)的核心是诚实和信用。所谓诚实，就是一方当事人对另一方当事人不得隐瞒、欺骗；所谓信用，就是任何一方当事人都要善意地、全面地履行自己的义务。那么，最大诚信原则就是指，保险合同双方主体在订立和履行保险合同时，必须以最大的诚意向对方提供影响对方做出订约与履约决定的全部重要事实，信守合同条款；否则，若一方违背诚信原则而给另一方造成损害时，受害方可因此主张合同解除与无效，甚至要求对方赔偿因而受到的损失。

（二）最大诚信原则的理论依据

(1)保险信息不对称。保险双方掌握信息不对称保险在两个方面：标的信息不对称和合同条款信息不对称。对保险人而言，风险的性质及大小直接决定着保险人是否承保及保险费率的高低，而投保人对保险标的风险最为了解，保险人只能依据投保人告知的风险状况来决定是否承保和确定保险费率。保险经营的技术程度较高，而保险条款及其费率是由保险人单方拟定的，其技术性较高，复杂程度远非一般人所能了解，投保人是否投保以及投保的条件完全取决于保险人的告知，这就要求保险人如实向投保人说明主要条款和责任免除条款。

(2)保险合同的射幸性。投保人支付少量的保险费，在发生事故后可以得到数十倍甚至百倍的赔偿，而对于保险人而言，如果不用赔付，则会有一笔不小的盈利。因此，在这个过程中，就会发生投保人隐瞒、欺诈或捏造事实，甚至编造事故骗取保险金等一系列不法行为；同时也会发生保险人无故拒绝赔偿，或拖延赔偿，或在处理赔偿的过程中，无故刁难投保人的行为。保险双方当事人的上述行为均会影响保险这一经济补偿制度功能的正常发挥。因此保险法要求保险双方当事人在保险合同的签订和履行的过程中，在保险业务的经营过程中，必须保持最大限度的诚意，恪守信用，互不欺骗和隐瞒，否则保险合同无效。而违反这一原则的当事人也要受到法律应有的制裁。对此，各国都在保险法中予以了明确规定。我国《保险法》的第 16 条和第 17 条就是关于此原则的规定。

二、最大诚信原则的内容

(一)告知

1. 告知的含义

告知(disclosure)即保险合同订立前、订立时及合同有效期内,投保人必须对已知、应知的危险或与标的有关的实质性重要事实向保险人作口头或书面的申报;保险人也应将与投保人利害相关的实质性重要事实据实通知投保人。告知强调的是最大诚信中的诚实,告知的目的在于使保险人能够正确估计其承担的风险是否可保,使投保人能够确知未来危险损失是否能得到保障。保险人根据投保人的告知,判断是否接受承保或者以何条件来承保;投保人根据保险人的告知,判断是否向该保险人投保或以何条件投保。

2. 告知的形式

告知的表现形式通常分为口头告知和书面告知。虽然这两种告知方式具有同等的法律效力,但在保险实践中为了避免不必要的麻烦,通常采用书面告知形式。告知的立法形式也有两种,即无限告知与询答告知。其中,无限告知是指法律或保险人对告知的内容没有明确具体规定,保险双方主体必须将所有有关保险标的状况及重要事实或保险合同条款的含义如实告知对方;询答告知是指投保人仅就保险人对保险标的或者被保险人的有关情况提出的询问如实告知,保险人未询问的,投保人无需告知。由此可知,询答告知对投保人较为有利。因为投保人只要尽其所知回答保险人的询问,就算履行了告知义务;对保险人未询问的事实,即便是重要事实,投保人不仅无义务告知,而且也不构成对告知的违反。而无限告知对投保人的要求比较高,目前仅有法国、比利时以及英美法系国家的保险立法采用无限告知的形式,大多数国家的保险立法采用的是询答告知。我国《保险法》第 16 条规定,订立保险合同,保险人就保险标的或者被保险人的有关情况提出询问的,投保人应当如实告知,表明我国采用询答的告知形式。通常在国际上,只要求保险人做到列明保险的主要内容,而我国为了更好地保护被保险人的利益,则要求保险人做到向投保人明确说明保险的主要条款和责任免除内容。

3. 违反告知义务的法律后果

由于保险合同当事人双方均有告知的责任和义务,若双方违反告知,都将承担法律后果。

(1)投保方违反告知义务的法律后果。其包含两个方面:①违反的类型。投保人或被保险人违反告知义务有四种情形:一是漏告,是由于疏忽、过失而未告知,或者对重要事实误认为不重要而未告知;二是误告,由于对重要事实认识的局限性,包括不知道、了解不全面或不准确而导致,并非故意欺骗;三是隐瞒,是投保人对会影响保险人决定是否承保,或影响承保条件的已知或应知的事实没有如实告知、或仅部分告知;四是欺诈,即投保人怀有不良企图,故意作不实告知,如在未发生保险事故时却谎称发生保险事故。②违反的处分。对于投保人或被保险人违反如实告知的行为,分为故意和过失两种情形,保险人有权宣布合同无效或不承担赔偿责任。对于投保人故意不履行如实告知义务的,根据《保险法》第 16 条,投保人故意隐瞒事实,不履行如实告知义务的,或者因过失未履行如实告知义务，足以影响保险人决定是否同意承保或者提高保险费率的，保险人有权解除保险合同。投保人故意不履行如实告知义务的，保险人对于保险合同解除前发生的保险事故，不承担赔偿或者给付保险金的责任，并不退还保险费。对于投保人因过失或疏忽而未如实告知，当足以影响保险人决定是否同意承保或者提高保险费率的，保险人有权解除保险合同；对在合同解除前发生的保险事故，保险人不承担赔偿或者给付保险金的责任，但可以退还保险费。投保人进行欺诈，伪造事实时，有两种后果：当投保人、被保险人在发生保险事故后，编造虚假证明、资料、事故原因，夸大损失时，保险人对弄虚作假部分不承担赔付义务；未发生保险事故，却故意制造保险事故者，保险人有权解除保险合同并不承担保险赔付责任。

(2)保险人违反告知义务的法律后果。对于保险人来说，保险合同中规定有关保险人责任免除条款的，保险人在订立合同时未履行责任免除明确说明义务，该保险合同责任免除条款无效，即自保险合同成立时起对投保人不产生效力。这一点在《保险法》第 17 条中做出了明确的规定。同时根据《保险法》第 116 条、第 162 条的规定，保险公司及其工作人员阻碍投保人履行如实告知义务，或者诱导其不履行如实告知义务，或者承诺向投保人、被保险人或者受益人给予非法的保险费回扣或者其他利益，或者在保险业务中隐瞒与保险合同有关的重要情况，欺骗投保人、被保险人或者受益人，情节较轻的，由保险监督管理机构对保险公司处以 5 万元以上 30 万元以下的罚款；情节严重的，限制保险公司业务范围、责令停止接受新业务或者吊销业务许可证。根据《保险法》第 131 条、第 166 条规定，保险代理人或者保险经纪人在其业务中欺骗保险人、投保人、被保险人或者受益人，情节较轻的，由保险监督管理机构责令改正，并处以 5 万元以上 30 万元以下的罚款；情节严重的，吊销经营保险代理业务许可证或者经纪业务许可证。

（二）保证

1. 保证的含义

保证(warranty)是指保险人与投保人在保险合同中约定，在保险合同履行期间投保人担保对某一事项的作为或不作为或担保某一事项的真实性。保证条款为保险合同的重要条款之一，保证强调守信，恪守合同承诺，保证的目的在于控制危险，确保保险标的及其周围环境处于良好的状态之中。

2. 保证的方式

(1)明示保证。明示保证是以文字或书面的形式在保险合同中载明，成为合同条款的保证。明示保证以文字的规定为依据，是保证的重要形式，又分为承诺保证和确认保证。承诺保证是指投保人对未来某一特定事项的作为或不作为，其保证的事项涉及现在和将来。例如，某人承诺今后不从事高危险性运动是指从现在开始不参加危险性高的运动，但在此前是否参加过并不重要，也无须知晓。确认保证是投保人对过去或现在某一特定事实存在或不存在的保证。例如，某人保证从未得过某种疾病是指过去及现在从未得过，但不能保证将来是否会患该种疾病。

(2)默示保证。默示保证是指在保险合同中虽然没有载明，但在保险实践中，按照法律、国际公约和行业习惯等，被保险人应予遵守的一类保证事项。其内容通常是以往法庭判决的结果，也是某行业习惯的合法化等，与明示保证一样对被保险人具有约束力。默示保证在海上保险中应用较多。例如，保险的船舶必须有适航能力，即船主在投保时，保证船舶的构造、设备、驾驶管理员等都符合安全标准，适合航行；保险的船舶要按预定的或习惯的航线航行，除非因躲避暴风雨或救助他人才允许改变航道；保险的船舶保证不进行非法经营或运输违禁品等。

3. 违反保证义务的法律后果

任何不遵守保证条款、保证约定、不信守合同约定的承诺或担保的行为，均属于破坏保证。由于保险合同所约定的保证事项均为重要事项，而且又是订立保险合同的基础和条件，如果保险主体违反保证，则保险丧失合同得以成立的依据。因而，各国司法界对保险主体遵守保险合同中保证条款的要求都十分严格，且均对违反保证应承担的法律后果做出了具体规定。

(1)投保人或被保险人违反保证义务的法律后果。英国在1906年《海上保险法》中规定，保险人可以在违反保证之日起，解除保险合同，但对于该日之前保险人应负的责任，并不产生影响，即对违反保证之日前所发生的保险事故，保险人予以负责。美国法律规定，如果投保人或被保险人违反确认的保证，保险人有权自始取消保险合同；如果投保人或被保险人违反承诺的保证，保险人自违反保证之日起可以解除合同，在保险人有权解除合同之前的保险期间内发生的因保险事故导致的损失，保险人仍承担赔偿责任。《中华人民共和国海商法》(简称《海商法》)第235条规定，被保险人违反合同约定的保证条款时，应当立即书面通知保险人。保险人收到通知后，可以解除合同，也可以要求修改承保条件、增加保险费。

通过对上述国家法律对违反保证应承担的法律后果的分析，尽管目前各国规定的具体内容不尽相同，但均体现出了一致的处理结果：①如果被保险人违反保证，不论是否有过失，亦不论是否给保险人带来损害，保险人均有权自违反保证之时起解除保险合同。②保险人对合同解除前与违反保证无关的保险标的的损失，应依合同约定承担赔偿责任，而对由于违反保证所引起的损失部分拒绝承担履行赔偿义务。③保险人对自违反保证之时起所发生的任何损失均不承担赔偿或给付保险金义务。即使是承保危险所造成的损失与保证的情况完全无关，亦是如此。④被保险人破坏保证而使合同无效时，除人寿保险以外，保险人无须退还保费。

需要注意的是，根据多数国家的保险立法规定，投保人或被保险人的保证义务在一定条件下可以免除履行。此时保险人不得以被保险人破坏保证为由使合同无效或解除合同。主要有以下几种情况：①因环境变化使被保险人无法履行保证事项。②因国家法律、法令、行政规定等变更，使被保险人不能履行保证事项，或履行保证事项就会违法。③被保险人破坏保证由保险人事先弃权所致，或保险人发现破坏保证仍保持沉默，亦视为弃权。

(2)保险人违反保证义务的法律后果。我国《保险法》第116条第5款对保险人违反保证的法律后果做了明确规定：拒不履行保险合同约定的赔偿或者给付保险金的义务是保险公司及其人员在保险业务活动中不得出现的行为之一。如违反且情节较轻的，由保险监督管理机构责令改正，并对保险公司处以5万元以上30万元以下的罚款；情节严重的，限制保险公司业务范围或者责令停止接受新业务。

（三）弃权与禁止反言

1. 弃权

(1)弃权的定义与构成条件。弃权(waiver)是指保险当事人主动放弃自己在保险合同中可以主张的某种权利。在保险实践中，弃权主要是约束保险人的，通常是指保险人放弃合同解除权与抗辩权。构成保险人弃权需具备两个条件：一是保险人必须知道投保人或被保险人有违反告知义务或保证条款的情形，因而按照合同约定或相关法律规定享有合同解除权或抗辩权；二是保险人必须有弃权的意思表示，包括明示表示和默示表示。对于明示表示通常有书面文字证明，比较容易判定；而对于默示表示则可以从保险人的行为加以推断。

(2)默示弃权的判断。一般地，保险人明知被保险人有下列违背约定义务的情形，而依然做出如下行为的，通常可视为默示弃权：①保险人或保险代理人明知与投保人订立的保险合同有违背条件、无效、失效或其他可解除的原因存在，仍然诱导投保人投保，并签发保险单收取保费后，就视为保险人放弃了只有在该险种规定条件下才可承保的权利。②投保人负有按时缴纳保险费的义务，如果投保人未按期缴纳保险费，保险人就获得解除合同的权利。若此时保险人在已知该种情形的情况下却仍然收受投保人逾期缴纳的保险费，则表明保险人放弃了合同解除权，并有继续维持合同的意思表示。③在保险合同有效期内，当保险标的所处的危险增加时，保险人有权解除合同或增收保险费。若保险人已经知道该事项的发生，没有采取任何措施，则视为保险人放弃了解除合同或增收保险费的权利。④保险合同规定，被保险人负有防灾减损义务，若投保人或被保险人在保险期内以及保险事故发生时没有履行防灾减损义务，保险人可以解除保险合同。但保险人在明知存在该事实的情况下并没有解除保险合同，此时视保险人放弃了合同解除权。⑤在保险事故发生后，投保人应在约定或法定的时间内通知保险人。若投保人无故逾期通知保险人，此时保险人明知有拒绝赔偿或给付的抗辩权，却依然接受投保人或被保险人的理赔申请及损失证明等材料，可视为保险人放弃了对逾期通知拒绝赔付的抗辩权。⑥若保险人在得知投保人存在其他违背保险合同约定的义务后仍保持沉默，视为保险人放弃了相应的权利。

2. 禁止反言

禁止反言(equitable estoppel)是指保险当事人一旦放弃了合同中可以主张的权利，日后不得再重新主张这项权利。约束保险人的行为的禁止反言是在弃权基础上的，即首先保险人的弃权行为已经明确，则不得反悔，即在保险事故发生造成损失后，如果保险人已经弃权，则当投保方提出索赔时，保险人就不能再以投保人存在过错为由拒绝赔付。禁止反言是一项重要的法律原则，其基本内涵为“my word is my bond”，即言行一致，不得出尔反尔，若一方当事人因另一方当事人的陈述产生依赖，则另一方当事人不得否定其先前的陈述。

第三节 近因原则

近因原则(principle of proximate cause)是判断保险事故与保险标的损失之间的因果关系，从而确定保险赔偿责任的一项基本原则，在保险经营实务中是处理赔案所必须遵循的重要原则之一。在保险实践中，对保险标的的损害是否进行赔偿是以损害事故发生的原因是否属于保险责任范围来判断的。而保险标的的损害并不总是由单一原因造成，其表现形式也是多种多样的，有的是多种原因同时发生，有的是多种原因不间断连续发生，有的是多种原因时断时续发生。近因原则即要求从中找出哪些属于保险责任、哪些不属于保险责任，并据此确定是否进行赔偿。

一、近因原则的含义

(1)近因的定义。近因是指引起保险标的损失的最直接的、最有效的、起决定作用的原因，而并非是时间上、空间上最近的原因。1907 年，英国法庭对近因所下的定义是：近因是指引起一连串事件，并由此导致案件结果的能动的、起决定作用的原因。1924 年，英国法庭对其又作进一步说明：近因是指处于支配地位或者起决定作用的原因，即使在时间上它并不是最近的。

(2)近因原则的定义。近因原则指的是凡引起保险事故发生，造成保险标的损失的近因属于保险责任，保险人承担赔偿责任；若近因属于除外责任，保险人不负赔偿责任。英国 1906 年《海上保险法》规定：依照本法规定，除保险单另有约定外，保险人对于由所承保的危险近因造成的损失，负赔偿责任，但对于不是由所承保的危险近因造成的损失，概不负责。

二、近因的判定方法

(1)顺推法。顺推法即从原因推断结果。具体来说，是从最初事件出发，按照逻辑推理，分析判断下一个事件可能是什么，然后再从下一个事件出发分析判断再下一个事件可能是什么，如此下去，直到分析到最终损失为止，那么最初事件即是损失的近因。例如，某批出口包装食品投保了水渍险，在运输途中海浪拍打致使海水渍湿了外包装，最终导致该批食品因潮湿而发生霉变损失。很容易判定出与食品相关的最初发生事件是海水渍湿，正由于海水渍湿外包装才使水汽侵入到食品中，又由于长期的潮湿最终食品霉变损失。因此，最初事件即海水渍湿为霉变损失的近因。

(2)逆推法。逆推法即从结果推断导致该结果的原因。具体来说，是从损失开始，按照逻辑推理，分析引起损失的原因是不是前一件事件，若是，则继续再分析导致前一事件发生的原因，直至最初事件为止。那么，最初事件就是最终损失的近因。例如，在上述案例中，如果按照倒推法判定近因，就首先以霉变损失为出发点，分析导致引起霉变损失的原因，即水汽侵入，然后再寻找致使水汽侵入的原因。不难发现其原因是海水渍湿，则此时可认定海水渍湿即为霉变损失近因。

三、近因原则的应用

从理论上来说，判定保险标的损失的近因，并确定保险责任是很容易的事情，但在保险实践中这些都是很烦琐而艰辛的，尤其是处理那些因果关系较为复杂的理赔案件。此时，保险人通常要区分以下几种情况分别进行判定。

（一）单一原因致损

单一原因致损，即造成保险标的损失的原因只有一个，则该原因就是近因。如果该原因属于保险承担的风险责任，保险人负责赔偿或者给付保险金；否则，保险人将不承担赔偿或者给付责任。例如，某人身意外伤害险被保险人患癫痫病多年，在保险期内一次癫痫病发作时溺水身亡。此时导致被保险人溺水身亡的原因是癫痫病，由此，癫痫病就是被保险人死亡的近因，且该近因不属于人身意外伤害保险的保险责任，所以保险人不负有赔付责任，应拒赔。

（二）多种原因同时发生共同致损

多种原因同时发生共同致损，是指多种原因之间没有或者无法区别因果关系，无法区别其在时间上的先后发生顺序，且各个原因对损害结果的产生都具有直接、有效、决定性的影响。由此，这多种原因都是损失的近因。此时保险人是否应进行赔付还要进行深入分析。

(1)多种原因均属保险责任。在这种情况下，保险人应在保险责任范围内全责赔付。例如，李某投保了家庭财产保险的房屋及室内财产保险，在保险期内，由于暴风雨恶劣的天气导致保险房屋倒塌，并损毁部分室内保险财产。被保险人及时通知了保险人，由于导致被保人保险标的发生损失的近因是暴风与暴雨，且均属于家庭财产保险的保险责任，保险人应根据保险合同履行赔偿责任。

(2)多种原因均属除外责任。在这种情况下，保险人不承担任何赔偿责任。例如，王某以其所拥有的私家车为保险标的投保了机动车辆保险。在保险期内，王某酒后驾车，行驶过程中与别人赌气高速赛车不幸发生车毁人伤事故。由于造成王某车毁人伤损失发生的近因是酒后驾车与高速行驶，均属于机动车辆保险的除外责任，保险人不应当赔付。

(3)多种原因既有保险责任又有除外责任。在这种情况下，如果保险责任与除外责任所造成的损失能够划分，保险人只对保险责任所引起的损失进行赔偿；如果保险责任与除外责任所造成的损失不能划分，保险人可以有两种选择：一是保险人与被保险人平分损失；二是保险人不承担任何损失，但在保险实践中，此时保险人通常会与被保险人协商以寻找一个双方都能接受的分担比例。

（三）多种原因连续发生致损

多种原因连续发生致损，是指具有直接因果关系的多种原因依次发生，持续作用而致损失的发生，此时最先发生并造成一连串事故的原因就为近因。如果该近因是保险承担的风险责任，保险人负责赔款或者给付保险金；否则，保险人将不承担赔偿或者给付责任。例如，某司机酒后驾车，撞到路边一棵电线杆，电线杆倒塌又造成一户农民鸡舍坍塌，导致部分蛋鸡和子鸡死亡及鸡蛋破碎。在该风险事故中，损失为鸡死蛋破，但因为该损失由多个原因连续发生所致，故向上倒推依次为鸡舍坍塌、电线杆倒塌、汽车碰撞和司机酒驾，则导致风险事故发生的近因为司机酒驾。

（四）多种原因间断发生共同致损

多种原因间断发生共同致损，是指不存在任何因果关系或其中因果关系中断、互相独立、先后发生的多种原因共同作用导致损失的发生。在这种情况下，由于各个原因都是致损的原因，由此该多原因均为近因。保险人的赔偿责任依个别原因是否属于保险风险而定，即属于保险风险造成的损失，保险人负赔偿责任；属于未保风险造成的损失，保险人不负赔偿责任。在保险实践中，保险人通常会做出两种处理：一是间断发生的原因都是保险风险，没有除外风险或未保风险介入，这时保险人对各个原因所致损失均负责赔偿；二是间断发生的原因中有除外风险或未保风险介入，若除外风险和未保风险发生在承保风险前，保险人的责任自承保风险造成的损失开始负责。若除外风险或未保风险发生在承保风险之后，保险人对损失的责任只负责到除外风险和未保风险介入之前。

第四节　损失补偿原则

经济补偿是保险的基本职能之一，因而保险的损失补偿原则是保险经营中的重要原则。损失补偿原则的核心是不允许被保险人通过保险而获得额外收益，所以在补偿原则基础上又派生出代位原则和分摊原则，且补偿原则、代位原则和分摊原则只适用于补偿性保险合同，而不适用于给付性保险合同。

一、损失补偿原则的定义

损失补偿原则(principle of indemnity)是指保险合同生效后，如果保险标的发生保险责任范围内的损失，被保险人有权按照保险合同的约定，获得全面而充分的保险赔偿。保险赔偿是为了弥补被保险人由于保险事故的发生所遭受的经济损失，但被保险人不能因保险赔偿而获得额外利益。损失补偿原则是财产保险理赔时遵循的一项基本原则，充分体现了保险的宗旨。由此在理解损失补偿原则时必须从两个方面把握该原则的内涵：一是有损失才有赔偿，即损失补偿是以被保险人发生保险责任范围内的损失为前提条件的；二是损失多少最多赔偿多少，保险赔偿的目的只是弥补被保险人由于保险标的遭受损失而失去的经济利益，尽力使被保险人的经济状况恢复到事故发生前的状态。因而不能使被保险人从保险中获得额外利益，以防止被保险人利用保险从中牟利，进而维护保险双方的正当权益，保持保险经营的稳定性。

二、设定损失补偿原则的目的

(1)坚持损失补偿原则是为了真正发挥保险的经济补偿职能。保险的基本职能之一是进行经济补偿，是为了分散风险，维护被保险人生产生活的顺利进行，而不是为了通过投保来获利，所以应该坚持“有损失、有赔偿，损失多、多赔偿，无损失、不赔偿”的原则。一方面，当被保险人经济受损时能得到及时的偿付，使其生产生活及时得到恢复；另一方面，有关赔偿限额的规定又可防止某些人通过保险来获利，真正发挥保险的经济补偿职能。

(2)坚持损失补偿原则能减少道德风险的发生。如果没有赔偿限额的规定，被保险人通过保险事件获得额外利益就有存在的可能，进而出现购买高额保险，故意制造事故，增加整个社会的财产损失率的情况。坚持损失补偿原则，任何人都不可能从保险事件中获利，也就避免了通过保险来牟利的现象，减少道德风险的发生。

三、损失补偿原则的限制

(1)损失补偿以实际损失为限。在补偿性的合同中，保险标的遭受损失后，保险赔偿以被保险人所遭受的实际损失为限，全部损失时全部赔偿，部分损失时部分赔偿。如果被保险人得到的保险赔偿金超过在事故中的实际损失额，则其在整个保险事故中反而得利，这就违反了损失补偿的第二层含义。例如，某投保人以其拥有房产产权的住房作为保险标的投保了足额家庭财产保险，保险金额为100万元。在保险期内发生保险事故造成该住房全损，而由于房价跌落致使保险事故发生时该住房的市场价值仅有90万元，则保险人只能赔偿90万元，而非100万元。

(2)损失补偿以保险金额为限。保险金额是合同中确定的保险赔偿金的最高限额，保险人已收取的保费对价是以此为基础计算出来的，如果赔付超过此限额，将使保险人处于不公平的地位，所以赔偿金额只应低于或等于保险金额而不应高于保险金额。即使发生通货膨胀，仍以保险金额为限。其目的在于维护保险人的正当权益，使损失补偿同样遵循权利义务对等的约束。如在上例中，若由于市场房价上涨，致使保险事故发生时该住房的市场价值达到了110万元，那么保险人应赔偿多少？这时虽然保险事故给被保险人造成了110万元的实际损失，但由于双方签订的保险合同所约定的保险金额只有100万元，所以保险人最多也只能按照保险金额这一最高限额进行赔偿，赔100万元。

(3)损失补偿以可保利益为限。保险事故发生后，被保险人所获得的赔偿以被保险人对此标的所具有的可保利益为前提条件。如果保险标的并不属于被保险人独有，则被保险人在此事故中损失的经济利益并不等于保险标的的全部实际损失额，则被保险人得到的赔偿金只能以其可保利益为限；如果保险标的受损时，被保险人已丧失了对该保险标的的可保利益，则被保险人对该财产的损失也不具有索赔权。债权人对抵押的财产投保，当债务人全部偿还债务后，债权人对该财产不再具有可保利益，即使发生标的损失，债权人也不再对此具有索赔权。同样是在上例中，假设该投保人所投保的住房是他与别人按照1∶1出资合伙购买的，且在保险合同中仅有其一人作为被保险人。如果住房价格保持平稳，那么保险人应当赔偿多少呢？此时，由于被保险人对保险标的仅有一半的可保利益，即50万元，当该保险标的发生全损时，被保险人仅损失50万元，所以保险人也最多赔偿50万元。

值得注意的是，通过对以上保险人履行损失补偿责任三个限度的分析，不难发现这三个限度是相互关联、相互制约的，而且保险人在针对某一具体损失进行赔偿时，还要选取实际损失、保险金额和保险利益这三者中的最低标准作为最终赔偿限度。

四、经济补偿的方式

(一)保险人履行损失补偿的方式

保险人对被保险人进行赔偿的目的是使被保险人恢复到损失发生前的经济状态，至于具体的损失赔偿的方式，保险人有权选择。通常来说，保险人可以选择的赔偿方式有以下三种：一是货币支付。因为被保险人的损失是以货币衡量的，所以保险人可以通过审核被保险人的损失价值，支付相应价值的货币。在保险实践中，这也是最常采取的方式。二是恢复原状或修理。当被保险人的财产遭受损坏以后，保险人可以出资把损坏的部分修好，使保险标的恢复原状，即受损前的状态。例如，我国机动车辆保险理赔中对于部分损失赔偿常采用修理的方式。三是置换。在保险损失发生后，保险人可以赔偿一个与被损坏财产同等规格、型号、性能的财产。

（二）损失补偿的计算方式

1. 第一损失补偿方式

所谓第一损失补偿，是指保险损失发生后，保险人仅在保险金额限度内按照实际损失予以赔偿，而对保险金额之外的损失不予赔偿的方式。其计算公式如下：

$$赔偿金额=损失金额（损失金额<保险金额） \tag{4-1}$$

$$赔偿金额=保险金额（损失金额\geqslant保险金额） \tag{4-2}$$

这种损失补偿方式之所以被称为第一损失补偿，是因为在采用这种方式进行赔偿数额计算时，保险人实际上是将保险标的损失人为地分成两部分：第一损失是保险金额限度内的损失；第二损失是超过保险金额那部分的损失，而保险人仅赔偿第一损失。

【例 4-1】 王某向某保险公司投保了保险期限为 1 年，保险金额为 40 万元的家庭财产保险。在保险期内，发生了保险事故，出险时，王某的家庭财产实际价值为 50 万元。如果造成 15 万元的损失，请问保险公司应该赔偿多少？如果保险事故造成 45 万元损失，保险公司又应该赔偿多少？

分析：当损失为 15 万元时，按第一损失赔偿方式，保险公司应按照损失金额全额赔偿，即赔偿 15 万元。当损失为 45 万元，由于已经超过 40 万元的保险金额，对超过部分保险公司不负有赔偿责任，所以保险公司只能按照保险金额进行赔偿，即赔偿 40 万元。

第一损失补偿计算方式比较简便，但不够准确，主要适用于家庭财产保险。

2. 比例计算补偿方式

比例计算补偿方式是保险人按照损失的一定比例计算赔偿金额的方式。由于保险合同类型的不同，保险人所采取的比例也具有不同的性质，通常按照定值保险与不定值保险加以区分。

(1)按保障程度计算不定值保险的赔偿金额。保障程度是保险金额与损失发生时保险标的实际价值的比例，赔偿金额计算公式如下：

$$赔偿金额=损失金额\times保障程度 \tag{4-3}$$

$$赔偿金额=损失金额\times（保险金额/保险标的实际价值） \tag{4-4}$$

由式(4-3)和式(4-4)可以看出，保障程度越高，即保险金额越接近保险财产发生损失时的实际价值，赔偿金额就越接近损失金额。另外，在采用这种方式计算赔偿金额时，保障程度不得高于 100%。也就是说，当计算所得的保障程度值高于 100%时，按 100%计算，如果由于市场价格下跌使保险金额高于保险标的损失时的实际价值时，按照保障程度计算公式得出的保障程度大于 100%，那么，此时保障程度只能按 100%计算。

(2)按损失程度计算定值保险的赔偿金额。损失程度是保险标的受损价值与损失发生时保险标的实际价值的比例，赔偿金额计算公式如下：

$$赔偿金额=保险金额\times损失程度 \tag{4-5}$$

$$赔偿金额=保险金额\times（损失金额/保险标的实际价值） \tag{4-6}$$

可以看出，当保险标的发生全损时，损失程度为 100%，赔偿金额等于保险金额。在这种情况下，如果在保险期内市价跌落，保险人的赔款就可能超过被保险人的实际损失，也就违背了损失补偿的限度，所以定值保险是损失补偿的特例。

3. 限额赔偿方式

(1)固定责任赔偿方式。固定责任赔偿方式，是指保险人在订立保险合同时，规定保险保障的标准限额，保险人只对财产损失超过约定数额时，才负赔偿责任的赔偿方式。这种赔偿方式适用于农作物保险，其计算公式如下：

$$赔偿金额=限额责任-实际收获 \tag{4-7}$$

【例 4-2】 某保险公司的西瓜收获保险，以常年产量每亩 1 500 公斤收购价 0.30 元计算，每亩保险金额以 450 元为限额。假定某年发生水灾，农户实际收获量为每亩 1 000 公斤，请问保险公司应赔偿多少元?

分析：根据限额赔偿，首先需要确定被保险人实际收获量，然后判断实际收获量是否达到限额责任，保险人对实际收获低于限额责任的部分进行赔付，根据公式(4-7)，则

赔偿金额=限额责任-实际收获=(1 500-1 000)×0.30=500×0.30=150(元)

保险人应赔付 500 公斤的损失 150 元，此种赔偿方式既可以增强被保险人的责任感，又可以减轻保险人的保险费负担。

(2)免赔限度赔偿方式。免赔限度赔偿方式是保险人规定一个免赔限度，只有当损失超过该限度时才予以赔偿的一种方式。按免赔方式又可以分为两种，即绝对免赔与相对免赔。绝对免赔是指只有当保险标的损失程度超过规定免赔限度时，保险人才只对超过限度的那部分损失予以赔偿的方式，其计算公式如下：

$$赔偿金额=保险金额\times(损失率-免赔率) \tag{4-8}$$

相对免赔是指只有当保险标的的损失程度超过或达到规定的免赔限度时，保险人才按全部损失予以赔偿的方式。其计算公式如下：

$$赔偿金额=保险金额\times损失率 \tag{4-9}$$

通过对免赔限度赔偿方式的深入分析可以发现，采取该方式既可减少保险人大量小额赔偿的工作量，同时又可增强被保险人的责任感。目前在海运货物保险、机动车辆保险中经常采用这种赔偿方式。

五、损失补偿原则的派生原则

(一)代位原则

通过损失补偿原则的学习，我们已经知道在保险损失发生后，被保险人可以依合同获得充分的损失补偿。其实在现实生活中，当保险标的发生损失后，除了依据合同获得保险人的补偿外，被保险人还可能拥有从第三方获得补偿的权利。在这种情况下，被保险人就可能最终获得多于实际损失的补偿，即获得额外利益。这既违背了保险的宗旨又有悖于损失补偿原则的规定，由此在损失补偿原则之下又派生出了保险的另一重要原则——代位追偿原则，且其适用范围与损失补偿原则是一致的。

1. 代位原则的意义

代位原则(principle of subrogation)是指保险人依照法律或合同约定，对被保险人所遭受的损失进行赔偿后，则获得向保险事故的第三方责任人进行追偿的权利，或受损的保险标的的所有权就由被保险人转移给了保险人，由保险人代替被保险人来行使这两项权利。代位原则包括权利代位和物上代位两个部分。代位原则的意义主要体现在以下两个

方面：

(1)坚持代位原则有利于防止被保险人获得双重利益。当被保险标的发生损失的原因是由第三者的疏忽、过失或故意行为造成且该损失原因又属于保险责任事故时，则被保险人既可以依据民事法律向第三者要求赔偿，也可以依据保险合同向保险人提出索赔。这样，被保险人因同一损失所获得的赔偿将超过保险标的实际损失额，从而获得额外利益，违背损失补偿原则。同样，在被保险标的发生保险事故而得到保险人的赔付后，被保险人将保险标的剩余物资处理或保险标的失而复得后，其所得的利益也将超出实际损失的利益。而按照代位原则来处理，就能防止上述两种被保险人获得双重利益的情况，因被保险人向第三者的追偿权或对残余物的处理权转交给了保险公司。

(2)坚持代位原则有利于维护社会公正。从社会公平的角度出发，任何肇事者都应对其因疏忽或过失所造成的损失负有责任，如果被保险人仅从保险人处获得赔偿而不追究责任人的经济赔偿责任，将有违社会公平，并且也易造成他人对被保险人的故意或过失伤害行为的发生。通过代位原则，第三方责任人无论如何都应承担其损害赔偿责任，有利于社会公平。

2. 权利代位

(1)权利代位的概念。权利代位，也叫代位追偿，是指保险标的所遭受的保险责任事故是由第三方责任人造成的，依法应当由第三者承担赔偿责任时，保险人向被保险人支付保险赔偿金后，在赔偿金额的限度内就取得了对第三者请求赔偿的权利。在财产保险中，致使保险标的发生损失的原因既属于保险责任，又属于第三者的责任原因时，依据《保险法》规定，当被保险人已从责任人取得全部赔偿的，保险人可免去赔偿责任；如果被保险人从责任人得到部分赔偿，保险人在支付赔偿金时，可以相应扣减被保险人从第三者处已取得的赔偿。如果被保险人首先向保险人提出索赔，保险人应当按照保险合同的规定支付赔偿金，但在被保险人取得赔款后，应将向第三者追偿的权利转移给保险人，由保险人代位行使追偿权。被保险人不能同时取得保险人和第三者的赔偿而获得双重或多于保险标的实际损失的补偿。

(2)权利代位的实施。权利代位的实施需要注意代位权利产生的时间、金额和权利保护等问题。第一，权利转移的时间是在保险赔偿之后。保险事故发生后，保险人只有按合同规定对被保险人履行了赔偿义务之后，才有权取得对第三方责任人的代位追偿权。代位追偿权是一种债权的转移，即被保险人与第三者之间特定的债权债务关系，在保险人赔付保险金之前，这种权利与保险人没有任何直接的关系。在事故发生后，在保险人支付保险赔偿金之前，被保险人既有权向保险人请求赔偿，也可以向第三者请求赔偿。当然一旦被保险人获得保险赔偿金后，相应的追偿权就转移给了保险人。在保险实务中，保险人常常在支付保险金给被保险人时，要求其在追偿权委托书上签名，实际上就是追偿权转移给保险人的书面凭证，但即使没有此凭证，也不妨碍保险人对第三者的代位追偿权。第二，保险人的代位追偿权以其实际支付的保险赔偿额为限。保险人代位追偿的金额受到限制，是以其对被保险人赔付的金额为限。如果保险人从第三者处追偿的金额大于其对被保险人的赔偿，则超出部分应归被保险人所有。如果被保险人获得的保险赔偿金额小于第三者对其造成的实际损失时，有权就未取得赔偿部分继续对第三者请求赔偿。保险代位原则的规定不仅在于防止被保险人取得双重赔付而获得额外利益，保障保险人的利益，同样也要防止保险人通过代位追偿权而获得额外利益，损害被保险人的利益。第三，被保险人不能损害保险人的代位追偿权。被保险人与第三者之间的债权关系如何，对保险人能否顺利履行和实现其代位追偿权是非常重要的。如果被保险人一方面在保险人处得到赔偿，另一方面私下与第三者责任人达成协议，免去第三者的赔偿义务，则会妨害保险人的代位追偿权的行使。因此，在保险实务中要防止被保险人损害保险人的代位追偿权。

《保险法》第 61 条规定：保险事故发生后，保险人未赔偿保险金之前，被保险人放弃对第三者请求赔偿权利的，保险人不承担赔偿保险金责任。保险人向被保险人赔偿保险金后，被保险人未经保险人同意放弃对第三者请求赔偿的权利的，该行为无效。由于被保险人的过错致使保险人不能行使代位请求赔偿的权利的，保险人可以相应扣减保险赔偿金。这一条的规定，目的在于保护保险人行使代位权利。

(3)权利代位的例外。权利代位的例外情况包括：①人身保险。由于人身保险大多数为给付性合同，不适用补偿原则，相应地也就不适合代位原则。再者，人的生命和身体是无价的，其价值难以估计和衡量，当人身事故发生后，投保方从多处获得赔付并不能说其通过保险而得利。所以在给付性的人身保险中，当保险事故发生后，投保方既可向保险公司索赔，也可追究第三方责任人的经济赔偿责任，两方权利不受影响。保险公司在支付了死亡或残疾保险金后，并不能再向第三方责任人进行追偿。但在涉及给付医疗费用的险种中，医疗费用的支出是可确定的数额，存在多重获利的可能，该类合同具有补偿性。因此，被保险人因第三者行为而发生死亡、伤残或者疾病等保险事故的，由此产生的医疗费用支出，在保险人向被保险人或者受益人给付保险金后，享有向第三者追偿的权利。②被保险人与第三者存在共同经济利益。当追偿的对象为被保险人的家庭成员时，被保险人和其家庭成员在经济上为一个整体，当发生保险事故后，如果保险人一方面对被保险人进行补偿，另一方面又向其家庭成员进行追偿，则该家庭仍然没有得到任何补偿，这样就失去了保险的意义。所以各国保险法规定，当保险事故的第三方责任人为被保险人的家庭成员或其组成人员时，保险人赔偿保险金后不得行使代位追偿权。《保险法》第 62 条规定，除被保险人的家庭成员或者其组成人员故意造成的保险事故外，保险人不得对被保险人的家庭成员或者其组成人员行使代位请求赔偿的权利。

3. 物上代位

物上代位是指保险人在支付全部或部分保险金以后，即可取得保险标的物的全部或部分的所有权。此规定主要为了防止被保险人在获得保险赔偿金后，又可能通过获得保险标的残值及标的失而复得的额外利益。《保险法》第 59 条规定：保险事故发生后，保险人已支付了全部保险金额，并且保险金额相等于保险价值的，受损保险标的的全部权利归于保险人；保险金额低于保险价值的，保险人按照保险金额与保险价值的比例取得受损保险标的的部分权利。物上代位在海上保险中通常以委付方式进行。所谓委付，是指被保险人在发生保险事故造成保险标的推定全损时，请求保险人按保险金额全数予以赔付，并将保险标的一切权利和义务转移给保险人的行为。

（二）重复保险分摊原则

根据损失补偿原则，当保险标的发生损失后，被保险人有权根据合同约定获得损失的充分补偿，而不能因此获得超出其损失的额外利益。但在现实中，被保险人可能拥有多份承保相同损失的保险合同，即存在着重复保险，此时被保险人就可能会获得超出其实际损失的赔偿，从而获得额外利益。此时，如果保险标的发生损失，就应将这一损失在各个保险人间进行分摊，以免被保险人获得额外利益。这既是重复保险分摊原则，也是损失补偿原则的另一派生原则。

1. 重复保险分摊原则的内涵

(1)重复保险的含义。重复保险是指投保人以同一保险标的、同一保险利益，同时向两个或两个以上的保险人投保同一危险，且保险金额总和超过保险标的价值。由此可以看出，重复保险的要件由以下四个方面构成。

其一，不同保险合同均以同一保险标的、同一可保利益投保。如果保险标的不同，肯定构不成重复保险，即使保险标的是同一个，不同的权利人分别以自己的保险利益投保也不构成重复保险。例如，某人以按揭方式购买一所住房，并以该住房为保险标的投保火灾保险，同时贷款银行也以该住房为保险标的投保火灾保险。虽然这两份保险合同都是以同一住房为保险标的投保的，但由于他们具有不同的可保利益，保险合同的被保险人也就不同，由此也不可能存在重复保险。

其二，不同保险合同具有同一保险期间。这里的同一保险期间不是指不同保险合同的整个保险期间都是重复的，而是指部分期间重复，尤其是指保险事故发生时都在保险期间内。例如，某投保人以价值 80 万元的私有住房为保险标的，于 2011 年 4 月 6 日和 2012 年 3 月 1 日分别与甲、乙两家保险公司签订保险金额依次为 50 万元、60 万元的 1 年期火灾保险合同。如果 2012 年 3 月 28 日发生火灾，构成重复保险；如果是 2012 年 4 月 8 日发生火灾，只有投保人与乙保险公司签订的保险合同在保险期间内，则不构成重复保险。

其三，不同保险合同承保同一保险危险。如果以同一保险标的、同一保险利益同时投保不同的风险，也构成不了重复保险。例如，如果某居民以其私有住房为保险标的，在甲保险公司投保了足额火灾保险，同时又在乙公司投保了足额盗窃险，这不构成重复保险，因为如果发生了火灾只有甲保险公司赔偿，而如果发生了盗窃只有乙保险公司赔偿。

其四，必须是与数个保险人订立数个保险合同，且保险金额总和超过保险标的价值。如果投保人只是与一家保险公司签订保险合同，即使保险金额总和超过保险标的价值，也不称为重复保险，只能称为超额保险；如果投保人与多家保险公司签订合同，保险金额总和没有超过保险价值，此时只能是共同保险。所以，只有这两个条件同时具备才有可能成为重复保险。在判定是否是重复保险时，必须上述四个条件同时具备。

(2)重复保险分摊原则的含义。重复保险的分摊原则(principle of contribution of double insurance)是指在重复保险的情况下，当保险事故发生时，各保险人应采取适当的分摊方法分配赔偿责任，使被保险人既能得到充分的补偿，又不会超过其实际损失而获得额外的利益。由此可知，重复保险分摊原则主要适用客观上存在重复保险的情况。虽然很多国家都不允许重复保险，但这种现象又常常存在。在重复保险的情况下，如果发生保险事故造成了保险损失，被保险人可以依据不同的保险合同向不同的保险人就同一损失进行索赔，那么被保险人就可能会获得超额损失赔偿，同时也违背了损失补偿原则。而如果遵循重复保险的分摊原则，就可以维护损失补偿原则，防止被保险人利用重复保险获得超额赔款，进而维护社会公平原则。

2. 重复保险的分摊方式

重复保险的分摊方式主要有比例责任分摊、限额责任分摊和顺序责任分摊三种。

(1)比例责任分摊方式。比例责任分摊，又称保险金额比例分摊制，是各保险人按其承保的保险金额与各保险人承保保险金额的总和的比例分摊保险事故损失责任。其计算公式如下：

赔偿责任＝实际损失×(保险金额/所有保险人承保总保险金额)　(4-10)

(2)限额责任分摊方式。限额责任分摊方式是以在没有重复保险的情况下，各保险人以其承保的保险金额而应负的赔偿限额与各保险人应负赔偿限额总和的比例承担损失赔偿责任。其计算公式如下：

赔偿责任＝实际损失×(赔偿限额/所有保险人承保总赔偿限额)　(4-11)

(3)顺序责任分摊方式。顺序责任分摊方式，是根据各保险人出立保单的顺序来确定赔偿责任，即由先出单的保险人首先负责赔偿，后出单的保险人只有在保险损失超过前一保险人承保的保额时，才依次承担超出的部分。

【例 4-3】 某企业将保险价值为 100 万元的生产线依次向甲、乙、丙三家保险公司投保，保险金额分别为 50 万元、30 万元和 120 万元。假定保险事故发生后，标的遭受全损，请分别按照比例责任分摊、限额责任分摊和顺序责任分摊方式计算赔偿金额。

分析：按照比例责任分摊方式，需要确定实际损失和各保险公司的保险金额及总保险金额，计算如下：

甲保险公司赔偿金额＝实际损失×(甲保险公司保险金额/所有保险人承保总保险金额)
＝100×50/(50＋30＋120)＝25(万元)

乙保险公司赔偿金额＝100×30/(50＋30＋120)＝15(万元)

丙保险公司赔偿金额＝100×120/(50＋30＋120)＝60(万元)

按照限额责任分摊方式，需要确定实际损失和各保险公司的赔偿限额及总赔偿限额，赔偿限额是假定只有一家保险公司承保情况下的限额，甲、乙保险公司的保险金额低于实际损失，则赔偿限额分别为 50 万元和 30 万元，丙保险公司的保险金额超过实际损失，故以实际损失 100 万元为赔偿限额，计算如下：

甲保险公司赔偿金额＝实际损失×(甲保险公司赔偿限额/所有保险人承保总赔偿限额)
＝100×50/(50＋30＋100)＝27.78(万元)

乙保险公司赔偿金额＝100×30/(50＋30＋100)＝16.67(万元)

丙保险公司赔偿金额＝100×100/(50＋30＋100)＝55.55(万元)

按照顺序责任分摊方式处理较为简单，甲保险公司最先出单，赔偿金额为 50 万元，乙保险公司第二个出单，赔偿金额为 30 万元，丙保险公司最后出单，赔偿金额为总损失金额扣除甲、乙保险公司已赔偿部分后的余额，为 20 万元。

上述三种分摊方式中，比例责任分摊方式在世界各国保险实务中运用较多。虽然我国没有明确规定重复保险的分摊方式，但《保险法》第 56 条做了描述性的说明，即重复保险的各保险人赔偿保险金总和超过保险价值，除合同另有约定外，各保险人按照其保险金额与保险金额总和的比例承担赔偿责任。由此，在我国保险实务中也常采用比例责任分摊方式。

补充学习资料

死亡原因与交通事故伤害间的因果关系

张某投保了意外伤害保险。后其因交通事故腿部遭到重创，腰部的肌肉受到损伤，这些伤害直接引起了急性肾功能衰竭，接着，由于大腿的肌肉坏死引起的感染无法控制，被迫锯腿以求保命。由于张某在遭遇此交通事故之前，患有严重的肝功能不全，事故之后其肝功能不全的疾病并发，谷氨酸转肽酶等指标急速上升，在事故发生一年后死亡。其家属向保险公司提出要求支付保险金的请求。保险公司以其死因是源于肝脏病，死因与交通事故造成的伤害之间没有直接的因果关系为由拒绝支付保险金。家属向法院提起诉讼。一审法院在判决中认为患者的死亡和交通事故中受伤有因果关系，对原告的大部分请求予以认可，一部分要求不予支持。二审法院支持了一审法院的判决。

分析：

在寿险和意外险的保险实务中，经常会遇到死因和保险事故之间究竟有没有因果关系的问题。关于张某死亡和交通事故所造成的伤害之间有无因果关系，成为本案原被告之间争论的焦点。本案的事实关系错综复杂，因为张某是由于上消化道出血、肺炎、肾脏、肝脏、心脏功能衰竭、败血症等并发最后导致死亡，所以从医学角度也难以做出十分权威的结论。法院对上述事实进行了分析：第一，张某由于右腿开放性骨折造成了右下肢血流不畅，导致败血症的感染，形成肌肉坏死，为了保全生命而进行了截肢，但是手术后并没有阻止败血症的进一步感染，导致死亡。第二，肝脏功能不全加重谷氨酸转肽酶指标的急增是由右腿肌肉坏死导致败血症感染而致。第三，无法证实张某的死亡是直接源于肝脏疾病，但是不排除加速死亡的可能性。法院从主要病因着手，从中找到主要原因和次要原因，借助比例因果关系的理论，认定张某的死因与交通事故所造成的伤害之间有因果关系，但不是全部，只有80%。另外20%的死因与交通事故所造成的伤害之间没有因果关系。因此判决保险公司赔付80%的保险金。

启示：

近因原则是保险的基本原则之一，近因是指造成保险标的损失的最直接、最有效的原因。近因原则是指保险事故的发生与损失事实的形成这两者之间必须有直接因果关系的存在，才能构成保险赔偿的条件。当保险事故是由多个原因导致的时候，往往难以判断其中的因果关系问题。这需要具体情况具体分析，其中可能会涉及多方面的专业知识。

（资料来源：湖南商学院网，http://finance.hnuc.edu.cn/bxx/article.asp? articleid=1113.）

复习思考题

1. 试述保险利益原则的含义及其确立要件。
2. 请回答最大诚信原则的含义及内容。
3. 财产保险与人身保险的可保利益如何确定？
4. 请回答近因的定义及确定近因的方法。
5. 损失补偿原则的含义及限制条件是什么？
6. 什么是权利代位？构成权利代位的要件有哪些？
7. 重复保险分摊原则的含义是什么？分摊方式有哪几种？

保险基金与保险投资

基金一般是指国民经济中具有专门用途的资金，保险基金(insurance fund)是一种补偿自然灾害和意外事故造成损失的后备资金。一个国家为了应付可能的外来侵略、消除自然灾害和人为事故造成的损失、调整国民经济发展中出现的比例失调，都要求建立社会后备基金，以保证国民经济持续、快速、健康发展，保证市场稳定和人民生活的改善。建立保险基金是一种最经济、最合理、最有效的社会保障制度。为了更好地防范风险和赔偿损失，包括保险基金在内的保险公司资金需要实现保值与增值的目标，主要通过保险投资得以实现。

第一节　保险基金

一、社会后备基金

保险基金有广义保险基金和狭义保险基金之分，广义的保险基金也称社会后备基金，是为了保障社会再生产的持续进行和社会生活的安定，在国民收入的再分配中，用于补偿意外事故和自然灾害而储存的基金。社会后备基金的主要形式有四种，即集中的国家后备基金、自保形式的后备基金、商业保险形式的后备基金和社会保障基金。

（一）集中的国家后备基金

集中的国家后备基金，是从国家和地方财政预算中提留的后备基金，专门用于应付意外支出或国民经济中的特殊需要。例如，外敌入侵后的紧急应变、特大自然灾害的救济、国民经济计划制订和执行中失误的补偿等，这些都要求建立国家后备基金，以保证国民经济持续地、按比例地、高速地发展，保证市场的稳定和人民生活的改善。集中的国家后备基金一般是通过税收等非保险方法筹集起来的，不能随便动用，不能用于对个别单位和个人遭受的灾害事故损失进行经济补偿。国家后备基金可分为实物形态和货币形态。

(1)实物形态的后备基金。实物形态的后备基金是国家为稳定社会再生产和人民生活而建立的一定数量的生产资料和生活资料的储备，由国家集中掌握的长期储备、当年准备、地方政府控制的地方性储备以及集体经济组织的集体储备构成。这是一种以实物形态为主的储备基金，主要包括粮、棉、油、布匹、钢铁、燃料等重要物资，以及黄金、外汇等储备。实物形态的后备基金通常由国家设立机构筹集和调度，支持宏观经济发展，抵御外敌入侵以及救济重大自然灾害损失。实物形态的储备由于在国民经济中所处的地位和作用不同，又可分为生产储备、流通储备和国家储备。生产储备是为保证生产领域内的正常秩序不间断进行而建立的原材料和机器等劳动资料的储备。流通储备包括产品储备和供销储备。国家储备是指那些为解决严重自然灾害和突发性事件所需，由国家建立起来的一种物资储备。

(2)货币形态的后备基金。货币形态的后备基金又称财政后备，是指国家在一定财政年度内，预防灾害事故和其他临时性需要而设置的一种货币资金。我国的财政后备由国家财政预算总预备费、预算周转金和年终结余三部分组成。总预备费包括中央政府和地方各级政府预备的预备费，是本财政年度的机动经费；预算周转金是平衡季节性收支，供暂时周转使用的备用金，年度终了应恢复到原来数额；年终结余是财政年度内收入大于支出的余额，常作为本年度特殊事项使用。集中形式的后备基金在社会后备基金中占主导地位，是保证国民经济持续发展、保障人民生活安定的重要力量。但是集中形式的后备基金用途广泛，一般用于宏观经济调控，如国民经济计划的失误、特大自然灾害和意外事故、外敌入侵、重大抢险等。对于单个企业、家庭或个人，集中形式的后备基金不能走出按劳分配的原则给予全面补偿，而只能在一定条件下给予一定数量的救济性补偿。

（二）自保形式的后备基金

自保形式的后备基金是指单个经济单位或家庭，为处理所面临的财产和人身风险而设立的实物或货币资金。它包括企业自保基金和家庭自保基金。企业自保基金是指由各企业或经济组织为保证经营过程的连续性和稳定性而设立的自行弥补损失的一种后备基金。自保基金一般有货币和实物两种形态，居民个人储蓄和农民家庭实物储备属于家庭自保基金。

自保形式的后备基金出现较早，是较为原始的后备基金状态。最初的自留后备完全以实物形态包含于储备之中，并未独立出来。后来随着生产力的提高和剩余产品的增多，自保形式的后备才缓慢发展，逐渐成为自然经济条件下后备基金的主要形式。自保形式的后备基金的特点是：分散建立，自留自用，以实物形态为主，数量不多，作用有限，且具有不稳定性。自保基金的额度确定没有科学理论支撑，更多地保险为随意性，不足以应付重大的灾害损失，但自保基金对于应付小额的、短期内易预测的、最大损失不影响企业财务稳定的风险，仍不失为一种灵活方便的方法。

现阶段，随着社会经济的飞速发展，自保形式的后备基金又有了新形式：专业自保公司。专业自保公司是经济组织内部的母公司利用强大资本实力开设的以自保为主的保险公司，提供对同一子系统的专业自保；或同一行业设立专门机构，如船车组织的保赔协会，实行自保；或者需要保险的人共同组织相互保险社、相互保险公司，相互自保。这种保险形式聚集的货币资金也就是自保形式的后备基金，它是保险基金的一种辅助形式。

（三）商业保险形式的后备基金

商业保险形式的后备基金，即狭义的保险基金，是由专业的保险机构根据保险合同，向参加保险的单位或个人收取保险费而建立起来的社会化货币后备基金，专门用于补偿被保险人所遭受的合同规定的风险损失，因而也被称为商业形式的保险基金。保险学科视角的保险基金指的就是该类后备基金，保险基金是保险责任期限内保险人承担经济补偿义务的准备金，主要由注册资金和保险费两部分构成。建立保险基金对全社会而言，是一种经济、合理、有效的保障制度。

（四）社会保障基金

社会保障基金是指为了保障社会成员在丧失劳动能力或失去劳动机会时的基本生活需要，在国家立法的强制规定下，通过向社会成员及其所属单位征收社会保障费用或由国家财政直接拨款而形成的一种基金。社会保障作为国家的一项社会政策，旨在为公民提供一系列基本生活保障，公民在年老、患病、失业、灾难和丧失劳动能力等情况下，有从国家和社会获得物质帮助的权利。根据基金的用途，社会保障基金可分为社会保险基金、社会福利基金、社会救济基金和社会优抚基金。

社会保险是社会保障体系的重要组成部分，社会保险基金由养老保险基金、医疗保险基金、失业保险基金、工伤保险基金和其他社会保险项目的基金构成。社会保险基金最早出现于德国1883年颁布的《社会保险法案》，通过雇员与雇主共同缴纳社会保险费的方式构成保险学原理与实务法定社会保险基金的基本形式。经过100余年的发展，社会保险基金依然通过雇主与雇员缴费，国家在税收、利率和财政上资助的三方负担原则来筹集社会保险基金。与社会保险有所不同的是，社会救济基金一般来源于国家或地方财政，社会福利基金主要来源于国家财政及社会、单位和个人的捐助。

社会保障作为一种政府行为，是国家通过立法对全体成员强制实行的一种机制，任何单位和个人都必须无条件地根据国家规定承担税费形式的社会保障费用，并享受有关社会保障待遇。因此，社会保障基金是实现社会保障目标的经济基础，它具有强制性、互助性、保值增值性等特点。

二、保险基金的含义及来源

（一）保险基金的含义

保险基金是由专业保险机构根据投保人的意愿，在严密的风险概率测算的基础上，与投保人签订权责对等的商业保险契约，通过向投保人收取保险费而筹集起来的、专门用于补偿被保险人约定风险损失的一种货币基金。它是保险人承担经济补偿或给付义务的准备金。该定义相对于社会后备基金而言，是狭义的保险基金，也是保险学科界定的保险基金。

（二）保险基金的来源

(1)自有资本金。自有资本金也称开业保险基金，任何保险企业都需要一定数量的开业资金才能获准经营保险业务。《保险法》第69条规定，设立保险公司，其注册资本的最低限额为人民币2亿元。国务院保险监督管理机构根据保险公司的业务范围、经营规模，可以调整其注册资本的最低限额，但不得低于本条规定的限额，保险公司的注册资本必须为实缴货币资本。另据《保险公司管理规定》(2009年修订)第16条，保险公司以2亿元人民币的最低资本金额设立的，在其住所地以外的每一省、自治区、直辖市首次申请设立分公司，应当增加不少于人民币2 000万元的注册资本。这笔数额巨大的开业资本中，除一部分用于资产投资和费用开支外，剩余部分都用于赔款准备金，从而形成了保险基金的一部分。

(2)保险费收入。保险费收入是构成保险基金的主体，保险费通常由三部分构成，即赔付费用、保险公司经营管理费用和保险公司的合理利润。其中，赔付费用是保险费中用于赔款或给付的部分，在保险费构成中占绝大部分比例，是构成保险基金的主体。

三、保险基金的性质与特征

(一)保险基金的性质

(1)保险基金的固有性质。从保险基金的固有性质来看，它是一种处于备用状态的应付灾害事故的专项基金，这使它既不同于补偿已经消耗掉的生产资料的补偿资金，也不同于用来扩大再生产的积累基金。它的作用就是保障社会再生产的正常进行和人民生活的安定，主要用途是补偿灾害事故所造成的经济损失。这些损失的不确定性和偶然性使得经济补偿时刻都可能发生，因此保险基金通常不能直接投入社会生产与流通，而应时刻处于备用状态。

(2)保险基金的财务性质。从保险基金的财务性质上看，保险基金是保险人对投保人或被保险人的负债，而不是保险人的资产或盈利。这是由险基金所承担的赔偿责任的长期性所决定的。保险公司与一般的工商企业在财务关系上有很大不同。一般企业年终结算时，当年收入减去当年支出即为盈利；而保险公司则无法在一个营业年度结算时核算出准确的经营成果，即不能准确得出当年的盈利数额。这是因为，人寿等长期保险的赔付责任期少则几年，多则十几年，甚至几十年，当期保费收入需要与赔付支出长期对应。即使是一年期以内的短险，也因为保险年度与会计年度的不同，需要提取各种准备金。同时，自然灾害和意外事故的发生在时间上是不均衡的，有的年份多，有的年份少，有的年份损失较轻，有的年份损失较重；而保险费一般是按年平均费率计算的，这样，虽然从长期来看保险基金的总额与赔付总额是平衡的，但是在某个时间或某个时点上就难以完全一致了，甚至会出现赔付额大大超过保费的现象。在每年结算时，必须扣除一定数额的未到期责任准备金和总准备金。因此，当年保费收入扣除赔款和其他费用支出，所剩余额并不等于盈利，不能随意使用。否则，就等于保险公司欠下了被保险人一笔债务。当发生巨灾或产生债务冲击时，保险公司的财务就会出现危机，造成经营的不稳定。保险基金的这种负债性质，决定了保险基金不能用于消费或积累，只能用于经济补偿或给付。因此，不能将其视作保险公司的所得而课以重税，或直接占有并加以分配和消费。

(3)保险基金的生产性质。保险基金是维持简单再生产的生产性基金，其对损失的生产资料的补偿，是社会简单再生产的物质条件；而其对人身意外事故的给付，则是为劳动力的再生产提供物质条件。所以保险基金本质上是生产性基金。如果把它用来消费或扩大再生产，就可能使简单再生产推动了补偿保障，一旦发生灾害事故造成生产资料的损毁，简单再生产过程就无法继续进行下去，其结果必然是社会再生产遭受破坏。

(二)保险基金的特征

(1)权利与义务对等。集中形式的后备基金是强制性和无偿使用，有上缴义务者不一定有使用的权利；自留形式的后备基金完全由经济单位自留自有，无所谓权利义务；绝大多数保险形式的后备基金(除法定保险外)都是在双方当事人自愿的基础上，通过订立契约的形式收到保险费而建立起来的，它体现了权利与义务对等和商品交换的原则。由此决定保险基金使用范围的规范性，即谁投保谁受益，多投保多受益。被保险人未必都能得到经济补偿，但得到经济补偿者必定是被保险人，而且这种权利与义务的对等关系以具有法律效力的契约固定下来，从而消除了出险后保险补偿的随意性，增强了保险补偿的可靠性和及时性。

(2)积累的长期性。众多的被保险人将会以保险费的形式组成保险基金来获取意外情况下的经济保障。这种保障从时间上看跨度非常大，短则几个小时，甚至几十分钟，长则几年甚至几十年。保险基金的积累正是考虑了不同时期的需要，根据以往长期的损失概率计算出来的，具有长期性的特点。而且为了应对意外的特大灾害损失，保险基金还应逐年增大，这与国家后备基金和自留后备基金主要考虑当年需要并要求当年平衡有明显的区别。保险基金的长期积累，便于在空间上分散风险、分摊损失，大大提高了保险基金应付灾害损失的能力和效益。

(3)来源的分散性与使用的统一性。任何单位和个人都可以交纳保险费以换取保险保障，这就使得保险基金的来源相当广泛。数量众多的投保人交纳保险费，汇集起可观的保险基金。保险基金在来源上十分分散，在使用上却相对集中，即所谓“取之于面，用之于点”。被保险人得到保险赔偿是以保险条款中所列事件的发生为条件的，正常情况下，大多数被保险人不会出险，因此遭受意外事故和灾害损失的只能是被保险人中的一小部分，保险费也就理所当然地集中在他们身上使用。

(4)形态的货币性。保险基金是单纯货币形态的后备基金。在商品经济条件下，分配和交换都是以货币为中介进行的。货币形态的保险基金有很多优点：一是便于管理；二是补偿上灵活方便，可以及时满足各种各样的物质补偿需要；三是可以节约经营管理费用。保险基金还可在一定条件下加以运用，发挥其融通资金的功能，增加收益，壮大保险基金力量。而国家后备和自留形式的后备基金一般都需要同时采用实物与货币两种形态，其功能发挥具有局限性。

四、保险基金的构成

1. 资本金

资本金是设立保险企业必须具备的注册资本金，资本金扣除保证金部分可用于投资。

2. 保证金

保证金是按照注册总资本的20%提取的，是保险公司平时不能挪用的，主要应对清算时的债务清偿。

3. 责任准备金

责任准备金是保险公司为了履行其在未来赔偿或给付责任，根据精算原理，按照一定比例从收取的保费中提留的资金。与保险资金不同，准备金是保险公司的负债。由于保险业务种类不同，准备金的期限、特点也各不相同。从保险投资的角度看，保险公司可运用的准备金包括财产保险的各种准备金，如未到期责任准备金、未决赔款准备金以及人身保险的各种准备金。

(1)未到期责任准备金。未到期责任准备金，又称保费准备金，是由于保险企业的业务年度与会计年度的不一致，在会计年终结算时，按一定比例从当年收取的保费中提取的，用以支付未来时间的保险赔付责任。我国《保险法》规定除人寿险业务外，经营其他保险业务按当年入账保费的50%提取，经营寿险业务的保险公司按当年有效保单的全部净值提取。未到期责任准备金的投资期限根据保险企业的不同而不同，在寿险公司，未到期责任准备金是长期稳定的资金来源，而在财险公司则不同。

(2)未决赔款准备金。未决赔款准备金是指保险公司在会计年度末为本期已发生的保险事故应付未付赔款所提取的一种准备金。

(3)寿险责任准备金。寿险责任准备金是寿险公司为了履行未到期的保险责任，从寿险保费中提取的专项资金。由于寿险业务期限较长，寿险责任准备金可以作为长期资金投资。

4. 公积金与公益金

保险公积金是指保险公司为满足保险经营业务和发展需要而保留的盈余。我国《保险法》规定，保险公司应当依法提取公积金。在公积金之外，保险公司还需要在利润分配时提取公益金，用于公司集体福利支出。

5. 保险保障基金

保险保障基金是保险人为应对巨额损失引起的特大赔款而从保费收入中提取的准备金，只有在其他业务收入及其他基金不足以支付时才能动用。我国《保险法》规定，保险公司应当交纳保险保障基金，保险保障基金应当集中管理，统筹使用。

第二节 保险投资

在保险经营中，保险公司用于投资的资金除保险基金外，还包括结算中形成的短期负债、应付税款、未分配利润和企业债券等。由于保险资金中的最主要部分是保险基金，保险基金的运用具有预算硬约束的特征，这就决定了保险投资与其他资金投资有所不同，特别需要注意其运用的原则和方式。

一、保险资金的运用原则

保险人在业务经营活动过程中，将暂时闲置的部分保险基金，以投资形式注入社会生产和社会生活过程，一方面扩大了生产规模和消费规模，另一方面在投资期满时不仅投资资金能够回流，而且还带回投资收益，使保险基金实现自身的保值和增值。

(一)安全性

安全性原则是保险基金运用的主要原则。这是因为，保险基金具有负债的性质。从数量上看，应与未来损失赔偿和保险给付总额相一致。若保险基金在运用中不能及时返还，必将影响保险企业的偿还能力，从而影响公众利益。我国《保险法》对保险资金投资有严格规定，目的就是要防止保险人的投机行为，保证投资的安全。为保证保险投资的安全，除加强对投资项目的事前预测和评估以及加强事后检查、监督，并搞好盈利分析和风险分析外，在资金运用中还应采取多样化的投资策略，以使风险平均化，预防投资不测。

(二)收益性

保险基金运用如果不能盈利，就失去运用的意义，保险投资的积极作用也就无法发挥。特别是储蓄性保险和投资性保险，由于在计算这类保险的费率时，考虑了责任准备金在运用时可能获得的预期收益，因此对它们的保险金返还，数额会大大超过投保人投入的水平。若保险基金不能获利，保险公司只能去运用资本金加以返还。这样做的结果会直接威胁到保险企业经营的稳定性和生存能力。故在运用保险基金时，必须考虑其收益性。但各国运用保险基金的实践表明，收益性与安全性往往不能两全，收益性与风险性成正相关，与安全性成负相关，即风险越大收益越高，风险越小收益越低。

（三）流动性

保险基金是为被保险人提供经济保障，一旦被保险人发生保险责任内的保险事故，就必须给予经济补偿。因此，保险基金的运用应保持一定的流动性，使保险人在需支付赔款时，能迅速获得现金以发行其支付义务。为此，在投资决策时，要根据因一定时期内闲置资金的多少和时间的长短，确定投资方向。例如，赔款准备金是短期待支付的资金，适于存入银行，以满足随时支付赔款的要求；未到期责任准备金，特别是人身保险部分，则适于进行长期投资。

（四）社会性

社会性要求保险投资不仅要考虑企业的自身经济效益，还要兼顾社会效益。在具体做法上，应把资金投向社会急需领域，以便通过投资活动增加公共福利，促进本国经济的发展，扩大保险的社会影响，并获取政府对保险的重视和支持。

上述原则是互相联系、相互制约的，收益是保险基金运用的目标，但又往往与安全性和流动性发生矛盾。由于组织经济补偿职能是保险公司的基本功能，保险公司经营的特殊性决定了资金运用首先要保证安全性和流动性，在此基础上追求收益以增加利润，同时还要兼顾社会效益。

二、保险投资的方式

在保险业发达的国家，随着国民经济的调整发展、资金需求的上升和金融资产多样化，保险公司的投资形式也逐渐多样化，由于各国各地区经济发展和管理上的差别，保险公司的投资形式也不完全相同。按照中国保监会 2010 年出台的《保险资金运用管理暂行办法》规定，保险资金运用限于下列形式：银行存款；买卖债券、股票、证券投资基金份额等有价证券；投资不动产；国务院规定的其他资金运用形式。

（一）银行存款

银行存款是指保险公司将闲置的资金存放在金融机构。银行存款具有良好的流动性和安全性，银行存款在我国保险资金运用的资产配置中占有十分重要的地位。但是银行存款投资收益率低，银行存款只能是一种为正常赔付或保单满期给付的支付准备。保险资金存款需要关注利率风险问题，特别是利率市场化的国家。我国目前存款市场利率各银行差异不大，且保险公司往往与银行达成大额存款协议来确定存款利率，相对而言，存款的利率风险比较小。但需要注意的是，我国传统的寿险产品的主要特点是预定利率固定，这使得预定利率的高低直接影响产品的价格和投资功能。这在于寿险产品大都是长期的保障产品，保单卖出后，将在几十年内执行预定的固定利率。存款利息是保险资金收益的主要来源，当银行的利率下调时，存在银行的保险资金利息会随之下调，而将来的支付却仍要按原来较高预定利率执行，这就会出现利差损，如果利率调整幅度很大，则损失可能是巨大的。

（二）债券投资

债券作为债务型金融工具，具有安全性好、变现能力强、收益相对稳定的特点，尤其是国债和地方政府债券投资。且债券作为具有相对可预测的固定收益工具，收益率、期限各有不同，符合寿险资金运用的安全性、收益性和流动性要求。截至 2011 年 9 月底，我国保险公司资金运用余额 5.3 万亿元，其中债券占比 46.2%，债券投资是保险资金运用渠道的首选，在保险资金的投资组合中占据重要地位。根据《保险资金运用管理暂行办法》规定，保险资金投资的债券，应当达到中国保监会认可的信用评级机构评定的、且符合规定要求的信用级别，主要包括政府债券、金融债券、企业债券、非金融企业债务融资工具以及符合规定的其他债券。保险资金投资债券也面临系列风险，主要有利率风险、信用风险和流动性风险。债券一般采取息票的方式发行，对利率变动和通货膨胀损失的避险能力较弱，且与银行存款相比，具有更大的信用风险和流动性风险。债券按信用风险由低到高依次分为国债、金融债券和企业债券，企业债券是国外保险公司的重要投资品种，由于我国有严格的发行控制，中国企业债的规模非常小，不适宜保险公司投资。此外，我国缺乏全国统一的债券市场和标准化产品，债券的发行和买卖不规范，品种有限，特别是长期债券数量更少且仅有部分能上市流通，使得我国保险资金投资债券面临的流动性风险高于国外同行。

（三）基金投资

基金是集中众多分散资金，通过专门的投资管理机构进行范围广泛的投资与管理以获取资金增值，按出资比例分享收益并承担风险的投资方式。基金具有内在风险平衡机制，专家理财和分散化投资使其在风险和收益的配比方面能够满足投资者的需求，是保险资金管理的重要投资工具，保险公司已成为我国证券投资基金最大的机构投资人。保险公司通过在一、二级市场上投资证券投资基金可以有效地弥补缺乏投资人才和投资经验的不足，但也存在着较大的风险。第一，基金品种差异小。尽管我国基金市场扩容速度在加快，变换名目的品种创新不断推出，但投资风格依然趋同。第二，重仓现象普遍存在。基金投资合理组合和多样化可以有效地分散投资风险，但我国基金重仓持股现象十分严重，投资股票的集中度比较高。第三，基金公司管理水平低。基金公司管理水平的高低、基金管理公司内部控制制度是否有效，直接影响基金的业绩。目前，基金市场中公司管理水平良莠不齐，存在内部管理风险，使得保险公司基金投资也需要审慎对待，特别是开放式基金，还面临流动性风险及巨额赎回风险。

（四）股票投资

股票作为虚拟资本，其价值主要体现在收益上，股票收益来自股息收入和价差收益。股息收益的多少取决于公司经营状况的好坏，价差收益则取决于未来股价走向，故其投资收益具有较大的不确定性。股票投资收益的不确定性导致投资股票的高风险性，很多国家对保险资金投资于股市都有严格的限制。2004 年 10 月，我国保险资金直接获准入市，可以投资股票，上限为 5%。2007 年 7 月，保险资金投资股票和基金的比例上限被分别调整为10%。2010年8月31日起施行的《保险资金运用管理暂行办法》规定，保险资金投资的股票主要包括公开发行并上市交易的股票和上市公司向特定对象非公开发行的股票；保险资金投资于股票和股票型基金的账面余额不高于本公司上季末总资产的20%。2010年9月中国保监会发布的《保险资金投资股权暂行办法》，则在监管层面为保险公司投资股权放开了通道，允许保险机构投资者在符合投资比例的条件下投资股市，进行直接或间接的股权投资。

与完善市场经济国家相比，我国股票市场还不成熟、不完善，存在诸多问题，既有来源于新兴资本市场共性的问题，也有属于我国特有的问题。在中国，资本市场投机氛围较浓，股价波动幅度较大，在以高回报率诱惑众多投资者的同时，也不时显示出其隐藏的巨大风险。按照一般投资风险分类，保险资金投资股市可分为系统性风险和非系统性风险两大类。系统性风险是由政治经济等全局性因素引起的所有投资产品的收益变动的风险，无法通过投资组合来分散，因其对整个市场的所有投资产品产生不同程度的影响，又可分为市场风险和利率风险。非系统性风险是可以通过投资组合进行分散的，主要包括信用风险、内控风险、经营风险、人力风险和道德风险。因此，作为对中国股票市场投资尚缺乏经验的保险资金在投资股票市场之前，首先需要做好保险基金入市的风险防范与管理工作，尽量避免不必要的损失。

（五）投资不动产

保险资金投资的不动产，是指土地、建筑物及其他附着于土地上的定着物。不动产投资是指保险公司将保险资金直接用于建造、购买并自行经营房地产并从中赚取收益的活动。投资不动产与证券投资的目的相同，皆可防止通货膨胀的影响，使保险资金得以保值增值。保险资金通常投资于资金需求量大、占用时间长、风险小的基础设施，如参与高速公路、铁路、大型桥梁、港湾、机场、隧道和能源建设；也投资于城市公交、电力、电信等开发设施建设。

然而，不动产投资具有风险大、周期长的特点，各国对投资不动产都有严格的限制，如日本规定保险企业购买不动产上限为其总资产的10%。我国《保险资金投资不动产暂行办法》对保险资金投资不动产的范围做出严格的限制，主要是允许保险公司购买自用办公楼、投资廉租房、养老、医疗和商用物业等，以获取稳定的租金收入，不允许直接参与房地产开发，不允许投资设立房地产企业，不允许控股房地产企业。为保证不动产投资与保险公司的长期负债相匹配，防止保险公司投机性地炒卖地产，该办法还规定，以债权、股权、物权方式投资的不动产，其剩余土地使用年限不得低于15年，且自投资协议签署之日起5年内不得转让。而该办法颁布的同时中国保监会已明确表示，将坚持“先定规则，再做运作”的原则，在具体管理办法和操作细则出台前，不允许启动具体业务。

（六）境外投资

1. 境外投资的范围限制

根据《保险资金境外投资管理暂行办法实施细则》(保监发〔2012〕93号)，我国保险资金境外投资限于下列品种：

(1)货币市场类。其包括期限不超过1年的商业票据、银行票据、大额可转让存单、逆回购协议、短期政府债券和隔夜拆出等货币市场工具或者产品。

(2)固定收益类。其包括银行存款、政府债券、政府支持性债券、国际金融组织债券、公司债券、可转换债券等固定收益产品。

(3)权益类。其包括普通股、优先股、全球存托凭证、美国存托凭证、未上市企业股权等权益类工具或者产品。直接投资的未上市企业股权，限于金融、养老、医疗、能源、资源、汽车服务和现代农业等企业股权。

(4)不动产。直接投资的不动产，限于位于指定的发达市场主要城市的核心地段，且具有稳定收益的成熟商业不动产和办公不动产。

2. 境外投资的风险

保险资金进行境外投资的风险较大，主要风险类型包括：

(1)政治风险。政治风险又称国家风险，是指由于东道国的政局变动以及所采取的政治性措施变化使跨国公司所蒙受的损失或实际收入偏离预期收入的可能性，包括东道国政策和法律所产生的风险、战争风险以及国有化风险等。

(2)市场风险。在对境外资本市场进行投资分析时，常常会遭遇一些市场风险而有可能导致投资失误。例如，不易取得外国相关投资信息及资料、各国间的固定资产折旧方法及税率差异、综合报表的编制差异、保留准备金的提存要求不同和对市盈率的估计方法不同等都会对投资决策产生重大影响，如果不做适当的调整，可能会产生完全错误的结论和做出错误的投资决策。

(3)其他风险。境外投资还存在汇率风险、利率风险和流动性风险，其中最主要的是汇率风险。汇率风险又称外汇风险，是对外投资活动中由于各种货币间汇率的变动给投资者带来的损失。

除了以上六种主要的运用渠道外，保险资金还可以考虑投资未上市商业银行的股权、房地产，用于抵押贷款等。这些运用渠道各有其特点，也都面临着不同程度的风险。如果保险公司不能很好地进行风险管理，保险资金运用风险可能成为公司整体经营发展的阻碍，会严重影响公司的正常经营，甚至导致保险公司陷入危机状态。

➤补充学习资料

《关于调整保险资金投资政策有关问题的通知》

保监发〔2010〕66号

各保险公司、保险资产管理公司：

为加强负债管理，优化资产结构，分散投资风险，根据《中华人民共和国保险法》、《保险资金运用管理暂行办法》及相关规定，我会决定调整保险资金投资政策。现就有关事项通知如下：

一、保险公司应当加强流动性管理，配置银行活期存款、中央银行票据、政府债券、政策性银行债券和货币市场基金等资产的余额，不低于该保险公司上季末总资产的5%。

二、保险公司应当根据负债需要，配置固定收益类资产，并符合下列规定：

(一)将可投资有担保债券的品种，调整为有担保的企业债券、有担保的公司债券、有担保的可转换公司债券和有担保的公开发行的证券公司债券。将投资有担保企业(公司)类债券的信用等级，调整为具有国内信用评级机构评定的A级或者相当于A级以上的长期信用级别。

投资商业银行金融债券、商业银行次级债券、商业银行次级定期债务、国际开发机构人民币债券以及有担保的企业(公司)类债券，可自主确定投资总额；投资上述债券同一期单品种的份额，不超过该期单品种发行额的20%。

投资保险公司次级定期债务，仍执行现行有关规定。

(二)将可投资无担保债券的品种，调整为无担保企业债券、非金融企业债务融资工具和商业银行发行的无担保可转换公司债券。将投资中国境内发行的无担保企业(公司)类债券的信用等级，调整为具有国内信用评级机构评定的AA级或者相当于AA级以上的长期信用级别。

投资无担保企业(公司)类债券的余额，不超过该保险公司上季末总资产的20%；投资上述债券同一期单品种的份额，不超过该期单品种发行额的10%。

(三)投资本条第(一)和(二)项所列债券，还应当符合下列规定：

投资同一发行人发行债券的余额，不超过该发行人最近一个会计年度末净资产的20%。投资具有关联关系企业(公司)发行债券的余额，不超过该保险公司最近一个会计年度末净资产的20%。同一保险集团的保险公司，投资同一期单品种债券的份额，合计不超过该期单品种发行额的60%。

(四)投资可转换公司债券和有担保的证券公司债券，其托管银行应当为结算参与人。投资同一发行人的债券，同时具有境内两家或以上外部信用评级机构信用评级的，应当采用孰低原则确认外部信用级别；同时具有国内信用评级和国际信用评级的，应当以国内信用级别为准。本项所称同时，是指同一发行人在同一会计核算期间获得的信用评级。

三、保险公司应当根据权益类投资计划，在上季末总资产20%的比例内，自主投资股票和股票型基金，并符合下列规定：

(一)投资同一上市公司的股票，不超过该公司总股本的10%；超过10%的仅限于实现控股的重大投资，适用《保险资金运用管理暂行办法》有关重大股权投资的规定。

(二)保险公司投资证券投资基金的余额，不超过该保险公司上季末总资产的15%，且投资证券投资基金和股票的余额，合计不超过该保险公司上季末总资产的25%。

(三)投资单一证券投资基金的余额，不超过该保险公司上季末总资产的3%；投资单一封闭式基金的份额，不超过该基金发行份额的10%。

四、保险公司投资境外市场的范围，调整为境外资本市场公开发行的债券和证券投资基金，以及公开发行并上市的股票。保险公司投资境外市场、金融产品及管理方式另行规定。

保险公司投资香港市场，股票品种调整为公开发行并在主板上市的股票，债券品种调整为主板市场上市公司以及大型国有企业在港公开发行的债券。

保险公司境外投资的余额，不超过该保险公司上季末总资产的15%，单项投资比例参照境内同类品种执行。

五、保险公司投资基础设施债权投资计划的余额，不超过该保险公司上季末总资产的10%，单项投资比例执行现行有关规定。

六、保险公司投资各类金融产品的比例，按照境内外各类债券、股票和证券投资基金实际配置的资产统一计算，并确保符合监管规定。

保险公司应当制定分散投资管理制度和风险控制措施，严格控制投资资产的行业集中度和单一品种集中度，有关制度规定经公司董事会审定后报中国保监会备案。违反规定投资，造成重大风险和损失的，将予以处罚。

七、保险公司投资同一法人主体的余额，不超过该法人主体最近一个会计年度末净资产的50%，且不超过该保险公司上季末总资产的20%。

八、本通知所称的投资余额，是指执行新企业会计准则的相关规定，总资产为扣除债券回购融入资金余额、投资连结保险和非寿险非预定收益投资型保险产品资产的余额。投资连结保险和非寿险非预定收益投资型保险等产品的投资政策另行规定。

九、保险资金投资范围、投资品种、投资比例以及信用等级等，与本通知规定不一致的，以本通知为准；投资能力和风险控制等标准，仍执行现行有关规定。

中国保险监督管理委员会
二〇一〇年七月三十一日

复习思考题

1. 请回答社会后备基金的构成。
2. 请回答保险基金的含义及来源。
3. 保险基金的性质和特征如何？
4. 保险资金运用的原则包括哪些？
5. 请回答保险资金投资的主要方式。

第二篇

保险业务

第六章

财产损失保险

财产损失保险是财产与责任保险公司的主要业务来源，包括火灾保险、货物运输保险、运输工具保险、工程保险、农业保险五大类业务及若干具体险种。本章主要介绍五类财产损失保险的概念、特征、分类以及各类保险的责任范围等基本内容。

第一节 财产损失保险概述

一、财产损失保险的概念及分类

（一）财产损失保险的含义及特征

(1)财产保险与财产损失保险。财产是金钱、财物以及民事权利义务的总和，按其存在形式可分为有形财产和无形财产。由于财产的外延广泛，因此财产保险的概念也有广义与狭义之分。广义的财产保险(property insurance)是以财产及其有关利益为保险标的的一种保险，泛指除人身保险外的一切保险业务。狭义的财产保险是以物质财产及有关利益为保险标的的保险，又称财产损失保险，这里的财产仅指有形财产及其有关利益，本章所探讨的财产损失保险即狭义的财产保险。

(2)财产损失保险的特征：①财产损失保险的保险标的是有形财产。财产损失保险承保的标的均是实际存在的、可以计量的物质财富。②财产损失保险强调可保利益。财产损失保险强调被保险人在保险事故发生时对保险标的应具有保险利益，目的在于防止投保人或被保险人放任保险标的发生保险事故而谋取保险赔款。③财产损失保险业务经营十分复杂。财产损失保险标的种类繁多，需要保险人分门别类地做好风险调研、评估、费率测算等工作，涉及技术门类和需要运用的知识多，从而在整体上呈现出复杂性。④财产损失保险的防灾防损特别重要。责任保险与人身保险对风险的控制，重在承保前和承保时控制，在承保期间往往无法控制风险，而各种财产损失保险不仅需要在承保前控制风险，还特别需要重视保险期间对风险的控制，因此防灾防损就成为狭义财产保险业务中的重要内容和经营环节。

（二）财产损失保险的分类

(1)火灾保险。火灾保险是以存放在固定场所并处于相对静止状态的财产及其有关利益为保险标的，保险人承保被保险人的财产因火灾、爆炸、雷击及其他灾害事故的发生所造成的损失。火灾保险历史悠久，保险类别和险种众多，我国主要包括企业财产保险和家庭财产保险两大类，其中企业财产保险又包括财产保险基本险、财产保险综合险、机器损坏保险、利润损失保险等。

(2)货物运输保险。货物运输保险的保险人承保货物在运输途中因灾害事故和外来风险的发生而遭受的损失，我国的货物运输保险包括海洋货物运输保险、内陆货物运输保险等。

(3)运输工具保险。运输工具保险的保险人承保因灾害事故发生所造成的运输工具本身的损失及第三者责任和各种附加险，运输工具保险主要分为机动车辆保险、船舶保险、飞机保险等。

(4)工程保险。工程保险的保险人承保建筑工程和安装工程等在建设和施工过程中，因灾害事故发生所造成的损失、费用和责任，主要包括建筑工程保险、安装工程保险等。

(5)农业保险。农业保险的保险人承保种植业、养殖业标的因灾害事故的发生所造成的经济损失，包括种植业保险和养殖业保险。

二、财产保险与人身保险的区别

财产保险是以各种物质财产及其有关的利益为保险标的的保险。人身保险是以人的寿命、身体或劳动能力为保险标的的保险。我国的财产保险包括财产损失保险、责任保险、信用保险、保证保险；人身保险则包括人寿保险、意外伤害保险和健康保险。财产保险和人身保险的差异较大，主要体现在以下几个方面：

(1)赔偿和给付性质不同。财产保险的标的是各种财物，它们的价值一般都能根据生产成本或市场价格客观地用货币加以衡量或估算，因而财产保险金额的确定和损失赔偿都是以保险财产的实际价值和实际损失为依据的。而人身保险的保险金额是由投保人根据自身的保障需要和交费能力与保险商协商的，在发生约定事件时，保险人按约定的金额给付保险金。

(2)风险性质与经营技术不同。财产保险防范的风险主要是各种自然灾害和意外事故，其发生频率和损失程度很不规则，各个保险单位保险标的的价值相差悬殊，在保险经营上必须保持较多的现金准备，以防止危险集中发生，需要采用再保险的方式予以分散。人身保险防范的风险为死亡、生存、疾病和残废等，危险事件发生的概率较有规则，保险金额比较均衡，在保险经营上较为稳定，其现金准备需要相对较少，再保险运用的重要性低得多。

(3)保险期限不同。财产保险多属短期保险，保险期限通常为 1 年或 1 年以内。合同的数量、保险费收入和赔款支出很不稳定，要求其资金必须保持较高的流动性，其中可用于长期投资的比重较小。而人身保险的期限一般较长，有十几年、几十年，最长的终身寿险可以达到 100 年，因此合同的数量、保费收入和保险金给付较为稳定，保险资金积存时间长、金额大，在积聚和融通资金的功能上比财产保险显著。

(4)保险费率的构成不同。财产保险的保险费率是以过去一定时期的保险财产损失统计资料为依据计算的，但由于构成财产危险损失事故的因素复杂、多变，计算误差较大，其保险费主要用于损失补偿。人身保险的保险费率是根据人的生存率和死亡率、利率等因素计算的，由于构成人身风险事件的因素比较简单，且有大量的生命统计资料可以利用，保险费率计算相对精确。此外，大部分人身保险含有储蓄因素，被保险人可以享有保险的权利，还享有储蓄的权利，其保险金的给付也是确定的、必然的。

三、财产损失保险的运行

（一）财产损失保险的展业和承保

承保是财产保险经营的第一环节。在承保前，保险人需要展业，即进行有关财产损失保险的宣传、确定推销保单的合适渠道和方式，因此展业是承保的基础。保险人的承保主要包括核保和签单。核保是指保险人对投保申请进行审核，并决定是否承保的过程。保险人对投保业务可以做出接受、拒绝或与投保人商定新的承保条件，以防止承保低质量业务从而影响效益。因此，核保不仅是承保环节的关键，也是确保承保业务效益的关键。在核保时，保险人要对投保人、投保标的及其住所、投保金额等进行审核。签单是保险人经过核保，同意投保人的投保请求，决定承保并签发保单的行为，它是承保的结果，也是该笔保险业务的开始。保单的签发标志着保险人对投保人风险转嫁的承诺，其基本程序包括缮制财产保险单、复核签章、收取保险费并出具收据、单证签收等。

（二）财产损失保险的防灾防损

防灾防损包括预防和抑制保险损失，具体体现在保险人的三类活动中。其一，保险人需要采取措施，在保险事故发生前转移保险财产，以防范保险损失的发生，例如，在防汛期间，注意天气预报，当洪灾到来之前，动员被保险人将财产转移到安全地带；其二，当采取预防措施仍然发生了保险事故，就需要采取相应的措施来抑制保险损失的扩大，即保险人对被损害财产的施救、整理和保护；其三，保险人还可以通过参与社会的防灾防损工作，来达到减轻保险损失的目的。

（三）财产损失保险的再保险

尽管并非任何一笔财产损失保险业务均需要通过再保险来分散风险，但再保险确实是财产损失保险中的必要环节。财产损失保险风险分布的不平衡性和保险损失的集中性，均决定了任何一家保险公司不可能独立地支撑起稳定的财务，因此需要通过再保险来将自己的风险在保险人之间进行分散。

（四）财产损失保险的理赔

财产损失保险赔偿处理的程序包括受理被保险人的索赔、现场勘查、责任审核、损失核定、赔款计算和支付赔款等环节，每一环节上的失误都可能损害保险人或被保险人的利益。因此在财产损失保险理赔过程中，需要注意下列事项：根据近因原则判明保险责任，尤其要准确分清保险责任、除外责任和附加责任；以保险金额、被保险人的保险利益或保险财产的实际损失为最高损害赔偿限额；对第三者导致的财产损失赔偿，在赔偿后应行使代位求偿权，以维护保险人的经济利益；严格按照承保方式或约定方式履行赔偿义务。例如，对不同业务采用比例赔偿方式、第一危险赔偿方式、限额责任赔偿方式等；对重复保险的财产损失，要按照重复保险的分摊原则在所有保险人之间分摊损失；在赔款计算中，除剔除不属于保险财产和保险责任范围内的损失外，还应扣除免赔额，对有关费用进行分摊。

四、财产保险费率的厘定

（一）财产保险费率的含义

(1)保险费。保险费也称保费，是投保人向保险人支付获取保险服务的费用，保险人在保险费的基础上汇集保险基金，当被保险人出现合同范围内的责任时，提供风险保障。

(2)财产保险费。财产保险费是指财产保险的投保人向保险人缴纳的获取保险服务的费用，由纯保费和附加保费构成。纯保费是保险费的主要组成部分，是保险人未来将要支付赔偿金额的来源，附加保费主要用于维持保险人的运营，包括保险公司的营业费用、税金和合理利润。

(3)财产保险费率。财产保险费率是财产保险费与保险金额的比率，是投保人为获取被保险人的单位保险保障而支付的货币量，是保险商品的价格。财产保险惯例常以每百元或每千元的保险金额所需支付的保险费来表示，每百元的表示为"%"，每千元的表示为"‰"。由于保险费分为纯保费和附加保费，相应地，财产保险费率也分为纯费率和附加费率，纯费率和附加费率的总和称为毛费率。

（二）财产保险费率厘定的基本原则

(1)总量充分原则。保险人在厘定财产保险费率时，首先要保证收取的保险费足以支付保险金的赔付、公司日常运营和合理利润的获取。总量充分的出发点在于保证保险人有足够的偿付能力，避免保险人通过降低费率进行恶性竞争，一些国家对保险费率有最低标准的限制，以保证被保险人的利益。

(2)公平合理原则。公平合理原则要求围绕保险服务形成的投保人与保险人间、不同投保人间的权利义务要匹配，投保人缴纳的保费必须与保险人提供的风险保障相对应，即投保人支付的保险费与保险的种类、期限、保险金额等相对称，风险不同的被保险财产，应承担不同的保险费率。该原则的主要目的在于限制保险人抬高保险费率而获取超额利润。

(3)稳定灵活原则。稳定灵活原则要求财产保险费厘定过程中要保证相对稳定又不失灵活性。稳定的费率有利于保险公司业务核算和会计处理，但并不表示一成不变，保险人必须能够随着风险、市场需求和保险责任的变化而做出调整。故稳定灵活要求财产保险费率厘定中做到短期内稳定，长期可变。

(4)防灾防损原则。防灾防损原则旨在提高被保险人的防灾防损意识，对防灾工作做得好的被保险人执行低费率，相反，则执行高费率。财产保险费率厘定中贯彻防灾防损原则，既有利于减少保险人的赔款支出，又有利于提高全社会的防灾水平，是社会总资源的节约。

（三）财产保险费率厘定的一般方法

1. 判断法

判断法又称观察法或个别法，是依据保险业务人员的经验，对具体的投保标的直接确定费率的方法。该方法主观性强，需要费率制定者具有丰富的承保经验。保险实践中，判断法主要应用于海上保险、航空保险及部分内陆运输保险费率的厘定。

2. 分类法

分类法是对性质相同的风险采用统一费率的厘定方法，该方法较之个别法，工作量小，相对客观，主要适用于火灾保险。分类法认为被保险财产未来可能发生的损失在很大程度上是由一系列相同的风险因素决定，对风险因素进行分类，获取其发生概率就可以确定保险费率。但随着时间的推移，分类法的费率指标会与实际有所出入，需要调整。

3. 修正法

修正法是针对个别法和分类法各自的优缺点而设计的更为科学的方法，兼具个别法的灵活性和分类法的广泛性，又细分为表定法、经验法和追溯法。

(1)表定法。表定法是对每风险单位确定一个基本费率，根据个别标的风险状况增减修正，并以表格的形式列示。其主要优点是适应性强，可以促进被保险人加强防灾意识，但保险人要详细了解被保险人的情况，营业费用高，不利于保险人降低成本。

(2)经验法。经验法是根据被保险人过去一段时期的损失经验，对分类费率予以修正调整确定保险费率的方法。通常是以过去三年的平均损失指标确定下一年的保险费率，计算公式如下：

$$M=(A-E)/E\times C\times T \tag{6-1}$$

其中，M 为费率调整系数；A 为经验期被保险人的平均实际损失；E 为适用的分类预期损失；C 为依据经验确定的可靠系数；T 为趋势系数，表示平均赔偿金额支出的趋势及物价变动等。

【例 6-1】 某险种按照分类费率应缴纳保险费 10 000 元，其中 70%为纯保险费，过去 3 年，投保对象平均实际损失为 8 000 元，假定可靠系数为 40%，趋势系数为 1，请计算其应缴保费为多少?

计算如下：

$$M=(A-E)/E\times C\times T=(8\,000-10\,000\times 70\%)\div(10\,000\times 70\%)\times 40\%\times 1=5.71\%$$

由计算结果可知，该投保对象实际保险费率应在分类费率基础上增加 5.71%，应缴保费为 10 571 元。经验法的优点在于确定保险费率时充分考虑影响风险的个别因素，不仅包括表定法的有形因素，也包含无形因素，较为科学合理。

(3)追溯法。追溯法是以保险期间的标的实际损失经验数据确定当期保险费率的方法，但由于当期实际损失需要到保险期满后才能够确定，在保险费缴纳时首先采用其他类型费率预缴，期满后再做调整。追溯法的运用较经验法复杂、烦琐，实际业务中较少采用。

(四)财产保险费率厘定的过程

财产保险费率的厘定是以损失概率为基础，通过对保险损失率和均方差的计算确定纯费率，根据公司经营数据确定附加费率，最后获得毛费率。

1. 纯费率的确定

纯费率是纯保费占保险金额的比率，是用于补偿被保险人因保险事故发生造成保险标的损失的概率，计算公式如下：

$$纯费率=保额损失率+附加率 \tag{6-2}$$

$$保额损失率=赔偿金额/保险金额\times 100\% \tag{6-3}$$

$$附加率=N\times 均方差 \tag{6-4}$$

其中，附加率的计算涉及均方差的倍数，N 的取值如何确定需要考察损失率的稳定程度，对于损失率较为稳定的风险类型，N 取值为 1，而对于机动车辆保险、飞机保险等稳定性较差的险种通常取值为 2。实际计算中，也常采用稳定系数计算纯费率，公式如下：

$$纯费率=保额损失率\times(1+稳定系数) \tag{6-5}$$

$$稳定系数=N\times均方差/平均保险损失率 \tag{6-6}$$

【例 6-2】 某保险公司某类业务 2008～2012 年的保额损失率分别为 0.30%、0.25%、0.30%、0.20%和 0.28%，N 取值为 1，求 2013 年的纯费率。

计算如下：

第一步，计算平均保额损失率，有

$$平均损失率=(0.30\%+0.25\%+0.30\%+0.20\%+0.28\%)\div5=0.266\%$$

第二步，根据均方差公式 $\sigma=\sqrt{\dfrac{\sum(X-M)^2}{N}}$ 计算均方差，计算过程如表 6-1 所示。

表 6-1　均方差计算过程

年份	保额损失率/%	离差/%	离差平方/%
2008	0.30	0.034	0.001 156
2009	0.25	−0.016	0.000 256
2010	0.30	0.034	0.001 156
2011	0.20	0.066	0.004 356
2012	0.28	0.014	0.000 196
合计	1.33	0.132	0.007 12
$\sigma=\sqrt{\dfrac{0.007\,12}{5}}=0.037\,7\%$			

第三步，计算稳定系数，有

$$稳定系数=N\times均方差/平均保险损失率=1\times0.037\,7\%\div0.266\%=14.18\%$$

第四步，计算纯费率，有

$$纯费率=保额损失率\times(1+稳定系数)=0.266\%\times(1+14.18\%)\approx0.30\%$$

2. 附加费率的确定

附加费率是附加保费与保险金额的比率，由营业费率、营业税率和营业利润率三部分构成，计算公式如下：

$$附加费率=营业费率+营业税率+营业利润率 \tag{6-7}$$

$$营业费率=营业费用/保费收入 \tag{6-8}$$

$$营业税率=缴纳税金/保费收入 \tag{6-9}$$

$$营业利润率=营业利润/保费收入 \tag{6-10}$$

在营业费率的实际计算中，还有一类较为简单的方法，即根据业务经验，直接按照纯费率的一定比例计算附加费率，计算公式如下：

$$附加费率=纯费率\times附加费用比率 \tag{6-11}$$

3. 毛费率的确定

毛费率的计算公式为

$$毛费率=纯费率+附加费率 \tag{6-12}$$

保险实践中，毛费率在公式计算的基础上，通常还需要按照级差费率调整，调整后的费率就是保险人实际向投保人出售财产保险品的价格。

第二节　火灾保险

一、火灾保险的概念和特征

（一）火灾保险的概念

火灾保险，简称火险(fire insurance)，是指以存放在固定场所并处于相对静止状态的财产物资为保险标的，由保险人承担保险财产遭受保险事故损失的经济赔偿责任的一种财产保险。早期的火灾保险仅承保火灾，承保的对象只限于不动产，随着时间的推移，风险范围已经扩展到火灾及其他各种自然灾害，乃至意外事故损失，承保的标的也扩展到各种不动产和动产，在承保形式上既可以采用主险，也可以采用附加险。

（二）火灾保险的特征

火灾保险的主要特征体现在以下三个方面：第一，火灾保险的保险标的只能是存放在固定场所并处于相对静止状态下的各种财产物资。这一限制将处于流动状态的货物、运输工具以及处于生长期的各种农作物、养殖对象排除在外，从而在标的范围上局限于各种固定资产、流动资产和生活资料。第二，火灾保险承保财产的地址不得随意变动。保险合同强调被保险人的保险财产必须存放在保险合同约定的固定地址范围内，在保险期间内不得随意变动，否则保险人可以不承担责任。若被保险人确实需要变动保险财产的存放地点，须征得保险人的同意。第三，火灾保险的标的十分繁杂，既有土地、房屋、机器设备、原材料、在产品、产成品等各种生产资料，又有家用电器、家具、服装等生活消费资料。火灾保险的一张保单承保的内容可能包括多个标的，而其他财产保险的标的结构则较简单和具体。

二、火灾保险的发展变化

火灾保险经过300余年的发展历史，已有了较大的变化。

(1)保险标的扩展。最初的火灾保险只承保房屋，后来扩大到房屋内的家庭财产。发展到现在，其标的不仅包括不动产和动产，还包括与不动产和动产相关的利益，如利润损失、营业中断期间支付的必要费用等。因此，火灾保险的保险标的已由房屋变为各种不动产、动产及其有关利益。

(2)承保风险扩展。最初的火灾保险只承保单一的火灾风险，后来扩大到与火灾相关的雷击、爆炸等风险。现在，火灾保险的承保风险扩大到包括各种列明的自然灾害、意外事故，可以直接承保或特约承保火灾、爆炸、雷电、暴风雨、雪灾、冰凌、泥石流、机器损坏，甚至盗窃、洪水、地震、战争等风险，既可保直接损失，也可保间接损失。

(3)保单格式逐渐规范化。最初的火灾保险没有标准的保单格式，世界各国的各家保险公司各行其是。1879 年美国的马萨诸塞州首次以立法的形式强制保险公司使用标准的火灾保险单，为火灾保险的标准化做出了贡献。此后，美国各州以及英国等国纷纷参照该标准制定保单，大大减少了理赔纠纷和法院解释的困难。

(4)承保能力大为增强。火灾保险发展的前期，保险公司的承保能力很低，保险金额较高的保险标的往往需要几家保险公司联合共保才能确保赔偿责任的履行。随着国际保险市场上再保险的产生和发展，保险人的承保能力大为增强。

(5)保险费率厘定趋于科学。尽管 17 世纪末的火灾保险已开始按房屋的结构实行差别费率，但当时的火灾保险费率档次少、分类简单、总体费率水平较高。而现在的火灾保险在确定费率时考虑了更多的费率影响因素，采用更加科学的分类方法进行计算。

(6)赔偿范围扩大。火灾保险的赔偿范围已由最初只负责赔偿保险标的损失，扩大到保险事故发生时为减少保险损失而支付的合理的整理、保护、施救费用等。

火灾保险是继海上保险后产生并逐渐发展起来的财产损失保险业务，作为现代保险业的主要险别之一，其适用范围、保险责任等早已超出了历史上的火灾保险范畴。现在的国内业务中，火灾保险可划分为企业财产保险与家庭财产保险业务，它们之间既有共性，又有明显差异。

三、火灾保险的一般内容

(一)火灾保险的适用范围

(1)广泛的投保人。从保险业务来源角度看，火灾保险是适用范围最为广泛的一种保险业务，因为任何个人、家庭或组织均有自己的财产物资，均有遭受各种风险的可能，从而需要向保险公司转嫁风险。因此，各企事业单位、机关、团体均可以投保团体火灾保险，所有的城乡居民家庭均可以投保家庭财产保险。

(2)广泛的投保标的。就保险标的范围而言，火灾保险的可保财产包括：房屋及其他建筑物和附属装修设备，各种机器设备、工具、仪器、低值易耗品、原材料、半成品、在产品、产成品、库存商品、特种储备商品以及各种生活消费资料等。对于某些市场价格变化大、保险金额难以确定、风险较特别的财产物资，如古物、艺术品等也可以投保，但需要经过特别约定的程序才能承保。当然，火灾保险投保标的广泛，并不是说所有的物质财产均可投保，对不能用货币衡量其价值的财产和利益、货币等非实际物资、非法财产以及应当投保其他险种的财产均不在火灾保险的承保范围内，如生长期农作物只能投保农业保险，各种交通运输工具则通常投保专门的运输工具险等。

(二)火灾保险的保险责任

(1)保险责任。尽管不同国家或者同一国家不同保险人出具的火灾保险单在保险责任范围方面有宽有窄，但概括起来，火灾保险承保的保险责任通常包括如下四个部分：①火灾及相关危险。其包括火灾、爆炸、雷电。②各种自然灾害。其包括洪水、台风、龙卷风、暴风、暴雨、泥石流、海啸、雪灾、冰雹、冰凌、崖崩、滑坡等，地震也是可以承保的风险，但许多国家的保险公司将其单列出来承保，以便控制这类特殊风险，我国也是如此。③有关意外事故。其包括飞行物体及空中运行物体坠落、被保险人的电气水设备因火灾发生的意外等。④施救费用。其是指被保险人采取必要的、合理的施救措施对保险财产进行施救、整理所支付的合理费用。每一财产保单所承担的风险责任通常是上述风险中的一部分或大部分，还可以根据被保险人的需要扩展承保盗窃风险等。

(2)除外责任。火灾保险的除外责任包括：①战争、军事行动或暴力行为、政治恐怖活动。②核子污染。③被保险人故意行为。④各种间接损失。⑤保险标的本身的缺陷、保管不善导致的损失，以及变质、霉烂、受潮及自然磨损等。火灾保险的具体责任范围，需要由各具体的保险条款决定，有关扩展责任也必须在保险合同中予以注明。

(三)火灾保险的费率

1. 火灾保险费率厘定的影响因素

火灾保险的费率通常以每千元保额为计算单位，费率的表现形式为千分率。在火灾保险的经营实践中，基于保险标的存放在固定处所，其费率的确定通常需要综合考虑以下因素：

(1)建筑结构及建筑等级。根据建筑行业的规章，其质量与抗风险能力从高到低，建筑物通常被划分为一等、二等、三等，它是保险人制定火灾保险费率的首要依据。

(2)占用性质。建筑物的使用性质、用途不同，风险就不同。例如，存放烟花和存放粮食的仓库，其火灾风险显然不同，因而其费率也会不同。

(3)承保风险的种类与多寡。承保风险的种类越多，则保险人承担的责任越大，反之亦然。例如，在中国，财产保险综合险的费率几乎全部高于财产保险基本险的费率，这种现象是承保风险种类及多寡对费率影响的具体反映。

(4)地理位置。由于火灾保险承保的标的必须存放在固定场所，该处所的地理位置是否适宜，周围有无特定的风险，对保险财产的影响很大。

(5)投保人的防灾设备及防灾措施。在同样的条件下，投保人的防灾设备与防灾措施越健全，则风险越不易发生，损失越易控制，保险人对此往往给予相应的费率优惠。

(6)以往损失记录。对保险人而言，以往保险业务的损失记录也是确定现时费率的重要参考依据。

2. 火灾保险费率的分类

火灾保险的费率分为企业财产保险费率与家庭财产保险费率，均采用固定级差费率制度。企业财产保险的费率，还需要根据具体的业务类别分为工业险费率、仓储险费率和普通险费率三类，每一类费率又细分为若干等级、在承保时依具体的业务选择适用的费率标准。同时，火灾险的费率通常以一年期的费率为标准费率，对不足一年的业务制定专门的短期费率标准，一般按照一年期费率标准的一定百分比确定。

(四)火灾保险的赔偿

火灾保险理赔遵循财产保险一般理赔程序和赔偿原则，开展赔偿工作时需要注意下列事项：

(1)固定资产分项计赔。对固定资产分项计赔，每项固定资产仅适用于自身的赔偿限额，例如，某企业投保财产保险基本险，载于保险合同的保险金额是 100 万元，其中房屋建筑物为 40 万元，机器设备为 30 万元，其他财产为 30 万元，保险期间发生火灾，造成损失 80 万元，其中机器设备一项的损失达 50 万元。尽管保险人查勘、审核后确认系保险事故所致，但对被保险人机器设备一项的损失赔偿额仍不能超过保险金额 30 万元。

(2)注意扣除残值和免赔额。保险赔偿是对损失的弥补，因此有残值时必须扣除残值；同时扣除免赔额是为了保障保险人的合法权益。

(3)不同赔偿方式的处理。对企业火灾保险一般采用比例赔偿方式处理赔案，对家庭财产保险一般采取第一危险赔偿方式处理赔案，但在某些业务中也交互使用。

四、火灾保险的主要险种

(一)企业财产保险

企业财产保险(business property insurance)简称企财险，由于以团体作为投保单位，又称团体火灾保险。企财险是以单位或团体所有、占有或负有保管义务的位于指定地点的财产及其有关利益为保险标的的财产保险。

1. 企业财产保险的特征

(1)保险标的是陆地上处于相对静止状态的财产。企财险的标的主要是各种固定资产和流动资产，这些标的相对固定地坐落或存放在陆地上的某个位置，从而既与水上或空中的标的相区别，又与处于运动状态的标的相区别，这是企财险独有的特征。

(2)承保财产地址不得随意变动。企财险强调保险标的必须存放在合同中列明的固定处所，除因火灾等风险威胁而迁移外，被保险人不得随意变动。

(3)以团体为投保单位。这是企财险与家庭财产保险的主要区别，前者以企业团体为投保单位，而家庭财产保险则以城乡居民个人及其家庭为投保单位。

此外，企业财产保险的标的结构、承保风险及费率厘定等较为复杂，核保、核赔难度较大。

2. 企业财产保险的主要内容

(1)保险标的。企业财产保险的保险标的可分为固定资产和流动资产，其表现形式如下：①房屋及其他建筑物和附属装修设备，包括正在使用、未使用或出租、承租的房屋；房屋以外的各种建筑物以及附属在建筑物上的较固定的设备装置。②机器及设备。③工具、仪器及生产用具。④管理用具及低值易耗品，即办公、计量、消防用具以及其他经营管理用的器具设备；工具、玻璃器皿以及在生产过程中使用的包装容器等不能作为固定资产的低值易耗品。⑤原材料、半成品、在产品、产成品或库存商品、特种储备商品。⑥账外及已摊销的财产，即已摊销或已列支而尚在使用的财产。

(2)保险金额。保险金额一般分项确定，固定资产与流动资产的处理有所不同。

第一，固定资产保险金额的确定：固定资产是企事业单位、机关团体或其他经济组织中可供长期使用，并在其使用过程中保持原有物质形态的劳动资料和消费资料。固定资产需要按照其分类进行分项，每项固定资产仅适用于该项固定资产的保险金额。确定固定资产的方式有以下几种：①按照账面原值确定。账面原值是指在建造或购置固定资产时所支出的货币总额，可以以被保险人的固定资产明细账卡等为依据。②按照重置价值确定。重置价值即重新购置或重建某项财产所需支付的全部费用。按重置价值确定保额，可以使被保险人的损失得到足额补偿，避免因赔偿不足带来的纠纷。③按照账面原值加成数确定。账面原值加成数即在固定资产账面原值基础上再附加一定成数，使其趋于重置价格。在账面原值和实际价值差额较大时，可按账面原值加成数确定保险金额。④按其他方式确定。在企业财产保险中，固定资产的保险金额也可以依据公估价或评估后的市价由被保险人确定。

第二，流动资产保险金额的确定：流动资产是指在企业的生产经营过程中，经常改变其存在状态的那些资产项目。流动资产不用分项确定保险金额。确定流动资产保险金额的方式有以下两种：其一，由被保险人按最近 12 个月的账面平均余额确定。最近 12 个月账面平均余额是指从投保月份往前推 12 个月的流动资产的账面余额的平均数。据此确定流动资产保险金额可实现保险金额与流动资产价值在时间分布上的相对接近。流动资产的账面余额应当按取得时的实际成本核算。其二，由被保险人自行确定。如被保险人可以按最近的 12 个月任意月份的账面余额确定保额；也可按最近账面余额，即投保月份上月的流动资产的账面余额确定保额。

第三，账外财产和代保管财产可以由被保险人自行估价或按重置价值确定保额。

(3)保险赔偿。在企业财产保险中，保险标的发生保险责任范围内的损失，保险人按照保险金额与保险价值的比例承担赔偿责任。

第一，固定资产。固定资产的保险赔偿需要分项计算，在具体赔偿时分为全部损失和部分损失两种情况。当固定资产发生全部损失时，受损财产保险金额等于或高于出险时重置价值的，其赔偿金额以不超过出险时的重置价值为限；受损财产的保险金额低于出险时重置价值的，其赔款不得超过该项财产的保险金额。当固定资产发生部分损失时，受损财产保险金额等于或高于出险时重置价值的，按实际损失计算赔偿金额；受损财产的保险金额低于出险时重置价值的，应根据实际损失或恢复原状所需修复费用，按保额占出险时重置价值的比例计算赔偿金额，公式如下：

赔款＝保险金额/出险时重置价值×实际损失或受损财产恢复原状所需修复费用 (6-13)

第二，流动资产。流动资产的保险赔偿也分为全部损失和部分损失两种情况。当流动资产发生全部损失，受损财产的保险金额等于或高于出险时账面余额的，其赔偿金额以不超过出险时账面余额为限；受损财产的保险金额低于出险时账面余额的，其赔款不得超过保险金额。当发生部分损失，受损财产的保险金额等于或高于出险时账面余额的，按实际损失计算赔偿金额；受损财产保险金额低于账面余额的，应根据实际损失或恢复原状所需修复费用，按保险金额占出险时账面余额的比例计算赔偿额，公式如下：

赔款＝保险金额/出险时账面余额×实际损失或受损财产恢复原状所需修复费用 (6-14)

3. 企业财产保险的主要险种

1)财产保险基本险

(1)保险责任。财产保险基本险的承保风险包括火灾、雷电、爆炸、飞行物体及其他空中运行物体坠落。承保损失包括：被保险人拥有财产所有权的自用供电、供水、供气设备因保险事故遭受损坏引起停电、停水、停气以及造成的保险标的直接损失；在发生保险事故时，为抢救保险标的或防止灾害蔓延采取合理的必要措施而造成的保险标的损失。

(2)除外责任。财产保险基本险的除外风险包括：战争、敌对行为、军事行为、武装冲突、罢工、暴动；被保险人及其关系人的故意行为或纵容所致；核反应、核子辐射和放射性污染；地震、暴雨、洪水、台风、暴风、龙卷风、雪灾、雹灾、冰凌、泥石流、崖崩、滑坡、水暖管爆裂、抢劫、盗窃等。除外损失包括：保险标的遭受保险事故引起的各种间接损失；保险标的本身缺陷、保管不善导致的毁损；保险标的变质、霉烂、受潮、虫咬、自然磨损、自然损耗、自燃、烘焙所造成的损失；由于行政行为或执法行为所致的损失以及其他不属于保险责任范围内的损失和费用。

2)财产保险综合险

财产保险综合险在保险金额、保险价值和赔偿处理等内容上，与财产保险基本险相同，但在保险责任和责任免除方面存在区别。

(1)保险责任。财产保险综合险的责任范围比财产保险基本险广泛得多。对于下列原因造成的保险标的损失，保险人要予以赔偿：火灾、爆炸、雷电；暴雨、洪水、台风、暴风、龙卷风、雪灾、雹灾、冰凌、泥石流、崖崩、突发性滑坡、地面下陷下沉；飞行物体及其他空中运行物体坠落。保险标的下列损失，保险人也予以赔偿：被保险人拥有财产所有权的自用供电、供水、供气设备因保险事故遭受破坏，引起停电、停水、停气以及造成保险标的的直接损失；在发生保险事故时，为抢救保险标的或防止灾害蔓延采取合理的必要措施而造成的保险标的损失。

(2)除外责任。保险人对下列原因造成的保险标的损失不予赔偿：战争、敌对行为、军事行动、武装冲突、罢工；被保险人及其关系人的故意行为或纵容所致；核反应、核子辐射和放射性污染。保险人对保险标的的下列损失也不予赔偿：保险标的遭受保险事故引起的各种间接损失；地震所造成的一切损失；保险标的本身缺陷、保管不善导致的毁损；保险标的变质、霉烂、受潮、虫咬、自然磨损、自然损耗、自燃、烘焙所造成的损失；堆放在露天或罩棚下的保险标的以及罩棚由于暴风、暴雨造成的损失；由于行政行为或执法行为所致的损失以及其他不属于保险责任范围的损失和费用。

3)机器损坏保险

机器损坏保险是以已安装完毕并投入运行的机器为保险标的的财产保险。机器损坏保险主要承保工厂、矿山等被保险人机器本身的损失，保险人对各类安装完毕并已投入运行的机器设备因人为的、意外的或物理性原因造成的物质损失负责。该险种既可单独投保，也可作为财产保险基本险或综合险的附加险投保。

(1)保险责任。在机器损坏保险中，保险人通常负责赔偿被保险机器及其附属设备因下列原因造成的损失：设计、制造或安装错误、铸造或原材料缺陷；工人、技术人员的操作错误以及缺乏经验、技术不善、疏忽、过失、恶意行为；离心力引起的断裂；电器短路或其他电气原因；锅炉缺水；物理性爆炸等。由于投保该险种的目的不仅在于保险，还在于获取保险人的防损服务，因此保险人提供防损技术服务是该险种的重要内容，防损费用甚至超过赔款。

(2)保险金额和保险费率。机器损坏保险一般根据各类机器的重置价值确定保险金额，计算公式如下：

$$保险金额=购置新机器的价值+关税+运费+保险费+安装费 \tag{6-15}$$

如果机器设备价格增长较快，被保险人应主动将价格变动通知保险人，以便及时调整保额，避免不足额保险。被保险人如果中途另外添购新机器，应立即通知保险人，以便及时承保。机器损坏保险的费率是根据每一类机器以往几年的损失情况以及被保险人的经营管理水平、产品的可靠性及用途等确定。由于该险种的损失率较高，因此保险费率也相对较高。

(3)保险赔偿。当标的发生全部损失时，保险人在保险金额限度内按照损失当时机器的市价赔偿，如有残值应从赔款中扣除。当标的发生部分损失时，保险人按机器的修理费用赔偿。修理费用包括修理工时费、零部件换置费、机器拆装费、运费、保费、税款及其他保险人同意支付的费用。

4)利润损失保险

利润损失保险又称营业中断保险，是以企业因停产、停业或经营受影响而面临的预期利润的损失及必要的费用支出为保险标的的财产损失保险。该险种赔偿企业遭受灾害事故并导致正常生产或营业中断造成的利润损失，国际上，利润损失保险既可单独投保，也可作为火灾保险的附加保险投保。我国保险人一般将利润损失保险作为财产保险的一项附加险承保。

(1)保险责任。我国利润损失保险作为附加险，只有保险标的损失的原因与基本险种的承保风险一致时，保险人才承担相关利润损失赔偿。利润损失保险主要承保保险事故引起的利润损失及营业中断期间仍需支付的必要费用等间接损失，其保险责任可以扩展到因供应商、销售商等其他相关单位遭受风险使被保险人停业、停产造成的利润损失。

(2)保险赔偿期限。在利润损失保险经营实务中，保险人应充分注意其保险赔偿期限与保险期限的区别。保险期限是保单的起讫期限，保险人负责承保保险有效期内发生的保险事故；保险赔偿期限则是指在保险期限内发生灾害事故后恢复正常生产经营的一段时期。利润损失保险只负责保险赔偿期内所遭受的损失，即由保险双方当事人事先估计企业财产受损后要恢复原有的生产经营状况所需要的时间。

(3)保险金额。利润损失保险的保险金额一般按本年度预期毛利润额确定，即根据企业上年度账册中的销售或营业额、本年度业务发展趋势及通货膨胀因素等估计得出。如果赔偿期限为一年以内，保额为本年度预期毛利润额；若赔偿期在一年以上，则保额按比例增加。

(4)保险赔偿。利润损失保险既赔偿毛利润损失，又承担营业中断期间支付的必要费用，毛利润损失额的计算公式如下：

$$\text{毛利润损失额}=(\text{标准营业额}-\text{实际赔偿期内的营业额})\times\text{毛利润率} \tag{6-16}$$

其中，标准营业额是指上年度同期的可比营业额；实际赔偿期内的营业额是指从损失发生之日起到安全恢复生产经营为止的营业额，实际赔偿期以保险赔偿期限为限；毛利润率是指上年度的毛利润额与营业额之比。保险人赔偿日常毛利润损失时，一般按以上公式计算，并可以根据本年度的业务趋势和通货膨胀因素适当调整营业额和毛利润额。而营业中断期间支付的必要费用，主要是指企业为减少营业中断损失而支付的合理费用。但营业费用的增加额不得超过若不支出该费用而造成的毛利润损失额。

5)企业财产保险的附加险

为适应投保人的某些特殊需要，保险人还可以在企业财产保险基本险种的基础上增加各种附加险，如盗抢险、露堆财产保险、矿下财产保险、橱窗玻璃意外保险等。

(1)盗抢险。附加盗抢险后，凡是值班保卫制度健全的单位存放在保险地址室内的保险标的，因遭受外来的、明显的盗抢行为所致的损失，并报公安机关立案的，保险人承担赔偿责任，但监守自盗属于除外责任。

(2)露堆财产保险。对符合仓储规定的露堆财产，投保人要求保险人特约承保后，承保的露堆财产因遭受暴风、暴雨导致损失时，保险人给予赔偿。但被保险人对于露堆财产的存放，必须符合仓储及有关部门的规定，并采取相应的防护安全措施，否则保险人有权拒赔。

(3)矿下财产保险。经保险双方约定，保险人可对保单上列明的自然灾害、意外事故以及因瓦斯爆炸、冒顶塌方、提升脱钩和地下水穿孔等原因导致矿下财产的损失，承担赔偿责任。

(4)橱窗玻璃意外保险。凡是承保的橱窗玻璃因碰撞、外来恶意行为所致的玻璃破碎以及因玻璃破碎引起的橱窗内陈列商品的非盗窃损失，保险公司负责赔偿，橱窗玻璃包括大门玻璃、柜台玻璃、样品橱窗玻璃等。

(二)家庭财产保险

家庭财产保险(family property insurance)简称家财险，是以个人所有、占有或负有保管义务的位于指定地点的财产及其有关利益为保险标的的财产保险。

1. 家庭财产保险的特征

(1)保险标的分散。家财险以城乡家庭财产为保险标的，而城乡居民尤其是农村居民居住分散，除少数城镇居民可以通过其所在单位统一投保家财险外，绝大多数居民都是各自分散地投保此险种。

(2)盗窃是保险标的面临的主要风险之一。家财险的保险标的既面临火灾及其他各种自然灾害、意外事故，又面临盗窃风险。盗窃虽然是家庭财产面临的除火灾以外的一大主要风险，但由于盗窃风险是严重的社会风险，保险人承保后，盗窃责任所致赔款普遍较高，影响保险人经营稳定，因此在我国保险实践中，对于盗窃风险，既有作为家财险的主险责任予以承保的，又有作为其附加险特约承保的。

(3)保险金额普遍较低。与企业财产保险相比，居民家庭财产有限，且家财险通常未将汽车这一高档消费品作为保险标的，因此家财险的保险金额普遍偏低。

(4)保险赔偿采用第一危险责任赔偿方式。在发生家财险赔案时，无论是否足额投保，在采用第一危险责任赔偿方式下，在保险金额内损失，保险人全额赔偿，超过保险金额部分则不予赔偿，而其他财产保险一般采用比例责任赔偿方式。

2. 家庭财产保险的主要内容

(1)保险标的。凡是城乡居民家庭或个人的自有财产、代他人保管财产或与他人共有财产等，都可以作为保险标的投保家庭财产保险，具体包括：自有房屋及其附属设备；各种生活资料；农村家庭的农具、工具及已经收获入仓的农副产品；与他人共有的财产；代保管财产；租用财产。需要说明的是机动车辆等交通工具应当另行投保机动车辆保险及第三者责任保险，但是从事生产经营的个体工商业者代他人加工、修理、保管的财产不在该范围之内，不能纳入家财险中承保。

(2)保险责任。家财险的主险责任范围与企业财产综合险的责任范围相似，主要承保火灾、爆炸、雷击及其他各种自然灾害、意外事故。对家财险的被保险人为防止灾害蔓延或因采取必要的施救、保护措施所致的保险标的损失及支付的合理费用，保险人也予以赔偿。

(3)保险金额。家财险的保险金额一般由被保险人根据家庭财产的实际价值自行确定。由于家庭财产一般无账目可查，保险金额往往难以准确确定，因此一般应以购置该财产时的支出作为家庭财产的实际价值，并以此为据确定保险金额。

(4)保险费率。家财险的保险费率主要根据房屋建筑结构及其等级、家庭财产的构成、地理位置及社会环境等因素确定。

3. 家庭财产保险的主要险种

家财险一般由若干险种构成，我国的家财险主要险种有普通家财险、家财两全险、团体家财险等，附加险种有附加盗窃险及其他险种。

(1)普通家财险。普通家财险是保险人为城乡居民开设的一种通用型家财险种，集中体现家财险的特征，其他家财险基本上都是在普通家财险基础上发展而来，普通家财险的保险期限为一年。

(2)家财两全险。家财两全险是适用于城乡居民家庭的兼具财产保险和满期还本两全性质的家财险业务。家财两全险的保险标的、保险责任与普通家财险无异，其特点在于：①保险金额固定化。家财两全险的保险金额采用固定的方式，一般以 1 000 元为一份，投保份数至少一份，在保险标的实际价值以内，可以多份投保，保险金额一般是 1 000 元的倍数。②保险期限多样化。财产保险的保险期限一般是以一年为期，而家财两全险的保险期限既可以是一年，也可以是三年或五年等。③保险人用投保人所交储金的利息作为保费收入。④保险期满退还保险储金。家财两全险的满期还本性质体现为投保人交纳保险储金后，无论是否在保险期间发生过保险赔款，保险期满时保险人都要将保险储金全部退还给被保险人。

(3)团体家财险。为适应企事业单位及机关团体为职工办理家庭财产保险的需要，保险人开办了团体家财险，凡单位职工的家庭财产都可以参加该险种。团体家财险的保险条款与普通家财险相同，主要特点包括：①投保人与被保险人相分离。投保人是单位，被保险人是单位职工。②投保单位的职工必须全部参保。保险人在承保时，以投保时约定月份发放工资时的职工名册为准，确定被保险人。③保险金额由投保单位统一确定。若同一家庭有两个或两个以上职工参加团体家财险的，其保险金额可以合并计算。④团体家财险适用优惠费率。

(4)附加盗窃险。附加盗窃险是普通家财险、家财两全险及团体家财险的一个重要的附加险种，在办理该业务时，需要把握以下注意事项：①盗窃责任是指存放在保险地址室内的被保险财产，因遭受外来的、有明显痕迹的盗窃损失，被盗财产和被砸坏财产，均由保险人负责赔偿。但对于顺手牵羊、窗外钩物等损失，保险人不予负责。对于被保险人及其家庭成员、服务人员、寄居人员的盗窃或纵容他人盗窃所造成的被保险财产损失，保险人不负责任。②被保险人在遭受保险责任范围内的盗窃损失后，应当保护好现场，及时向当地公安机关报案，并尽快通知保险人。取得公安机关证明且经过三个月的等待期仍未破案的，被保险人可以向保险人索赔。

除以上险种外，保险人还可以根据投保人的要求开设一些专项保险服务，如家用煤气及液化气保险、家庭房屋保险、自行车保险、家用电器保险等。

第三节 货物运输保险

一、货物运输保险概述

（一）货物运输保险的概念和特征

1. 货物运输保险的概念

货物运输保险(cargo insurance)是由投保人与保险人约定的以各种运输中的货物作为保险标的，当运输中的货物因自然灾害或意外事故而遭受损失时，由保险人负赔偿责任的一种财产保险。显然，货物运输保险的标的是运输中的货物，该货物是具有商品性质的贸易货物，一般不包括个人行李或运输所耗用的各类供应及储备物品。运输方式通常由水路、公路、铁路和航空四种方式构成，现代运输又出现多式联运方式，最初的海上保险单形式已发展成海陆空运输保险同时并存的货物运输保险体系。

2. 货物运输保险的特征

货物运输保险承保的空间范围广阔、标的多样，保险责任、致损因素和赔偿处理较复杂，与火灾保险相比，具有其自身的特点：

(1)保险标的的流动性。与火灾保险标的通常处于相对静止状态不同，货物运输是为了实现货物的位移，保险标的经常处于流动状态。正因为流动性，其损失发生往往不在保险合同签订地，而在异地，保险人一般要委托出险地的代理人进行查勘理赔。

(2)保险期限的运程性。火灾保险期限一般按时间确定，责任期限是定期的，而货物运输保险是运程保险，其保险期限按“仓至仓”条款规定办理，即保险责任从货物运离发货人仓库时开始，到运达目的地收货人仓库为止。

(3)保险责任范围的广泛性。从保险人提供的保险责任范围来看，货物运输保险要比火灾保险广泛得多，火灾保险负责被保险财产的直接损失以及为避免扩大损失而采取施救、保护措施而产生的费用；货物运输保险除承保一般自然灾害和意外事故两大类风险造成货物的损失外，还包括由于不同运输工具在不同地理环境下，发生意外所支付的施救整理费用。此外，货物运输保险附加险也比较多，几乎包括所有其他外来的和特殊的一切风险原因引起的损失。

(4)承保对象的多变性。火灾保险的承保对象通常是不变的，如果变化需要经保险人签发批单，方可保持保险合同的效力；而货物运输保险单可经保险人背书同意后，保险权益随物权单据转让而一并转移。有时保单几经周转，难以确定承保对象，直至最后持有保险单的收货人出现为止，这在其他财产保险业务中是极为少见的。

(5)保险价值的定值性。火灾保险通常采用不定值保险方式承保；而货物运输保险通常采用定值保险方式，这是由货物的流动性所决定的。因为货物越接近目的地，它的价值越高，为避免货物在不同地点可能出现的价格差异，其保险金额一般由保险双方按事先约定的保险价值来确定。当发生损失时，不再考虑货物出险时的市场价格，而根据约定价值按货物受损程度计算赔款，这有利于克服由于不同市场价格以及多种不稳定因素给估价带来的困难。

(6)保险标的的他制性。火灾保险的保险标的多数情况下在被保险人的直接照看和控制下；而货物运输保险中，货物一般交由承运人控制和照看，因此在运输途中货物受损，往往会追究保险人与被保险人之外的第三人——承运人的责任，由保险人行使代位求偿权。

(7)业务范围的国际性。火灾保险的业务范围通常限于国内；而货物运输保险，尤其是海洋货物运输保险涉及国际贸易经营活动，保险合同的签订及履行还要遵循有关国际惯例和国际公约的规定。

（二）货物运输保险的种类

1. 按运输工具分类

货物运输保险按运输工具不同可以分为水上货物运输保险、陆上货物运输保险、航空货物运输保险、邮包保险、联合运输保险等，其中水上货物运输保险中的海洋货物运输保险是我国涉外保险的传统业务之一。

2. 按适用范围分类

货物运输保险按适用范围不同分为国内货物运输保险和涉外货物运输保险，由于海上货物运输保险的发展历史悠久，是其他货物运输保险发展的基础，因此本章着重介绍海上货物运输保险。

二、海上货物运输保险

（一）海上货物运输保险保障的风险

1. 海上风险

海上风险是指船舶、货物在海上运输过程中所发生的风险，但保险人承保的海上风险是特定范围内的风险，没有涵盖一切在海上发生的风险，也不局限于航海中所发生的风险。海上货物运输保险所承保的海上风险，按其性质可以分为自然灾害和意外事故两大类。

(1)自然灾害。自然灾害是指不以人们意志为转移的自然界力量所引起的灾害。不同国家、同一国家的不同时期对海上货物运输保险中的自然灾害界定不同，根据我国1981年修订的《海洋货物运输保险条款》的规定，所谓自然灾害仅指恶劣气候、雷电、海啸、地震、洪水及其他人力不可抗拒的灾害。

(2)意外事故。海上意外事故是指运输工具遭遇外来的、突然的、非意料中的事故，如船舶搁浅、触礁、沉没、互撞、与流冰或其他物体碰撞、船舶失踪以及火灾、爆炸等。海上货物运输保险所承保的意外事故是保险条款规定范围内的意外事故。

2. 外来风险

外来风险是指海上风险以外的其他外来原因所造成的风险。所谓外来原因，必须是意外的、事先难以预料的，而不是必然发生的外来因素。按照海上货物运输保险条款规定，外来风险通常是指偷窃、破碎、淡水雨淋、受潮、受热、发霉、串味、玷污、渗漏、钩损、锈损等。而类似货物的自然损耗和本质缺陷等属于必然发生的损失，不在外来风险损失之列。此外，保险人还可以特约承保由于军事政治、国家政策法令以及行政措施等特殊外来原因引起的风险，即所谓的特别风险与特殊风险，常见的有战争、罢工、交货不着、黄曲霉素和拒收等。

（二）我国海上货物运输保险的保险责任和责任免除

我国现行的《海洋货物运输保险条款》是中国人民保险公司于1972年参照英国《伦敦保险协会海上货物运输保险条款》，结合我国实际情况制定的，并修订于1981年1月1日。该条款共有五部分内容，即责任范围、除外责任、责任起讫、被保险人的义务和索赔期限。我国海上货物运输保险承保险别分为基本险和附加险。

1. 基本险的保险责任

我国海上货物运输保险承保的基本险包括平安险（free from particular average，FPA）、水渍险（with particular average，WA/WPA）、一切险（all risk，AR）三种。

（1）平安险。其原意是“不负责单独海损”，保险责任包括：①保险货物在运输途中由于恶劣气候、雷电、海啸、地震、洪水等自然灾害造成整批货物的全部损失或推定全损。②由于运输工具遭受搁浅、触礁、沉没、互撞、与流冰或其他物体碰撞以及失火、爆炸等意外事故造成货物的全损或部分损失。③在运输工具已经发生搁浅、触礁、沉没、焚毁等意外事故的情况下，货物在海上遭遇恶劣气候、雷电、海啸等自然灾害所造成货物的部分损失。④在装卸或转运时，由于一件或数件整件货物落海造成的全部或部分损失。⑤被保险人对遭受危险的货物采取抢救、防止或减少货损的措施而支付的合理费用，但以不超过该批获救货物的保险金额为限。⑥运输工具遭遇海难后，在避难港由于卸货、存仓及运送货物所产生的特别费用。⑦共同海损的牺牲、分摊和救助费用。共同海损是指在同一海上航程中，当船舶、货物和其他财产遭遇共同危险时，为了共同安全，有意地、合理地采取措施所直接造成的特殊牺牲、支付的特殊费用，由各受益方按比例分摊的法律制度。共同海损的成立应具备一定的条件，即海上危险必须是共同的、真实的；共同海损的措施必须是有意的、合理的、有效的；共同海损的损失必须是特殊的、异常的，并由共损措施直接造成。救助费用是指被保险标的遭遇保险责任范围内的灾害事故时，由保险人和被保险人以外的第三者采取救助行为所支付的该项费用，属于保险赔付范围。但海上救助通常采取“无效果、无报酬”（no cure，no pay）的形式进行，经双方当事人协商，也可以采取其他的救助形式。在现代海上运输中，对遇难油轮的救助通常采取“无效果、有一定报酬”的救助形式，以防止和减少海上油污事件的发生。⑧运输合同订有“船舶互撞责任条款”，根据该条款规定应由货方偿还船方的损失。

（2）水渍险。其原意是“负责赔偿单独海损”，它的保险责任除包括上列平安险的各项责任以外，还负责保险标的由于恶劣气候、雷电、海啸、地震、洪水等自然灾害所造成的部分损失。

（3）一切险。一切险的保险责任除了上述水渍险的各项外，还负责货物在运输途中由于一般外来原因所致的全部损失和部分损失。其承保的外来风险包括以下11种一般附加险：偷窃、提货不着险；淡水雨淋险；短量险；混杂、玷污险；渗漏险；碰损、破碎险；串味险；受潮受热险；钩损险；包装破裂险；锈损险。

2. 附加险的保险责任

附加险是附着于基本险之上的险别，不能单独投保。海上货物运输保险的附加险主要承保海上运输过程中的各种外来风险，它分为一般附加险、特别附加险和特殊附加险种。

(1)一般附加险。一般附加险的保险责任就是一切险中的11种外来风险责任，因此，如果只想投保其中几种险，则只能在投保平安险或水渍险的基础上才能投保。

(2)特别附加险。特别附加险承保一些涉及政治、政策等特殊外来因素造成的风险损失。一般有以下几种：交货不到险；进口关税险；舱面险；拒收险；出口货物到香港(包括九龙在内)或澳门存仓火险责任扩展条款；黄曲霉素险。

(3)特殊附加险。海上货物运输保险的特殊附加险包括战争险和罢工险两种。

3. 责任免除

海上货物运输保险的基本险责任免除事项有：①被保险人的故意行为或过失行为所造成的货物损失；②属于发货人责任所引起的损失；③在保险责任开始前，保险货物已存在的品质不良或数量短差所造成的损失；④被保险货物的自然损耗、本质缺陷以及市价跌落、运输迟延所引起的损失和费用；⑤属于战争险条款和罢工险条款所规定的责任范围。

(三)保险责任的起讫

海上货物运输保险是一种航程保险，它的保险期限不是按日期计算的，是按运输航程确定。一般以仓至仓条款作为保险期限的责任起讫。

1. 仓至仓条款的含义

仓至仓条款是货物运输保险中确定保险期限的条款，海运、陆运、空运货物运输保险的保险责任起讫均采用此条款规定。它规定保险人对保险货物承担保险责任的空间范围，即保险人对被保险货物所负的责任，从保单载明的起运地(港)发货人的仓库开始，到保单载明的目的地(港)收货人的仓库为止。

2. 我国海上货物运输保险的责任起讫

(1)仓至仓。该保险负仓至仓责任，自被保险货物运离保险单载明的起运地仓库或储存处所开始运输时生效，至该货物到达保险单所载明的目的地收货人最后仓库或储存处所为止。如未抵达上述仓库或储存处所，则以保险货物在最后卸货港全部卸离海轮后满60天为止。如在上述60天内保险货物需转运到非保险单载明目的地时，则以该货物开始转运时终止。

(2)被保险人无法控制的延误责任处理。由于被保险人无法控制的运输迟延、绕道、被迫卸货、重新装载、转载或承运人运用运输契约赋予的权利所作的任何航海上的变更或终止运输合同，致使被保险货物运到非保单所载明的目的地时，在被保险人及时将所获知的情况通知保险人，并在必要时加缴保险费的情况下，本保险继续有效。保险责任按下列规定终止：①保险货物如在非保单所载明的目的地出售，保险责任至交货时为止。但不论任何情况，均以保险货物在卸载港全部卸离海轮满60天为止；②保险货物如在上述60天期限内继续运往保单所载明的原目的地或其他目的地时，保险责任仍按正常情况下所规定的“仓至仓”条款办理。

(3)受损货物处理。海上运输的货物发生损失时，需要对受损货物进行检验，检验时保险人与被保险人均应在场，以避免正式处理赔案时发生纠纷。

三、国内货物运输保险

（一）国内水路、陆路货物运输保险

1. 基本险的责任范围

(1)因火灾、爆炸、雷电、冰雹、暴风、暴雨、洪水、地震、海啸、地陷、岩崩、滑坡、泥石流所造成保险货物的损失。

(2)由于运输工具发生碰撞、搁浅、触礁、倾覆、沉没、出轨或隧道、码头坍塌所造成保险货物的损失。

(3)在装货、卸货或转载时，因遭受不属于包装质量不善或装卸人员违反操作规程所造成的损失。

(4)按国家规定或一般惯例应分摊的共同海损费用。

(5)在发生上述灾害事故时，因纷乱而造成货物的散失以及因施救或保护货物所支付的直接合理费用。

2. 综合险的责任范围

综合险除了基本险的责任外，还负责赔偿：

(1)因受震动、碰撞、挤压而造成的破碎、弯曲、折断、凹瘪、开裂或包装破裂所致货物散失的损失。

(2)液体货物因受震动、碰撞或挤压致使所用容器(包括封口)损坏而渗漏的损失，或用液体保藏的货物因液体渗漏造成保藏货物腐烂变质的损失。

(3)遭受盗窃或整件提货不着的损失。

(4)符合安全运输规定而遭受雨淋所致的损失。

3. 除外责任

由于下列原因造成保险货物的损失，保险人不负赔偿责任：战争或军事行动；核事件或核爆炸；保险货物本身的缺陷、自然损耗及包装破损；被保险人的故意行为；全程是公路运输的，盗窃或整件提货不着的损失；其他不属于保险责任范围内的损失。

（二）国内航空货物运输保险

1. 保险责任

(1)由于飞机遭受碰撞、倾覆、坠落、失踪 3 个月以上，在危难中发生卸载以及遭遇恶劣气候或其他危难事故发生抛弃行为所造成的损失。

(2)因火灾、爆炸、雷电、冰雹、暴风、暴雨、洪水、地震、海啸、地陷、崖崩所造成的损失。

(3)保险货物因受震动、碰撞或压力而造成破碎、弯曲、折断、凹瘪、开裂等损伤以及由此引起包装破裂造成的散失。

(4)凡属液体、半流体或需要用液体保藏的保险货物，在运输途中因受震动、碰撞或挤压致使所用容器(包括封口)损坏而渗漏的损失，或用液体保藏的货物因液体渗漏造成保藏货物腐烂变质的损失。

(5)遭受盗窃或提货不着的损失。

(6)在装货、卸货和地面运输过程中，因遭受不可抗力的意外事故及雨淋所造成的保

险货物的损失。

(7)在发生保险责任范围内的灾害事故时，为防止损失扩大采取施救或保护措施而支付的合理费用，但以不超过保险金额为限。

2. 除外责任

由于下列原因造成保险货物的损失，保险人不负赔偿责任：战争或军事行动；保险货物本身的缺陷或自然损耗以及由于包装不善或属于托运人不遵守货物运输规则所造成的损失；托运人或被保险人的故意行为或过失行为；其他不属于保险责任范围内的损失。

第四节 运输工具保险

一、运输工具保险的概念和特征

（一）运输工具保险的概念

运输工具保险(conveyance insurance)是以各种运输工具本身和运输工具所引起的对第三者依法应负的赔偿责任为保险标的的保险。运输工具保险主要承保各类运输工具遭受自然灾害和意外事故而造成的损失，以及对第三者造成的财产直接损失和人身伤害依法应负的赔偿责任。一般按运输工具的不同将运输工具保险分为机动车辆保险、船舶保险、飞机保险及其他运输工具保险。

（二）运输工具保险的特征

由于运输工具保险承保的保险标的为经常处于移动状态中的运输工具，因此该险种具有以下特征：第一，由于运输工具具有流动性，故而承保的风险具有多样性；第二，由于驾驶人员的素质、运输工具以及运输工具所面临的地区和环境不同，因而面临的风险也不同，导致保险事故的发生具有复杂性；第三，由于运输工具保险承保的范围除了有形的物质损失外，还包括无形的责任风险和相关的费用损失，因而保险标的的范围具有广泛性。

二、机动车辆保险

（一）机动车辆保险的定义、类别及特征

1. 机动车辆保险的定义

机动车辆保险(motor vehicle insurance)是以机动车辆本身及其相关利益为保险标的的一种财产保险。这里的机动车辆包括汽车、电车、电瓶车、摩托车、拖拉机、特种车，我国机动车辆保险是财产保险业务的第一大险种。

2. 机动车辆保险的类别

各国开办的机动车辆保险品种繁多，保险分类各不相同。一般来说，各国比较通行的分类方法有两种，即按车辆使用性质和责任范围分类，而且往往把两者结合起来同时使用。我国的机动车辆保险的类别分为机动车辆交通事故强制保险(简称交强险)和机动车辆商业保险，后者又分为基本险和附加险，其中基本险包括机动车辆损失保险和第三者责任保险。

3. 机动车辆保险的特征

(1)保险标的出险概率较高。车辆由于经常处于运动状态，容易发生碰撞等意外事故，加上近年车辆数量迅速增加，交通事故的发生更加频繁，因此汽车出险概率较高。

(2)业务量大，投保率高。我国各地机动车辆的存量和增量都很大，而且还会随着社会经济的持续发展而增长，构成业务量极大的保险市场；同时，交强险的承保使得这一市场得到更充分的挖掘，因此机动车辆的投保承保率相对于其他财产保险是很高的。

(3)被保险人自负责任与无赔款优待。为了有利于促使被保险人注意维护、养护汽车，使其保持安全行驶技术状态，并督促驾驶员注意安全行车，以减少事故的发生，机动车辆保险合同一般规定：根据驾驶员在交通事故中所负责任，车辆损失险和第三者责任险在符合赔偿规定的金额内实行绝对免赔率；保险车辆在一年保险期内无赔款，第二年续保时可以按保险费的一定比率享受无赔款优待。

(4)机动车辆损失赔偿的特殊性。在机动车辆保单的保险期限内，无论发生一次还是多次保险责任范围内车辆损失索赔，只要保险人核定的赔偿额在保单规定的保险金额内，保险责任继续有效至保险期限结束，以致会在一份保单项下出现多次赔偿额的累积高于保单规定的保险金额的情况。但是只要一次事故的赔偿额达到或超过保险金额，则保险责任终止。

(二)机动车辆第三者责任强制保险

1. 机动车辆第三者责任强制保险的含义

我国《机动车交通事故责任强制保险条例》第 3 条规定，机动车交通事故责任强制保险，是指由保险公司对被保险机动车发生道路交通事故造成本车人员、被保险人以外的受害人的人身伤亡、财产损失，在责任限额内予以赔偿的强制性责任保险。

2. 机动车辆第三者责任强制保险的特点

(1)强制性。交强险的强制性主要体现在：具有交强险经营资格的保险公司，不能拒绝承保和拖延承保；未投保交强险的机动车不得上路行驶；在驾驶员未取得驾驶资格、醉酒、被保险机动车被盗抢期间以及被保险人故意制造道路交通事故等情况下，造成受害人人身伤亡的，保险人必须在赔偿范围内垫付抢救费用。

(2)采用无过错归责赔偿原则。交强险采用无过错归责赔偿原则，即使被保险人对交通事故的发生不负任何责任，只要交通事故给受害人的人身或财产造成损害，除受害人故意以外，保险公司均必须无条件地在责任范围内予以赔偿，赔偿限额如表 6-2 所示。

表 6-2 机动车辆交强险赔偿责任限额(单位：元)

赔偿限额种类	有责任	无责任
死亡伤残	110 000	11 000
理疗费用	10 000	1 000
财产损失	2 000	100
合计	122 000	12 100

(3)实行统一的责任限额。交强险在全国范围内实行统一的责任限额，同时实行分项责任限额，责任限额由保险监督机构会同国务院公安部门、卫生主管部门、农业主管部门等规定。

（三）机动车辆商业保险

1. 机动车辆商业保险基本险

我国机动车辆商业保险基本险包括机动车辆损失险、机动车辆第三者责任险、车上人员责任险、全车盗抢险。

(1)机动车辆损失险。机动车辆损失险是以机动车辆本身为保险标的的一种保险，主要承保因意外事故或自然灾害给机动车辆造成的损失以及被保险人支出的施救和保护费用。凡是汽车、电车、电瓶车、摩托车、拖拉机、各种专用机械车以及特种车等，均可以投保该保险。

(2)机动车辆第三者责任险。机动车辆第三者责任险不同于交强险，是商业性质的，是以被保险人依法对第三人应承担的民事赔偿责任为标的的保险，主要承保被保险人或其允许的合格驾驶员在使用被保险车辆过程中发生意外事故，致使第三人遭受人身伤亡或财产的直接损毁，依法应由被保险人对于超过交强险各分项赔偿限额以上负责赔偿的部分。这里的第三人不包括投保人、被保险人、保险人和保险事故发生时被保险机动车本车上的人员。

(3)车上人员责任险。车上人员责任险是以被保险人依法对被保险机动车辆车上人员应承担的民事赔偿责任为标的的一种保险，主要承保被保险机动车在被保险人或其允许的合法驾驶员使用过程中发生意外事故，致使车上人员遭受人身伤害，依法应由被保险人对于超过交强险赔偿限额以上负责赔偿的部分。

(4)全车盗抢险。全车盗抢险的保险责任通常包括：①保险车辆，含投保的挂车，全车被盗窃、被抢劫、被抢夺，经县级以上公安刑侦部门正式立案，满 60 天下落不明。②保险机动车全车被盗窃、被抢劫、被抢夺后受到损坏或因此造成车上零部件、附属设备丢失需要修复的合理费用。

2. 机动车辆商业保险附加险

机动车辆商业保险附加险种非常多，且随着时间推移、新增风险的出现，还会有其他类型的附加险产生。根据《中国保险行业协会关于申报车险 A. B. C 三款(07 版)行业条款费率方案的请示》中列示的 A. B. C 条款共有的附加险包括自燃损失险、车损免赔额特约、修理期间费用补偿、事故附随费用、更换新车、多次事故免赔率、基本险不计免赔、附加险不计免赔、指定专修厂、换件特约、玻璃单独破碎险、新增设备损失险、车身油漆单独损伤险、涉水损失险、车上货物责任险、精神损害抚慰金险、随车携带物品责任险、道路污染责任险。除共有附加险外，还有不同条款的个性化险种，如特种车车辆损失扩展险、租车人人车失踪险、约定区域通行费用、教练车特约条款、机动车出境保险特种车固定机具、设备损失险、免税车辆关税责任险、法律费用特约、救援费用特约、零部件附属设备被盗窃险、节假日行驶区域扩展特约、车轮单独损坏险、使用安全带特约、车载货物掉落责任险、高尔夫球具盗窃险、特种车特约条款等。在保险实务中，比较常见的机动车辆保险附加险包括：玻璃单独破碎险；自燃损失险；新增设备损失险；涉水损失险；零部件、附属设备被盗窃险；附加换件特约条款；车载货物责任险；随车携带物品责任险；精神损害抚慰金责任险。以上 1～7 项附加险要在投保机动车辆损失保险的基础上投保，而 8～9 项附加险则要在投保商业第三者责任险的基础上投保。

三、船舶保险

（一）船舶保险的定义与特点

1. 船舶保险的定义

船舶保险(shipping insurance)是以各种类型船舶为保险标的的保险。船舶是指能漂浮和航行于海洋、江河及其他可通航水域的任何形状的物体，并能自由地、有控制地将货物或旅客从一个港口运往另一个港口的浮动物体。

2. 船舶保险的特点

船舶保险与货物运输保险相比，有以下特点：

(1)货物运输保险一般只承保货物在运输途中的风险，而船舶保险可以承保从船舶建造下水开始，直到船舶营运以至停泊和最后报废拆船为止的整个过程的风险。

(2)船舶保险比货物运输保险的保障范围更广泛，它既承保船体、机器、设备、燃料、供给品，又承保与船舶有关的利益、费用和责任。

(3)船舶保险涉及一个危险单位的价值比货物运输保险集中，船舶发生损失往往会出现巨额赔款。

(4)货主对运输途中的货物安全是无法控制的，而船舶无论在航行途中还是停泊期间，始终是在船东雇用的经理人员和船长、船员的操纵下，这些人员受船东的直接支配和管理，船东的经营作风、管理水平和信誉对保险船舶的安全产生直接影响。

（二）船舶保险的保障内容

(1)船舶的物质损失。船舶的物质损失包括船壳、机器以及海洋船舶的导航设备、燃料、给养等。

(2)船舶的有关利益。当船舶发生事故时，除了船舶本身遭受局部或全部损失外，还因船舶停航、修理使被保险人遭受各种利益损失，这些利益损失在国外的船舶保险中，有相当一部分是作为费用来加保的。

(3)第三者的赔偿责任。第三者的赔偿责任是船舶保险的保障内容，是在发生船舶碰撞事故后船东或光船租船人对第三者所造成的财产损失和人身伤害依法应负的赔偿责任。

（三）船舶保险的险别和保险责任

1. 船舶保险的险别

我国目前的船舶保险分为全损险和一切险两个险别。船舶全损险仅承担船舶因保险合同约定的原因导致的全部损失，一切险承保船舶全部损失和部分损失。

2. 船舶保险的保险责任

(1)全损险的保险责任。全损险承担被保险船舶因遭受保险范围内的风险而造成的全部损失，包括实际全损和推定全损。其承保的风险包括：海上风险；火灾或爆炸；来自船外的暴力盗窃或海盗行为；抛弃货物；核装置和核反应堆发生的故障或意外事故；船员疏忽行为所致的损失。

(2)一切险的保险责任。一切险除承担全损险的保险责任外，还负责这些风险给船舶造成的部分损失，碰撞责任、共同海损、救助费用及施救费用。

3. 船舶保险的责任免除

保险人对下列原因之一造成被保险船舶损失不负赔偿责任：船舶不适航；被保险人及其代理人的故意或疏忽行为；被保险人恪尽职责应予发现的正常磨损、锈蚀、腐烂、保养不周或材料缺陷，包括不良状态部件的更换和修理；保险公司承保的战争险、罢工险的保险责任和责任免除；清除障碍物、残骸及清理航道费用。

四、飞机保险

飞机保险(aircraft insurance)分为基本险和附加险，基本险主要有飞机机身保险、第三者责任保险、旅客法定责任保险，附加险主要包括战争劫持险和承运人责任险。

（一）飞机保险基本险的保险责任

(1)飞机机身险(aircraft hull insurance)。飞机机身险承保各种类型客机、货机、客货两用机以及从事各种专业用途的飞机。飞机机身包括推进器、机壳、机器及设备。飞机机身保险承保责任一般包括：飞机在飞行、滑行中以及在地面上，因自然灾害或意外事故造成飞机及其附件损失；飞机在起飞后超过规定时间尚未得到行踪消息所构成的失踪损失；因意外事故引起飞机拆卸、重装和运输的费用；清理残骸的合理费用。

(2)飞机第三者责任保险(aircraft third-party liability insurance)。飞机第三者责任保险承保被保险人依法应负的有关飞机对地面、空中或机外的第三者造成意外伤害、死亡事故或财产毁损的损失赔偿责任。其具体包括：飞机在地面上造成任何设备、人员、其他飞机等损失；飞机在空中造成地面上第三者任何损失以及飞机在空中碰撞造成其他飞机和人身伤亡的损失；被保险人的赔偿责任引起的诉讼费用。

(3)飞机旅客法定责任保险(aircraft passenger legal liability insurance)。飞机旅客法定责任保险承保旅客在乘坐或上下被保险飞机时发生意外，致使旅客受到人身伤亡、随身携带和已经交运登记的行李、物件的损失以及对旅客行李或物件因延迟而造成的损失。

（二）飞机保险基本险的责任免除

(1)飞机机身保险的责任免除。机身险责任免除主要包括：战争和军事行动；飞机不符合适航条件而飞行；被保险人的故意行为；飞机任何部位的自然磨损或制造及机械缺陷；飞机受损后引起被保险人停航、停运等间接损失；飞机战争、劫持险条款规定的保险责任和责任免除。

(2)飞机第三者责任险的责任免除。飞机第三者责任险的责任免除包括：战争和军事行动；飞机不符合适航条件而飞行；被保险人的故意行为；因飞机事故产生的善后工作所支出的费用；被保险人及其工作人员和保险飞机上的旅客或其所有以及代管的财产。

（三）飞机保险的附加险

(1)飞机战争劫持险。飞机战争劫持险承保由于战争、敌对行为或武装冲突、拘留、扣留、没收、飞机被劫持或被第三者破坏等原因造成的保险飞机的损失费用，以及由此引起的对第三者或旅客应负的法律责任或费用，上述风险由保险人负责赔偿。

(2)飞机承运货物责任险。凡办好托运手续装载在飞机上的货物，如在运输过程中发生损失，根据法律、合同规定应由承运人负责的，可以通过投保飞机承运货物责任险而由保险人给予赔偿。

第五节 工程保险

一、工程保险的概念和特征

（一）工程保险的含义与类别

(1)工程保险的含义。工程保险(engineering insurance)是针对工程项目在建设过程中因自然灾害和意外事故造成的物质财产损失，对第三者的财产损失和人身伤亡依法应承担的赔偿责任提供保障的一种综合性保险。工程保险是随着现代工程技术和建筑业的发展由火灾保险、意外伤害保险及责任保险等演变而来的一类综合性财产保险险种。传统的工程保险仅指建筑、安装、机器及船舶建造工程项目的保险，20 世纪，许多科技工程活动获得了迅速的发展，逐渐形成了科技工程保险。目前工程保险已经发展成为产品体系较为完善、具有较强专业特征且相对独立的一个保险领域。

(2)工程保险的类别。工程保险按照承保标的，可以分为建筑工程(一切)险、安装工程(一切)险、施工机具保险、机器损坏保险、预期利益损失保险。国际工程保险人协会将工程保险业务分为四大类：建筑、安装工程保险及其工程保证保险；机器损坏保险和锅炉爆炸保险；电器设备保险；利润损失保险。通常将这四类称为广义工程保险，而将其中的建筑、安装工程保险及其工程保证保险称为狭义工程保险，本章主要介绍建筑、安装、科技工程保险。

（二）工程保险的特征

(1)承保的风险责任广泛而集中。在各种工程保险合同中，保险人列明不保的风险责任往往属于少数，承担的风险责任则是除外责任之外的一切风险责任，从而通常采取一切险的方式承保。换言之，保险人不仅承担着火灾保险的风险，也承担着工程建设本身所具有的各种风险，还承担相关责任风险。

(2)涉及较多的利益关系人。在工程保险中，保险标的涉及多个利益关系人，如项目所有人、承包人、分承包人、技术顾问甚至贷款银行等，各方均对保险标的具有可保利益，从而使保险关系较其他财产保险更为复杂，保险人对此需要采取交叉责任条款来予以规范与制约。

(3)不同工程保险险种的内容相互交叉。在建筑工程保险中，通常包含着安装项目，而安装工程保险中一般也包含着建筑工程项目，而科技工程保险中也既有建筑工程项目，也有安装工程项目，这一现象使各种保险具有了一定程度的相通性。

(4)工程保险承担的主要是技术风险。现代工程建设的技术含量很高、专业性极强，而且可能涉及多种专业学科或尖端科学技术。工程项目对于一般的自然风险通常具有相应的抵御能力，许多工程事故的发生往往是技术不良或未按照技术规程操作而导致的，因此工程保险对保险人的承保技术、承保手段和承保能力提出更高的要求。

二、建筑工程保险

建筑工程保险，简称建工险，是保险人根据投保人的要求，按保险合同所规定的条件，承担在建工程由于责任免除以外的一切危险造成保险财产的物质损失，以及上述损失所产生的有关费用及建筑期造成的第三者财产损失或人身伤亡而依法应由被保险人承担的经济责任的赔付的保险形式。建筑工程保险以各类民用、工业用和公用事业用的建筑工程项目为保险标的，一般采用工期保险单，以工期的长短来作为确定保险责任期限的依据，由保险人承保从开工之日起到竣工验收合格的全过程。

（一）建筑工程保险的适用范围

1. 客体范围

建筑工程保险承保的是各类建筑工程。在财产保险经营中，建筑工程保险适用于各类民用、工业用和公共事业用的建筑工程，这些工程在建筑过程中的各种意外风险，均可通过投保建筑工程保险获得保障。

2. 主体范围

(1)建筑工程保险的被保险人。建筑工程保险的被保险人大致包括：①工程项目所有人。其是指提供场所、委托建造、支付建造费用，并于完工后验收的单位，也可称为发包方、业主、建设单位。②施工单位。其是指受业主委托实际承担工程建筑的单位，也可称为工程承包人或转承包人。③技术顾问。其是指由工程所有人聘请的建筑师、设计师、工程师等专业顾问，对建筑过程进行设计、咨询和监督。④其他关系方，如贷款银行等。当存在多个被保险人时，一般由一方出面投保，并支付保费，申报保险期间保险标的的风险变动情况，提出原始索赔等。传统的做法是：由工程承包商来安排保险，业主则在承包合同中要求承包商参加保险。从国际工程保险的发展来看，对重大工程项目，业主越来越坚持由自己控制保险项目计划，以保证业主的利益在投保和索赔时得到保障。

(2)建筑工程保险的投保人。在实践中，建筑工程承包方式不同，其投保人也就各异。主要有以下四种情况：①全部承包方式。所有人将工程全部承包给某一施工单位，该承包商负责设计、供料、施工等全部工程环节，最后以钥匙交货方式将完工的建筑物交给所有人。这种方式下，承包商承担工程的主要风险责任，因此一般由承包商投保。②部分承包方式。所有人负责设计并提供部分建筑材料，施工方负责施工和部分材料提供，双方各承担部分风险责任，此时应由双方协商，推举一方为投保人，并在合同中写明。③分段承包方式。所有人将工程分成几个阶段或几部分分别对外发包，承包人之间相互独立，没有合同关系。此时，为避免分别投保造成的时间差和责任差，应由所有人投保。④施工单位只提供服务的承包方式。工程所有人负责设计、供料和工程技术指导，施工单位只提供劳务，进行施工，不承担工程的风险责任，该方式下，应由工程所有人投保。

总之，由于建筑工程保险的被保险人不止一个，而且每个被保险人各有其本身的权益和责任需要向保险人投保，为避免各方相互之间的追偿责任，大部分建筑工程保单附加交叉责任条款，即各个被保险人之间发生的相互责任事故造成的损失，均可由保险人负责赔偿，无须根据各自的责任相互追偿。

（二）建筑工程保险的保险标的和保险金额

建筑工程保险的保险标的范围很广，但概括起来可分为物质财产本身和第三者责任两类。为方便确定保险金额，建筑工程保险保单明细表中列出的保险项目通常包括如下几个部分：

(1)物质损失部分。建筑工程保险的物质损失分为以下七项：建筑工程本身；工程所有人提供的物料和项目；安装工程项目；建筑用机器、装置及设备；工地内现成的建筑物；场地清理费；工程所有人或承包人在工地上的其他财产。以上七项均须独自确定保险金额，七项保险金额之和构成建筑工程保险损失项目的总保险金额。

(2)第三者责任。保险人对被保险人在工程保险期间因意外事故造成工地及工地附近的第三者人身伤亡或财产损失依法应负的赔偿责任采用赔偿限额制，赔偿限额由保险双方当事人根据工程责任风险的大小商定，并在保单内列明。建筑工程第三者责任赔偿限额的确定方法一般有两种：第一，只规定每次事故赔偿限额，无分项限额、无累计限额，该方式一般适用于第三者责任不大的工程。第二，不仅规定每次事故赔偿限额，而且规定分项限额，并有累计限额，该方式一般适用于第三者责任较大的工程。

(3)特种风险赔偿。特种风险赔偿是对保单上列明的地震、洪水等特种风险造成的各项物质损失的赔偿。一般而言，保险人为了控制建筑工程中的巨灾风险，通常对保单中列明的特种风险单独规定赔偿限额，无论保险期间发生一次或多次保险事故，保险人的赔偿均不得超过该限额。

（三）建筑工程保险的责任范围

1. 物质部分的保险责任

物质部分的保险责任主要有保单上列明的各种自然灾害、意外事故和人为风险。自然灾害包括洪水、潮水、水灾、地震、海啸、暴雨、风暴、雪崩、地陷、山崩、冻灾、冰雹及泥石流、龙卷风、台风等其他自然灾害。意外事故包括：雷电、火灾、爆炸；飞机坠毁、飞机部件或物体坠落；原材料缺陷或工艺不善引起的事故；除外责任以外的其他不可预料的和突然的事故。人为风险包括盗窃、工人或技术人员缺乏经验、疏忽、过失、恶意行为。除上述基本保险责任外，投保人还可以附加特别保险条款，物质部分可供选择的附加险条款有：罢工、暴乱、民众骚乱条款；工地外储存物质条款；有限责任保证期条款；扩展责任保证期条款；机器设备试车条款；使用、移交财产条款等。

2. 第三者责任部分的保险责任

第三者责任部分的保险责任是指在保险期间因建筑工地发生意外事故造成工地及邻近地区的第三者人身伤亡和财产损失且依法应由保险人承担的赔偿责任，以及事先经保险人书面同意的被保险人因此而支付的诉讼费用和其他费用，但不包括任何罚款。其中的第三者不包括被保险人和其他承包人雇佣的在现场施工的人员。

3. 除外责任

(1)物质部分的除外责任。物质部分的一般除外责任包括两类，一类是与火灾保险共有的除外责任，另一类是建筑工程保险特有的七项免责事项：错误设计引起的损失、费用或责任；换置、修理或矫正标的本身原材料的缺陷或工艺不善所支付的费用；非外力引起的机械和电器装置的损坏或建筑用机器、设备失灵；全部停工或部分停工引起的损失、费用或责任；保单中规定应由被保险人自行负担的免赔额；领有公共运输用执照的车辆、船舶、飞机的损失；建筑工程保险的第三者责任险条款规定的责任范围和责任免除。

(2)第三者责任部分的除外责任。第三者责任部分的除外责任包括：明细表中列明的应由被保险人自行承担的免赔额；领有公共运输执照的车辆、船舶、飞机造成的事故；被保险人或其他承包人在现场从事有关工作的职工的人身伤亡和疾病，被保险人及其他承包人或他们的职工所有或由其照管、控制的财产损失；由于震动、移动或减弱支撑而造成的其他财产、土地、房屋损失或由于上述原因造成的人身伤亡；被保险人支付的赔款或其他款项。

4. 责任起讫与处理

与一般财产保险不同的是，建筑工程保险采用的是工期保险单，即保险责任的起讫通常以建筑工程的开工到竣工为期。保险人承担的赔偿责任根据受损项目分项处理，并适用于各项目的保险金额或赔偿限额，如保险损失由第三人引起，则适用权益转让原则，保险人可依法行使代位追偿权。

三、安装工程保险

安装工程保险，简称安工险，是保险人专门承保新建、扩建和改建的工矿企业的机器设备或钢结构建筑物在整个安装、调试期间，由于责任免除以外的一切危险造成保险财产的物质损失，以及上述损失所产生的有关费用及安装期造成的第三者财产损失或人身伤亡而依法应由被保险人承担经济责任的保险形式。

（一）安装工程保险的特点

与建筑工程保险相比，安装工程保险具有以下特点：

(1)主要承保对象为安装项目。安装工程保险以安装项目为主要承保对象，其中也包括附属建筑项目，但安装项目始终占据主体地位，其价值大大超过与之配套的建筑工程。

(2)风险分布具有明显的阶段性。安装工程的风险分布具有明显的阶段性，安装工程在试车、考核和保证阶段的风险最集中，造成损失的可能性最大。

(3)人为风险为主要承保风险。安装工程保险承保的主要风险为人为风险，具有明显的技术色彩。

（二）安装工程保险的适用范围

(1)适用对象。安装工程保险的承保项目主要是指安装的机器设备及其安装费，安装工程合同内要安装的机器、设备、装置、物料、地基、座基等基础工程以及为安装工程所需的供水、供电、通信设备等各种临时设施均包括在内。此外，为完成安装工程而使用的机器、设备以及为安装服务的土木工程、工地上的其他财物、保险事故后的场地清理费等，均可作为附加项目予以承保。安装工程保险的第三者责任险与建筑工程保险的第三者责任险相似，既可作为基本保险责任，也可作为附加或扩展保险责任。

(2)适用主体。同建筑工程保险一样，所有对安装工程保险标的具有保险利益的人均可成为被保险人，均可投保安装工程保险。被保险人主要包括：工程所有人；工程承包人，包括主承包人和分承包人；供货人，即负责提供被安装机器设备的一方；制造商，被安装机器设备的制造人；技术顾问；其他关系方。

（三）安装工程保险的保险标的和保险金额

安装工程的保险标的，通常也包括物质损失、第三者责任和特种危险赔偿三个部分。其中物质损失部分包括安装项目、土木建筑工程项目、场地清理费、所有人或承包人在工地上的其他财产。第三者责任部分的保险标的包括在保险有效期内，因在工地上发生意外事故造成工地及邻近地区的第三者人身伤亡或财产损失，依法应由被保险人承担的赔偿责任以及因此而支付的诉讼费和经保险人书面同意的其他费用。上述各项保险金额之和构成该安装工程保险的保险金额，为了方便确定保险金额，安装工程保险保单明细表中列出的保险项目通常也包括物质损失、第三者责任、特种风险赔偿三个部分，其中后两项内容和赔偿限额的规定均与建筑工程保险相同。

（四）安装工程保险的保险责任和除外责任

1. 保险责任

(1)物质损失部分的保险责任。物质损失部分的保险责任分为基本保险责任和附加保险责任。安装工程保险在保险责任规定方面与建筑工程保险略有区别，除相同的责任范围外，主要还有以下几方面不同的责任内容：①出现的超负荷、超电压、碰线、电弧、走电、短路、大气放电及其他电气引起的事故。②安装技术不善引起的事故。“技术不善”是指按照要求安装但未达到规定的技术标准，在试车时往往出现损失，这是安装工程保险的主要责任之一。物质部分的附加保险责任可选择的条款有：罢工、暴乱、民众骚乱条款；工地外储存物质条款；有限责任保证期条款；扩展责任保证期条款；使用、移交财产条款等。

(2)第三者责任部分的保险责任。安装工程保险第三者责任险的保险责任与建筑工程第三者责任险的基本相同，同样的，保险公司对每次事故引起的赔偿金额以法院或政府有关部门根据现行法律裁定的应由被保险人偿付的金额为准，但在任何情况下，均不得超过保险单明细表中对应列明的每次事故赔偿限额。在保险期限内，保险公司在保险单项下对上述经济赔偿的最高赔偿责任不得超过保险单明细表中列明的累积赔偿限额。若一项工程中有两个以上的被保险人，为了避免被保险人之间相互追究第三者责任，由被保险人申请，经保险人同意，可加保交叉责任险。

2. 除外责任

安装工程保险物质部分的除外责任多数与建筑工程保险相同，不同的是建筑工程保险将设计错误造成的损失一概除外；而安装工程保险对设计错误本身的损失除外，对由此引起的其他保险财产的损失予以负责。安装工程保险的第三者责任险的除外责任与建筑工程保险的第三者责任险的除外责任相同。

（五）安装工程保险的费率

安装工程保险的费率主要由多个项目费率累加计算，主要项目包括安装、试车、保证期、附加保障、设备和第三者责任。每部分费率的具体处理为：安装项目中的土木建筑工程、所有人或承包人在工地上的其他财产及清理费用确定为一个总的整个工期的一次性费率；试车为单独的一次性费率；保证期费率实行整个保证期一次性费率；各种附加保障增收费率实行整个工期一次性费率；安装、建筑用机器、装置及设备为单独的年费率；第三者责任保险实行整个工期一次性费率。

四、科技工程保险

科技工程保险是以各种重大科技工程或科技产业为保险标的的综合性财产保险，是随着现代高科技、新技术的发展和广泛应用而逐渐发展起来的一种特殊工程保险业务。

（一）科技工程保险的特征

科技工程保险的保险标的具有危险集中、价值高昂的特点，且包含着极高的科技因素，是财产、利益和法律责任的集合体。科技工程保险承保的风险具有一切险的性质，主要承保人为风险，与人的技术水平、认识能力和工作责任心等紧密相关。由于保险人在承保科技工程业务时，很难根据经验或以往的事故损失来准确把握，使得该类业务承保风险巨大，需要采用共同保险和再保险等方式分散风险。此外，还需要注意，科技工程保险在承保环节方面还具有显著的阶段性特征。

（二）科技工程保险的主要险别

(1)海洋石油开发保险。海洋石油开发保险面向的是现代海洋石油工业，承保从勘探到建成、生产整个开发过程中的风险，海洋石油开发工程的所有人或承包人均可投保该险种。该险种一般被划分为四个阶段，即普查勘探阶段、钻探阶段、建设阶段、生产阶段，每一阶段均有若干具体的险种供投保人选择投保。每一阶段均以工期为保险责任起讫期，当前一阶段完成，并证明有石油或有开采价值时，后一阶段才得以延续，被保险人亦需要投保后一阶段的保险。因此，海洋石油开发保险作为一项工程保险业务，是分阶段进行的，其主要的险种有勘探作业工具保险、钻探设备保险、费用保险、责任保险、建筑安装工程保险。海洋石油开发保险在承保、防损和理赔方面，均与其他工程保险业务具有相通性。

(2)卫星保险。卫星保险是以卫星为保险标的的科技工程保险，它属于航天工程保险范畴，包括发射前保险、发射保险和寿命保险。其主要业务是卫星发射保险，即保险人承保卫星发射阶段的各种风险。

(3)核电站保险。核电站保险以核电站及其责任风险为保险对象，是核能民用工业发展的必要风险保障措施，也是对其他各种保险均将核风险除外不保的一种补充。作为一类新兴的科技工程保险业务，核电站保险起源于20世纪50年代，其特点是因风险具有特殊性而需要政府作后盾。核电站保险的险种主要有财产损毁保险、核电站安装工程保险、核责任保险、核原料运输保险等，其中财产损毁保险与核责任保险是主要业务。在保险经营方面，保险人一般按照核电站的选址勘测、建设、生产等不同阶段提供相应的保险，从而在总体上仍然具有工期性。当核电站正常运转后，则可以采用定期保险单承保。

第六节　农业保险

一、农业保险的概念和特征

（一）农业保险的含义

农业保险(agriculture insurance)有广义和狭义之分。广义的农业保险是指农村保险，包括农村区域内的财产保险和人身保险；狭义的农业保险仅指两业保险，即保险人为农业生产经营者因保险事故所致的种植业、养殖业标的损失提供经济补偿的保险保障制度。发达国家一般使用广义农业保险的概念，我国则采用狭义农业保险的概念。

（二）农业保险的特征

(1)农业保险面广量大。农业生产在野外进行，生产场所非一般保险中的保险地址范围可比，其保险对象数量也非一般财产保险中的保险标的那样有限，种植业保险往往是大面积成片投保、养殖业保险往往是大规模成批投保。面广量大的特点决定了保险人只有投入较多的人力物力才能够开办此类保险业务。

(2)自然风险特殊。农业生产面临的自然风险与其他财产保险相比，具有自身的特点。第一，风险结构具有特殊性，主要是各种气象灾害和生物灾害，尤其是水灾、冰雹、低温灾害、干热风、病虫害等，多数灾害只对农业生产构成严重威胁；第二，农业风险具有高度的相关性，这是由于地域的广延性和气象灾害的区域性，使得农业风险单位在灾害事故及灾害损失中常表现为高度的时间与空间相关性；第三，农业风险损失巨大。由于农业灾害的覆盖面广、影响面大，农业风险造成的经济损失往往难以度量，发生巨灾损失的概率相对较大，易给保险人造成无法控制的损失。

(3)保险的标的具有特殊性。农业保险的标的大多是有生命的植物或动物，因此在保险中会面临以下难题：第一，农业保险标的具有生命周期和生长规律，导致保险期限需要按照农作物的生长期特性来确定；第二，农业保险标的在一定的生长期内受到损害后有一定的自我修复能力，从而使农业保险定损更加复杂，尤其是农作物保险，往往需要在收获时二次定损；第三，农业保险的利益是一种预期利益，由于农业保险标的在保险期间处于生长期，其价值始终处于变化中，只有当它成熟或收获后才能最终确定。因此在保险实务中，采用变动保额和二次定损为农业保险所特有。

(4)高风险和高赔付率并存。由于农业生产面临的风险大，损失率高，保险赔付率通常也很高，保险人想要通过农业保险赚取利润较其他保险业务更困难，一般只能以收支平衡为经营目标。而且如果没有政府的扶持，农业保险甚至连收支平衡都难以做到，保险人的经营局面会陷入亏损。

(5)农业保险需要政府的扶持。国际经验与国内已有的实践表明农业保险的发展离不开政府的扶持，包括财政、税收、贷款政策等各个方面。例如，美国的联邦农作物保险公司实际上是由美国政府投资设立的一家政策性保险公司；日本的村民共济制度也获得了日本政府直接的财税支持；中国的安信、安华、国元和阳光等农业保险公司自成立以来也同样获得中国财政的直接保费补贴。

二、农业保险的类别

（一）种植业保险

种植业保险是指以各种农作物、林木为保险标的，以在生产过程中可能遭遇的某些风险为保险责任的农业保险。在我国，种植业保险主要包括农作物保险和林木保险两类险种。

1. 农作物保险

农作物保险是以各种粮食作物、经济作物为保险标的，以各种农作物在生长期和收获期因自然灾害和意外事故造成的经济损失为保险责任的保险，又细分为生长期农作物保险和收获期农作物保险。

(1)生长期农作物保险。生长期农作物保险是保险人承保合同约定的各种农作物在生长期间因灾害事故造成的收获量价值或生产成本损失的保险。由于生长期农作物保险的对象是处在生长期的农作物，受土壤环境和自然条件的影响较大，具有较强的不稳定性，因此保险通常采用农作物成本保险和农作物收获量保险两种方式，并实行不足额承保，以减少道德风险，并且根据不同农作物的生长期确定不同的保险期限。

(2)收获期农作物保险。收获期农作物保险是以农作物成熟后的初级农产品为承保对象的短期保险，是生长期农作物保险的后续保险，其保险金额一般按正常年景平均亩产的一定成数确定。处于收获期的农作物遭受保险事故造成损失，或者出险时因施救整理支付了合理费用，保险人根据保险合同的有关规定进行赔偿。

2. 林木保险

林木保险是以具有经济价值的天然原始林和各种人工林为保险标的，以其在生长过程中因约定的、人力不可抗拒的自然灾害和意外事故造成的经济损失为保险责任的保险。林木保险可细分为森林保险和果树保险。

(1)森林保险。森林保险是指以林场或林农营造的人工林和天然林为承保对象，以林木生长期间农业风险造成林木价值损失或营林、造林生产费用损失为保险责任的保险。森林的生长过程较长，保险期可定为一年期或数年期，主要承保风险是火灾风险，保险金额通常以造林成本或林木蓄积量等为依据确定。

(2)果树保险。果树保险是以生长期的果树和水果为保险标的的保险。果树保险标的具有林业生产和农业生产的双重特征，其保险责任主要是各种气象灾害，一般不保病虫害；将树体和产果分别承保，并分别估价确定和按亩产确定保险金额。

（二）养殖业保险

养殖业保险是以不同形式的农牧场和农牧民个人、渔场及渔民为保险对象，承担其在养殖业生产过程中因灾害事故或疾病造成保险标的损失的赔偿责任的一种保险业务。养殖业保险可细分为畜牧保险和水产养殖保险。

1. 畜牧保险

畜牧保险是以大牲畜、中小家畜、家禽为保险标的，承担被保险畜禽在保险期限内因保险事故招致损失的赔偿责任，具体分为家畜保险、牧畜保险和家禽保险三类。

(1)家畜保险。家畜保险分为大牲畜保险和中小家畜保险：①大牲畜保险是以役用、乳用、肉用、种用的大牲畜为保险标的的保险。它是畜牧保险的主要险种，其承保往往规定了严格的条件，例如，健康状况、畜龄、饲养管理状况等都有限制性规定，大牲畜的保险金额一般以账面价值、估定价值和市场价值等为依据确定。②中小家畜保险是以各种中小家畜，如猪、羊、兔等为保险标的的保险，承保时主要采取定额承保和变额承保两种方式，承保中小家畜饲养期间的死亡损失。

(2)牧畜保险。牧畜保险是以牧区群养群牧的牛、马、驴、螺、骆驼等大牲畜以及山羊、绵羊等小牲畜为保险标的的保险，可采取定额承保和估价承保两种方式。

(3)家禽保险。家禽保险是以鸡、鸭、鹅等家禽为保险标的的保险，保险责任为自然灾害、意外事故造成的家禽死亡损失。保险金额可以采取定额承保，也可以根据家禽的生长规律采取变额承保。

2. 水产养殖保险

水产养殖保险是以利用淡水水域和海水水域进行养殖的鱼、珍珠等水产品为保险标的的保险。保险责任主要是因自然灾害和意外事故造成的水产品死亡责任和流失责任。保险金额主要有保养殖成本和保养殖产量两种，实行不足额承保。水产养殖保险可细分为淡水养殖保险、海水养殖保险和专项养殖保险。

此外，为适应经济发展的需要，对有些经济动物养殖业还可办理特种养殖保险，如对鹿、鸵鸟、蚯蚓等承保。

三、农业保险的保险金额

农业保险由于其特殊性，在保险金额的确定方面与其他财产保险有所区别，总的要求是实行低保额制，以利于保险人控制风险。在经营实践中，农业保险主要采取以下方式来确定保险金额。

（一）按产量确定保险金额

保险人根据约定的各地同类标的产量确定保险金额，它适用于农作物保险、林木保险和水产养殖保险。生长期农作物可以农作物的预期收益量作为保险标的价值，按照一定成数确定保险金额；林木保险的保险金额则可以按照单位面积林木蓄积量确定；水产养殖保险则按照水产品养殖产量的一定成数确定保险金额。

（二）按成本确定保险金额

保险人按照各地同类标的投入的平均成本作为计算保险金额的依据，据此确定的保险金额即是保险人承担责任的最高赔偿限额。它适用于生长期农作物保险、森林保险和水产养殖保险。在保险标的全损的情况下，保险人需按照保险金额全额赔偿；在部分损失的情况下，保险人的赔偿责任则是被保险人的收益与保险金额之间的差额。

（三）按市场价或协商价确定保险金额

由保险人与被保险人双方协商确定投保标的的保险金额，或者以保险标的在一个时期的平均市场价格为依据确定保险金额，如大牲畜保险、水果果树保险等。此外，小家畜和家禽还可以根据标的品种、年龄、用途、经济价值和不同的生长阶段、季节价格差别等情况实行变动保额。

四、农业保险的责任范围

农业保险的责任范围可分为单一保险责任、混合保险责任和一切险责任。其中单一保险责任仅承保一项风险责任，如水灾、火灾等；混合保险责任则采取列举方式明示承保多项风险；一切险也采取列举方式，但实质上除了列示的不保责任外均属于可保责任，因此一切险所承保的风险责任最大。

（一）农业保险的保险责任

(1)农作物保险的保险责任。农作物面临的风险主要是自然灾害，分为气象灾害和生物灾害两类。气象灾害是指由自然气候原因引起的，如干旱、水灾、涝灾、冰雹、干热风、霜冻、暴风、暴雨、台风、龙卷风、寒潮等；生物灾害主要指的是病虫害，如蝗虫等。

(2)林木保险的保险责任。林业生产中的风险很多，有自然风险，如火灾、洪灾、风灾、雪灾、冻害、雹灾、野兽危害、病虫害等；也有社会风险，如盗伐、哄抢等。林木保险同样可以有单一险、混合险、一切险的选择，但是目前一般情况下，保险人对森林只出售森林火灾保险单。

(3)畜牧保险的保险责任。畜牧保险面临的可保风险主要有三类：其一，自然灾害，如火灾、洪水、地震、地陷、崖崩、暴风、暴雨、台风、龙卷风、冰雹、冻灾、雷击、疾病、难产、阉割感染等。其二，意外事故，如爆炸、摔跌、碰撞、互斗、窒息、野兽危害、触电、建筑物或其他物体倒塌等。其三，社会风险，如传染病蔓延，当地政府明令扑杀并掩埋或焚烧等。

(4)水产养殖保险的保险责任。水产养殖保险的保险责任一般包括死亡责任和流失责任两大类。水产养殖的动植物因自身疾病引起的死亡、缺氧死亡，以及他人投毒及养殖池干涸、污染、冰冻等引起的死亡构成死亡责任。因台风、龙卷风、暴风雨、洪水、地震、海啸等风险造成堤坝溃决引起养殖的动植物流失的损失，则可构成流失责任。流失责任可以作为附加责任承保，也可单独承保。

（二）农业保险的责任免除

农业保险的责任免除因险种而异，各险种共同的除外责任有：被保险人及其关系人的故意行为、欺骗行为所致的损失；被保险人管理不善，或者违反经当地实践证明是合理的栽培、饲养技术，选择作物品种不当，购买的是无繁殖能力、生产率低的品种，或自然淘汰、死亡；战争、军事行为、偷盗以及被野兽、牲畜、禽类猎食造成的损失；市场价格跌落造成的损失；其他不属于保险责任范围的损失。

农业保险责任范围的确定，因地区、险种、标的而异，其依据主要在于农业保险的性质、目的和被保险人的供给能力、被保险人的需求状况，也取决于社会环境。

➤补充学习资料

电梯受损拒赔案

某企业单位向保险公司投保财产综合险，承保房屋建筑及附属设备、设施等。保险期间内，被保险人向保险公司报案，表示投保设备中有一部电梯线路起火，造成配电柜起火使两部进口电梯受损，索赔金额超过 100 万元。接报案后，保险公司对事故现场进行了查勘，该单位独立在大厦办公，办公大楼使用一年左右，到现场查勘时已看不到火灾情景，只是在空气中有较浓的胶皮气味，对损失标的检查后发现线路有烧焦痕迹，电梯配电柜多处有熏黑的痕迹，经检测该配电柜多处受损，需重新更换。案件发生后，被保险人认为属火灾责任，提出索赔，承保公司根据查勘情况，并咨询电梯的重置价，经案件分析讨论后认为：该案件属意外发生的事故，有燃烧的现象，但没有形成火灾责任，同时受损的真正原因也不在综合险承保责任范围内，应予拒赔。

分析：

保险理赔过程中首先要考虑出险原因，在此基础上确定保险责任是否成立。火灾责任的构成有三个条件：一是有燃烧现象，即有热、有光、有火焰；二是偶然、意外发生的燃烧；三是燃烧失去控制并有蔓延扩大的趋势。以上三个条件必须同时满足才能构成火灾责任。从本案来看，本起事故的确是突然发生的，也是正常情况下不可预料的燃烧，符合偶然、意外发生的条件。事故发生时有很大的浓烟，有烧焦的线路，可以确定有热、有光，同时可能有火焰的现象，这个条件也满足。本起事故责任认定的关键是要确认燃烧是否失去控制并有蔓延扩大的趋势。由于燃烧仅仅造成电梯本身损毁，没有蔓延，燃烧没有失去控制，也没有造成蔓延扩大的趋势，本次事故不满足火灾责任成立的第三个条件，没有形成火灾。

同时，承保公司对事故发生原因做了进一步的调查。经查实，该单位有严格的管理制度，电梯平常运转正常，有专门的维修商做日常维护，但是在调查最后一次维修记录时发现恰好是出险当日。根据这一信息，最终查明事故是由于维修人员工作失误，造成设备短路，致使设备因电器原因损坏，但被保险人并未投保机器损坏险。综上，保险公司拒赔本起事故。

（资料来源：张洪涛，王国良．财产保险案例分析．北京：中国人民大学出版社，2009.）

复习思考题

1. 简述财产损失保险的特点。
2. 财产保险与人身保险的区别是什么？
3. 财产保险费率确定的方法有哪些？
4. 火灾保险理赔需要注意哪些事项？
5. 简述企业财产保险的基本特征。
6. 简述货物运输保险的特征。
7. 简述机动车辆保险的基本特征。
8. 哪些主体可以投保建筑工程保险？
9. 简述农业保险的概念与特征。

第七章

无形财产保险

无形财产保险是相对于财产损失保险而言的，其保险标的为无实体形态的权益，具体包括责任保险、信用保险和保证保险，属于广义财产保险范畴。随着法制建设的日趋完善，法律责任的逐步清晰与明确，加之维权意识的增强，生产、生活中的侵权行为涉及的范围也越发宽泛，人们越来越关心责任利益问题。且随着经济国际化程度的日益加深，经济契约化、贸易全球化成为常态，以契约形式保障受约人的信用为社会各主体所接受，且显得越来越重要。因此，基于防范责任风险和信用风险的无形财产保险市场也逐步完善和成熟起来。

第一节　责任保险

一、责任保险的概念及其分类

（一）责任保险的含义

责任保险(liability insurance)是指以被保险人依法应负的民事损害赔偿责任或经过特别约定的合同责任作为承保责任的一类保险，属于广义财产保险范畴。与一般财产保险具有共同的性质，即都属于赔偿性保险，从而适用于广义财产保险的一般经营理论；然而，责任保险承保的又是法律风险，且具有代替致害人赔偿受害人的特点，在实务经营中亦有自己的独特之处。因此，在各国保险市场上，通常将责任保险作为自成体系的保险业务。

（二）责任保险的类别

根据业务内容的不同，责任保险可以分为公众责任保险、产品责任保险、雇主责任保险、职业责任保险和第三者责任保险五类业务，其中每一类业务又由若干具体的险种构成。如公众责任保险又细分为综合公众责任保险、场所责任保险、承包人责任保险和承运人责任保险等。

二、责任保险的基本特征

（一）法律制度的发展完善是责任保险产生与发展的基础

责任保险产生不仅在于民事责任风险的客观存在，更重要的是由于人类社会的进步带来法律制度的不断完善和发展，正是因为人们的社会行为都必须处于法律的规范之内，才可能因触犯法律造成他人的损害而承担经济上的赔偿责任。例如，近年来在我国，受害人对其精神损害要求赔偿金的索赔权不断为法律所承认，民事损害赔偿金里逐渐包括了对受害人精神损害的赔偿内容。又如，因为有了环境保护法，造成环境污染的人才会对受害者承担赔偿责任。可见，法律制度尤其是民事法规的发展完善是责任保险产生和发展的基础。因此，目前在世界上，民事法规最发达、最完善的国家也是责任保险最发达的国家，如美国。

（二）责任保险的保险标的是被保险人承担的民事损害赔偿责任

责任保险的保险标的是被保险人承担的民事损害赔偿责任，因其不是实体财产，故责任保险不存在保险价值和保险金额。在责任保险中，保险人根据被保险人缴费能力和可能损失的规模大小在保单中规定赔偿限额作为保险人的最高赔偿责任，被保险人的赔偿责任若超过限额，超过部分仍由自己负责。

（三）责任保险受益范围广

责任保险的受益方形式上是被保险人，而最终的受益人是受损害的第三人。故责任保险直接保障被保险人的利益，间接保障第三者的利益，受益范围广。

（四）责任保险的赔偿金额确定方式特殊

责任保险的赔偿责任产生后，被保险人承担的赔偿金额通常是由法院根据责任的大小及受害人的财产或人身实际损害程度裁定的，其中对财产损失的赔偿取决于该财产的损失程度和财产价值。对人身伤害的经济补偿部分是有客观依据的，如医药费、丧葬费、收入损失补偿等，其他部分则具有主观色彩。

三、责任保险的承保与赔偿

（一）责任保险的承保

责任保险适用于一切可能造成他人财产损失与人身伤亡的各种单位、家庭或个人，具体来说，责任保险的适用范围包括以下部分：各种公众活动场所的所有者、经营管理者；各种产品的生产者、销售者、维修者；各种运输工具的所有者、经营管理者或驾驶员；各种需要雇佣员工的法人或个人；各种提供职业技术服务的单位；城乡居民家庭或个人。

此外，在各种工程项目的建设过程中也存在着民事责任事故危险，建设工程的所有者、承包者等亦对相关责任事故危险具有保险利益；各单位场所也存在着公众责任危险，企业等单位亦有投保公众责任保险的必要性。可见，责任保险的适用范围几乎覆盖了所有的团体组织和所有的社会成员。

（二）责任保险的赔偿

1. 责任保险赔偿的条件

责任保险的赔偿条件包含三个方面的要求：第一，被保险人因自己的行为造成第三者客观财产损失和人身伤害并收到被保险人的赔偿请求；第二，依据法律或合同，被保险人对第三者的损害必须承担民事赔偿责任；第三，被保险人该项民事损害赔偿责任属于责任保险单承保责任范围。责任保险承保的是被保险人的赔偿责任，而非固定价值的标的，且赔偿责任因损害责任事故大小而异，很难准确预计。因此，不论何种责任保险，均采用在承保时由保险双方约定赔偿限额的方式来确定保险人承担的责任限额。

2. 赔偿限额的类型

从责任保险的发展实践来看，赔偿限额作为保险人承担赔偿责任的最高限额，通常有以下几种类型：一是每次责任事故或同一原因引起的一系列责任事故的赔偿限额，又可以分为财产损失赔偿限额和人身伤亡赔偿限额两项；二是保险期内累计的赔偿限额，也可以分为累计的财产损失赔偿限额和累计的人身伤亡赔偿限额；三是在某些情况下，保险人也将财产损失和人身伤亡两者合成一个限额，或者只规定每次事故和同一原因引起的一系列责任事故的赔偿限额，而不规定累计赔偿限额。

3. 免赔额

责任保险中，保险人通常还有免赔额的规定，以此达到促使被保险人小心谨慎、防止发生事故和减少小额、零星赔款支出的目的。责任保险的免赔额，通常是绝对免赔额，即无论受害人的财产是否全部损失，免赔额内的损失均由被保险人自己负责赔偿。责任保险人承担的赔偿责任是超过免赔额之上且在赔偿限额之内的赔偿金额。

四、责任保险的主要类别

根据业务内容的不同，责任保险可以分为公众责任保险(public liability insurance)、产品责任保险(product liability insurance)、雇主责任保险(employer's liability insurance)、职业责任保险(professional liability insurance)和第三者责任保险[①]五类业务。

(一)公众责任保险

公众责任保险的概念起源于英国，是指保险人对法人或公民因疏忽过失行为致使他人利益受到损害而承担经济赔偿责任提供保障的责任保险。公众责任保险主要承保人们在日常生产生活中的法律责任，也可以扩展承保被保险人按契约规定承担的赔偿责任。中国人民保险公司 1999 年 7 月推出的《公众责任保险条款》规定：凡依法设立的企事业单位、社会团体、个体工商户、其他经济组织及自然人，均可作为公众责任保险的被保险人。

1. 公众责任保险的责任范围

(1)在本保险有效期内，被保险人在本保险单明细表中列明的地点范围内依法从事生产、经营等活动以及由于意外事故造成下列损失或费用，依法应由被保险人承担的民事赔偿责任，保险人负责赔偿。

(2)第三者人身伤亡或财产损失。

(3)事先经保险人书面同意的诉讼费用。

(4)发生保险责任事故后，被保险人为缩小或减少对第三者人身伤亡或财产损失的赔偿责任所支付的必要的、合理的费用。

前两项每次事故赔偿总金额不得超过本保险单明细表中列明的每次事故赔偿限额，第三项每次事故赔偿金额不得超过本保险单明细表中列明的每次事故赔偿限额。

2. 公众责任保险的责任免除

(1)下列原因造成的损失、费用和责任，保险人不负责赔偿：①被保险人及其代表的

---

① 第三者责任保险已在工程保险、机动车辆保险中介绍，此处不再赘述。

故意或重大过失行为。②战争、敌对行为、军事行为、武装冲突、罢工、骚乱、暴乱、盗窃、抢劫。③政府当局的没收、征用。④核反应、核辐射和放射性污染。⑤地震、雷击、暴雨、洪水、火山爆发、地下水、龙卷风、台风、暴风等自然灾害。⑥烟熏、大气、土地、水污染及其他污染。⑦锅炉爆炸、空中运行物体坠落。⑧其他原因。被保险人因在本保险单列明的地点范围内所拥有、使用或经营的游泳池和停车场发生意外事故造成的第三者人身伤亡或财产损失；被保险人因在本保险单列明的固定场所内布置的广告、霓虹灯、灯饰物发生意外事故造成的第三者人身伤亡或财产损失；被保险人因出租房屋或建筑物发生火灾造成的第三者人身伤亡或财产损失的赔偿责任。本保险单列明的或有关条款中规定的应由被保险人自行负担的免赔额，其他不属于本保险责任范围内的一切损失、费用和责任，保险人不负责赔偿。

(2)被保险人的下列损失、费用和责任，保险人不负责赔偿：①被保险人或其代表、雇佣人员人身伤亡的赔偿责任，以及上述人员所有的或由其保管或控制的财产损失。②被保险人或其雇员因从事医师、律师、会计师、设计师、建筑师、美容师或其他专门职业所发生的赔偿责任。③不洁、有害食物或饮料引起的食物中毒或传染性疾病，有缺陷的卫生装置，以及售出的商品、食物、饮料存在缺陷造成他人的损害。④对于未载入本保险单而属于被保险人的或其所占有的或以其名义使用的任何牲畜、车辆、火车头、各类船只、飞机、电梯、升降机、自动梯、起重机、吊车或其他升降装置造成的损失。⑤由于震动、移动或减弱支撑引起任何土地、财产、建筑物的损害责任，被保险人因改变、维修或装修建筑物造成第三者人身伤亡或财产损失的赔偿责任。⑥被保险人及第三者的停产、停业等造成的一切间接损失。⑦未经有关监督管理部门验收或经验收不合格的固定场所或设备发生火灾、爆炸事故造成第三者人身伤亡或财产损失的赔偿责任；因保险固定场所周围建筑物发生火灾、爆炸波及保险固定场所，再经保险固定场所波及他处的火灾责任。⑧被保险人与他人签订协议所约定的责任，但应由被保险人承担的法律责任不在此限。⑨罚款、罚金或惩罚性赔款。

3. 公众责任保险的保费计算

保险人在经营公众责任保险业务时，通常根据每一位被保险人的风险情况逐笔议定费率，以确保保险人承担的风险责任与所收取的保险费相适应。按照国际保险界的惯例，保险人对公众责任保险一般按每次事故的基本赔偿限额和免赔额分别厘定人身伤害和财产损失两项保险费率，如果基本赔偿限额和免赔额需要增减时，保险费率也应适当增减，但又非按比例增减。以美国ISO(International Standarization Organization，即国际标准化组织)制定的公众责任保险费率规定为例，人身伤害每次事故的责任限额为10万美元时，按费率表费率的126%计算收费；当责任限额提高到20万美元，按139%计算保险费。公众责任保险费的计算方式包括如下两种情况：一是以累计或每次事故赔偿限额为计算依据；二是对某些业务按场所面积大小计算保险费，通常以平方米为单位。无论采用何种方式计算保险费，保险人原则上应在签发保险单时一次收清，计算公式如下：

$$保险费=赔偿限额\times适用费率 \tag{7-1}$$

$$保险费=保险场所面积\times单位面积保险费 \tag{7-2}$$

4. 公众责任保险的赔偿

公众责任保险的赔偿限额的确定，通常采用规定每次事故赔偿限额的方式，规定每次公众责任事故的混合赔偿限额，对整个保险期内的总的赔偿责任不起作用。当发生公众责任保险事故时，保险人的理赔应当以受害人向被保险人提出有效索赔并为法律认可为前提，以赔偿限额为保险人承担责任的最高限额，并根据规范化的程序对赔案进行处理。

5. 公众责任保险的主要险种

公众责任保险项下主要分为综合公众责任保险、场所责任保险、承包人责任保险和承运人责任保险四类。

(1)综合公众责任保险。综合公众责任保险承保被保险人在任何地点因非故意行为或活动所造成的他人人身伤害或财产损失依法应负的经济赔偿责任。该险种除承担一般公众责任外，还承担着包括合同责任、产品责任、业主及工程承包人的预防责任、完工责任及个人伤害责任等危险。

(2)场所责任保险。场所责任保险承保固定场所因存在着结构上的缺陷或管理不善，或被保险人在被保险场所进行生产经营活动时因疏忽发生意外事故，造成他人人身伤害或财产损失且依法应由被保险人承担的经济赔偿责任。场所责任保险是公众责任保险中业务量最大的险种，例如，宾馆责任保险、展览会责任保险、电梯责任保险、车库责任保险、机场责任保险以及各种公众体育、娱乐活动场所责任保险等均属于场所责任保险。

(3)承包人责任保险。承包人责任保险承保承包人的损害赔偿责任，主要适用于承包各种建筑工程、安装工程及修理工程等施工任务的承包人。

(4)承运人责任保险。承运人责任保险承担各种客、货运输任务的部门或个人在运输过程中可能发生的损害赔偿责任，主要包括旅客责任保险、货物运输责任保险等险种。

此外，个人责任保险作为西方责任保险市场上的一类独立业务来源，也可归属于公众责任保险范畴，以家庭或个人为保险对象，承保其可能遭遇的法律风险。

（二）产品责任保险

产品责任是指因销售、供应、修理、保养或实验任何有缺陷的产品致使用户或他人遭受人身伤害或财产损失，有关责任方依法应承担的赔偿责任。产品责任保险是指保险人根据保险合同的规定，承保被保险人因生产、销售、供应、修理、保养或实验任何有缺陷的产品致使用户或他人遭受人身伤害财产损失而依法承担的赔偿责任，即产品责任保险的承保对象是被保险人承担的产品责任。

1. 产品责任保险的责任范围

(1)在保险有效期内，由于被保险人所生产、出售的产品或商品在承保区域内发生事故，造成使用、消费或操作该产品或商品的人或其他任何人的人身伤害、疾病、死亡或财产损失，依法应由被保险人负责时，保险人根据保单规定，在约定的赔偿限额内负责赔偿。

(2)除上述责任范围外，对被保险人为产品责任事故而支付的必要诉讼、抗辩费用及其他经保险公司书面同意的费用，也可由保险公司负责。如果赔偿中含有非保险责任赔偿时，保险公司将按比例承担所发生的此类费用。有时由于预计中的诉讼费用、律师费用很高，保险人为避免或减少这项支出，对一些索赔金额不大、责任比较明确的案件，常常与受害者协商解决或通融赔付。有时生产厂家或销售商为了避免在法院诉讼影响其对外声誉，也愿意和受害人私下协商解决索赔问题，保险人也同意承担此种情形下的有关费用补偿。

2. 产品责任保险的除外责任

产品责任保险的除外责任主要包括：被保险人根据与他人的协议应承担的责任，即使没有这种协议，被保险人仍应承担的责任不在此限，也即产品责任保险承保的只是法律责任，而不负责合同责任；根据《中华人民共和国劳动法》(简称《劳动法》)应由被保险人承担的责任；根据雇佣关系应由被保险人对雇员承担的责任；保险产品本身的损失；产品退换回收的损失；被保险人所有、保管或控制的财产损失；被保险人故意违法生产、出售的产品造成任何人的人身伤害、疾病、死亡或财产损失；保险产品造成的大气、土地、水污染及其他各种污染所引起的责任；保险产品造成对飞机或轮船的损害责任；由于战争及类似战争行为、敌对行为、武装冲突、恐怖活动、谋反、政变直接或间接引起的任何后果所致的责任；由于罢工风险直接或间接引起的任何后果所致的责任；由于核风险所引起的直接或间接的责任；罚款、罚金、惩罚性赔款；保单中规定的免赔额。

3. 产品责任保险的赔偿条件

保险人处理产品责任险的索赔案时，所要求的赔偿条件必须满足下列四个条件：

(1)事故必须是偶然、意外发生的，是被保险人事先无法预料的，这在于保险人只承担偶然的产品缺陷而并非必然的产品缺陷所引起的索赔。

(2)产品事故必须在被保险人制造或销售场所以外的流通领域并在规定的期限内发生。如果存在缺陷的产品在被保险人的生产场所内发生事故，不属于产品责任险范围，例如，生产烟花爆竹的工厂发生爆炸导致人员伤亡、财产损失，不属产品责任险事故。但是，如果烟花在消费者燃放时突然爆炸致使其受伤，受害者向制造商提出的索赔就属于产品责任险范畴。

(3)产品的所有权必须已转移至用户或消费者手中，经被保险人同意赊欠或分期付款的产品视同所有权转移。

(4)索赔的首次提出必须是在保单有效期内，因为产品责任险的责任是以索赔发生制为基础的，也即对保单期限内的索赔事故负责，而不论引起该事故的有缺陷产品是否是在保险期限内生产或销售的。

4. 产品责任保险的承保方式

(1)保险标的及承保区域。产品责任险承保的是被保险人可能负担的产品责任，而被保险人的经营管理水平直接影响产品责任风险大小。为了有效控制风险，我国的产品责任保险一般都要求以被保险人生产、销售的某类产品的全部品种办理承保，而不论产品销往何处，并按被保险人当年该类产品的生产、销售总额确定保额。为明确保险人责任，在保单明细单内还需规定保险人予以负责的产品索赔案件的特定发生区域，即约定承保区域。承保区域可为特定国家或地区，也可为全世界。

(2)赔偿限额及免赔额。赔偿限额是责任保险里保险人承担的最高赔偿金额，保险双方可根据可能发生的赔偿责任风险的大小协商确定限额的高低。产品责任险的赔偿限额由每次事故赔偿限额及累计赔偿限额组成，保险人所指的一次事故是指一次意外事故或由同一意外事件引起的一系列事故，一般每次事故累计限额多以 100 万美元为限。保险人为避免小额责任的索赔，达到控制风险、损失共担的目的，在保单内都规定有每次事故免赔额。产品责任保险的免赔额为绝对免赔额，同时适用于财产损失索赔和人身伤害索赔。

(3)保险期限及保险费。产品责任险的保险期限多为一年，与其他责任保险相似，但保险费的计算较为特别，并不是以赔偿限额为计算基础，而是以销售额乘以费率计算保费，即其保额是根据预计的产品销售金额计算。承保时，投保人应尽量按接近实际销售数额办理投保，并在合同订立后支付按费率计算的预付保费，年终结算时按实际销售额对保费予以调整。为保证保险人的利益，保单中还可以约定最低保费，产品责任险的费率是按产品种类、承保区域、赔偿限额、产品销售额及以往赔案记录确定的。

(4)司法管辖权。司法管辖权的约定是责任险的特殊内容，由于责任险承保被保险人的法律责任，因而由何地的司法机关处理产品责任纠纷会直接影响到保险人赔偿金额高低。保险人一般在保单内需事先订明负责的司法管辖权区域，保险人可选择投保中国司法管辖或除北美以外的世界其他国家或地区司法管辖，这一般可根据其产品主要销售区域决定。

(5)追溯期。追溯期也是责任险的特有概念，鉴于保险人出具的产品责任险保单是在有效期内提出的索赔，意味着保险人可能承担承保之前的产品质量风险，故保单中一般都以追溯期来限定保险人的责任。保险人只负责在保险期间或规定最长 3 年追溯期内发生的产品责任事故而在保险期内提起索赔的，追溯期只适用于续保保单，且追溯期不应早于首次投保日期。

（三）雇主责任保险

雇主责任是指雇主对其雇员在受雇期间执行任务时，因发生意外事故或职业病而造成人身伤残或死亡时依法应承担的经济赔偿责任。雇主责任保险则是以被保险人的雇主责任为保险标的的保险。投保了雇主责任险，雇主在雇员受雇期间发生的责任事故依法应承担的赔偿责任，就可转嫁给保险人负责。

1. 雇主责任保险的保险对象

中国人民保险公司 1999 年推出的《雇主责任保险条款》规定，外资企业、私营企业、国内股份制公司、国有企业、事业单位、集体企业以及集体或个人承包的各类企业都可为其所聘用员工依照保险条款的规定向中国人民保险公司投保雇主责任保险。所称“所聘用员工”，是指在一定或不定期限内，接受被保险人给付薪金工资而提供服务、劳务，且年满 16 周岁的人员及其他按国家规定和法定途径审批的特定人员，包括正式在册职工、短期工、临时季节工和学徒工。

2. 雇主责任保险的责任范围

凡被保险人所聘用的员工，于保险有效期内，在包括上下班途中的受雇期间，从事与保险单所载明的被保险人的业务工作而遭受意外或患与业务相关的国家规定的职业性疾病，所致伤、残或死亡，对被保险人根据劳动合同及中华人民共和国法律、法规，须承担的医疗费及经济赔偿责任，保险人依据保险单的规定，在约定的赔偿限额内予以赔付。对被保险人应付索赔人的诉讼费用及经保险人书面同意的其他费用，保险人亦负责在特定的分项赔偿限额内赔偿。在保险期限内，保险人对保险单项下的各项赔偿的最高赔偿责任之和不超过保险单明细表中列明的累计赔偿限额。

3. 雇主责任保险的责任免除

保险人对下列各项不负赔偿责任：战争、军事行动、罢工、暴动、民众骚乱或由于核辐射所致被保险人所聘用员工伤残、死亡或疾病；被保险人所聘用员工由于职业性疾病以外的疾病、传染病、分娩、流产以及因这些疾病而施行内外科治疗手术所致的伤残或死亡；由于被保险人所聘员工自残、自杀、违法行为所致的伤残或死亡；被保险人所聘用员工因非职业原因而受酒精或药剂的影响所发生的伤残或死亡；被保险人的故意行为或重大过失；除有特别规定外，在中华人民共和国境外发生的被保险人所聘用员工的伤残或死亡；其他不属于保险责任范围内的损失和费用。

4. 雇主责任保险的赔偿限额、保险费和保险期限

(1)赔偿限额。保险人按照与被保险人约定的限额对被保险人所聘员工发生保险责任范围内的保险事故造成的损失予以赔偿。

(2)保险费。保险人按照被保险人具体的风险情况参照费率表确定具体适用的费率，以赔偿限额乘以费率计算出被保险人应交纳的保险费。

(3)保险期限。雇主责任保险的保险期限为1年，自起保日的零时起到期满日的24时止，期满时另外办理续保手续。若雇主限于某些特殊的劳动合同期限的需要，也可按该劳动合同的期限投保不足1年或1年以上的雇主责任保险。如果保险责任期限不足1年，应按短期费率表相应的比例收取保费；如果保险责任期限为2年或2年以上，保险费应以年费率乘以年数计算，也可按年计收保费。

5. 雇主责任保险的赔偿处理

(1)被保险人申请赔偿。被保险人申请赔偿时，应向保险人提交以下资料：事故证明书、事故处理报告、保险人认可的医疗机构的医疗证明、伤残证明、法庭判决书、医疗费用单据，发生死亡时，还应提供死亡证明及户口注销等文件。

(2)保险人理赔。保险人在接到被保险人的赔偿申请及各项材料后，应立即进行认真审核，确定赔偿责任，计算应赔金额，按规定的权限履行审批和报批手续，并在审批或接到上级公司批文后10天内一次性赔偿结案。

(3)赔偿标准。员工身体伤害或职业病引起的伤残，主要依据医院出具的证明，按赔偿金额表的规定计算赔付金额，每一员工均适用自身的赔偿限额。员工死亡或永久丧失全部工作能力，保险人按最高赔偿限额进行赔偿。死亡和伤残赔偿不能兼得。员工丧失部分工作能力，保险人在规定的最高赔偿限额内按其伤残程度一定百分比赔付。

如果同一雇主向两家或两家以上的保险人投保雇主责任保险，构成重复保险，则保险人对工伤津贴、医药费和诉讼费用仅承担比例责任，按各自承担的赔偿限额占全体保险人累计赔偿限额的比例计算赔偿金额。如果重复保险只涉及一个员工，就以该员工的赔偿限额作为保险人承担责任的赔偿限额参与分摊；若涉及多个员工，就以该若干人赔偿限额之和作为保险人承担责任的赔偿限额参与分摊。当保险人实际保障人数超过被保险人投保的人数时，保险人按投保人数占实际保障人数的比例在赔偿限额内与被保险人分摊受害员工的赔偿金额。

(四)职业责任保险

职业责任保险是承保各种专业技术人员因工作上的疏忽或过失造成第三方损害的赔偿

责任保险。

1. 职业责任的特点

职业责任技术性较强，不仅与人的因素相关，同时也与知识、技术水平及原材料等物的因素相关联，强调技术工作者从事本职工作中出现的责任事故。

2. 职业责任保险的保障范围

职业责任保险承保因书面赔偿要求、民事诉讼、仲裁、行政或监管调查而依法承担的损失；被保险人包括投保人及其过去、现在或将来的负责人、合伙人、董事、高级管理人员和雇员；扩展承保被保险人的遗产继承人和法定代理人；职业责任保险具有无限追溯期。但投保人的隐瞒或欺诈行为造成的索赔，保险人不予理赔；投保人的故意行为引起的索赔，保险人免责。

3. 职业责任保险适宜行业

职业责任保险的传统行业包括律师，会计、审计，建筑、工程，测量、评估，物业代理，保险中介，医师、药剂、护理。随着人们维权意识的增强，职业责任险的新兴行业日益增加，如广告、营销顾问，媒体，电讯、资讯，学校和旅行社等。

4. 职业责任保险种类

(1)根据投保方式不同，可将职业责任保险划分为普通职业责任保险和个人职业责任保险。普通职业责任保险多以单位为投保人，以在投保单位工作的个人为被保险人；个人职业责任保险是个人投保以自身为被保险人的职业责任保险。

(2)根据承保责任不同，职业责任保险被划分为期内发生式责任保险与期内索赔式责任保险。期内发生式责任保险是指保险公司对保单有效期内发生的事故所引起的损失负责，而不论原告是否在保险有效期内提出索赔。期内发生式责任保险的优点是被保险人支付的保费与其保险期内的风险责任相适应，其缺点是往往会形成“长尾巴”保险，即保险合同终了后，保险人仍可能面临索赔。保险人在保单项下承担的赔偿责任常常拖很长时间才能确定，在货币贬值环境下最终赔偿的数额可能大大超过事故发生当时的水平。这个缺点甚至使美国20世纪70年代中期的医疗责任险发生危机，因而目前保险人已不出售这种保单。期内索赔式责任保险是指保险人仅对在保险有效期内提出的索赔负责，而不管导致索赔的事故是否发生在该保险有效期内。期内索赔式责任保险避免了“长尾巴”风险，可以使保险人确切地把握该保单项下应支付的赔款。但是，在此类保单下，保险人有可能承担合同订立以前的职业事故。为了便于控制风险责任，各国保险人普遍采用追溯期的规定来限制责任，即保险人只对追溯期开始后发生的疏忽行为，并在保单有效期内提出的索赔负责。例如，保单有效期为2006年1月1日至同年12月31日，追溯期为3年，则只有在2003年1月1日起发生的责任事故并在2006年内提出的索赔，保险人才予负责。期内索赔式责任保险保单是目前保险人主要采用的承保方式。

(3)根据职业种类不同可将职业责任险划分为医疗失职保险、律师执业责任保险、建筑师工程师职业责任保险、会计师职业责任保险、保险经纪人代理人错误和疏忽保险等。这些只是已经发展起来的职业责任保险品种，随着职业种类的不断增多，职业责任风险不断加强，职业责任保险的品种还会持续增加。

第二节 信用保险

信用保证保险是一种担保性质的保险业务。按担保对象的不同，分为信用保险(credit insurance)和保证保险(bond insurance)。

一、信用保险的含义

信用保险是权利人投保义务人的信用，对义务人不守信用给权利人造成的经济损失由保险人承担赔偿责任的保险。例如，商品的卖方(权利人)担心买方(义务人)不遵守买卖合同的规定支付货款或不能如期支付货款，而要求保险人担保，保证其在遇到上述情况并遭受损失时，由保险人给予经济赔偿。信用保险的常见类别包括投资保险、国内信用保险和出口信用保险。

二、投资保险

投资保险也称政治风险保险，保险人承保本国在外国的投资者在投资期间，因对方国家的政治风险所造成的投资损失。投资保险是在 20 世纪 60 年代欧美国家形成的，第二次世界大战后，美国于 1948 年 4 月根据“对外援助法”制定“经济合作法案”，开始实施马歇尔计划，同时设立经济合作署，专门管理外援及海外事务，并开始实行投资风险保险制度。我国自 1979 年以来，为了适应对外开放和引进外资的需要，也开办了投资保险，保障我国投资者的利益。

1. 投资保险的保险责任

投资保险的保险责任包括：①战争险，即战争行为、叛乱、罢工及暴动；②征用险，又称国有化风险，是投资者在国外的投资资产被东道主政府有关部门征用或没收的风险；③汇兑险，即外汇风险，是投资者因东道国的突发事件而导致其在投资国与投资国有关的款项无法兑换货币转移的风险。

2. 投资保险的除外责任

投资保险的除外责任包括：被保险人投资项目受损后造成被保险人的一切商业损失；被保险人没有按照政府有关部门所规定的汇款期限汇出汇款所造成的损失；被保险人及其代表违背或不履行投资合同，以及因其他故意违法行为导致东道国政府部门征用或没收造成的损失；由于原子弹、氢弹等核武器造成的损失；投资合同范围外的任何其他财产的征用、没收所造成的损失。

3. 投资保险的保险金额

投资保险的保险金额以被保险人在海外的投资金额为依据，是投资金额与双方约定比例的乘积，保险金额一般规定为投资金额的 90%，但长期和短期投资项目又有所不同。一年期的保险金额是该年的投资金额乘以保险双方约定的百分比，一般为投资金额的 90%。长期投资项目每年投资金额在投保时按每年预算投资金额确定，当年保险金额为当年预算金额的 90%，长期投资项目需确定一个项目总投资金额下的最高保险金额，其保险费需在年度保费基础上加差额保费，长期投资项目期满时按实际投资额估算。

4. 投资保险的保险期限

投资保险分为 1 年期保险和长期保险两种。1 年期保险单到期后，经双方协商同意，可以续保，条件另议。长期保险期限最长为15年，最短为3年，3年后，被保险人有权要求注销保单。如未满3年，提前注销保险单的，被保险人须交足3年的保险费。

5. 理赔处理

(1)理赔金额的规定。在发生保险责任范围内的损失时，一般按投资金额与保险金额的比例进行赔偿。由于保险人的保险金额一般为投资金额的90%，因此被保险人所受的损失若将来追回，也应由被保险人与保险人按各自承担损失的比例分摊。

(2)赔偿期限的规定。由于各种政治风险造成的损失，有可能在不久后通过不同途径予以挽救，被保险人的损失发生与否需要经过一段时间才能确定。因此，投资保险有赔偿期限的规定，而且不同的保险责任有不同的赔偿期限。

三、国内信用保险

(一)国内信用保险的概念

国内信用保险又称一般商业信用保险，是指在商业活动中，作为权利人的一方当事人要求保险人将另一方当事人作为被保证人，并承担由于被保证人的信用风险而使权利人遭受商业利益损失的保险。商业信用保险承保的标的是被保证人的商业信用，这种商业信用的实际内容通过列明的方式在保险合同中予以明确，其保险金额根据当事人之间商业合同的标的价值来确定。如果被保证人发生保险事故，保险人首先向权利人履行赔偿责任，同时自动取得向被保证人进行代位求偿的权利。由于商业信用涉及各种形式的商业活动，商业信用保险也必须对各种不同商业活动的需要进行设计，从而开发出为各种商业信用提供保险保障的商业保险业务。国内信用保险只承保批发业务，不承保零售业务；只承保3～6个月的短期商业信用风险，不承保长期商业信用风险。

(二)国内信用保险的主要险种

(1)赊销信用保险。赊销信用保险是为国内商业贸易的延期付款或分期付款行为提供信用担保的一种信用保险业务。在这种业务中，投保人是制造商或供应商，保险人承保的是义务人(买方)的信用风险，目的在于保证权利人(卖方)能按期收回赊销货款，保障商业贸易的顺利进行。赊销信用保险适用于一些以分期付款方式销售的耐用商品，如汽车、船舶、住宅及大批量商品等，这类商业贸易往往金额较大，一旦买方无力偿付分期支付的货款，就会造成制造商或供应商的经济损失。赊销信用保险的特点是赊账期往往较长，风险比较分散，承保业务手续也比较复杂，保险人必须在仔细考察买方资信情况的条件下才能决定是否承保。

(2)贷款信用保险。贷款信用保险是保险人对银行或其他金融机构与企业之间的借贷合同进行担保并承保其信用风险的保险。在市场经济条件下，贷款风险是客观存在的，究其原因既有企业经营管理不善或决策失误的原因，又有自然灾害和意外事故的冲击等。这些因素均可能造成贷款不能安全回流，对此必然要建立起相应的贷款信用保险制度来予以保证。贷款信用保险是比较常见的信用保险业务，是银行转嫁贷款信用风险的必要手段。在贷款信用保险中，放款方既是投保人又是被保险人，放款方投保贷款信用保险后，当借款人无力归还贷款时，可以从保险人那里获得补偿。贷款信用保险是保证银行信贷资金正常周转的重要手段之一。贷款信用保险的保险责任一般应包括决策失误、政府部门干预、市场竞争等风险，通常只要不是被保证人的故意行为和违法犯罪行为所致的贷款无法收回，保险人就应当承担赔偿责任。贷款信用保险的保险金额的确定应以银行贷出的款项为依据。贷款信用保险的保险费率厘定应与银行利率相联系，并着重考虑下列因素：企业的资信情况；企业的经营管理水平与市场竞争力；贷款项目的期限、用途及所属经济区域。

(3)个人贷款信用保险。个人贷款信用保险是指以金融机构对自然人进行贷款时，由于债务人不履行贷款合同致使金融机构遭受经济损失为保险对象的信用保险，是保险人面向个人承保的较特别的业务。由于个人的情况千差万别，且居住分散，风险不一，保险人要开办这种业务，必须对贷款人的贷款用途、经营情况、日常信誉、私有财产物资等作全面的调查了解，必要时还要求贷款人提供反担保，否则不能轻率承保。

四、出口信用保险

（一）出口信用保险概述

(1)出口信用保险的含义。出口信用保险是国家建立政策性风险基金，通过保险经济合同形式，承保出口商在经营出口业务过程中，因买方的商业风险或政治风险而遭受损失的保险。

(2)出口信用保险的作用。出口信用保险的作用主要体现在：出口信用保险特别强调承保前贸易双方的资信调查与承保后的债务追踪，所以有利于企业防范和控制国际贸易风险，并且增强了出口企业的创汇信心和勇气；出口信用保险有利于出口企业融资便利，积极参与国际竞争，开拓国外市场；出口信用保险能够通过账务追偿减少和挽回出口贸易中的直接损失；出口信用保险有利于改善出口贸易结构，推动市场多元化战略。

(3)出口信用保险的体制。由于各国和各地区政治、经济、法律制度以及办理出口信用保险历史等方面的差异，存在不同类型的出口信用保险体制，根据政府支持的程度不同，大致可分为以下四种：①政府直接办理型。办理出口信用保险业务的机构本身就是政府的职能部门，其业务收入与赔偿支出直接纳入国家预算。②政府间接办理型。政府投资建立独立的经济实体，专门办理出口信用保险业务，并且以提供财务担保的方式作后盾。③政府委托私营机构代理型。政府制定政策，私营保险机构办理，国家最终承担风险，既体现了国家的支持，又利用了私营保险公司机构的经营体制。④混合经营型。部分业务由保险公司自己经营，部分业务由保险公司代理政府经营。

（二）出口信用保险的特征

与一般财产保险相比，出口信用保险具有以下主要特征：

(1)经营目的不同。出口信用保险的目的是为了鼓励和扩大出口，保障出口商因出口所致的各种经济损失，其业务方针体现国家的产业政策和国际贸易政策；而其他保险除了海上保险与一国对外贸易政策紧密相连外，均是为了稳定国内生产和生活，与一国的对外贸易关系不大。

(2)经营方针不同。出口信用保险在经营上实行非营利的方针，通常是以比较低的收费承担比较高的风险，最终由国家财政作为后盾，其经营亏损由国家财政补贴解决。

(3)经营机构不同。因出口信用保险承保的风险比较大，所需的资金较多，经营机构大多为国营机构，包括政府机构或由国家财政直接投资设立的公司或国家委托独家代办的商业保险机构，因而带有明显的政府经营下的非企业化经营特征。商业保险公司大多采取企业化经营，根据市场规律展开激烈的竞争，在追逐本身利润最大化的进程中实现对社会经济生活的补偿和保障，经营侧重于经济效益，而出口信用保险不以盈利为目的，其经营直接服务于社会效益的提高。同时，出口信用保险的业务好坏受国际政治和经济波动情况的影响，政治稳定，经济发展正常，信用风险就小，反之，信用风险就大，这也是由政府主办或委托办理的重要原因。

(4)费率厘定不同。普通商业财产保险费率厘定是以保额损失率为依据，根据以往若干年的损失统计资料，利用大数法则进行计算，以确定未来年度的保险收费标准。由于其承担的风险是自然灾害和意外事故，其发生往往具有稳定的重复规律，因而可以合理、科学地厘定未来的费率。在出口信用保险中，由于其风险的特殊性，信息在厘定费率时起着举足轻重的作用。尽管短期综合险业务在一定程度上可以通过大数法则，对公司若干年内的各种致损原因进行分析，得出其重复发生的比率。但信用风险中包括了很多人为因素，往往受控于社会政治环境及进口商经营状况，因此出口信用保险机构在厘定费率时，除了考察保险机构以往的赔付记录外，还要考察出口商资信、规模和经营出口贸易的历史情况，以及买方国家的政治、经济和外汇收支状况等，同时还应考虑国际市场的经济发展趋势。在费率厘定后还要根据新的情况经常调整，以便及时、准确地反映出风险的变化趋势，保证保险费率的合理和公平。

(5)投保人不同。出口信用保险的投保人必须是本国国民或本国企业，投保的业务一般应是在本国生产或制造产品的出口。

(6)适用范围不同。凡出口公司通过银行以信用证、付款交单、承兑交单、赊账等支付方式结汇的出口贸易均可以投保出口信用保险。投保人在投保时应先填写保险人提供的投保单，同时向保险人申请国外买方的信用限额，并每月向保险人申报一次出口货物金额，以便保险人据此承担保险责任和收取保险费。

（三）出口信用保险的种类

(1)短期出口信用保险。短期出口信用保险是指承保支付货款信用期不超过 180 天的出口贸易保险。它一般用于大批量、重复性出口的初级产品和消费性工业半成品。短期出口信用保险是国际上出口信用保险适用面最广、承保量最大的险种。在实务经营中，强调被保险人必须在本国注册，按全部营业额投保，并及时向保险人申报出口情况。

(2)中长期出口信用保险。中长期出口信用保险是指承保放账期在 1 年以上的出口贸易保险。其适用于大型资本性货物，如飞机、船舶、成套设备等的出口，海外工程承包和技术服务项目费用结算的收汇风险也可以承保。

(3)特约出口信用保险。特约出口信用保险适用于资信程度较高的被保险人因业务需要，临时性的或比较特殊的在其他出口信用保险中不能承保的业务。

（四）出口信用保险的保险费率及保险费

出口信用保险的费率因可能发生的收汇风险程度不同而有所不同，厘定费率时一般考虑下列因素：一是买方所在国的政治、经济及外汇收支状况；二是出口商的资信、经营规模和出口贸易的历史记录；三是出口商以往的赔付记录；四是贸易合同规定的付款条件；

五是投保的出口贸易额大小及货物的种类；六是国际市场的经济发展趋势。

对短期出口信用的保险费率，通常应考虑买方所在国或地区所属类别、付款方式、信用期限等因素。一般而言，出口信用保险机构通常将世界各国或地区按其经济情况、外汇储备情况及外汇政策、政治形势的不同划分为不同的风险类型。具体而言，经济形势明朗、国际支付能力强、政治风险低的国家收汇风险小；反之，则大。对于不同国家或地区的出口，因其风险、支付方式和放账期的不同，费率有差异，从0.23%至2.81%，平均为0.9%。保险费计算公式如下：

$$保险费=发票总额\times费率表决定的费率\times调整系数 \tag{7-3}$$

其中，调整系数是根据出口商经营管理情况的好坏和赔付率的高低决定的。

（五）出口信用保险的责任限额

一般的保单中都规定两种限额：一是对买方的信用限额，即对每一买方造成的卖方的损失，保险人所承担的最高赔偿限额；二是对出口方保单的累计责任限额，即保险人对被保险人(出口方)在每12个月内保单累计的最高赔偿限额。

第三节 保证保险

一、保证保险一般内涵

保证保险是被保证人根据权利人的要求，请求保险人担保自己信用的保险，如果由于被保证人不履行合同义务或有违法行为，致使权利人受到经济损失，由保险人负责赔偿。例如，建筑工程承包合同规定，承包人应在和业主签订承包合同后20个月内交付工程项目，权利人业主为了能按时接收完工项目，要求被保证人承包人提供保险公司的履行保证，保证业主因承包人不能如期完工所受的经济损失由保证人保险公司赔偿。保证保险和信用保险既有联系，又有区别。

（一）信用保险和保证保险的联系

(1)保险标的具有一致性。两者的标的都是信用风险，信用保险承保的是被保险人交易伙伴的信用风险，而保证保险担保的是被保证人本身的信用风险。

(2)经营基础具有一致性。两者在业务经营过程中都必须依靠信息奠定经营基础。在信用保险中，决定保险费率的不是以往的损失概率和大数法则，而是有关被保险人交易伙伴的信用资料，如财务状况、经营现状、经营历史及所在国家的政治与经济环境等。在保证保险中，保证人是否受理担保申请，完全取决于对被保险人的资信、财力及以往履约状况等信用资料的获得与核实。

（二）信用保险和保证保险的区别

(1)概念不同。信用保险的合同当事人为权利人(被保险人)，保证保险的合同当事人为被保证人；信用保险的履约前提条件是权利人(被保险人)遭受合同规定的损失，保证保险的履约前提条件是被保证人不能正常赔偿权利人遭受合同规定的损失。

(2)性质不同。信用保险的性质属于保险，投保人付出的费用是一种保险费，是其将被保证人的信用风险转移给保险人所支付的价金；保证保险的性质属于担保行为，被保证人所交付的费用是一种担保手续费，是被保证人使用保险公司的名义提升自身信誉所付出的一种报酬。

(3)追偿方式不同。在信用保险中，保险人赔偿被保险人的损失后，只能获得代位向违反信用者追偿的权利，不能向被保险人索赔或追偿，这里的违反信用者，是风险制造人，相当于保证保险中的被保证人；而在保证保险中，一旦发生保证人对于权利人的赔偿，保证人可以直接向被保证人或其提供的反担保人进行追偿。

(4)风险程度不同。在信用保险中，保险人承担的风险来自保险人和被保险人都不能控制的交易对方的信用风险，保险人实际承担的风险相对较大；而在保证保险中，保证人承担的风险来自被保证人自身的信用风险，但由于被保证人要提供反担保，保证人实际上承担的风险相对较小。

(5)职能不同。在买卖合同中，卖方向保险公司投保万一买方不付货款的风险，从而获得保险人同意承担风险的合同文件——保险单；反之，如果卖方应买方的要求向保险公司担保自己不履行合同的风险，获得的是保险人同意担保的证明文件——保证函。所以，保证保险与信用保险是不能相互代替的。

二、保证保险的特点

保证保险是在被保证人的作为或不作为致使权利人遭受经济损失时，由保险人来承担经济赔偿责任的保险，与一般的商业保险比较，保证保险有如下特点：

(1)保证保险涉及三方当事人。保证保险的当事人涉及三方，即保证人(保险人)、义务人(投保人)和权利人(被保险人)，而一般保险的当事人只有保险人与投保人。

(2)保证人有向保险人追偿的权利。保证保险中的被保证人对保证人(保险人)给予权利人的补偿有偿还的义务，而一般保险的投保人并无任何返还责任。换言之，在保证保险中，由于保证事故的发生导致保证人对权利人的赔偿，保证人有权利向被保证人索赔，被保证人有义务返还；而在一般保险中，保险人对投保人或被保险人没有索赔权和追偿权，也不用提供合同担保。

(3)保证保险责任属于附属责任。保证保险合同是保险人对另一方的债务偿付、违约或失误承担附属性责任的书面承诺。这种承诺是在保证保险合同所规定的履约条件已具备而被保证人不履行合同义务的条件下，保证人才履行赔偿责任。当发生保险事故且权利人遭受经济损失时，只有在被保证人不能补偿损失时，才由保险人代为补偿。因此，从本质上来说，保证保险只是对权利人的担保。

(4)保险人必须严格审查被保证人的资信。保险人只有严格审查被保证人的财务、资信、声誉的好坏及以往履约记录等，才能代替被保证人向权利人承担法律责任。

(5)保险费实质上是一种手续费。保险公司在承保一般保险业务时，必须做好赔偿准备。一种风险能不能被保险，归根到底是看承担这种风险所收取的保险费在总额上是否足以覆盖可能发生的赔款。保证保险是一种担保业务，它基本上建立在无赔款的基础上，因此保证保险收取的保险费实质上是一种手续费，是利用保险公司的名义提供担保的一种报酬。

三、保证保险的主要类别

保证保险的种类很多，归纳起来主要分为履约保证保险、诚实保证保险和产品保证保险等。

（一）履约保证保险

履约保证保险是被保证人不履行义务而使权利人遭受损失时，由保险人承担赔偿责任的保险，其保险标的是被保证人的违约责任。履约保证保险的投保人是被保证人自己，承保的风险是被保证人履行一定义务的能力和意愿。履约保证保险通常包括：①合同履约保证保险。合同履约保证保险承保因被保证人不履行各种合同义务而造成权利人的经济损失。②司法履约保证保险。司法履约保证保险是因法律程序而引起的保证业务，按其内容分为诉讼保证和受托保证。③许可证保证保险。许可证保证保险是担保从事经营活动领取执照的人遵守法规或履行义务的保险，在有些国家，从事某一活动或经营的人在向政府申请制造或许可证时，往往需要提供此种保证。④公务员履约保证保险。公务员履约保证保险是指由保证人对政府工作人员的诚实信用提供保证的保险。

（二）诚实保证保险

诚实保证保险又称雇员忠诚保证保险，承保雇主因雇员的不诚实行为，如盗窃、贪污、侵占、非法挪用、伪造、欺骗等而受到的经济损失。这种保险一般由雇主投保。其承保方式有以下五种：①指名保证保险，即以特定的雇员为被保证人的保证保险，其又分为个人保证和表定保证两种，个人保证是只对一个指名的雇员提供保证，由该雇员提出保证申请，保证人对其进行调查后做出是否提供保证的决定，表定保证是同一保证合同中承保两个以上的雇员，每个人都有保证金额，当解雇此保证人或录用新的雇员时，必须办理批改手续。②职位保证保险，是指保险人承保某一职位上的若干被保证人，但可不列明被保证人的姓名，并按职位确定保证金额，凡担任该职位的人，都按约定的保证金额自动承保。③总括保证保险，是指在一个保险合同内承保雇主所有的正式雇员，在总括保证中，一个企业的所有雇员都是被保证人，新的雇员在没有通知保证人之前就属于被保证人，这种保证可以避开因选择被保证人或职位而引起的猜疑。④伪造保证保险，是承保因伪造或篡改背书、签名、收款人姓名、金额等造成损失的保证保险。⑤3D保单，是指不诚实(dishonest)、损毁(destruction)及失踪(disappearance)的综合保单，包括诚实保证和盗窃保险两者在内，承保企业因他人的不诚实、盗窃、失踪、伪造或篡改票据遭受的各种损失，其内容包括五部分，即雇员不诚实保证保险、屋内财产的盗窃保险、屋外财产的盗窃保险、保管箱盗窃保险和存户的伪造保险。

（三）产品保证保险

产品保证保险也称产品质量保险，它承保被保险人因制造或销售的产品丧失或不能达到合同规定的效能而应对买主承担的经济赔偿责任，即保险人对有缺陷产品本身及由此引起的有关维修、更换等费用负赔偿责任。

1. 产品保证保险的责任范围

产品保证保险的责任范围主要包括：第一，对用户或消费者负责更换或整修不合格产品或赔偿有质量缺陷产品的损失和费用。第二，赔偿用户或消费者因产品质量不符合使用标准而丧失使用价值的损失及由此引起的额外费用，如运输公司因购买不合格汽车而造成的停业损失(包括利润和工资损失)及为继续营业临时租用他人汽车而支付的租费等。第三，被保险人根据法院判决或有关行政当局的命令，召回、更换或修理已投放市场的质量有严重缺陷的产品造成的损失及费用。

2. 产品保证保险的除外责任

产品保证保险的除外责任，包括产品购买者的故意行为或过失引起的损失；不按产品说明书安装调试、使用而造成的损失；产品在运输途中因外部原因造成的损失或费用。

3. 产品保证保险的保险金额、保险费率和保险期限

产品保证保险的保险金额一般按投保产品的出售价格或实际价值确定。例如，出厂价、批发价或零售价以何种价格确定，由保险双方根据产品所有权的转移方式及转移价格为依据。产品保证保险在费率厘定方面应以下列因素为依据：一是产品制造者、销售者的技术水平和质量管理情况，这是确定费率的首要因素；二是产品的性能和用途；三是产品的数量和价格；四是产品的销售区域；五是保证人承保该类产品以外的损失记录。产品保证保险的保险期限是根据不同产品的性能、用途和行业规定的正常使用时间来确定的，也可以在行业规定的正常使用期内选择一段时间作为保险期限。

4. 产品保证保险的赔偿处理

产品保证保险的赔偿需要注意三个方面：保险产品因内在质量缺陷在使用过程中发生产品本身损坏时，保险人在保险单规定的保险金额内按实际损失赔付；对属于可维修范围内的产品，保险人按更换的零配件材料费和人工费予以赔偿，其中零配件按成本价计算，人工费按定额计算；由于产品质量风险不易估算和控制，保险人通常在保险合同中订有共保条款，要求被保险人共同承担损失，分担赔偿责任。

5. 产品保证保险与产品责任保险的区别

(1)标的不同。产品责任保险的保险标的是产品在使用过程中因缺陷而造成用户、消费者或公众的人身伤害或财产损失，依法应由产品制造商、零售商或修理商等承担的民事损害赔偿责任，简言之，产品责任保险的保险标的是产品责任。产品保证保险的保险标的是被保险人因提供的产品质量不合格，依法应承担的产品本身损失的经济赔偿责任，简言之，产品保证保险的保险标的是产品质量违约责任。

(2)性质不同。产品责任保险是保险人针对产品责任提供的替代责任方承担因产品事故造成对受害方经济赔偿责任的责任保险；产品保证保险是保险人针对产品质量违约责任提供的带有担保性质的保证保险。

(3)责任范围不同。产品责任保险承保的是因产品质量问题导致用户财产损失或人身伤亡依法应负的经济赔偿责任，产品本身的损失则不予赔偿；产品保证保险则承保投保人因其制造或销售的产品质量有缺陷而产生的对产品本身的赔偿责任，也就是承保因产品质量问题所应负责的修理、更换产品的赔偿责任。

➤补充学习资料

雇主责任的判定

与雇佣关系有关的伤害赔偿，其索赔定案虽然在具体的判断标准上受制于法官以及理赔人员的尺度，但总是围绕“发生于工作地点”和“因工作而起”两点进行，雇主的责任范围还有不断扩大化的倾向。相比之下，“责任”的概念被淡化，强调的是“相关”的概念。法官似乎更加相信雇主和雇员的这种雇佣关系对雇员的影响可以是各方面的，乃至作为引起事

故发生的关键因素看待，以至于原本来源于个人习惯和疏忽造成的伤害，只要是发生在工作时间、工作地点，或者说“与工作有关”，就可能被认定为雇主责任。以此来看，雇主责任险的概念越来越倾向于是一种与工作“相关”的“意外”险，这使得在劳动保险高度普及的国家，雇主责任险的投保比例与赔付率都非常高。阅读以下案例能够清晰地感受到理赔定案尺度的这种倾向性偏移。

案例一：有一名索赔人受雇于一贵金属经销商，工作中经常去银行为雇主存现金，有一次被武装匪徒抢劫并打伤。法庭裁决：是工作使索赔人要面对更高的抢劫风险，所遭受的伤害由工作而起，因而裁定其应该获得赔偿。

案例二：一名矿工得到指示去雇主的办公室归还灯具，结果在结冰的路上滑倒摔伤。法庭裁决：是雇主要求索赔人在路上行走，因此导致的事故应由雇主承担，索赔有效。

案例三：一名索赔人的工作是驾驶室外工作的筑路机，因为他患有糖尿病，所以他穿了电热暖靴以保持脚部的温暖，而电热暖靴造成了他的伤害。法庭裁决：是工作让索赔人必须在寒冷的室外环境劳动，如果不是因为工作环境，他无须穿电热暖靴，因此索赔有效。

案例四：当事人在一个偏远的工作站上班，他每天在那里过夜。工作站有一个用来取暖的火炉，火炉散发一氧化碳，当事人死于中毒。因为索赔人有充足的理由表明当事人必须待在工作站，因此法庭判决索赔有效。

（资料来源：圈中人保险论坛，http://www.qzr.cn/bbs/dispbbs.asp? boardid=6&Id=32&authorid=5.）

➤复习思考题

1. 请回答责任保险的含义、特点及种类。
2. 请回答公众责任保险的保险责任范围和赔偿限额。
3. 简述产品责任保险的保险责任范围、赔偿条件和承保方式。
4. 简述雇主责任保险的保险责任范围、赔偿限额和赔偿处理。
5. 请回答职业责任保险的含义和分类。
6. 信用保险的主要类别有哪些?
7. 投资保险的含义及保险责任分别是什么?
8. 请回答信用保险与保证保险的关系。

人身保险

人身保险是指以人的生命与身体作为保险标的的一类保险，是防范生存、死亡、意外伤害和疾病等人身风险的保险形式。人身保险能够在一定程度上消除人们的后顾之忧和提供社会保障，同时也有利于引导资金流向，日益成为理财和生活管理的一个重要组成部分，人身保险是现代社会发展的必然需求。

第一节　人身保险概述

一、人身保险的含义

人身保险(personal insurance)是指以人的生命与身体作为保险标的的一种保险。人身保险的投保人按照保单约定向保险人缴纳保险费，当被保险人在合同期限内发生死亡、伤残、疾病等保险事故或达到人身保险合同约定的年龄、期限时，由保险人依照合同约定承担给付保险金的责任。由于人身保险是对人的生命和身体提供保障，而人的生命、身体不同于一般的可用货币来衡量的财产，因而人身保险与其他保险相比具有不同的特征。

二、人身保险的特点

(一)人身保险事故的特点

(1)保险事故的发生具有必然性。在人身保险中，人的生命、身体是保险标的，人的生存、死亡、意外伤害、疾病等成为人身保险的保险事故。在以人的生命为标的、以生存或死亡为保险事故的人身保险中，保险事故的发生具有必然性：是生或是死。“人有旦夕祸福”是人们遭遇意外伤害事故的真实写照，“吃五谷，生百病”则是人们对疾病的认识，人身保险事故的发生通常具有必然性。

(2)保险事故的发生具有分散性。相对于财产保险来说，人身保险的保险事故的发生比较分散，一般不会发生大量标的同时发生保险事故的情况，其发生完全按照人的生命规律进行。因此，同一时间段，人身保险的保险事故分散于不同的家庭及地区，只有意外的大型灾害出现，如火山爆发、特大洪灾发生时，才可能导致大量保险标的同时遭受损失。

(3)死亡事故相对稳定。人身保险死亡事故的发生概率随被保险人年龄的增长而增加，但具有相对稳定性。在人身保险中，特别是死亡保险，保险事故的发生与被保险人的年龄大小紧密相关，根据人的生命规律，被保险人的年龄越大，死亡的概率越大，因此死亡事故的发生概率是随被保险人的年龄增长而增加的。同时，对于整体的死亡率来讲，死亡率因素较其他非寿险危险事故发生概率的波动而言，又具有相对稳定性。这是由许多专业机构对死亡率研究后得出的结论，因此人身保险的死亡事故的发生概率在随被保险人的年龄增长而增加的同时，整体而言具有相对稳定性。

（二）人身保险产品的特点

(1)需求面广、弹性较大。一方面，无论人的年龄大小、性别、财富状况如何，都会面临生、老、病、死的问题，因此与人的切身利益关系密切的人身保险产品有着广泛的市场需求。但同时，人身保险产品却具有较大的需求弹性，这主要是由于人们对于死、伤等字眼的忌讳导致人身保险的推销难度大，而且人身保险产品通常是自愿购买，在经济状况不好、对人身保险产品及对保险公司的了解不够时，人们往往会放弃购买。另外，人们对银行储蓄、现金的依赖，对证券投资的期望，以及受养儿防老思想的影响，都使得人们对人身保险产品的需求具有较大的弹性。

(2)保险金额依据多种因素确定。在人身保险中，人的生命和身体是保险标的，其价值难以衡量。因此，在人身保险中，保险金额不是以保险标的的价值来确定的，而是依据被保险人对保险的需求程度和投保人的缴费能力以及保险人的可承受能力来确定的。另外，在一些保险中还存在不确定的给付金额，如养老金保险，受益人通常在约定的领取期开始后，一直领取保险金到被保险人死亡，其领取总额是不确定的。

(3)保险金约定给付。与财产保险的补偿方式不同，人身保险通常采用约定给付方式，人身保险合同为给付合同。作为定额保险的人身保险，当发生保险事故时，保险人按照合同约定的保险金额给付方法承担保险金给付责任，而不存在依据实际损失金额进行赔偿一说。因此，人身保险合同的给付不参照损害赔偿原则进行，不实行比例分摊，不实行代位追偿原则。在健康保险和意外伤害保险中，也可以采用补偿方式，但补偿金额不能超过约定的保险金额。

(4)可保利益决定于投保人与被保险人之间的关系。人身保险的可保利益是以人与人的关系来确定，而不是以人与物或责任的关系来确定，具体来讲，投保人对自己的生命或身体具有可保利益、投保人对有亲属血缘关系的人一般具有可保利益、投保人对与其有经济利益关系且同意作为被保险人的人具有可保利益。

(5)保险期限具有长期性。人身保险，特别是人寿保险一般都是长期业务，保险期限一般都在二三十年，终身型产品的保险期限则可从出生到死亡。由于人身保险业务的长期性，导致合同的条款中具有不同于财产保险合同的特殊规定。例如，人身保险中除短期意外险、短期健康险等短期性业务外，人身保险合同的保费通常可以选择采用趸缴或期缴方式。同时，由于合同的长期性，因而合同的保全服务和业务管理更加复杂严格，保单有宽限期、中止、复效等一系列特殊的合同规定。

(6)寿险保单具有储蓄性。人寿保险在为被保险人提供风险保障的同时，兼有储蓄性的特点。这主要是由于人寿保险的保险费可以分为风险保费和储蓄保费两部分，在长期的缴费期间，储蓄保费以预定利率进行积累的缘故。对于终身死亡保险和两全保险来说，其储蓄性非常强，储蓄保费的投资收益使投保人不仅可以获得风险保障，还可以享受到投资所带来的收益。由于保单具有储蓄性，保单所有人可以用保单作抵押贷款，在中途退保时可以得到退保金。

（三）人身保险业务的特点

人身保险的保险事故和保险产品的特点对人身保险的业务经营产生的影响，使其与财产保险明显不同，主要表现在保费的收取、准备金的提取、资金的运用、保单的调整和连续性管理等方面。

1. 采取均衡费率制度

死亡率是人寿保险费率厘定的基本要素之一。依据人的生命经验，人的死亡风险随着年龄增长逐年增加。在寿险业务中如果按每一年度来办理保险，按照当年的死亡率收取自然保费，就会出现年轻人的保费负担轻，老年人保费负担重。从人的收入规律看，随着年龄的增大，收入能力下降。所以，当其年老时，保费负担相对于个人经济收入过重，而造成老年人最需要保险保障时却丧失获得保障的能力。同时，寿险业务中也容易出现逆选择，身体健康的人考虑到保费上升、负担加重而选择退出保险，体弱多病的人考虑到风险程度高而坚持投保，导致依据一般风险概率计算出的保险费率难以维持。

自然保费的这种特点必将阻碍寿险业的开展。为解决此中的矛盾，寿险业对身故保障摒弃了一年期业务，改变了按自然费率即按被保险人当年死亡率厘定保险费率，而是大量地采用了长期业务和均衡保费的方法。

寿险业将保单设计为几十年的长期业务，在保单设计的缴费期内，将整个保险期内各年所需的自然保费进行平均，每年交付数额相等的均衡保费。均衡保费不反映被保险人当年死亡率，在保单早期高于自然费率，在保单后期低于自然费率，从而使被保险人每年缴费负担均衡，年龄增大时保费并不增长。保险人用保单前期多交的超出自然费率部分的超额保费积累起来用以弥补保险后期不足自然费率的保费。这种技术手段使投保人保费负担合理化，年轻时未雨绸缪，多缴保费，保证其晚年能享受到充分的保险保障。表 8-1 是 35 岁男子参加保险金额为 1 000 元、年利率为 2.5%的寿险的相关情况。

表 8-1 自然保费与均衡保费的比较

年龄/岁	死亡率/‰	自然保费/元	均衡保费/元
35	1.057	1.031	14.185
40	1.65	1.610	14.185
45	2.658	2.593	14.185
50	4.322	4.217	14.185
55	7.005	6.834	14.185
60	11.378	11.100	14.185
70	18.275	17.829	14.185
80	29.296	28.581	14.185
90	46.582	45.446	14.185
95	73.092	71.309	14.185
100	112.976	110.220	14.185
105	171.599	167.414	14.185

资料来源：魏华林，林宝清．保险学(第二版)．北京：高等教育出版社，2006.

2. 逐年提取准备金

由于人身保险以投保人缴纳保费为保险人履行赔付责任的前提，投保人缴纳的保费相当于是保险人对被保险人的负债。因此，为了履行将来的给付责任，保险人必须计算保险准备金。在人身保险中，由于每份保单的具体情况不同，每年保险金给付责任准备不同，由此需要对每份保单在保险期间每一年的准备金进行精确计算，以便于提取。通常，保险人在保单确立时就已经计算出保险期间每年的准备金数额。

3. 人身保险资金主要用于投资

在人身保险中，保险人可以从长期稳定的保费中获得长期稳定的资金。保险人采取年度均衡费率收取保险费，这意味着在每笔业务的缴费期，保险人都可以获得稳定的保险费，而在保险前期多收的保费，通常需要经过很长时间才被用于保险支付。因此，保险人可以将此笔可观的资金用于各种投资，特别是长期投资。

4. 保险单调整难度大

人身保险合同，特别是人寿保险合同大多为长期性的合同，在保险合同签订之初确立的保险费率和保险金额，可能不再适应新形势的需要，此时要对原保险单进行调整，将会对投保人和保险人产生重大影响。例如，通货膨胀的存在对保险人来说存在提高保险费率的需要，但提高保险费率将增加投保人的经济负担，投保人可能会选择退保，从而影响保险业务的稳定发展。如果投保人的经济状况在投保后有所提高，对保险的需求也会随之增加，投保人若按原有的保险费率增加保额，则对保险人不公平。因此，人身保险单的保险费率和金额的调整存在较大的难度。

5. 保险经营管理具有连续性

人身保险业务的长期性要求人身保险经营管理具有连续性。在比较长的保险期间内，被保险人可能会发生各种变化，可能会有要求减保、加保、发生迁移或退保的情形。这些情况的变化，要求保险人必须有严格的经营管理制度，对被保险人的变化进行及时记录，以便准确核算、随时查阅。投保人缴纳的保费有相当数量可用于各种投资，从人身保险业务的连续性出发，在资金运用上也要求保险人考虑资金的安全性、效益性和流动性的协调。

三、人身保险的分类

（一）按保障范围分为人寿保险、人身意外伤害保险和健康保险

人寿保险是以人的生命为保险标的的保险，保险合同的给付条件是被保险人的生存、死亡或生死两全。人寿保险是人身保险的主要和基本的种类，由于其自身的特性，通常在做保险业务统计及业务监管中，一般将其单列为寿险业务，而人身保险中的意外险及健康险则与财产险业务并列为非寿险业务。人身意外伤害保险是以被保险人因遭受意外伤害事故造成的死亡或残废为保险事故的人身保险，其主要特征不同于寿险，具有保费低、保障性大、无储蓄性等特点。健康保险是以被保险人因疾病、生育所致的医疗费用支出和工作能力丧失、收入减少及护理费用支出为保险事故的人身保险，包括医疗保险、疾病保险、失能收入保险及长期护理保险四个险种。

（二）按投保方式分为个人保险、团体保险及联合保险

个人保险是以个人为投保人，一张保险单承保一个被保险人的人身保险，满足个人对

保险保障的需求。团体保险是以法人团体为投保人，一张总保险单承保一个法人团体的全部或大部分成员的人身保险。团体保险包括团体人寿保险、团体意外保险和团体健康保险。联合保险通常是把有一定利害关系的两个或两个以上的人视为一个被保险人整体，如父母、夫妻、子女或合作人等，用一张保单对多人提供人身风险保障的人身保险。

（三）按保障的风险程度分为标准体保险和次健体保险

标准体保险是指被保险人的风险程度与保险人订立的正常标准费率相适应。标准体又称健体，是指身体健康状况、职业、道德等各方面没有明显的缺陷，可以用正常费率来承保的被保险人。次健体保险是不能用正常费率来承保，而只能用特殊条件，如加费、增龄或限制保障范围等方式加以承保的人身保险。次健体也称弱体或非标准体，往往当被保险人的风险程度如健康状况、职业等要素超过标准体的风险条件时，办理次健体保险。

（四）按人身保险的作用分为保障型、储蓄型和投资型人身保险

保障型人身保险是指主要体现保险保障功能、基本不含储蓄性的人身保险业务，如定期寿险、意外险和短期的健康险等。储蓄型人身保险是指主要体现保险长期半强制性储蓄功能的人身保险业务，如年金保险、子女教育金保险等。投资型人身保险是指在基本保障功能基础上凸显保险投资功能，可以享受保险人经营业务的利润或投资利润的人身保险业务，如分红保险、万能险和投资连接保险。

（五）按实行方式分为强制保险和自愿保险

自愿保险是投保人与保险人在公平自愿的基础上，通过签订保险合同而形成的保险关系。自愿保险的投保动因是投保人的意愿和需求，投保人可以自由选择险种、保险期限和保险金额。只要符合承保条件，保险人一般不得拒绝，合同一经成立，具有法律效力之后，保险人不得随意终止合同。人身保险中，绝大部分为自愿保险。强制保险是根据法律法规自动生效，无论投保人是否愿意投保，均依法成立的保险关系，又称法定保险；在保险法规规定的范围内，无论投保人或保险人是否愿意，都必须保险；凡属于保险承保范围内的保险标的，其保险责任自动产生，投保人不能选择保险金额和保险期限。

（六）按保险期限分为长期保险、一年期保险和短期保险

长期保险是保险期限超过一年的人身保险业务，人寿保险大多为长期保险。一年期保险是保险期限为一年的人身保险业务，多数人身意外伤害保险和部分健康保险属于一年期保险。短期保险是保险期限不足一年的人身保险业务，人身意外伤害保险中的许多险种为短期保险，如航空旅客人身意外伤害保险仅为一个航程。

（七）按照利益分配分为分红保险和不分红保险

分红保险是被保险人可以每期以红利的形式分享保险人盈利的保险。分红保险的费率高于不分红保险，被保险人在得到保险保障的同时，还可分享保险人的经营成果。红利来源于实际投资收益率高于预计投资收益率而产生的利差益、实际费用率小于预定费用率而产生的费差益、实际死亡率低于预计死亡率而产生的死差益。因此，分红保险的保险人将分红保单收益危险的一部分与被保险人共同分享，未来的死亡率、费用率及利息率的不同，被保险人的收益不同。而在分红保单中，往往采用更高的预定死亡率、更低的预定利

率、更高的预定费用率。红利的分配方式有多种，如领取现款、抵充保费、存储生息、保单增额等。不分红保险是指被保险人不分享保险人的盈利，该种保险的投保目的在于获得保险保障，故此类险种的费率通常较低。

第二节　人寿保险

人寿保险(life insurance)是指以被保险人的生命为保险标的，以被保险人死亡或生存至合同约定的年限时，由保险人给付保险金的保险。人寿保险通常被简称为寿险，是人身保险中产生最早的一个险种。早期由于人们认为死亡是其面临的最大人身风险，因而最先寿险专指以被保险人死亡为给付条件的死亡保险。随着社会的发展，家庭日益小型化，人的寿命不断延长，人们也越来越多地考虑起维持个人老年生存、家庭生活开支的经济负担，因而人的生存也成为保险需要保障的一项人身风险，寿险品种也从单一的死亡保险发展到生存保险及两者兼顾的两全保险。寿险业的发展在现代社会中具有重大意义，对于安定人民生活，促进社会稳定起着重要作用。随着社会经济的不断发展，寿险业的地位在整个保险业中也愈发重要，从各国保险业的实践来看，经济越发达的国家，其保险业中寿险保费收入的比例越趋向于超出财产保险保费收入的比例。

一、传统寿险的基本种类

（一）死亡保险

死亡保险是以被保险人在保险有效期内死亡为保险金给付的人寿保险。死亡保险按照保险期限的不同分为定期寿险和终身寿险。

1. 定期寿险

定期寿险提供特定期间的死亡保障，按特定期间表示不同分为以特定时间表示的寿险，如5年期和以特定的年龄表示的寿险，如保至50岁。无论以哪种方法表示期间，只有被保险人在保险有效期内死亡，保险人才承担保险金给付责任。如果被保险人生存至保险期限届满或合同约定的年龄，保险合同即告终止，被保险人不承担任何给付责任。

定期寿险由于保障期限较短，通常没有现金价值，不具备储蓄因素，其保费只含保障因素和附加费用，不计利息。由于定期寿险是短期内即支付死亡保险金，所以大多数投保此险种的被保险人都有较为严重的逆选择，即死亡风险率高于标准风险的人倾向于投保定期寿险。为防止逆选择，定期寿险办理时，一般要经过严格体检和核保选择。相比较其他寿险险种，定期死亡险保费较低，此险种适宜于经济能力较差的个人与家庭，或在特定期间内对被保险人的生命具有经济利益关系的人投保，如在合作人之间雇主可为特殊雇员购买。另外，强调保险保障功能，偏重死亡保障的人也倾向于购买定期寿险。

2. 终身寿险

终身寿险是一种不定期的死亡保险，保险单签发后除非应缴的保险费不缴，否则被保险人在任何时候死亡，保险人都给付保险金。由于人终有一天要离开人世，终身寿险的给付必然会发生，受益人始终会得到一笔保险金。终身寿险保险单都具有现金价值，带有储蓄性。该险种适宜于有一定经济能力，有储蓄倾向，考虑为子女积累遗产的投保人。终身寿险按其保费缴纳的方法可分为三种。

(1)连续缴费的终身寿险。连续缴费的终身寿险又称普通终身寿险，这是投保人一直缴费至被保险人死亡为止的终身寿险。只要被保险人活着，就得继续缴费。不过，习惯上若被保险人已届生命表终极年龄，保险人将自动放弃此后的保险费，并给付全额的保险金。

(2)限缴保费的终身寿险。该险种与普通终身寿险类似，只是保险费限定在特定期间内缴付。特定期间可以是特定的年数，也可以是特定的年龄。特定期间的表示方法以及缴费期的长短可视投保人的需求及具体情况而定。它适宜于收入期间有限而又需要长期死亡保障的人投保。

(3)趸缴保费的终身寿险。这是指投保人在投保时一次将全部保险费交付完毕的终身寿险。趸缴保费的终身寿险具有较高的储蓄性，因此对于偏重储蓄的人较有吸引力。在国外，它还常被用来抵消遗产税的税负问题。

(二)生存保险

生存保险是指被保险人如果生存至保险期满，如至一定年限或至一定年龄，保险人给付保险金的一种保险。如果被保险人在保险期限内死亡，则保险人不给付保险金。生存保险这个险种设计的目的是为了满足被保险人生存至保险期满后的各项费用开支，如成年人的养老金需求、未成年子女的教育金或婚嫁金等。相比较死亡险种，生存保险保费较高，储蓄性最强。实践中，生存保险的被保险人在保险期限内死亡时，保险人一般会退还保费。

(三)两全保险

两全保险是被保险人无论在保险期内死亡还是生存至期满，保险人都给付保险金的一种人寿保险。两全保险都是定期的，可用一定年数或一定年龄来限制。两全保险与终身寿险相同，保险金的给付是确定的、必将发生的。两全保险可以保障被保险人死亡给家庭经济生活带来的困难，也可保障被保险人生存至期满后所需的日后经济开支需要，保障最全面，同时保费最高，相当于定期寿险与生存保险两者保费之和，保费当中既有保障的因素，又有储蓄的因素。所以，两全保险适应于经济能力强的投保人的全面保险需求。

二、创新型人寿保险

传统的寿险产品在厘定保单费率时都存在固定的预定利率因素，对人寿保险公司的经营有着诸多不利因素。在市场实际利率低于保单的预定利率时，寿险公司就必将承担利率差异所导致的利差损，威胁到保险公司的经营安全；在市场实际利率高于保单的预定利率时，投保人为追求更高的资金收益率，往往会集体性地退保，或以保单贷款来灵活使用保单的现金价值，影响到保险公司的经营稳定性。因而，我国市场上在 1999 年以后逐步由各家寿险公司推出分红寿险、变额寿险和万能寿险等新型人寿保险。

(一)分红人寿保险

分红保单最早出现在 18 世纪的英国，其推出的目的是为抵御通货膨胀和利率波动风险，分红保单中投保人通常要缴纳略高于非分红保单的保费，被保险人在可获得固定现金价值的同时，还可获得保险公司在经营此项业务过程中发生的盈余，保险公司将以分红的方式返回给投保人。分红保险可分配的红利主要来源于利差益、死差益和费差益，解约益、投资收益及资产增值、残疾给付、意外加倍给付及年金预计给付额与实际给付额之间的差额也是红利的来源。每一会计年度末，分红保险业务的盈余计算结果由公司董事会讨论后决定当年的可分配盈余，并在分红保单持有人和公司股东之间进行分配。按照中国保监会的规定，保险公司每一会计年度向保单持有人实际分配盈余的比例不低于当年可分配盈余的70%。保单的所有人领取红利的方式主要有现金领取、累积生息、抵交保险费和缴清增值保险，但缴清增值保险作为趸交保险费购买非分红保险，此方式不适用于次标准体保单。

分红保单每年派发的红利是不可预见和不可保证的，会随保险公司的实际经营绩效而波动，与保险公司业务经营水平相关，因而投保人与保险公司共担风险。分红保单由于可以提供高于非分红保单的收益，因而在寿险业中的比重上升很快。我国市场上的分红保险品种在2000年后推出销售，目前是寿险市场上份额最大的主流品种。

（二）变额人寿保险

1. 变额人寿保险的含义

变额人寿保险（variable life insurance）是一种终身寿险，其保险金额随其保费分立账户中投资基金的投资绩效不同而变化。该险种在20世纪70年代初开始在欧洲和加拿大销售，在英国被称为投资连结保险（unit-linked insurance）。该险种现已成为国外保险市场上重要的销售品种。在我国，该类型的产品被称为投资连结保险。我国市场上最先推出销售的该类寿险产品是1999年10月由中国平安保险公司推出的“平安世纪理财投资连结保险”。

2. 变额人寿保险的费用

按照我国保险相关法规规定，投资连结保险简称“投连险”，是包含保险保障功能，并至少在一个投资账户拥有一定资产价值的人身保险产品。投资连结保险及投资账户均不得保证最低投资回报率。按照目前有关精算规定，投资连结保险可以并且仅可以收取以下七种费用：①初始费用，即保险费进入投资账户之前扣除的费用。②买入卖出差价，即投保人买入和卖出投资单位的价格差。③死亡风险保险费，即保单死亡风险保额的保障成本。风险保险费应通过扣除投资单位数的方式收取，其计算方法为死亡风险保额乘以死亡风险保险费费率。保险公司可以通过扣除投资单位数的方式收取其他保险责任的风险保险费。④保单管理费，即为维护保险合同向投保人或被保险人收取的管理费用，保单管理费应当是一个与保单账户价值无关的固定金额，在保单首年度与续年度可以不同，保险公司不得以保单账户价值一定比例的形式收取保单管理费。⑤资产管理费，按账户资产净值的一定比例收取。⑥手续费，保险公司可在提供账户转换、部分领取等服务时收取，用以支付相关的管理费用。⑦退保费用，即保单退保或部分领取时保险公司收取的费用，用以弥补尚未摊销的保单获取成本。

3. 变额人寿保险的特点

（1）保费可变动。其保费的缴纳与传统寿险产品相同，是固定的，但保单的保险金额在保证一个最低限额的条件下，却是可以变动的，变额寿险产品因此而得名。变额寿险的保险金额的变动取决于投保人所选择的投资账户的投资收益。

(2)开设分立账户或投资账户。对应于传统终身寿险的保单责任准备金的资产都记入保险公司的综合投资账户，为得到较为稳定的资产回报率，其被投资于一系列的较为安全的项目。而对应于变额寿险保单责任准备金的资产则单独开立一个或多个分立账户，由投保人或保单所有人自由选择，投保人缴纳的保费，在减去初始费用及保障保费后被存入选择的投资分立账户，由保险公司本身或委托基金公司专业经营。

(3)账户价值动态变化。变额寿险保单的账户价值随着所选择的投资组合中投资业绩的状况而变动，某一时刻保单的账户价值决定于该时刻其投资组合中分立账户资产的市场价值。在这种保单的死亡给付中，一部分是保单约定的固定最低死亡给付，一部分是其分立账户的投资收益额。保险人根据资产运用状况，对投资分立账户的资产组合不断进行调整；保单所有人也可以随时在各种投资产品中自由选择调整组合。所选择的投资分立账户的投资收益高，则保单的账户价值高，死亡保险金即保险金额也高；反之，则保单的账户价值低，死亡保险金即保险金额也低。变额寿险产品的投资危险是由保单所有人承担的，保险人只是负责管理投资账户，保单的账户价值可能因投资账户的收益下降而为零。正因如此，在美国，变额寿险产品被认为是一种有价证券投资产品，经营变额寿险产品的保险公司必须作为投资公司经纪商在美国证券交易委员会注册，同时，在美国出售的各种变额寿险保单也必须在美国证券交易委员会注册，而且只有根据联邦证券法取得经纪人或交易商许可证的销售代理人才有资格销售这类产品。

(三)万能人寿保险

1. 万能人寿保险的起源

万能人寿保险(universal life insurance)是一种缴费灵活、保险金额可调整的寿险。自1922年始，精算学界不断有精算师发表论文、推导公式，逐步形成设计万能寿险的成熟想法。电脑科技的进步，为弹性保费保单创造了销售的条件。1975年，美国精算师安德生在第七次太平洋保险会议上提出《万能寿险保单》的设想方案，1979年，美国加利福尼亚人寿保险公司开始销售万能寿险保单，此后销售量逐年增加，至1985年达到峰值，为个人寿险新增保费的38%，其后逐步降至25%左右。该保单的出现是为了满足保费支出较低、缴纳方式要求灵活的消费者的需求。万能寿险的保费缴纳方式很灵活，保险金额也可以调整，而且保险人的经营费用非常透明。投保人在缴纳首期保费后可选择在任何时候缴纳任何数量的保费，只要保单的账户价值足以支付保单的相关费用，投保人就可以选择不缴纳保费，而使保单继续有效。投保人还可以在具有可保性的前提下，提高保额或降低保额。

2. 万能人寿保险的运行模式

万能人寿保险是投保人在缴纳首期保费后，首期的各种费用、当年死亡保障保费等从首期保费中扣除，剩余部分为保单最初的账户价值。该部分价值按保险公司定期公布的结算利率复利累积升值，成为期末账户价值，同时也是下一周期的期初账户价值。在第二个周期，投保人根据自己的情况缴纳或不缴纳保费，若该周期的期初账户价值足以支付第二期的费用及死亡保障保费，投保人就不用缴费；若账户价值不足，投保人不缴纳保费时，保单会因此而失效。若投保人在第二期期初缴纳了保费，则第二期的期初账户价值为上期期末账户价值加上第二期保费减去费用和死亡保费。第二期的期初账户价值按新的利率计息累积到期末，成为第二期的期末账户价值。该过程不断重复，一旦其保单的账户价值不足以支付保单的费用及死亡保障保费，投保人又未缴纳新的保费，则保单失效。通常情况下，保险人规定的首期保费较高，一方面是为了支付足够的首期费用和死亡给付，另一方面也为了避免保单因为对保费缴纳没有严格的限制而导致保单过早失效。万能人寿保险具有很大的灵活性，不仅表现在保费的缴纳方式上，还表现在可以在一定的限制范围内选择所需要的保额。万能寿险的客户可以在任意时候减少保险金额，在重新核保后增加保险金额，能够适应客户对保险的个性化需求。例如，客户可以在结婚、生子、买房时申请提高死亡保障金额，而在子女长大成人，还清债务时申请降低死亡保额，由于保障金额可随着客户需求灵活变动，因而可实现一张保单提供一生保障需求的设计思想。按照我国相关精算规定，万能寿险所收取的费用基本同于投资连结保险，但不得收取投资连结保险中的买入卖出差价和资产管理费。

三、特种人寿保险

（一）年金保险

生存保险的一类分支是现代社会中很重要的寿险品种，即年金保险。所谓年金保险，同样是以被保险人期满生存为保险金给付条件，但其保险金是按合同的规定，在被保险人生存期间内，每隔一定的周期(通常一年)支付一定的保险金，而非一次性给付的一种生存保险。生存保险设计成年金保险，主要有两个优点：一是分期支付，可避免被保险人使用不当，而造成保险金不能充分保障其整个生存期间的生活需要；二是年金保险只要被保险人生存，每年均可领取，因此无论寿命多长，都可获得保险金保障老年生活，保险金领取总额也不受固定金额的限制，保障充分。按照不同的方式，年金保险有不同的分类。

(1)年金保险按年金给付的期限分为定期年金保险和终身年金保险。定期年金保险是指保险人在合同规定的期限内，被保险人如果生存，保险人按期给付约定的年金额；若期限届满或被保险人在约定的期限内死亡，则保险人停止给付，以两者先发生的日期为准。终身年金保险年金的给付没有期限的规定，保险人给付年金金额至被保险人死亡时为止。

(2)年金保险按年金给付是否有保证分为有保证年金保险和无保证年金保险。有保证年金保险是为防止被保险人在领取年金的早期死亡所带来的损失而设计的年金品种，具体分为两种：一种是期间保证年金，是指无论被保险人寿命长短，年金的给付都有一个保证期，若被保险人在保证期内死亡，保险人继续给付年金于其受益人，直到保证期届满时为止；另一种是金额保证年金，是指如果被保险人死亡时，其所领的年金数额不足所缴的年金现金价值，余下的由其受益人领取。无保证年金保险是指年金给付以被保险人生存为条件，死亡则停止给付。

(3)年金保险按年金给付开始期的不同分为即期年金保险和延期年金保险。即期年金保险是指投保后立即开始领取年金，其年金现价采取趸缴的形式。一次缴清年金现价需要的数额较大，一般投保人难以负担，因而即期年金通常采用较少。延期年金保险是指合同订立后，经过一段时间后才开始进入年金的领取期。延期年金通常有两种情况，一种情况是缴费期结束后立即进入领取期，另一种情况是在缴费期结束后先经历等待期再进入领取期。

(4)年金保险按被保险人的人数分为个人年金保险、联合年金保险、联合生存者年金保险和联合最后生存者年金保险。个人年金是指被保险人只有一人的年金，通常这种年金的被保险人就是年金受领人。联合年金是指被保险人有两个或两个以上，其中任何一人死亡，保险人即停止给付年金。联合生存者年金，是指两人或两人以上的被保险人联合投保的年金保险。即当联合被保险人全部活着时，年金全数给付；如果其中任何一个被保险人死亡，保险人按比例减少年金，直到最后一人死亡为止。联合最后生存者年金保险是指两人或两人以上的被保险人联合投保的年金保险。在约定的给付开始日，只要有一个被保险人生存，保险人全数给付保险金，直至被保险人全部死亡，保险人才终止给付。

（二）简易人寿保险

所谓简易人寿保险，是指以劳工或工薪阶层为对象办理的月交、半月交或周交，无体检的低额保险，通常由保险人按时收取保费。一般采取等待期或削减期制度，即被保险人加入保险后，必须经过一定时间之后保单才能生效。如果被保险人在一定期间内死亡，保险人不负给付责任，或者减少给付金额。

（三）团体人寿保险

团体人寿保险是以团体方式投保的定期或终身死亡保险，它是团体人身保险的一种重要类型。在团体人寿保险业务中，主要分成两大类：一是团体定期寿险，该险种是团体寿险中最早、最普遍也是业务量最大的一种团体寿险，此种保险无现金价值，目的是提供早期死亡保险，对保障退休员工生活用处不大；二是团体终身寿险，是近年发展起来的，目的在于保障退休员工生活。

1. 团体定期寿险

(1)典型团体定期寿险。绝大部分团体定期寿险以年更新式的定期保险单方式承保，实际上是以团体方式投保的 1 年定期死亡保险。由于保险期限只有 1 年，所以采用自然保险费，保单没有现金价值。投保最初以及续保时无须体格检查，每年更新合同时，剔除已脱离企业的职员，增加新职员，而且保险人有权根据投保团体的年龄结构、性别等方面的变化调整费率。团体寿险的保险费由企业负担的部分，在税收上一般可以得到优惠。在美国，若每位雇员的保险金额在 50 000 美元以内，并且保险费全部由雇主负担，则这部分保险费可作为费用处理，免交所得税。如果团体定期寿险的保费，由被保险人个人负担，则对这部分保险费也可免交个人所得税。

(2)衍生团体定期寿险。团体定期寿险衍生品之一就是团体信用人寿保险，这是基于债权人与债务人之间的债权债务关系而签订的保险合同，是债权人以其现在和未来的债务人的生命作为保险标的，以保单持有人为受益人的保险。这与其他团体人寿保险有所不同，如团体定期寿险的保单持有人——投保团体并不是受益人。被保险人死亡时，保险公司给付保险金来抵偿被保险人所负债务，其保险费可以由投保人单方面负担，也可由债务人或双方共同承担。法律一般规定，债权人不得以要求团体信用寿险作为扩张信用的条件或手段，以防止道德风险的发生，保证保险人的利益。

2. 团体终身寿险

团体终身寿险通常为小公司或企业购买，用来为职工退休时提供生活保障。团体终身寿险的主要险种有团体缴清保险、均衡保费型团体终身保险和储金式团体终身保险。

(1)团体缴清保险。团体缴清保险是由1年期定期死亡保险和终身死亡保险相结合的险种，前者由投保团体负担保费，采取趸缴保险费方式。具体办法是：投保团体与员工约定一个死亡保险的总保险金额，不同员工可以有所差别，员工每年缴纳一定保险费为自己投保终身寿险，采用趸缴保费方式，保单均为缴清保单。员工每年的缴费相同，由于年龄变化，危险增加，所以每年投保的终身险缴清保单的保险金额逐年不同，但累计保险金额逐年增加。团体每年为员工投保1年期定期死亡保险，保险金额为约定总金额与终身保险累计金额的差额。随着终身保险累计金额逐年增加，1年期定期死亡保险的保险金额逐年下降。1年期定期死亡保险的保险费采用自然保险费，保单无现金价值，由团体负担；由员工负担保险费的终身险保单则具有现金价值。员工无论何时死亡，都可获得约定的保险总金额；而年老退休或脱离该企业时，也可以继续享受保险保障，或申请退保领取退保金，以供退休或离职后生活所用。

(2)均衡保费型团体终身保险。均衡保费型团体终身保险一般由公司、企业为员工投保限期缴费的终身死亡保险，如限期缴费至60岁退休时止，可以由此为员工提供退休福利。各个员工年龄不同，缴费期限也不相同，但都采用均衡保费方法。若这种团体保险费完全由企业负担，则员工个人对保单一般不具有既得利益，若为双方共同负担，则员工拥有由其自付部分的现金价值。至于由企业负担的保险费所产生的权益是否也属于员工，要视退休金合约的规定而定。

(3)储金式团体终身保险。储金式团体终身保险是由保险人与企业共同设立的一种特别基金，每年由分红累积或企业划拨资金交由保险人运用，待到员工退休时则可以运用此基金购买定期险或由保险人直接提供给付以保障退休生活。

四、人寿保险的标准条款

保险条款是保险合同的核心，是当事人履行合同义务、承担法律责任和享受合同权利的依据。人身保险合同在长期的发展过程中，逐步形成了一些固定、文字形式较为规范的常用条款，充分表现出人身保险合同的特色。

（一）不可争条款

不可争条款也称不可抗辩条款，其基本内容通常是：自人身保险合同订立时起，超过一定时限之后，保险人将不得以投保人在投保时违反最大诚信原则，没有如实履行如实告知义务等理由主张合同自始无效。不可争条款也适用于保单失效后的复效，即对于申请复效的保单只有在复效2年后才可以成为不可抗辩的合同。人身保险合同订立时，有关被保险人的年龄、健康状况、职业等因素将影响保险人决定是否承保及相应费率，因此根据最大诚信原则投保人或被保险人应履行如实告知义务，不得有任何隐瞒或欺骗，否则保险人有权解除合同。但是，由于人身保险合同的长期性，如果不加以时限限制，可能会造成保险人滥用此项权利，在合同订立多年以后，以此为理由要求解除合同，而这将使被保险人的利益无法得到保障，并会造成更多的纠纷。因而，各国在保险法规中对此确定了保险人的可抗辩期，逾期后保险人将丧失此抗辩权。一般也规定有一些例外，如当投保人欠费或当被保险人在可抗辩期内死亡时等情况下，保险人在抗辩期满后仍有权解除合同。《保险法》第16条规定，订立保险合同，保险人就保险标的或者被保险人的有关情况提出询问的，投保人应当如实告知。投保人故意或者因重大过失未履行前款规定的如实告知义务，足以影响保险人决定是否同意承保或者提高保险费率的，保险人有权解除合同。前款规定的合同解除权，自保险人知道有解除事由之日起，超过 30 日不行使而消灭。自合同成立之日起超过 2 年的，保险人不得解除合同；发生保险事故的，保险人应当承担赔偿或者给付保险金的责任。投保人故意不履行如实告知义务的，保险人对于合同解除前发生的保险事故，不承担赔偿或者给付保险金的责任，并不退还保险费。投保人因重大过失未履行如实告知义务，对保险事故的发生有严重影响，保险人对于合同解除前发生的保险事故，不承担赔偿或者给付保险金的责任，但应当退还保险费。保险人在合同订立时已经知道投保人未如实告知的，保险人不得解除合同；发生保险事故的，保险人应当承担赔偿或者给付保险金的责任。保险事故是指保险合同约定的保险责任范围内的事故。

（二）年龄误告条款

年龄误告条款是对被保险人年龄申报错误而订立了人身保险合同的依据问题的规范，《保险法》第 32 条第 1 款规定，投保人申报的被保险人年龄不真实，并且其真实年龄不符合合同约定的年龄限制的，保险人可以解除合同，并按照合同约定退还保险单的现金价值。保险人行使合同解除权，适用本法第 16 条第 3 款、第 6 款的规定。也就是说，当人身保险合同成立 2 年后，保险人不得以被保险人真实年龄不符合保单规定的范围而解除合同。同时，该条款还规定，如果被保险人真实年龄符合合同规定的投保范围，但投保人申报被保险人年龄不真实时，保险人须按被保险人真实年龄对保险费或保险金进行调整。《保险法》第 32 条第 2、3 款规定，投保人申报的被保险人年龄不真实，致使投保人支付的保险费少于应付保险费的，保险人有权更正并要求投保人补交保险费，或者在给付保险金时按照实付保险费与应付保险费的比例支付。投保人申报的被保险人年龄不真实，致使投保人支付的保险费多于应付保险费的，保险人应当将多收的保险费退还投保人。

（三）宽限期条款

宽限期条款的基本内容是：对合同约定分期支付保险费的，投保人支付首期保险费后，未按时缴纳续期保险费的，在宽限期内，保险合同仍然有效，如发生保险事故，保险人仍予负责，但要从保险金中扣除所欠的保险费和利息。宽限期一般为 30 天或 60 天，自应缴纳保险费之日起计算。在人身保险单中设立宽限期条款，主要是因为人身保险合同期限长，在长期缴费过程中，时常会有投保人一时疏忽或现金周转困难或其他客观原因使投保人没能在约定的期限按时交付保险费的情况，为避免由于上述原因造成投保人、被保险人常常面临保险合同失效的困境，因而法律上规定了对投保人缴纳续期保费给予一定的宽限时限。我国新《保险法》为了加强对投保方利益的保护，在对于宽限期的规定中新设了保险人催缴的义务，并对宽限期的计算规定了双重标准。《保险法》第 36 条规定，合同约定分期支付保险费，投保人支付首期保险费后，除合同另有约定外，投保人自保险人催告之日起超过 30 日未支付当期保险费，或者超过约定日期 60 日未支付当期保险费的，合同效力中止，或者由保险人按照合同约定的条件减少保险金额。被保险人在前款规定期限内发生保险事故的，保险人应当按照合同约定给付保险金，但可以扣减欠交的保险费。

（四）中止、复效条款

《保险法》给予投保人缴纳续期保费以一定的宽限期，当超过宽限期后，投保人未支付当期保险费的，除非合同有特殊约定，否则合同效力中止，被保险人不再享受保险保障。在我国，为保障投保方利益，投保方有权在一定期限内申请恢复保险合同效力，称为复效。但若在规定的中止期限届满时，投保人仍未办理复效的，保险人则有权解除保险合同。《保险法》规定，合同效力依照本法第 36 条规定中止的，经保险人与投保人协商并达成协议，在投保人补交保险费后，合同效力恢复。但是，自合同效力中止之日起满 2 年双方未达成协议的，保险人有权解除合同。也就是说，保险合同中止期限为 2 年。投保人申请保单复效时需提交复效申请书和保险人需要的其他证明文件，如健康声明书、体检报告书等，同时须补交所欠款项、保费和利息。申请保单复效时，保险人对于复效申请要进行审查，审查的内容主要是在中止期间内被保险人的健康状况等，目的是为了防止被保险人的逆选择，因此投保方需重新履行如实告知义务，而保险人在复效 2 年内拥有因客户违反如实告知义务而解除合同的权利。与重新购买一份新的保险单相比，投保人申请复效更为有利，由于被保险人年龄增大，新保险单的费率一般较旧保单高，且新的保险单要在合同生效一两年后才会有现金价值。

（五）自杀条款

自杀条款一般规定：在保险合同生效后的一定时期内，被保险人因自杀死亡属于除外责任，保险人不给付保险金，仅退还保单现金价值。在此规定时期之后被保险人因自杀死亡，保险人要承担保险责任，按照约定的保险金额给付保险金。采用自杀条款主要是为了避免蓄意自杀者通过保险方式谋取保险金，防止道德风险的发生。但是，一般认为蓄意自杀意图通常不能持续较长时间并最终实施，因而被保险人在投保一定时期后，自杀可认定非恶意投保。为确实保障投保人及其受益人的利益，对于规定时期以后的自杀行为保险人同样向受益人给付保险金。《保险法》第 44 条规定，以被保险人死亡为给付保险金条件的合同，自合同成立或者合同效力恢复之日起 2 年内，被保险人自杀的，保险人不承担给付保险金的责任，但被保险人自杀时为无民事行为能力人的除外。保险人依照前款规定不承担给付保险金责任的，应当按照合同约定退还保险单的现金价值。所谓自杀，是指主观上明知死亡的危害结果，而客观上实施了终结自己生命的行为，并导致死亡的结果。因此，只有同时具备主客观两个条件，才能认定为自杀，误服毒药、玩枪走火或者儿童错误实施的危险举动，不能认定为自杀，新《保险法》也明确新增了无民事行为能力人的自杀行为，保险人不能免责的规定。

（六）不丧失现金价值条款及相关选择权条款

此条款规定，长期寿险合同的投保人享有保险单现金价值的权利，不因保险合同效力终止而丧失。现金价值实际上是寿险公司在投保人退保时应退还的部分责任准备金，主要由以下三项构成：第一，均衡保费制下，投保人早期超缴的保费；第二，保费累计所生的利息；第三，生存者利益，即在保险期内死亡的被保险人放弃的保费及利息，由生存的被保险人来享受。在实务中，除定期死亡保险外，每一张长期保险单在积累保费一段时间后都会形成现金价值。《保险法》中规定，交费满 2 年的人身保险合同产生现金价值。人身保险合同中规定不丧失现金价值条款，实际上是保障投保人的利益。从来源上讲，现金价值虽然由保险人运用保管，但所有权仍应为投保人所有，在不发生给付的情况下，相当于投保人在保险人处的储蓄。为使投保人明了现金价值数额，人身保险合同中一般附有现金价值表。人身保险合同有效期限内，如果投保人不愿意或没有能力继续交费时，投保人有权根据保单中规定的不丧失权益选择权条款规定，选择有利于自己的方式来处理保单的现金价值。条款中规定的常见选择权包括以下三个方面：

(1)办理退保，领取退保金。投保人停止缴费时，可以选择退保，并以现金方式领取退保金。但是，投保人在退保时获得的净现金价值不完全等于保单中所列明的现金价值。保险人要在现金价值基础上对累计红利、增额缴清保险的现金价值、预缴保费以及保单贷款等因素进行调整。

(2)申请办理减额缴清保险。办理减额缴清保险是指当投保人停止缴付保险费后，投保人可以选择办缴清保险来延续保险保障。减额缴清保险是以保单所累积的净现金价值作趸缴保费购买与原保单设计相同的保险，但所有的附加险和补充给付都将除外。减额缴清保险的保费根据申请办理时的被保险人的年龄计算，保险责任和保险期限与原保单一致，但其保险金额的大小由保单的净现金价值大小决定。

(3)申请办理展期定期保险。办理展期定期保险是指当投保人停止缴付保险费后，投保人可以选择展期保险来延续保险保障。展期保险是以保单所累积的净现金价值作为趸缴保险费购买与原保单具有相同保额的定期保险，保险期限的长短取决于保险金额、净现金价值、被保险人的性别以及投保人申请办理时被保险人所达到的年龄。

（七）保单贷款条款

保单贷款条款的基本内容是：人寿保险合同生效满一定时期后，通常为 2 年，投保人可以以保单向保险人申请短期贷款，通常为 6 个月以内，贷款金额以该保单现金价值的一定比例为限，各大保险公司有所不同，有的为 70%，有的为 80%，投保人应按期归还贷款并支付利息。如果在归还本息前发生了保险事故或退保，保险人则从保险金或退保金中扣还贷款本息。当贷款本息达到现金价值的数额时，保险合同即行终止。保单贷款实际上是提供给投保人融通资金的机会，借以提高寿险保单的使用价值，激励投保人投保。而对保险人来说，利用保单贷款可以有一定的利息收入，同时也维持了保单的续保率，因而具有储蓄性的人身保险合同大多有贷款条款的规定。

（八）保单质押转让条款

人寿保险单的投保人可以将保单的某些权益转让给银行或其他债权人为贷款或借款提供担保，称之为保单质押转让，这也是寿险保单发挥有价证券功能的另一方式。经过保单质押转让，质押权人即债权人享有保单的一定权利，例如，在被保险人死亡时，获取已转让权益的以债权金额为限的那一部分保险金，或行使退保权利取得退保金或现金价值。需要注意的是，在寿险保单质押转让中，为了保障被保险人的生命安全，我国《保险法》规定，包含死亡保险金支付条件的人寿保险单转让必须要经过被保险人同意。对于受益人，条款一般规定在质押转让中，受益人必须在质押转让表上签字，这是为了防止事后受益人和债权人对死亡保险金发生争议，也使得债权人在行使未到期保单权利时，不必征求受益人的同意。保险人在保单质押转让中也起着重要作用，保单转让必须通知保险人，并在保险人处存档备案。

（九）自动垫缴保费条款

自动垫缴保费条款的基本内容是：保险合同生效满一定时期(通常是 2 年后)，如果投保人过了宽限期仍没有缴纳保险费，保险人则自动以保单的现金价值垫缴保费，如果在垫缴保费期间发生保险事故，保险人从应给付的保险金中扣除垫缴的保险费和利息。当垫缴的保险费和利息超过了保单的现金价值时，保险合同终止，保险人向投保人或被保险人发出终止保险合同的书面通知。自动垫缴保费条款设计的目的是为了维持保险合同的效力，当合同存在现金价值，并列有自动垫缴保费条款时，保险人在逾期不缴费的情况下才会自动垫缴。

（十）保费豁免条款

保费豁免是在保险合同规定的某些特定情况下，保险公司同意投保人可以豁免缴纳未到期保险费的义务，而保险合同继续维持原有效力的一种人性化条款。保费豁免最早出现在少儿险中，当作为投保人的父母遭遇不幸丧失工作能力时，没有经济收入的孩子仍可继续获得保险保障。随着市场竞争的加剧，各种养老险、终身险、两全险等成年人保险也开始增加豁免条款，主要适用于投保人在缴费期内因为意外、疾病等原因导致重残或完全丧失工作能力，可以免缴其后的保费，被保险人保障权益仍然有效。

第三节　健康保险

一、健康保险的含义及疾病风险的构成条件

（一）健康保险的含义

健康保险(health insurance)是以人的身体为对象，以被保险人在保险期间因疾病或意外不能从事正常工作和生活，或因疾病造成残疾或死亡时，由保险人给付保险金的保险。我国自 2006 年 9 月 1 日起施行的《健康保险管理办法》将健康保险业务划分为四个种类，即疾病保险、医疗保险、失能收入损失保险和护理保险。

（二）疾病风险的构成条件

健康保险的风险来自于意外和疾病，其中意外风险由于有专门的险种意外伤害保险承保，除医疗保险中承保意外医疗部分，其余健康保险面临的主要风险为疾病，疾病风险的构成要件可概括为以下三个方面：

(1)非明显的外来原因造成。疾病应当是由于人体内在的原因所致精神或肉体上的痛苦或不健全。当然，某些疾病可以由外界原因诱发，如细菌传染、误服药物等。但是，这些外来的感染必然要在身体内部潜伏并酝酿一段时间才会形成明显的病症，因而还是内在原因引发的，属疾病范围。

(2)非先天性的原因造成。保险合同订立前既已先天存在的疾病或器官性能上的残缺不全或畸形应排除在健康保险范围之外，健康保险的责任期间仅是由健康状态转入疾病状

态，先天的不健康不能构成疾病风险。

(3)非长存的原因造成。人的生命周期都要经历成长和衰老的过程，在趋于衰老期间的一些病态是必然的生理现象，这不属于疾病，因此为了增强体质、延缓衰老的保健费用不能纳入健康保险的范围。

二、健康保险的特点

健康保险虽然以人的身体为保障对象，但由于其所承保的内容与一般人寿保险不同，因而健康保险在保单内容上与其他人身保险合同相比有以下五个特征。

（一）保险金额和期限

人寿保险中保险人给付的保险金额一般是固定的，在保险事故发生时，按规定的金额全数给付。健康保险是对被保险人因疾病或医疗所发生的医疗费用支出和由此而引起的其他费用损失进行补偿，因而健康保险既可采取对患病给付确定保险金的险种，也有对医疗费用和收入损失补偿的险种，其给付金额往往是按照实际发生的费用或收入损失而定。因而，有些健康保险品种可列入损害保险，允许财险公司经营，我国规定产险公司可以经营短期健康保险业务。同时，健康保险不同于长期寿险，通常采用一年期的短期业务。

（二）保单续效方式

健康保险合同中一般都在条款中对保单续效方式作特殊规定，注明保单在什么条件下失效，在什么条件下可自动续保。其主要采取的方式大致有以下五种：①任意取消保单。保险人可在任何时候提出终止合同或改变保费及合同责任范围，保单成本低，承保条件要求不严格。②有条件可取消保单。保险人只能在特定的时期，如每月、季、半年的期末提出解除或变更合同。③有条件续保保单。保险人必须按期续保其合同直至某一特定的时间或年数，但其前提是被保险人必须符合合同规定的条件和承保标准。④保证性可续保保单。只要被保险人继续交费，其合同可继续有效，直至规定年龄，但保险人在续保时可根据被保险人的健康状况调整费率或变更承保责任。⑤不可取消保单。只要被保险人继续交费，保险人不得提出取消或变更原保险合同直至被保险人达到法定退休年龄。这种保单保险人承担风险最大，投保人成本最高。

（三）等待期或观察期条款

健康保险的承保条件一般比寿险要严格，由于疾病是健康保险的主要风险，因而对疾病产生的因素需要相当严格的审查，一般是根据被保险人的病历来判断。同时，为防止已经患有疾病的被保险人投保的逆选择倾向，保单中常规定一个观察期。观察期多为 90 天或 180 天，被保险人在观察期内因疾病支出医疗费及收入损失，保险人不负责任。观察期结束后，保单才正式生效，也就是说，观察期内所患疾病推定为投保以前患有的。

（四）成本分摊

对于健康保险，特别是其中的医疗费用保险，为了避免保险人在处理赔款时费用过大，健康保险通过规定免赔额、比例给付和责任限额，达到被保险人和保险人共担的目的。

(1)免赔额条款。为了避免小额经常性医疗费用赔款支出，节省费用，医疗保险一般都有免赔额的规定，即规定保险人只负责超过免赔额的部分。免赔额一般有三种，即针对每次赔款的单一赔款免赔额、针对全年总赔款的全年免赔额以及针对团体健康险的集体免赔额。

(2)比例给付条款。多数健康险合同对超过免赔额以上的医疗费用，均采用保险人与被保险人共同分摊的比例给付方法，如保险人承担70%，被保险人承担其余部分，以促进被保险人对医疗费用的节约。

(3)限额条款。在合同中规定最高保险金额，医疗费用实际支出超过部分由被保险人自行负担，以此控制总支出水平。

(五)费率厘定

健康保险的保险费率的决定因素比一般寿险要多，主要包括疾病发生率、残疾发生率、疾病持续时间、费用率、利息率、死亡率、失效率等，另外还有一些其他因素，如展业方式、承保习惯、理赔原则及公司经营目标等。同时，还有一些因素，如医院管理和医疗方法、经济发展、地理环境等条件的变化也对赔款预测带来影响。这些因素不容易被客观地、完整地、准确地预测，因此健康保险的费率计算方式与一般寿险有着明显的不同，健康保险费率厘定遵循下列四种基本的计算原则。

(1)统一费率原则。统一费率原则是保险费的收取不以年龄的变化和不同而有差别，所有被保险人适用统一的费率，这种方法一般在赔付率与年龄关系不大的条件下被采用。

(2)阶梯费率原则。阶梯费率原则规定被保险人在不同的年龄段内交纳不同的保险费，一般来说，保险费在达到规定的年龄时就相应增加，如费率每十年增加一次，其费率随年龄段呈现阶梯形式。

(3)逐年变动费率原则。逐年变动费率原则规定费率每年都发生变化，即每年都采用新费率，一般是适用于医疗费用保险单，原因在于医疗费用的变化不容易预测准确，规律性不强，需要随时动态调整。

(4)均衡保费原则。均衡保费原则规定每年收取相等的保险费，这与一般寿险的均衡保险费原理基本相同，要求逐年建立准备金以支付将来责任。健康保险中对于不能达到标准条款规定的身体健康要求但有条件承保的被保险人，可以按照次标准体保单来承保。为了控制风险，次标准体在费率厘定时往往采用的方法有：减少保单收益支付期，如住院天数的限制；减少保单收益，如支付金额限制；提高等待期；规定除外责任或者进行限制保障等。

三、健康保险的保险责任

(一)健康保险的内容

健康保险的保险责任范围主要包括疾病、分娩、因分娩或疾病所致的残疾、失能和因分娩或疾病所致的死亡等。前两项以补偿疾病、医疗费用损失为目的，第三项除医疗费用外，还补偿被保险人生活收入、失能的损失，属于收入保障保险，第四项弥补因死亡带来的其他费用损失，与以死亡为条件的人寿保险相似。因此，也有人说健康保险是一种综合保险，事实上，健康保险单一责任承保的情况比较少，经常以几种责任组合方式或作为人寿保险的附加险承保。健康保险的保险单一般会对保险的责任范围做出具体而明确的规定，便于明确保险人与被保险人双方的权利义务关系。长期的保险实践证实，随着科学技术的进步、医学技术的不断提高，曾经的不治之症多少年后就可能成了一般疾病，而许多以前不为人知的病症也不断涌现出来，成为新的不治之症。为了保证经营的稳定，最保守的方法就是在具体保单中列明已知的各种承保疾病，避免理赔过程中可能出现的各种纠纷与争执。

（二）除外责任

健康保险的除外责任明确列示在保险单的“除外责任”条款中，一般情况下，除外责任要根据这样的一些因素来确定：必然发生的损失；缺乏可测性的损失；容易引起被保险人道德风险的保障；违反法律和社会公德的保障；保险人难以承受的损失以及容易产生的消极作用等。

四、医疗保险

医疗保险以保险合同约定的医疗行为的发生为给付保险金条件，为被保险人接受诊疗期间的医疗费用支出提供保障，是健康保险的主要内容之一。在医疗保险中，保险事故为意外和疾病，保险人的责任为负责被保险人支出的医疗费用补偿。医疗费用是指被保险人在医疗机构接受各种医治而发生的费用，医疗保险按照保险金的给付性质分为费用补偿型医疗保险和定额给付型医疗保险。费用补偿型医疗保险是指根据被保险人实际发生的医疗费用支出，按照约定的标准确定保险金数额的医疗保险；定额给付型医疗保险是指按照约定的数额给付保险金的医疗保险。费用补偿型医疗保险的给付金额不得超过被保险人实际发生的医疗费用金额。按医疗服务的特性可将医疗费用划分为门诊费、药费、住院费、护理费、医院杂费、手术费用、各种检查费用等，不同的健康保险所保障的费用一般是其中的一项或若干项的组合。医疗保险既可设计成主险，也可以附加于寿险或意外险。

(1)普通医疗保险。普通医疗保险是指保险人对被保险人因意外事故或疾病所致的一般性医疗费用，承担给付保险金责任的保险，这些费用主要包括门诊费用、医药费用、检查费用等。由于医药费用和检查费用的支出控制难度较大，故设有免赔额和共保比例。

(2)住院医疗保险。住院医疗保险又称住院费用保险，保险人承担被保险人因住院而发生的各项费用的疾病保险。住院费用主要包括每天住院床位费、住院期间的诊疗费用、使用医院设备费用、手术费用、医药费用等。由于住院时间的长短直接影响费用的高低，一般此险种都对每次住院的时间做了限制，并且也有每日限额以及共保比例的规定，对于住院费用的补偿，常见的还有住院津贴保障项目。

(3)外科手术保险。外科手术保险提供被保险人因疾病或意外事故需做必要的手术而发生的费用的保险保障，所有的手术费用一般都规定给付限额和给付期间。

(4)综合医疗保险。综合医疗保险是保险人为被保险人提供的一种全面的医疗费用保险，其费用范围包括医疗、住院、手术等的一切费用。这种保单的保费较高，一般确定有免赔额和共保比例。

第四节　意外伤害保险

一、意外伤害保险的概念及意外伤害的构成要素

（一）意外伤害保险的概念

意外伤害保险(personal accident insurance)是当被保险人因遭受意外伤害使其身体残

疾或死亡时，保险人依照合同规定给付保险金的人身保险。人身意外伤害保险概念中的意外伤害是确定给付条件的前提，明确意外伤害保险定义的重点即是明确意外伤害。

（二）意外伤害的构成要素

1. 意外

意外是针对被保险人的主观状态而言的，是指伤害的发生是被保险人事先没有预见到的或伤害的发生违背被保险人的主观意愿。被保险人事先没有预见到的伤害，包括两种情况：一是伤害的发生是被保险人事先所不能预见或无法预见的；二是伤害的发生是被保险人事先能够预见到的，但由于被保险人疏忽而没有预见到的。被保险人事先没有预见到的伤害，必须是偶然发生的事件或突然发生的事件，如慢性职业病即非突然事件，故不属意外伤害。伤害的发生违背被保险人的主观意愿，也包括两种情况：一是被保险人预见到伤害即将发生时，在技术上已不能采取措施避免；二是被保险人已预见到伤害即将发生，在技术上也可以采取措施避免，但由于法律或职责上的规定不能躲避。例如，警察在执行任务时的伤亡属于意外伤害。

2. 伤害

伤害是指外来的致害物以一定的方式破坏性地接触致使身体受到伤害的客观事实。伤害由致害物、侵害对象和侵害事实三个要素构成，三者缺一不可。

(1)致害物，即直接造成伤害的物体或物质。在意外伤害保险中，致害物必须是外来的，即外界的器械伤害、自然伤害、化学伤害及生物伤害，而在体内形成的疾病对被保险人身体的侵害不认为是伤害。

(2)侵害对象，是致害物致害的客体。在意外伤害保险中，只有致害物致害的对象是被保险人的身体，才构成伤害。也就是说，意外伤害保险中所指的伤害，是指生理上的伤害，而非精神上或人身权利上的侵害。

(3)侵害事实，即致害物以一定的方式破坏性地接触、作用于被保险人身体的客观事实。致害方式可以是碰撞、坠落、淹溺、中毒等。

二、意外伤害保险的特点

人身意外伤害保险与人寿保险同属人身保险，都以人的生命与身体为投保对象，因而两者在订立合同一定原则上是一致的，如确定保额的方法与原则。但人身意外伤害保险业务在经营方式上与人寿保险有重大区别，可以由财产保险公司经营。

(1)可保风险不同。人寿保险承保的是人的生死，无论正常衰老、疾病、意外致亡都属人身保险保障内容，影响其死亡的最主要的风险因素是被保险人的年龄。意外伤害保险保障的是外来的、剧烈的、突然的事故对人体造成的伤害，对每个被保险人来说，意外风险的发生与年龄关系不大而与被保险人从事的职业与生活环境密切相关。相比较而言，意外伤害的承保条件一般较宽，高龄者可以投保，对被保险人不进行严格的体格检查。

(2)厘定费率的依据不同。人寿保险在厘定费率时按人的生死概率，选择不同的生命表进行计算。不同年龄、不同性别的人购买寿险所交保费不同。意外伤害保险费率的厘定是根据过去各种意外伤害事故发生概率的经验统计计算，注重职业危险，将不同风险的职业划分为 5 个等级，每一等级采取不同的费率。

(3)经营方式不同。人寿保险一般是长期性业务，采取均衡保费，因而为满足将来的死亡给付或期满给付的储蓄保费，连同其按复利方式所产生的利息构成人寿保险的责任准备金，以保证将来履行保险责任。意外伤害保险其保险期限最长一般为一年，多数为短期业务，如飞机、火车旅客意外伤害保险等，保险期限可短至十几个小时甚至几小时。因而，其责任准备金按法律规定相同于所有非寿险业务，应在当年自留保费中按二十四分之一法或三百六十五分之一法提取未到期责任准备金。

三、意外伤害保险的分类

（一）按实施方式分为自愿与强制意外伤害保险

(1)自愿意外伤害保险，即投保人根据自己的意愿和需求，投保的各种意外伤害保险。

(2)强制意外伤害保险，即国家机关通过颁布法律、行政法规、地方性法规强制实行的意外伤害保险，如铁路旅客意外伤害保险等。

（二）按保险风险分为普通意外伤害保险和特种意外伤害保险

(1)普通意外伤害保险，即承保在保险期限内，由于普通的一般风险而导致的各种意外伤害，如学生团体平安保险、个人意外伤害保险等。普通意外伤害保险中除将违反社会公德和法律的一些犯罪风险、吸毒意外风险排除为不可保风险之外，一般将一些特殊风险也排除在承保范围之外，如战争风险，从事登山、跳伞、滑雪等剧烈体育活动或比赛中遭受的意外伤害，医疗事故意外伤害等。

(2)特种意外伤害保险，即以特定时间、特定地点或特定原因而导致的意外伤害事件为保险事故的意外伤害保险。例如，保障在游泳池或游乐场所发生的意外伤害，江河漂流、登山、跳伞、滑雪等剧烈体育活动或比赛中遭受的意外伤害的保险品种等。

四、意外伤害保险的保险责任

意外伤害保险的保险责任是在保险期限内被保险人由于意外伤害造成的死亡或残疾，即保险人将在此条件下进行死亡给付或残疾给付。意外伤害保险不同于寿险，存在责任期限的特有概念。责任期限是指自被保险人遭受意外伤害之日起的一定时间期限，如 90 天或 180 天等。只要被保险人在保险期限内遭受意外伤害，并在责任期限内确定死亡或残废程度，则被保险人可享受到保险单规定的保险金给付。设定责任期限的概念，对被保险人受到伤害后最终确定伤害后果确定了时间界限，即只要在保险期限内致害，无论死亡是否在保险期限内均可获得保险保障；而保险人在责任期限终止时也可依据当时被保险人的伤残程度进行给付，并且若在责任期限后伤残程度发生减轻或加重，保险人也不再进行残废保险金的追偿或给付。意外伤害保险的保险金给付也具有一定的特色，意外伤害保险属定额保险，保单确定的保额一般是死亡时给付的保险金额。当被保险人未致死亡而发生残废时，给付保险金的数额则按保单的具体规定执行。一般情况下，意外伤害保险的残疾保险金的给付金额是由保额和残疾程度两个因素决定的，计算公式如下：

$$残疾保险金=保险金额\times残疾程度 \tag{8-1}$$

残疾程度是指人体永久完全丧失生理机能或身体功能状态的程度，通常用百分比表示。在订立意外伤害保险合同时，双方事先约定各类残疾程度的百分比，例如，一被保险人下肢永久完全丧失生理机能，按保单规定残废程度的百分比为 50%，若保单保额为 10

万元，则保险人给付 5 万元。当发生一次伤害后多处致残或多次伤害的情况时，保险人可同时或连续支付保险金，但累计数额以不超过保额为限。

第五节　人身保险费率的计算

一、人寿保险费的构成

人寿保险费由纯保费和附加保费两部分构成，纯保费是保险费中的主要构成部分，用于保险金的给付，附加保费是用于保险公司业务经营和管理费用的开支，二者之和就是营业保险费，亦称毛保费，其计算公式为

$$毛保费＝纯保费＋附加保费 \tag{8-2}$$

纯保费包含保险责任事故的危险性，同时要估计到保险基金的利息收入，附加保费是保险公司在业务管理上可能遇到的费用，如工资、租金、各种业务开支等合理地分摊到每笔业务上去的数目。其中，纯保费又可细分为危险保费和储蓄保费，危险保费是用来支付当年保险金，储蓄保费则是纯保费中扣除危险保费后的剩余部分逐年以复利累积，用来弥补未来年份保费收不抵支的不足部分。人寿保费可用图 8-1 表示。

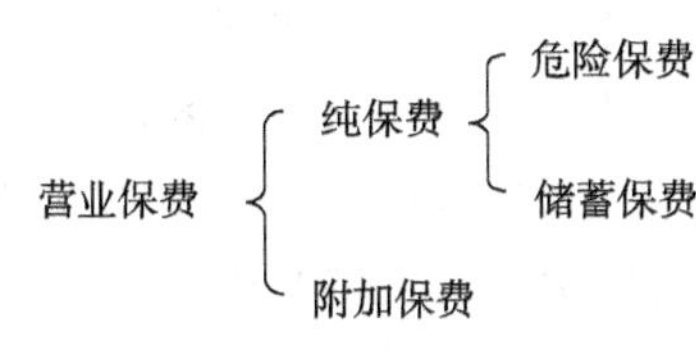

图 8-1　人寿保费结构图

二、纯保费的分类

人寿保险费按缴费方法常分为自然纯保费、趸缴纯保费与均衡纯保费。

(1)自然纯保费。自然纯保费是分别以被保险人各年岁的死亡率为缴付标准计算的保险费。由于各年岁的死亡率不同，保费也随之变动。一般规律是初生婴儿的死亡率较高，然后逐渐降低；11～15 岁的死亡率最低，每年只在 0.000 6 以下，以后慢慢回升；至 50 岁时，男性死亡率为 0.005 26，女性为 0.003 28，以后加快上升；到 85 岁时，男性为 0.130 4，女性为 0.104 3，自然费率必须随之增高。男性的保险费从 50 岁的每千元 5.26 元增至 80 岁的 130.4 元，女性则要从 56 岁时的每千元 3.28 元增至 80 岁的 104.3 元。按照这样的增费速度，许多人到了晚年就没有能力或者不情愿续保了。所以这种按自然费率法计算保费的寿险只能适用于青壮年的被保险人或只保两三年的短期寿险，对老年人或长期寿险是不适用的。

(2)趸缴纯保费。趸缴纯保费是在投保之日一次性缴清的毛保费中扣除附加保费后的剩余部分。趸缴纯保费实质上是各个年岁应缴的自然纯保费折算成投保时的现值合并而成的总数，除年金保险外，被保险人按一次缴清方法缴费是不多见的。但趸缴纯保费的计算方法很有用处，只有先算出在投保时应缴的趸缴纯保费，才能算出年缴均衡纯保费的数目。在年金保险业务中，保险公司要求年金投保人在年金给付开始前付清全部年金现值，也就是年金保险的趸缴纯保费。

(3)均衡纯保费。均衡纯保费是在约定缴费期限内，每次缴费金额始终不变的均衡毛保费中扣除均衡附加保费的剩余部分。均衡保费的出现主要是为了规避趸缴保费的弊端生成的，便于投保人接受，有利于保险业务的开展。

三、保险费计算的基本原则

计算人寿保险费就是考虑在不同缴费方式下的保险费匹配不同保险事故对应的保险面值和各项经营费用。无论是采用趸缴还是年缴方式，人寿保险费的计算均要遵循收支平衡的基本原则。

1. 收支平衡的内容

(1)总额匹配。人寿保险费收支平衡首先表现为收支总额的平衡，即保险当事人双方均实现收支平衡。从保险人角度看，收入是指保险人收取的保费总额，支出是指保险人的保险金给付和支出的各项经营费用，此项收与支应当平衡。从投保人角度看，收入指的是其收到的保额、安全保障或保险服务，支出则是保费总额，两者应当平衡。

(2)精算平衡。人寿保险费收支平衡关系建立的时点通常在投保生效之日，而保险金给付与保费缴纳总是分离的。收支平衡并不是简单的收入总额等于支出总额，也不是简单地使保费总额等于保险面值。要真正建立收支平衡，必须将分离的货币额折现到一个可比点或可比日，方能判断两者额度是否相等。同时，寿险不仅要涉及利率，且离不开生死概率，所以货币的折现并非简单的折现，而是精算意义上的折现，因此人寿保险的收支平衡是精算意义上的平衡。

2. 收支平衡的表达

保险费精算现值＝保险金额精算现值＋各项业务费用精算现值　(8-3)

纯保费精算现值＋附加保费精算现值＝保险金精算现值＋各项业务费用精算现值　(8-4)

纯保费精算现值＝保险金精算现值　(8-5)

附加保费精算现值＝各项业务费用精算现值　(8-6)

四、生命表

(一)生命表的含义

生命表是寿险精算的科学基础，是寿险费率和责任准备金计算的根据，也是寿险成本核算的依据。生命表，又称死亡表，是根据一定时期内各种年龄的死亡统计资料编制的，由每个年龄死亡率所组成的统计表。生命表中最重要的就是设计产生每个年龄的死亡率，影响死亡率的因素很多，主要有年龄、性别、职业、习性、以往病史、种族等。一般情况下，在设计生命表时，只注重考虑年龄和性别。

(二)生命表的分类

(1)按死亡统计的对象分类。生命表按死亡统计的对象分为国民生命表和经验生命表。国民生命表是以全体国民或特定地区的人口统计资料编制的统计表，是根据政府机关的户口普查及死亡统计资料综合而成的生命表，又称普通生命表；经验生命表是以人寿保险公司承保的被保险人实际经验的死亡统计资料编制的统计表。国民生命表的资料来源于人口普查或抽样调查，其对象男女老幼、体质强弱均有，而人寿保险公司的被保险人一般要经体检合格后才予承保，故在同一时期内，国民生命表的死亡率一般高于经验表的死亡率。比较而言，经验生命表更能反映各种被保险人的死亡率特征，在人寿保险费率计算中，一般采用后者。

(2)按提供的信息量分类。生命表按提供的信息量分为完全生命表和简易生命表。完全生命表是能够反映每一年龄生死概率的生命表，是依据准确的人口普查资料，依年龄组别计算死亡率、生存率、平均寿命等生命函数编制的统计表；简易生命表则指仅反映年龄组别生死概率的生命表，如按 5 岁或 10 岁年龄组编制的生命表。

(3)按被保险人的经验分类。生命表按被保险人的经验处理分为一般寿险生命表和年金生命表，年金生命表是根据购买年金者的死亡统计所编制的生命表。由于年金保险的被保险人的经济情况和身体状况常比一般死亡保险的被保险人要好，因此其死亡率比普通寿险的死亡率低，故采用不同的生命表来表达。

(4)按死亡统计期间不同分类。生命表按死亡统计期间不同可分为选择表、终极表和综合表。选择表是依据选择效果尚存在的资料编制而成的，该表的死亡率同时考虑年龄及投保年数两项指标，故准确性最好，常适用于分红险保费的计算。其中，经过的年数称为选择期间，经过年数超过选择期间，选择效果便消失。终极表是根据选择效果消失的资料编制的，一般寿险的保费主要根据此表计算。综合表是以全体被保险人在保险合同订立后最初数年及以后数年间的死亡统计而编制的生命表，其死亡率介于选择表和终极表之间。

（三）生命表的内容

1. 主要指标

x：年龄，生命表的年龄自 0 岁起至极限年龄 w 止。

l_x：生存数，指从初始年龄至满 x 岁的人在年初的生存人数。在生命表中，在 0 岁年初的人数一般假定为 100 000 人，即 $l_0=100\ 000$ 人。l_{25} 表示在初始年龄定义的基数中有 l_{25} 人活到 25 岁。

d_x：死亡数，指 x 岁的人在年内死亡的人数，是 x 岁至 $x+1$ 岁的年龄间死亡人数，如 d_5 表示 5 岁至 6 岁的年龄间死亡人数。

p_x：x 岁的人在一年间的生存率，即 x 岁的人生存至 $x+1$ 岁的概率。

q_x：x 岁的人在一年内的死亡率，即 x 岁的人在一年内死亡(即死于 x 岁与 $x+1$ 岁间)的概率。

$\overset{0}{e}_x$：平均余命。即 x 岁的全体人口平均计算可期望生存的余年，即 x 岁的人以后还能生存的平均年数。年龄 0 岁的平均余命即为平均寿命，假设在 x 岁仍生存的 l_x，未来共生存 T_x，则每个人还可以活 T_x/l_x 年，其计算公式为

$$\overset{0}{e}_x=T_x/l_x$$

其中，$T_x=l_x+l_{x+1}+l_{x+2}+\cdots+l_{w-1}$。

2. 指标间的关系

(1)x 岁的人年初生存人数(l_x)、年内的死亡人数(d_x)与次年初($x+1$)岁的生存人数 l_{x+1} 间的换算：

$$l_x-d_x=l_{x+1} \tag{8-7}$$

$$d_x=l_x-l_{x+1} \tag{8-8}$$

(2)连续数年死亡人数之和等于第一年初生存人数和最后一年初生存人数的差额：

$$d_x+d_{x+1}+\cdots+d_{x+2}+\cdots+d_{x+n-1}=l_x-l_{x+n} \tag{8-9}$$

(3)生存率是指次年初生存人数(l_{x+1})与年初生存人数(l_x)之比：

$$p_x = l_{x+1}/l_x \tag{8-10}$$

(4)x 岁的人存活到 $x+n$ 岁的生存率：

$$_np_x = l_{x+n}/l_x \tag{8-11}$$

(5)死亡率是指年内死亡的人数(d_x)与年初生存人数(l_x)之比：

$$q_x = d_x/l_x = (l_x - l_{x+1})/l_x \tag{8-12}$$

(6)x 岁的人在 n 年间的死亡率：

$$_np_x = (l_x - l_{x+n})/l_x \tag{8-13}$$

生命表一经编制完毕后，以后在保险实务中可以采用直接查表的方式获取数据，针对不同年龄的投保人和不同的险种计算保险费。生命表的一般结构如表 8-2 所示。

表 8-2　中国人寿保险经验生命表

年龄	年初生存人数	年死亡人数	生存率 p_x	死亡率 q_x
25	980 199	723	0.999 262	0.000 738
26	979 475	713	0.999 272	0.000 728
27	978 762	712	0.999 273	0.000 727
28	798 051	714	0.999 270	0.000 730
29	977 337	726	0.999 257	0.000 743
30	976 611	755	0.999 227	0.000 773
31	975 856	789	0.999 191	0.000 809
32	975 066	834	0.999 145	0.000 855
33	974 232	887	0.999 090	0.000 910
34	973 346	950	0.999 024	0.000 976
35	972 396	1 028	0.998 943	0.001 057
36	971 386	1 113	0.998 854	0.001 146
37	970 255	1 212	0.998 751	0.001 249
38	969 043	1 324	0.998 634	0.001 366
39	967 719	1 449	0.998 503	0.001 497
40	966 271	1 594	0.998 350	0.001 650
41	964 676	1 748	0.998 182	0.001 812
42	962 928	1 919	0.998 007	0.001 993
43	961 009	2 107	0.997 807	0.002 193
44	958 902	2 310	0.997 591	0.002 409
45	956 592	2 543	0.997 342	0.002 658

五、人寿保险费计算的其他依据

(一)利息

利息是货币的时间价值，即一定量的本金通过投资行为产生的收益。它是资金使用者支付给资金所有者的报酬。计算利息有三个基本要素，即本金、利率和期间。所借入的资金称为本金；运用本金的一定时间称为期间；利息率是在一定时期内(月或年)利息额占本金的比率，它是在年、季、月等单位时期内每千元或每百元单位本金所赚的利息，年利率常以百分比表示。利息的数额取决于本金的数量、利率的高低、存放期间的长短。本金数量越大，利率越高，存放期间越长，则利息越多；反之，利息就越少。由于人寿保险是长期保险，故利率因素是保险费计算中必须充分考虑的重要因素。

(1)单利。单利是指仅有本金计算利息的方法，在单利计算方法下利息额等于本金乘以计息期数乘以利率。若以 P 表示本金，i 表示利率，n 表示计算期数，i 表示利息额，S 表示本利和，则它们之间有如下关系：

$$I=P\times n\times i \tag{8-14}$$

$$S=P+I=P+P\times n\times i=P(1+n\times i) \tag{8-15}$$

(2)复利。复利的计算是对本金及其所生的利息一并计息，即上期所得利息，在本期也生息。复利计算的特点是，把上一期末的本利和作为下一期的本金，在计算时每一期本金的数额是不同的。若以 P 表示本金，i 表示利率，n 表示计算期数，I 表示利息额，S 表示本金与利息之和，则以复利计算的本利和及利息为

$$S=P(1+i)^n \tag{8-16}$$

$$I=P(1+i)^n-P=P\times[(1+i)^n-1] \tag{8-17}$$

(3)终值和现值。终值是一笔本金按复利计算所得的本利和，也是一般复利计算本利和的又一种表达，其计算公式见式(8-16)。与复利终值相对的是复利现值，是一笔终值的现在价值量，是按某种利率及生息时间计算的，在未来某一时刻要积累一定数额的资金量而现在所需要的货币量。换言之，即现在需要多少本金，将来加上利息才能积累一定数额的终值。如果我们用 P 代表现值，F 代表终值，i 表示利率，n 表示计算期数，则现值计算公式为

$$P=F\times[1/(1+i)^n] \tag{8-18}$$

其中，$1/(1+i)^n$ 叫做折现系数；i 叫做折现率，保险处理中常用 v^n 代表 $1/(1+i)^n$。

（二）年金

(1)年金的含义。年金是在一定时间内，每隔一个相同的时间间隔，收入或发出的等额的款项。年金按支付条件分为确定年金和生命年金。确定年金是支付有确定起讫时期的年金，又称生存年金；生命年金是年金的支付依死亡或生存事件是否发生的年金，即与收款人生命有关的年金。

(2)年金的分类。年金按照不同的标准分为不同的类别，具体包括：按每期年金支付的时间可分为期首付年金和期末付年金；按年金的期数可分为定期年金和终身年金；按每期年金支付额有无变化可分为定期年金和变额年金；按支付开始的时期可分为即期年金和延期年金；按年金领受人的人数不同可分为单人年金和联合年金；按年金支付者的责任分为纯粹年金和退款年金；按缴费方式可分为趸缴年金和分期缴年金。其中，期首付年金是指年金支付发生在每一期的期初；期末付年金是指年金支付发生在每一期的期末。期末付年金的现值等于每一期年金支付在初始时刻的现值之和。即期年金是只要年金领受人达到一定条件时就即刻开始支付的年金；延期年金是延长一定时期后才开始支付的年金，即年金的开始日比订约时要晚若干时期。延期年金也可分为期首付延期年金和期末付延期年金。

六、纯保费的计算

（一）趸缴纯保费的计算

趸缴纯保费是在长期寿险合同签订时投保人将保险期间应缴付保险人的纯保费一次全部缴清。趸缴纯保费与保险合同所规定的保险人在整个保险期内的给付义务相等价。根据险种不同，趸缴纯保费分为定期生存保险趸缴纯保费、定期死亡保险趸缴纯保费和两全保险趸缴纯保费。

1. 定期生存保险趸缴纯保费的计算

定期生存保险又称纯生存保险，是以被保险人在某一期间内生存为保险事故，给付约定保险金的保险形式。即被保险人生存至保险合同规定的期限届满时，按保险合同约定给付保险金于受益人的保险。被保险人在保险期限届满时仍生存，保险人对其承担保险责任，给付约定的保险金；被保险人在保险期限内死亡，保险人不给付任何保险金，也不退还保险费。根据纯生存保险的含义，被保险人只有活到 $x+n$ 岁的，方可获得保险金的给付，而依生命表，活到 $x+n$ 岁的人有 l_{x+n}，假定需要支付的保险金为 1 元(以后的讨论相同)，故保险人对活到 $x+n$ 岁的 l_{x+n} 人给付的保险金总额为 l_{x+n}，此额在 x 岁的现值为 $v^n \cdot l_{x+n}$。

对每个投保人，如果假定凡参加定期生命保险的被保险人，每人在 x 岁应缴纳趸缴纯保费为 $A_{x:\overline{n|}}^{\ \ 1}$，即 x 岁的人口生存到 n 年时取得 1 元的保险金一次应缴的纯保费，而在 x 岁的总人数为 l_x 人，所以保险人收取趸交纯保费总额为 $l_x \cdot A_{x:\overline{n|}}^{\ \ 1}$ 元。根据收支平衡原则，有

$$l_x \cdot A_{x:\overline{n|}}^{\ \ 1} = v^n \cdot l_{x+n} \tag{8-19}$$

$$A_{x:\overline{n|}}^{\ \ 1} = v^n \cdot l_{x+n} / l_x \tag{8-20}$$

2. 定期死亡保险趸缴纯保费的计算

定期死亡保险是被保险人在保险期间内因发生保险事故而死亡由保险人给付保险金的保险，常称定期寿险。该保险对于保险期限届满时仍然生存的被保险人则不给付保险金。根据定期死亡保险的性质，设 l_x 个年龄为 x 的人投保 n 年期的死亡保险，在 n 年内每年死亡的人(d_x，d_{x+1}，…，d_{x+n-1})在年末由受益人领取保险金 1 元，年利率为 i。每年因被保险人死亡，受益人领取 1 元保险金现值之和为 $d_x \cdot v + d_{x+1} \cdot v^2 + \cdots + d_{x+n-1} \cdot v^n$，这也就是保险人支付的保险金现值。

根据收支平衡的原则：

$$l_x \cdot A_{x:\overline{n|}}^1 = d_x \cdot v + d_{x+1} \cdot v^2 + \cdots + d_{x+n-1} \cdot v^n$$

则得计算公式：

$$A_{x:\overline{n|}}^1 = (d_x \cdot v + d_{x+1} \cdot v^2 + \cdots + d_{x+n-1} \cdot v^n) / l_x \tag{8-21}$$

3. 两全保险趸缴纯保费的计算

两全保险是被保险人至保险合同规定的期限届满时，无论生存或死亡均可按保险合同约定领取保险金的保险。既然被保险人在保险期限届满时无论生存或死亡均享有保险金请求的权利，因而也应承担交付生存和死亡两份保险费的义务，即为生存保险与死亡保险趸缴纯保费之和。其计算公式如下：

$$A_{x:\overline{n|}} = A_{x:\overline{n|}}^{\ \ 1} + A_{x:\overline{n|}}^{1} = (l_{x+n} \cdot v^n)/l_x + (d_x \cdot v + d_{x+1} \cdot v^2 + \cdots + d_{x+n-1} \cdot v^n)/l_x \tag{8-22}$$

（二）年缴纯保费的计算

年缴纯保费就是将趸缴纯保费改为按年均衡地缴纳，即每年缴纳的纯保费数量都相等，这里只讨论每年缴纳保费一次的年缴纯保费。采用按年平均缴付保险费的方式，投保人所缴付的年缴纯保费现值的总和的积存值，应当同趸缴纯保费的积存值相等，同时根据收支平衡的原则，也应等于保险金给付现值总和的积存值，只有在这种条件下，才符合保险合同双方当事人权利和义务均等的原则。依照收支相等的原则，年缴纯保费的计算原理为年缴纯保费的现值等于支出保险金现值等于趸缴纯保费现值，因此有公式：

$$\text{年缴纯保费} = \text{趸缴纯保费}/\text{保费缴付 1 元期首付年金的现值} \tag{8-23}$$

具体计算因险种不同而不一样，下面仅以定期生存保险为例说明，定期死亡保险和两全保险的年缴纯保费厘定的原理相同。

用 $P_{x:\overline{n|}}^{\ \ 1}$表示 x 岁投保，保额为 1 元 n 年纯生存保险的年缴纯保费，则 x 岁人所缴总保费现值为

$$P_{x:\overline{n|}}^{\ \ 1}(l_x + v \cdot l_{x+1} + v^2 \cdot l_{x+2} + \cdots + v^{n-1} \cdot l_{x+n-1})$$

保险人支出保额在 x 岁的人生存到 $x+n$ 岁的保额现值为 $v^n \cdot l_{x+n}$，则根据收支相等的原则，

$$P_{x:\overline{n|}}^{\ \ 1}(l_x + v \cdot l_{x+1} + v^2 \cdot l_{x+2} + \cdots + v^{n-1} \cdot l_{x+n-1}) = v^n \cdot l_{x+n}$$

于是，

$$P_{x:\overline{n|}}^{\ \ 1} = v^n \cdot l_{x+n}/(l_x + v \cdot l_{x+1} + v^2 \cdot l_{x+2} + \cdots + v^{n-1} \cdot l_{x+n-1}) \tag{8-24}$$

将公式(8-20)代入公式(8-24)，有

$$P_{x:\overline{n|}}^{\ \ 1} = A_{x:\overline{n|}}^{\ \ 1} \cdot l_x/(l_x + vl_{x+1} + v^2 \cdot l_{x+2} + \cdots + v^{n-1} \cdot l_{x+n-1})$$

令

$$\frac{l_x + vl_{x+1} + v^2 \cdot l_{x+2} + \cdots + v^{n-1} \cdot l_{x+n-1}}{l_x} = \ddot{a}_{x:\overline{n|}}$$

则有

$$P_{x:\overline{n|}}^{\ \ 1} = A_{x:\overline{n|}}^{\ \ 1}/\ddot{a}_{x:\overline{n|}} \tag{8-25}$$

（三）年金纯保费的计算

保险公司年金保险的承保责任是被保险人的终身或者在一定时期内，被保险人生存时每隔一年，由保险公司按期支付一次年金直至被保险人死亡或者保险期限届满为止。年金保险的过程可分为两段：从趸缴年金现价时起或分期缴费的第一次缴费时起，直至给付周期开始以前为第一段，称为现价积累期；从给付周期开始至满期停付或死亡停付时为第二段，称为年金给付期。下面分别以即期年金和延期年金为例说明之。

1. 即期年金

假定 x 岁的人投保期限为 n 年的年金保险，保险公司每年年初支付的保险金分别为 l_x 元，l_{x+1}元，…，l_{x+n-1}元。设投保人应缴的纯保险费为 $\alpha_{x:n}$元，并令 $D_x = v^x l_x$，则依据收支相等原则，将支付的保险金折算成现值为

$$\alpha_{x:n}=(D_x+D_{x+1}+\cdots+D_{x+n-1})/D_x \tag{8-26}$$

如果将给付周期改为终身，则可得到

$$\alpha_x=(D_x+D_{x+1}+\cdots+D_w)/D_x \tag{8-27}$$

令

$$N_x=D_x+D_{x+1}+\cdots+D_w$$

则有

$$\alpha_{x:n}=(N_x-N_{x+n})/D_x \tag{8-28}$$

$$\alpha_x=N_x/D_x \tag{8-29}$$

仍然假定 x 岁的人投保期限为 n 年的年金保险，现将保险公司每年年初支付保险金条件改为在年末支付，则保险公司每年年初支付的保险金分别为 l_{x+1} 元，l_{x+2} 元，…，l_{x+n} 元。依据与上面同样的方法可以得到期末付定期年金的纯保险费为

$$\alpha_{x:n}^{*}=(N_{x+1}-N_{x+n+1})/\ D_x \tag{8-30}$$

同理期末付终身年金的纯保险费为

$$\alpha_x^{*}=N_{x+1}/\ D_x \tag{8-31}$$

2. 延期年金

延期年金不同于即期年金，在保险合同成立之后，保险人要在一定时期或被保险人达到一定年龄后，才开始给付年金。因此，相应的延期年金的纯保费的计算，只需按照对应的即期年金纯保费的计算方法，将每一次给付金额的现值作一定的修正即可。

假定 x 岁的人投保期限为 n 年的年金保险，m 年后开始期首给付，即延期 m 年。用 $m\mid\alpha_{x:n}$表示 n 年定期期首付延期年金的纯保费，根据收支平衡原则，有

$$l_x m\mid\alpha_{x:n}=v^m l_x+v^{m+1}l_{x+m+1}+\cdots+v^{m+n-1}l_{x+m+n-1}$$

整理后可得

$$m\mid\alpha_{x:n}=(N_{x+m}-N_{x+m+n})/D_x \tag{8-32}$$

采用相同的方法可以得到期末付定期延期年金的纯保险费为

$$m\mid\alpha_{x:n}^{*}=(N_{x+m+1}-N_{x+m+n+1})/D_x \tag{8-33}$$

期首付延期终身年金的纯保费为

$$m\mid\alpha_x=N_{x+m}/D_x \tag{8-34}$$

期末付延期终身年金的纯保险费为

$$m\mid\alpha_x^{*}=N_{x+m+1}/D_x \tag{8-35}$$

七、营业保费的计算

保险公司向投保人收取的保险费除了纯保费外，还有附加费用。以上应用收支平衡原则通过采用纯保费与保额对等关系的建立讨论了趸缴纯保费和均衡纯保费的计算。下面应用收支平衡原则研究营业保费计算，一般而言，营业保费计算的精度要求低于纯保费的计算精度，主要是由于对附加费的计算精度要求低于纯保费。影响附加保费计算的因素很多，如费用预估和分摊、分摊年度的选择等，严格完整地讨论，属于寿险精算的内容，此处仅提出计算营业保费的一些简要研究方法。保险公司经营寿险业务还需要一些必要的营业费用，例如，业务人员招揽新合同、签发保单、合同成立后的维持、保全及催收保费等

项工作，均需要支出相当的费用。这部分于纯保费之外而为经营寿险业务所必需的费用，就是所谓的附加保费，这部分保费也要由每一个投保人负担。纯保费与附加保费的总和，就是营业保费，营业保费才是每位投保人实际要缴纳的保费。

（一）附加费用的构成

保险公司经营寿险业务，必须支付的营业费用一般包括以下三项：

(1)新合同费。新合同费也称原始费用，是保险公司为招揽新合同，于第一年度所必须支出的一切费用，如宣传广告费、外勤人员的薪金、佣金等报酬、体验费、各种单证印刷及成本费等费用。

(2)维持费。与新合同费不同，维持费贯穿于整个合同始终，包括整个保险期间为使合同维持保全所必需的一切费用，如寄送催缴保费通知单、合同内容的变更、保单质押贷款、固定资产折旧等为维持保单保全工作的各项费用。

(3)收费费用。收费费用，即保费收缴费用，包括收费员的薪金、支付给与公司订有合同代收保费的机构、组织或团体的手续费，以及其他与收费事务有关的费用。

（二）营业保费的计算

由于预定附加费用率的形式不同，通常计算营业保费的方法有以下三种：

(1)比例法。比例法就是按照营业保费的一定比例作为附加费用，这一比例一般根据以往业务经营的经验确定。若以 p 表示纯保费，p' 表示营业保费，k 表示附加费占营业保费的比例，则有

$$p'=p+kp' \tag{8-36}$$

$$p'=p/(1-k) \tag{8-37}$$

若以 L 表示附加保费，则

$$L=kp'=k\cdot p/(1-k) \tag{8-38}$$

目前，我国保险实践中计算营业保费时常采用的是比例法。该方法的特点是附加费用的计算简便，并且与营业保费成正比；但不够准确，因为对于保费高的保单，所收取的附加费可能多于实际经营费用的支出，而对于保费低的保单，所收取的附加费甚至可能不足以支付实际经营的费用。

(2)比例常数法。比例常数法是首先根据以往的业务资料确定每单位保险金额所必须支出的费用，作为一个固定费用，用常数 α 表示，然后确定一定比例的营业保费作为其余部分的附加费，即

$$p'=p+kp'$$

$$p'=(p+\alpha)/(1-k) \tag{8-39}$$

(3)三元素法。所谓三元素法，就是将附加费用分解成新合同费、维持费、收费费用三个部分，并且假设：第一，新合同费，是一次性费用，单位保额的费用为 α；第二，维持费，单位保额每年的费用为 β；第三，收费费用，每年占营业费用的比例为 γ。然后根据“总保费现值＝净保费现值＋附加费现值”的原理，来计算营业保费。

八、意外伤害保险费的计算

虽然意外伤害保险属于人身保险的范畴，但其保险费的计算与一般寿险存在很大的区

别，由于意外伤害是外来的、剧烈的、偶然的因素造成，与人的年龄、性别关联度不大，与人们所从事的职业关系较大，同时意外保险多为短期险，通常不用考虑利率因素，故意外伤害保险费率的计算可参照财产保险，此处仅简单说明。

1. 职业划分

人身意外伤害保险的缴费是根据被保险人的职业类别来划分的，职业分类是根据从事工作的风险程度不同来划分，每万元保额保费分别为20元、40元和70元。我国人身意外伤害保险的费率根据被保险人的职业划分为三个档次：

(1)机关团体、事业单位和一般工商企业单位职工，年费率为0.2%，附加医疗保险的费率为0.3%。

(2)从事建筑、冶金、勘探、航海、伐木、搬运、装卸、筑路、地面采矿、汽车驾驶、高空作业的人员，年费率为0.4%，附加医疗保险的费率为0.6%。

(3)从事井下采矿、海上钻探、海上打捞、海上捕鱼、航空执勤的人员，年费率为0.7%，附加医疗保险费率为0.9%。

2. 保险费计收方式

人身意外伤害保险一般采用下列三种方式计收：

(1)按保险金额的一定比率计收。例如，为投保团体人身意外伤害保险，保险费率为2‰，保险金额为10 000元时，保险费为20元，即10 000×2‰=20(元)。

(2)按收费金额的一定比率计收。例如，中国人民财产保险股份有限公司(简称人保公司)的公路旅客意外伤害保险条款规定，保险费按票价的2%计收，而每名旅客的保险金额为3 000元，当票价为10元时，保险费为0.20元，即10×2%=0.20(元)。

(3)按保险条款中规定的金额收费。例如，人保公司某分公司开办的旅游人身意外伤害保险条款中规定，每名游客每天收保险费0.10元。

➤补充学习资料

不属于意外伤害保险承保范畴的一起突然死亡事件

2005年9月，马先生在某保险公司北京分公司为其父投保综合个人意外伤害保险，保险金额为5万元人民币。依照条款约定，当被保险人遭受意外事故并且因此导致身故或高度残疾时，保险公司应承担给付保险金责任。2006年3月26日老人在超市购物时倒地，经抢救无效身故，北京市海淀区公安分局刑侦大队介入此案并对尸体进行了检验。尸检报告结论为“被保险人尸体全身未见重要外伤，心血中未检出常见毒物，可排除外伤及中毒。结合案情，不排除猝死。此类疾病，可因过度劳累、情绪激动以及外伤等作为其诱发因素”。保险公司经过调查后，认为被保险人身故原因不属于合同约定的“意外事故”，因此做出了拒赔决定。

分析：

本案的焦点是原被告双方对“意外事故”的理解。意外伤害保险是以意外事件而致使被保险人死亡或者残疾为给付保险金条件的人身保险。针对马先生与保险公司的具体案件而言，被告律师认为原告并没有证据证明被保险人身故属于保险合同约定的意外事故。理由如下：首先，按照合同双方约定，被告申请理赔时应提交“医疗机构出具的被保险人死亡证明书或政府职能部门法医出具的尸体检验报告”。而原告在整个理赔过程中只提供了盖有“北京市公安局东交民巷派出所户口专用章”的死亡证明。该证明不能取代鉴定死亡原因法定证明《居民医学死亡证明书》。其次，如何理解该证明中填写的“非正常死亡”？依据《北京公安局关于印发办理非正常死亡案件工作规定(试行)》中的定义，非正常死亡是指“自杀、意外事故、不明原因猝死等非正常原因导致的死亡”。意外事故仅是非正常死亡情况之一，即非正常死亡并不必然意味着意外身故。再次，法庭调查也表明，目击者在当天也只看到被保险人在超市购物时突然倒地，并有抽搐，而未见到有“外来”事件发生。马先生起诉保险公司前，其与老人所在的敬老院也曾有诉讼争议，依照当时案件的一审判决认定，对老人的尸体检验以及身故时事发经过均予以确认，该判决认定老人死亡并非外力所致，已排除了保险合同中约定的意外身故的必备条件之一“外来的”因素。被告律师认为其父身故的原因并不属于意外事故，保险公司还是有充分的理由和证据拒绝赔付的。

(资料来源：向日葵保险网，http://www.xiangrikui.com/yiwaixian/xinwen/20101123/75125.html.)

复习思考题

1. 请回答人身保险的含义及特征。
2. 人身保险的主要险种有哪些？
3. 简述人寿保险的含义。
4. 请回答传统人寿保险的分类。
5. 请回答创新型人寿保险的分类。
6. 论述我国新型人寿保险的发展现状及发展前景。
7. 试述人寿保险的标准条款。
8. 简述健康保险概念及所承保的疾病风险的构成条件。
9. 请回答简述医疗保险的含义和分类。
10. 简述意外伤害保险的概念及意外事故的构成要素。
11. 请回答人身保险费率厘定的原则。

第九章

再 保 险

保险是分散风险的有力手段和方式，但对于损害性很大的地震、海啸等自然灾害，仅依靠简单的风险集合和分散是远远不够的。且随着人类社会的快速发展，我们面临的新风险层出不穷，保险人的责任越来越大，但保险人受到资本金的限制，承担风险的能力是有限的。保险得以运作首先需要保险公司的稳定运营，这就要求保险人必须增强竞争能力和提高经济效益，需要将其承保的风险责任进行合理安排，也即按业务的性质和不同类别向其他保险人转嫁一定风险，以控制自身所承担的保险责任，这就是再保险(reinsurance)。

第一节　再保险概述

一、再保险的基本概念

（一）再保险的定义

再保险是保险人在原保险合同的基础之上，为了分散风险而将原承保的全部或部分保险业务转移给另一个或几个保险人的保险方式。再保险是保险人之间的责任分担，故也称分保。保险市场上直接面向投保人承揽业务的保险人，习惯上被称为原保险人(original insurer)或分出公司(ceding company)，其承揽的业务也就称为原保险，接受其保险业务全部或者部分的保险人，就称为再保险人(reassurer)或分入公司(ceded company)。我国《保险法》第 28 条规定：保险人将其承担的保险业务，以分保形式部分转移给其他保险人的，为再保险。应再保险接受人的要求，再保险分出人应当将其自负责任及原保险的有关情况书面告知再保险接受人。再保险接受人出于对风险的考量，也可以再次向外分保，该行为称为转分保(retrocession)或再再保险，双方当事人分别被称为转分保人和转分保接受人。再保险转嫁风险责任支付的保费叫做分保费或再保险费，原保险人在业务招揽过程有成本支出，再保险人需要向原保险人支付费用报酬，称之为分保佣金(reinsurance commission)或分保手续费。再保险人通常还会按照盈利的一定比例向原保险人支付盈余佣金，带有对原保险人奖励的性质，称为利润手续费。原保险、再保险、再再保险的操作流程及费用支付如图 9-1 所示。

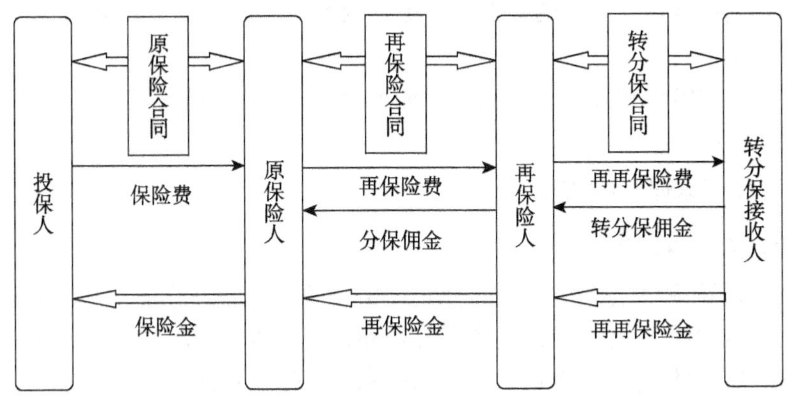

图 9-1　再保险操作基本流程

（二）危险单位

危险单位是指保险标的发生一次灾害事故可能造成的最大损失范围，在再保险的实践中危险单位是一个重要的操作指标。具体地，危险单位的划分可根据不同的险别和保险标的来确定。其划分关键是每次事故最大可能的损失范围确定，如单独的一辆车、一艘船、一架飞机是一个明确的危险单位，而建筑的情况就有不同，如果是独栋建筑，自然是一个危险单位，如果是建筑群，则因为存在相连的部分，这些部分很有可能成为火灾的通道，则整个建筑群作为一个危险单位。危险单位的确定要科学合理，涉及财产损失保险的部分通常需要实地考察和具体分析。《保险法》第 103 条规定，保险公司对危险单位的划分应当符合国务院保险监督管理机构的规定；《保险法》第 104 条规定，保险公司对危险单位的划分方法和巨灾风险安排方案，应当报国务院保险监督管理机构备案。

（三）自留额与分保额

1. 自留额与分保额的含义

自留额是原保险人的预定责任限额，是其根据所承保的各类保险业务危险程度、业务性质及自身风险责任能力，在订立再保险合同时，预先确定的对每一危险单位的自负责任限额。对应地，分保额是指再保险人每一危险单位应承担的责任限额，是再保险人接受的承担分保责任限额。例如，一份价值 50 万元的保险危险单位，原保险人预定责任限额为 5 万元，分出限额 45 万元，5 万元为自留额，45 万元为分保额。为了维护保险市场的稳定，并最终保障被保险人的利益，多数国家和地区均有对自留额的限制性规定，如我国《保险法》第 102、103 条规定：经营财产保险业务的保险公司当年自留保险费，不得超过其实有资本金加公积金总和的四倍。保险公司对每一危险单位，即对一次保险事故可能造成的最大损失范围所承担的责任，不得超过其实有资本金加公积金总和的百分之十；超过的部分应当办理再保险。

2. 自留额确定的影响因素

(1)保险标的损失概率。保险标的损失概率越大，自留额越小。

(2)危险单位的保险额。单个危险单位的保险金额越大，自留额越小，如果属于巨灾风险或者巨额风险，分保额相对更大，自留额相对更小。

(3)保险标的的数量。承保的同类保险标的数量越多，风险分散状态越好，自留额可以越大。

(4)资本金。保险公司资金实力越强，资本金、公积金的数额越大，准备金储备量越充足，自留额越大。

二、再保险与原保险的比较

(一)原保险与再保险的联系

再保险是为了保障原保险的安全与稳定而生成的保险运行机制，先有保险，而后有再保险，故原保险是再保险存在的前提和条件，即再保险以原保险的存在为存在，再保险是原保险的补充和有力保障。具体地，两者的联系主要体现在两个方面：第一，再保险的责任、分保金额和有限期限都以原保险合同为限，再保险人与原保险人风险共担、利益共享。第二，再保险同样遵循原保险的相关原则，两者都属于经济合同行为。

(二)原保险与再保险的区别

(1)保险标的不同。原保险标的非常广泛，可以是被保险人的财产、人身、责任和信用，原保险人承担上述各保险标的遭受损失后的经济赔偿与给付责任；而再保险标的单一，仅为契约责任，即再保险人并不直接针对原保险的标的，而是以原保险人分出的责任进行补偿。

(2)保险当事人不同。原保险合同中，除了保证合同设有保险人、被保险人和被保证人外，其他均为投保人和保险人两个当事人，而再保险合同的两个当事人均为保险人，即两者均为提供风险保障的一方，只是提供保障的方式和比例不同而已。

(3)合同性质不同。合同性质不同主要是因为合同标的不同，原保险合同标的多样化，合同性质自然就包括补偿性合同和给付性合同；再保险合同标的相同，且只有一个——契约责任，故再保险合同均为补偿性质。

三、再保险的功能

再保险是以维护整个保险行业的安全稳定而存在的，再保险的根本功能与原保险一致，也是分散风险和补偿损失。但由于再保险上述功能的发挥是通过原保险实现的，是间接的，故通常对其功能的界定主要是从其对整个保险行业发展和保险制度完善的积极效应进行表述的。

(一)分散风险

再保险是保险的保险，是对保险人风险的分散。从保险是风险集合与分散的角度来看，保险人本身就是集中具有相同风险的标的，而后在这些标的间进行风险分散的一个中间介质，理论上来看，保险是不需要再分散风险的，但这需要一个苛刻的前提——有足够多的同质风险，即同类标的足以满足大数法则的需要。显然，保险实务操作中是无法实现该理论前提的，财产标的实物形态差异巨大，价值量大小不一，有价值量小、风险单位多的家庭财产风险，也有价值量巨大、风险单位少的航空发射等高科技风险。为了既满足投保人和被保险人的风险防范需要，又能够实现保险人的稳健经营，人们选择了分散风险的再保险方式。通过再保险，巨额风险转化为小额风险、不可保风险转化为可保风险，实现在标的同质性达不到要求的情况下分散风险，维护整个保险行业的利益。

（二）扩大承保能力

依据保险的基本原理，承保的标的越多，实际出险越接近推算概率，保险公司经营越稳健。但保险经营的实践能力，即承保能力受到国家政策法令和资本金的限制，特别是后者的限制。即保险公司注册资本高，相对可以多承保风险，如果注册资本低，则承保风险也同比降低。但通过引入再保险，该种情况会有很大改观，这是因为再保险不受保险人资本金的限制，注册资本少的保险公司，同样可以通过再保险方式将手中的风险份额向外分保，有限的资金则可以承接更多的同类同质风险，即在不增加资本金的情况下增加业务量。例如，我国《保险法》就有每一危险单位不得超过公司实有资本金加公积金总和的百分之十的规定，这就使得很多保险公司无法承接核电站、海上石油勘探和卫星发射等高额保险业务或者只能通过共同保险参与。但共同保险也存在诸多问题且业务烦琐，必然使得保险公司丧失诸多营业机会，引入再保险后，上述问题得以解决，不仅扩大保险公司的承保能力，且使得其经营更加稳健。

（三）有利于保险产品创新

保险人在创新保险品的过程中，难免存在经验不足、判断失误，一个产品推向市场后发现成本估量偏低，保险公司可能因此而亏损。作为以追求最大利益为根本目标的商业保险机构，对产品的开发是审慎的和细致的，但如果引入再保险后，保险人开发新产品的顾虑会更少，产品创新的速度会更快。这主要在于再保险具有控制责任的特征，原保险人在产品开发初期可以通过减少自留额、增加分保额的方式，将风险向再保险人转移，使更多的新产品面向市场，服务于社会公众。

（四）形成联合保险

再保险关系确立后，原保险人与再保险人就构成利益关联体，原保险人承保业务赔付率增加，再保险人的责任也随之增加，利润下降，故再保险人十分关注原保险人的经营，构成对原保险一定程度的监督，促使原保险人经营的规范化。再保险关系的确立，需要原保险人满足一般的接受条件，原保险人分出业务的环节同时也是再保险人对其业务费率和承保条件的审核。同时，建立再保险关系后，原保险人，特别是成立不久的新公司，也能够获得再保险公司的业务指导机会，学习其丰富经验，促使保险业务操作水平的提高。另外，通过再保险，原来各自独立的保险公司间形成携手合作的关系，各个公司筹集的保险基金通过分保责任安排汇集成了联合的保险基金。联合的保险基金既是量的联合，也是质的联合，既分担责任、降低成本，又提高了保障程度，最终实现保全被保险人合法权益的保险目的。

四、再保险的类别

（一）按照再保险实施方式分类

(1)自愿再保险。自愿再保险也称商业再保险，指的是原保险人与再保险人因业务需要而自行协商进行的分保业务处理。自愿再保险具体指的是原保险人有是否分保的自由、有分多分少的自由，有选择再保险人的自由。再保险市场中多数的业务属于自愿再保险，这既符合原保险人的利益，也符合整个保险行业的利益。

(2)强制再保险。强制再保险也称法定再保险，是国家通过法律规定，要求原保险人必须按照一定的比例向指定的再保险人分保的再保险方式。强制再保险是政府直接操控保险的方式，一般仅适用于保险行业水平较低的初起阶段。由于保险最终在于保障被保险人的利益，对于保险整体防控风险能力较低的国家和地区，都曾经采用过和正在采用强制再保险，如我国在 2002 年以前施行的就是法定再保险。根据 1985 年颁布的《保险企业管理暂行条例》的规定，保险企业必须至少将其经营的全部保险业务的 30％向中国人民保险公司办理再保险；1995 年的《保险法》也同样规定了法定再保险，所不同的是规定的再保险比例有所变化，由至少 30％下降到 20％，同时由于成立了中国再保险公司，故指定的再保险人为中国再保险公司。

（二）按照再保险的安排方式分类

(1)临时再保险。临时再保险是临时安排的再保险，即原保险人与再保险人临时签订合同确定自留额和分保额的再保险方式。早期的再保险都是临时再保险，原保险人是否再保险、分保的金额、条件都是临时与再保险人商谈后确定的。临时再保险的优点在于灵活，但缺点非常明显，主要有两个：一是需要逐笔商谈、手续烦琐，增加营业费用；二是不利于及时承保。其原因在于这是临时再保险，再保险人是否最终分保无法事先预知，需要等到再保险合同签订后，原保险人才可以向投保人提供风险保障，显然无法适应当前保险市场中的激烈竞争，以致降低保险市场效率。

(2)合同再保险。合同再保险是原保险人与再保险人在规定的业务范围内，通过事先签订合同，明确规定必须按照规定的条件分出和分入风险责任的再保险方式，合同再保险具有强制性。合同再保险通常要规定分保的业务范围、地区范围、除外责任、分保手续费、自留额、合同最高限额、账单编制和付费形式等分保条件，合同一经签订，双方必须遵守。与临时再保险相比，合同再保险具有长效性，合同的一方如果需要终止合同，必须提前三个月向对方发出注销合同的通知。但在特殊情况下，合同再保险的终止不受三个月时间条款的限制，如一方公司破产，则破产公司在通知对方公司后可立即终止合同。合同再保险的分出公司不必与分入公司逐笔商讨分保事项，分入公司可以自由接受业务，处理赔款。在分出公司无重大的疏忽和过失的情况下，分入公司可以不加干预，有效地增加业务量，且双方有着更密切的共同利害关系。上述优点使得合同再保险成为再保险的主要操作方式。

(3)预约再保险。预约再保险是介于临时再保险与合同再保险之间的一种再保险方式，既具有合同再保险的固定性，又具有临时再保险的灵活性，但主要是服务于原保险人的。这在于预约再保险合同双方当事人权利不对等，虽然合同列明的业务种类与范围中的各项业务是否分出、分出多少可以自由决定，但原保险人可以决定是否分保，而再保险人在原保险人分保之后只能接受。预约再保险主要适用于风险特征与其他标的不同的特殊性业务或者因某些原因的存在必须与其他业务分开的业务，常作为合同再保险的补充，主要适用于水险和火险，如运输险中某一段特别危险的航线，火险中特别容易发生严重火情的特殊时期、特殊地点等。

（三）按照再保险的责任限制分类

(1)比例再保险。比例再保险是原保险人与再保险人按照保险金额的一定比例分配保险责任的再保险方式，保险费的分配、赔款的分摊也按照相应的比例分担，因实际操作的不同分为成数再保险、溢额再保险及成数与溢额混合再保险。

(2)非比例再保险。非比例再保险是原保险人与再保险人按照赔款的一定标准分配保险责任的再保险方式，分为险位超赔再保险、事故超赔再保险和赔付率超赔再保险等几种形式。

五、再保险的经营方式

(1)专营再保险。专营再保险是从保险中分离出来的，专门从事再保险业务经营的公司直接经营再保险的方式。专营再保险公司一般都是财力雄厚、信誉良好，且有着丰富经验和强大的承保能力，足以承担巨额损失赔偿的大型及超大型公司，其经营的业务有两类：第一类为从原保险人处接纳分出业务；第二类为转分保业务，即将本身分入的一部分再保险业务再次分出。

(2)兼营再保险。兼营再保险一般是指直营保险公司间通过分出、分入业务而建立的再保险经营方式。一方作为业务分出人，另一方则作为业务分入人，也有的是两家公司相互交换业务，互为分出和分入公司。

(3)联营再保险。联营再保险是多家保险公司达成协议，确定各自应承担的责任份额，共同分摊承接的每一笔再保险业务损失的再保险经营方式。由于涉及多家保险人，再保险关系的确立可以通过保险人的直接洽谈，也可以经过再保险经纪人提供中介服务实现。通常联营再保险业务范围涉及较广，在地域上可以是一国范围之内，也可以是跨国进行。

(4)集团再保险。集团再保险是在保险集团内部进行分保，以实现节省集团公司总再保险成本的再保险方式。集团再保险不是典型的再保险，在一个集团层面上来看，更像是自保行为。要通过集团再保险分散风险，需要满足两个条件：其一，集团公司内部要有足够多的分公司；其二，各公司实力存在差异，强公司担负保护弱公司的责任，如果为弱弱联合，则集团再保险经营意义不大。

第二节 再保险合同

一、再保险合同的含义及特征

（一）再保险合同的含义

再保险合同也称分保合同，是再保险双方当事人订立的明确双方在分保过程中权利义务关系的书面协议。根据约定，在合同有效期内，分出公司必须将承保的相关业务按照确定的数量或比例分给分入公司，并支付再保险费；分入公司必须接受相应的责任，并承担分摊赔偿的义务。

（二）再保险合同的特征

(1)独立性。再保险合同是就再保险签订的专门合同，规范的是不同于原保险的权利义务关系，具有独立性。原保险合同当事人不得向再保险人请求赔偿，再保险人也不得向投保人请求保费，原保险人无论是否办理再保险，在保险事故发生后，均需要依据保险合同向被保险人支付赔款或保险金。《保险法》第 29 条规定：再保险接受人不得向原保险的投保人要求支付保险费；原保险的被保险人或者受益人不得向再保险接受人提出赔偿或者给付保险金的请求；再保险分出人不得以再保险接受人未履行再保险责任为由，拒绝履行或者迟延履行其原保险责任。

(2)从属性。再保险合同首先具有独立性，是独立合同，但由于再保险是基于原保险而成立的，再保险合同在一定程度上具有从属性特征。下面以代位追偿为例进行说明：原保险人在向被保险人支付赔款后，就获得了向第三人追偿的权利代位和具有委付性质的物上代位，在所赔款项追回之后，由再保险人支付的赔款部分必须摊回。

(3)高诚信性。再保险合同的诚信度要求高于原保险，具有高诚信性特征，这在于再保险人无法控制原保险人的业务处理，完全依赖于原保险人的品德和诚信。故与投保人相似，原保险人履行告知义务是再保险合同成立的基本条件，再保险人根据原保险人提供的主要事实决定是否接受再保险和履行再保险责任。如果原保险人违反告知义务仅涉及具体的某一类风险或某一笔损失赔偿，再保险人无法认定合同无效，仅具有拒绝涉及该风险或该损失的赔偿责任的权利，因此对再保险合同的诚信性要求高。

二、再保险合同的内容

再保险合同一经签订，分出公司与分入公司必须履行合同规定的各自的权利和义务。再保险合同的内容尚无标准要求，合同的主要条款由双方当事人约定、签署后生效。一般地，再保险合同的内容主要包括：①合同当事人双方的名称。②合同生效期间。比例再保险合同通常为不定期，非比例再保险常为 1 年期。③执行条款。规定再保险执行的方式(成数、溢额或超赔)。④再保险业务种类。其包括火险、水险或其他。⑤地理范围。⑥责任范围。其包括自留、分保和合同限额。⑦除外责任。⑧保险费条款。⑨手续费条款。⑩赔款条款。⑪账务条款。⑫货币条款。⑬仲裁条款。⑭终止条款。规定终止合同的通知和了清责任的方法。

三、再保险合同的基本条款

(1)共命运条款(follow the fortunes principle)。共命运条款的直接表述为："兹特约定凡属于本合同约定之任何事宜，再保险人在其利害关系范围内，与原保险人同一命运。"再保险业务操作中，作为双方当事人的再保险人与原保险人往往处于不同国家、地区，有着不完全相同的保险文化与保险惯例，涉及保险业务处理中的承保对象的选择、保险费率的厘定、赔款的处理、第三者责任追偿、法律诉讼及仲裁等事宜均由原保险人单独处理，但再保险人与原保险人利益共享、风险共担。

(2)查阅条款。基于共命运条款，再保险人赋予原保险人选择承保对象、制定保险费率和处理赔款等权利，与之对等的是，原保险人也必须赋予再保险人相应的权利，通过查阅条款表达，即再保险人享有查阅原保险人账册、单据和文件等的权利。但通常再保险人不行使该项权利，除非双方存在争议、争执，可能需要仲裁乃至诉讼时。

(3)错误与遗漏条款。错误与遗漏条款主要在于保障双方当事人，特别是原保险人非故意出现差错后，合同能够继续履行。该条款规定：合同中的错误、遗漏或延迟只要不是故意过失或因疏忽造成的不影响合同的效力，双方应本着同一命运的原则履行各自责任。当然，错误或遗漏一经发现，需要立即采取措施更正。

(4)仲裁条款。仲裁条款是为解决合同实际履行中双方发生争执和纠纷而拟定的，一般包括仲裁地点、仲裁机构、仲裁程序和仲裁效力等内容。

第三节　再保险的业务方式

一、比例再保险

比例再保险(proportional reinsurance)是分出人与分入人按照保险金额的一定比例分担原保险责任的一种分保方式。在该种再保险方式中，在分保险额内，自留额、分保额表现为保险金额的一定比例，该比例一旦确定，保费的计算、赔款的分摊也是按照该比例处理。依据比例确定的不同分为成数再保险和溢额再保险，为了责任进一步的细分，又有成数基础上的溢额和溢额基础上的成数分保形式。

(一)成数再保险

1. 成数再保险的含义

成数再保险(quota share reinsurance)是原保险人将所承保的每一保险单的保险金额，按照约定的固定比例分给再保险人的再保险方式。成数再保险是比例再保险的基本方式，操作简单，原保险人与再保险人之间实行成数比例分配，包括保额、保费和赔款的处理均采用相同的约定比例，因此成数再保险合同的表达方式为比率。例如，50％的成数再保险合同表示的就是自留额为50％，分出额为50％的成数再保险合同。

2. 成数再保险的保险责任处理

再保险责任处理在于确定自留额和分保额，成数再保险合同通常都附有险额表，针对不同的风险，再保险双方当事人在选择不同限额的基础上确定分保比率。举例如下：

【例 9-1】 假定有一份60％的成数再保险合同，每一危险单位最高限额规定为100万元，现有两笔危险单位分别为80万元和150万元的保险业务，请问合同双方该如何分配责任？

计算如下：

第一笔：80万元，在100万元的最高限额以内，则有

$$80\times40\%=32(万元)$$

$$80\times60\%=48(万元)$$

自留额32万元，由原保险人承担；分保额48万元，由再保险人承担。

第二笔：150万元，超过100万元的最高限额险额，则有

$$100\times40\%=40(万元)$$

$$100\times60\%=60(万元)$$

$$150-100=50(万元)$$

自留额40万元，由原保险人承担；分保额60万元，由再保险人承担；剩余50万元超过最高责任限额，复归原保险人负责或者由其他再保险人继续分保。

3. 成数再保险的特点及适用范围

(1)成数再保险的特点。成数再保险是以原保险人与再保险人利益完全一致为出发点，双方的利益关系始终同步，具有操作简便的优点和弹性不足的缺点，具体包括：①合同双方利益一致。成数再保险对于每一危险单位的责任以保险金额的固定比例为基础分担，承担的危险责任和再保险费收入都以相同比例分配，无论盈余还是亏损，合同双方的命运始终紧密相连、利害关系完全一致，在各种再保险方式中，成数再保险是唯一一种原保险人和再保险人利益完全一致的再保险方式。故成数分保合同很少发生争执，且原保险人自留比例往往较高，通常都在40%～50%，业绩稳定。②手续简单。成数再保险双方责任分配比例已事先在合同中确定，责任、保费和赔款分摊直接按照该比例确定即可，再保险实务操作及账单编制手续简化，节约人、财、物的成本支出，费用低。③弹性不足，不利于原保险人。成数再保险手续简便的优点来自于操作的固定和格式化，也因此而缺乏弹性。只要属于成数再保险合同承保范围内的任何一笔业务，分出人均要按照约定的比例计算自留额和分出额，没有给原保险留出是否分保、分保多少的空间。这就使得对于质量好而保额不大的业务，原保险人本来没有分保的必要，但还是要按照规定比例分出，而当业务质量较差，原保险人希望减少自留，增加分保也是不可能的。再保险是服务于原保险的，但成数再保险的操作相当于剥夺了原保险人决定自留的权利，对原保险人不利。

(2)成数再保险适用范围。由于成数再保险优缺点明确，故主要适用于新公司、新险种和特种业务：①新公司。新组建的保险公司因规模小、缺乏经验，对自留额确定不准确，可考虑采用成数再保险，既能够得到再保险人的技术支持，又能够获得稳定的收益。②新业务。新开发业务由于缺乏统计资料和实际经验，保险人风险预测的难度大，采用成数再保险方式既有利于控制风险，也能够节省谈判时间，提高效率。③理赔频繁的险种。由于成数再保险具有手续简便的特点，对于风险损失程度较稳定又理赔频繁的业务，如汽车险和航空险，可以选择成数再保险。④转分保业务。转分保涉及二次分保，手续烦琐，一般也选择相对简单的成数再保险。⑤内部分保。集团再保险或者同一资本系统的母子公司间，基于基本利益一致的前提下，为简化分保手续选择成数再保险。⑥交换业务。由于成数再保险具有有利于再保险人的特点，原保险人对于保险金额和业务质量比较平均的业务，常在国际分保交往中采用该方式，目的在于换取对方的分保业务。

（二）溢额再保险

1. 溢额再保险的含义

溢额再保险(surplus reinsurance)是由原保险人和再保险人对每一个危险单位先确定自留额，再以自留额的一定倍数确定分保额，进而按照自留额或分出额对保险金额的比例分配保费和分摊赔款的一种再保险方式。溢额再保险和成数再保险的最大区别在于原保险人可以决定是否分保，只要保险金额在自留额以内的业务，就无须分保，只有当保险金额超过自留额后，才将超过部分分保。溢额再保险的自留额，也常称为“一线”，超过自留额的部分叫做“溢额”，分保限额是自留额的若干倍数，称为“线数”。溢额再保险的简单表达常为线数，如15线合同(15 lines treaty)，表示再保险责任限额为自留额的15倍，假定自留额为100万元，则该合同责任限额为1 500万元。如果某一危险单位的保险金额为1 000万元，则表示自留额为100万元，分保额为900万元。由于承保业务的差异较大，为应对保额较高的业务，溢额再保险还可以设置多层溢额，分别被称为第一溢额、第二溢额等，每层溢额均为自留额的一定倍数。理论上溢额可以无限设置，但再保险实践中一般至第二溢额就可以将原保险金额分配完毕，金额特别大的至第三溢额也基本可以分保完毕。

2. 溢额再保险的保险责任处理

溢额再保险首先由原保险人确定自留额，在限额内，超过自留额的部分为溢额，再计算溢额占总保险金额的比例，计算分保的再保险费和赔款的分摊。具体责任处理如【例 9-2】、【例 9-3】所示。

【例 9-2】 假定有一份自留额为 50 万元的溢额分保合同，现有两笔自留额分别为 30 万元和 150 万元的保险业务，其保险费率为 1‰，均未发生理赔，请问合同双方该如何分配责任？

计算如下：

第一笔：30 万元，在 50 万元的自留额以内，全部自留，则有自留额 30 万元，全部由原保险人承担，无需分保。

第二笔：150 万元，超过 50 万元的自留额，则有

$$150-50=100(\text{万元})$$

$$100\div150=66.67\%$$

$$150\times1‰=0.15(\text{万元})$$

$$0.15\times66.67\%=0.1(\text{万元})$$

自留额 50 万元，由原保险人承担；分保额 100 万元，由再保险人承担，再保险费为 1 000 元，作为再保险人的收入。

【例 9-3】 假定现有一份海上货运险溢额分保合同，危险单位按每船每航次划分，自留额为 10 万元，第一溢额合同限额为 10 线，第二溢额合同限额为 15 线，现有三笔业务，分别为 10 万元、50 万元和 220 万元，若保险费率为 1‰，赔款分别为 0 万元、20 万元和 100 万元，分保责任处理如表 9-1 所示。

表 9-1　分层溢额保险分保计算

项目		第一笔	第二笔	第三笔	合计
总额	总保险金额/万元	10	50	220	310
	总保费/万元	0.01	0.05	0.22	0.31
	总赔款/万元	0	20	100	120
自留额	保险金额/万元	10	10	10	30
	比例/%	100	20	4.55	—
	保费/万元	0.01	0.01	0.01	0.03
	赔款/万元	0	4	4.55	8.55
第一溢额	保险金额/万元	0	40	100	140
	比例/%	0	80	45.45	—
	保费/万元	0	0.04	0.1	0.14
	赔款/万元	0	16	45.45	61.45
第二溢额	保险金额/万元	0	0	110	110
	比例/%	0	0	50	—
	保费/万元	0	0	0.11	0.11
	赔款/万元	0	0	50	50

3. 溢额再保险的特点与适用范围

(1)溢额再保险的特点。溢额再保险可以灵活确定自留额，对原保险人有利，但手续烦琐，具体包括：①自留额确定灵活。溢额再保险可以根据不同的业务质量、种类和性质确定不同的自留额。自留额以内的部分，由分出公司自留，超过自留额的部分即溢额才需要寻找再保险人分保，这就在业务选择、节省分保费支出等方面具有完全的主动，明显优于成数再保险。②合同双方利益不完全一致。溢额合同中分出公司和分入公司因为不是按照固定的比例而是按照确定的自留额进行责任分保，两者的收益在不同保额、不同损失结构的情况下，可能存在较大的差异。以赔款为例，如果合同期内，某类风险单位出险的主要是保险金额在自留额以内的，则分出公司的累积责任较大，相反，如果主要是大额赔款多，则分入公司在该类业务经营中可能亏损。③有较好的弹性。原保险人在安排分保合同时，可以在第一溢额再保险合同以外，安排第二、第三溢额再保险合同，以备高额业务分保需要。且针对保险金额不同的业务，还可以通过确定不同的线数灵活分保，具有较好的弹性，分散风险的容量比成数再保险大。④工作量大。与成数再保险的简便形成对比，溢额再保险程序烦琐，工作量大。例如，水运险溢额分保，首先需要按每船每航次进行登记和设定管理限额，然后逐笔计算不同的分保比例和再保险费及摊回赔款，这就已经是不小的工作量了。并且溢额再保险在编制分保账单和做统计分析方面也比成数再保险复杂，是一个需要大量人力物力的分保方式，经营费用高。

(2)溢额再保险的适用范围。溢额再保险能够合理分散风险，是再保险实际应用最广泛的方式。其主要适用于以下几类业务：①风险小的业务。风险本身较分散、业务造成的可能损失小的业务，对原保险人而言利益较优，一般不愿意高比例分保，原保险人倾向选择溢额再保险。②质量差异大的业务。有些保险业务质量参差不齐、差异大，原保险对此类保险金额不均匀的业务掌控难度大，往往选择溢额再保险均衡保险责任。③巨额保险业务。溢额再保险在超大额保险业务中优势非常明显，可以通过分层处理，分散与消化危险。故海上保险的分保常采用溢额方式，特别是针对保险金额高达数十亿美元的大型油轮。

（三）成数和溢额混合再保险

成数和溢额混合再保险是充分利用两者的优点，将成数再保险和溢额再保险组织在一份分保合同内，以成数再保险的限额作为溢额再保险的起点处理分保责任的再保险方式。再保险实践中，以先拟定的合同是成数还是溢额，将混合再保险分为成数之上的溢额和溢额之内的成数两个类别。

1. 成数之上的溢额再保险

成数之上的溢额再保险是分出公司先安排一个成数合同，规定合同的最高限额，当保险金额超过限额后，按照拟定的溢额再保险方式处理。

【例 9-4】 假定原保险人先拟定的成数分保合同部分规定：对某类危险的最高责任额为 100 万元，分出公司自留其中的 50%；对于超过 100 万元的部分，采用 5 线溢额分保方式，每个分入公司最高责任限额等于自留额 50 万元。请问有两笔保险金额分别是 40 万元和 120 万元的业务如何进行再保险？

计算如下：

第一笔：40 万元，在 100 万元的限额以内，采用成数分保，则有

$$40\times50\%=20(\text{万元})$$

$$40-20=20(\text{万元})$$

自留额 20 万元，由原保险人承担；分保额 20 万元，由再保险人承担。

第二笔：120 万元，超过 100 万元的最高限额险额，则有

$$100\times50\%=50(\text{万元})$$

$$100-50=50(\text{万元})$$

$$120-100=20(\text{万元})<50(\text{万元})$$

于是，100 万元以内的部分成数分保：自留额 50 万元，由原保险人承担；分保额 50 万元，由成数合同再保险人承担；超过 100 万元的剩余 20 万元溢额分保，由于 20 万元在溢额 50 万元的限额以内，只需要一个溢额合同再保险人分保。

2. 溢额之内的成数再保险

溢额之内的成数再保险是分出公司先安排一个溢额合同，对于溢额合同的自留部分，按照拟定的成数再保险方式处理。

【例 9-5】 假定原保险人先拟定的溢额分保合同部分规定：自留额 50 万元 5 线溢额，对于自留额部分，又约定将其 50%分出。现有保险金额分别为 40 万元、100 万元的两笔业务，则如何分保？

计算如下：

第一笔：40 万元，在 50 万元的自留额以内，不通过溢额分保，采用成数分保，则有

$$40\times50\%=20(\text{万元})$$

$$40-20=20(\text{万元})$$

分出公司没有溢额分保，但 40 万元的自留额，实际自留部分只有 20 万元，另外的 20 万元通过成数合同分给再保险人。

第二笔：100 万元，超过 50 万元的自留额，需要溢额分保，则有

$$100-50=50(\text{万元})$$

$$50\times50\%=25(\text{万元})$$

50 万元溢额需要分保，溢额以内的 50 万元成数分保，自留额与分保额均为 25 万元，于是，该笔业务自留额为 25 万元，成数分保 25 万元，溢额分保 50 万元。

成数溢额混合再保险合同没有规定的形式，通常视原保险公司的需要和业务质量临时确定，此类再保险主要适用于转分保和海上保险的再保险。

二、非比例再保险

非比例再保险(nor-proportional reinsurance)，也称损失再保险，是指再保险双方的分出人与分入人相互订立保险合同，以赔款金额作为基础分担原保险责任的一种再保险方式。相对于比例再保险需要根据分保金额比例计算再保险费及赔款分摊的比例，非比例再保险则主要是以赔款的一定标准来计算分保责任，不一定是相对数比率，也可以是绝对数金额。在业务的实际操作中，非比例再保险与比例再保险存在诸多差异，主要包括：比例再保险按原保险费率计算再保险费，是投保人所付原保险费的一部分，而非比例再保险采取单独的费率制度，再保险费是以合同年度的净保费收入为基础计算；比例再保险通常有

再保险佣金的规定，非比例再保险一般不必支付再保险佣金；比例再保险的再保险人对分入业务必须提存未满期责任准备金，非比例再保险的再保险人没有未满期保险费责任；比例再保险的赔款偿付，由账户处理，按期结算，非比例再保险的赔款通常是分入公司在收到损失清单后，以现金支付。非比例再保险的形式较多，常见的主要是险位超赔再保险（working cover reinsurance）、事故超赔再保险（catastrophe cover reinsurance）和赔付率超赔再保险（excess of loss ratio reinsurance）几个类别。

（一）险位超赔再保险

险位超赔再保险是以每一危险单位所发生的赔款为基础计算自留额和分保额的再保险方式。险位超赔再保险首先需要划定危险单位，即一次灾害事故可能造成的最大损失程度，然后再根据危险单位的损失状况进行责任分割，故危险单位的确定对于再保险双方都是最重要的。一般而言，只要再保险人接受分保责任，就表示同意原保险人对险位的界定。险位超赔再保险的赔款分配有两种处理方式，一是按危险单位分别计算，设定每个危险单位的责任限制，没有总额限制；二是不仅有每个危险单位的责任限额，还有总额限制，总额限制的确定一般为危险单位责任限额的一定倍数，常为 2 倍或 3 倍，相当于再保险人只负担 2～3 个危险单位的损失分保。具体操作如【例 9-6】所示。险位超赔再保险可以控制原保险人对每一危险单位的自负责任，适用于一般性保险业务的分保，对巨灾风险造成损失的处理意义不大。

【例 9-6】 假定现有一超过 50 万元以后 100 万元的火险险位超赔分保合同，在一次事故中有 4 个危险单位遭受损失，损失额分别为 40 万元、150 万元、200 万元和 250 万元，请分别计算没有总额限制和以危险单位责任限额的 2 倍为总额限制的责任分配？

分析如下：

第一种处理方式：在没有总额限制的情况下，分别对每一危险单位的损失进行分配，50 万元以内的部分由原保险人负责，超过 50 万元低于 100 万元的部分由再保险人负责，100 万元以上部分依然由原保险人负责，分配结果如表 9-2 所示。

表 9-2 没有总额限制的险位超赔计算表（单位：万元）

危险单位	总赔款额	分出公司分摊额	分入公司分摊额
1	40	40	0
2	150	50	100
3	200	100	100
4	250	150	100
合计	640	340	300

第二种处理方式：在有总额限制的情况下，首先计算每一危险单位的损失分配，50 万元以内的部分由原保险人负责，超过 50 万元低于 100 万元的部分由再保险人负责，但如果总责任限额已经达到 200 万元以后的危险单位发生的赔款，则全部由原保险人负责，分配结果如表 9-3 所示。

表 9-3 有总额限制的险位超赔计算表(单位：万元)

危险单位	总赔款额	分出公司分摊额	分入公司分摊额
1	40	40	0
2	150	50	100
3	200	100	100
4	250	250	0
合计	640	440	200

（二）事故超赔再保险

(1)事故超赔再保险的定义。事故超赔再保险是以一次保险事故所造成的赔款额度计算自留额和分保额的再保险方式。事故超赔再保险与险位超赔再保险相比较而言，其主要优势在于可以解决一次事故造成多个危险单位的损失分摊问题，即无论一次事故造成多少个危险单位的损失，只要总损失没有超过事故责任限额，都可以进行一次分保。事故超赔再保险能够很好地适应巨灾风险的分保，在科学技术高度发展，灾害可能造成的伤害越来越巨型化的今天，更有意义。

(2)事故划分的标准。事故超赔再保险是以一次保险事故所造成的损失为分保基础，则对事故的准确界定就成为影响该分保方式是否科学的重要因素。事故的划定主要遵循"时间条款"，例如，通常规定飓风、暴风持续 48 小时的损失为一次事故，地震、火山爆发 72 小时的损失为一次事故。对于有些风险仅采用时间指标确定事故可能准确性不足，可以通过空间限制补充，如洪水常以河谷或分水岭划分洪水区的损失。

(3)事故超赔再保险的责任处理。事故超赔再保险主要针对的是险位超赔处理不理想的大额损失保险或巨灾保险的分保问题，既要满足损失可能很高的再保险分摊，又要兼顾事故损失不是特别大的业务，仅通过简单的责任限额规定是不合适的，再保险实践中通常采用分层处理的方式实现。这里的"层"(layering)是将整个超赔分保额划分为多个层次，每个层次的赔款金额跨度不大，适应小额度赔款的分保，多层累加获得高额度的赔款，适应巨灾赔款的分保，且每个层次都可以寻找不同的再保险人进行分保，使得业务处理更加灵活，并有利于分散风险。需要注意的是，事故超赔再保险各个层次的费率不同，主要根据赔偿发生的概率确定，小额风险发生概率大，大额风险发生概率小，故层次越高再保险费率就越低。具体到每个层次责任划分中，采用自留额为第一层次的起赔点，第二层次的起赔点为第一层的自留额加上分保额，第三层次的起赔点为第二层次起赔点加分保额，以此类推，采用首尾相接的方式将全部事故损失分摊完毕。

【例 9-7】 假定某分出公司需要安排一个超过 50 万元以后 1 000 万元的巨灾事故超赔再保险，其层次安排为

第一层：超过 50 万元以后的 50 万元；
第二层：超过 100 万元以后的 100 万元；
第三层：超过 200 万元以后的 250 万元；
第四层：超过 450 万元以后的 600 万元。

发生实际赔款时，再保险人按照层次的先后依次赔偿，先从第一层再保险人开始，如其不能全额承担，则由第二层次开始依次向上，直到最高层。

（三）赔付率超赔再保险

1. 赔付率超赔再保险的定义

赔付率超赔再保险是按每个年度的赔付率来计算自留额和分保额的再保险方式。赔付率是以一年中积累的赔款额与全年保费收入净额的比率表示，赔付率超赔再保险是在约定的赔付率以下，原保险人自己承担，再保险人不分保，超过约定的赔付率，在规定的责任限制以内的部分，再保险人予以分保，超过责任限制的，仍由原保险人负责。责任限制的表达也采用相对数，用比率表示。合理制定赔付率标准是赔付率超赔再保险经营的关键，合理的赔付率既要对原保险人起到保障作用，又不允许其获得不正当收益，一般地，当营业费用率为20%时，赔付率规定为80%。责任比率一般为营业费用率的2倍，如果营业费用率为20%，则责任限制为40%。

2. 赔付率的计算

赔付率计算的常用方法是用已发生赔款与满期保费的比例表示：

$$赔付率=\frac{已发生赔款}{满期保费}\times 100\% \tag{9-1}$$

$$已发生赔款=本年度已付赔款净额+本年度未决赔款准备金-上年度未决赔款准备金 \tag{9-2}$$

$$满期保费=本年度保费+本年度未满期保费准备金-上年度未满期保费准备金 \tag{9-3}$$

上述计算方式中有未到期指标，只能通过估计判断，缺乏准确性，实际计算常采用赔款净额与净保费收入的比例代替，公式如下：

$$赔付率=\frac{赔款净额}{净保费收入}\times 100\% \tag{9-4}$$

【例 9-8】 分出公司与分入公司订立一个超过70%以后的50%的赔付率超赔分保合同，若分出公司当年的净保费收入为1 000万元，已发生赔款支出为1 100万元，请计算分入公司应分摊赔款额。

计算及分析如下：

分出公司赔付率=1 100÷1 000=110%>70%，需要分保，则有

$$自留额=1\,000\times 70\%=700(万元)$$

$$分保额=1\,000\times(110\%-70\%)=400(万元)$$

在再保险实践中，有时对责任限制采用两个指标衡量，一个是比例指标，如“超过70%以后的50%”中的“50%”，另一个是金额指标，如规定分保金额不得超过100万元，两者以先到者为准。

【例 9-9】 分出公司与分入公司订立一个超过70%以后的50%的赔付率超赔分保合同，若分出公司当年的净保费收入为1 000万元，已发生赔款支出为800万元，请计算分入公司应分摊赔款。如果赔款为1 300万元，则又该如何分保？假定再加200万元分保限额，则又该如何分保？

计算及分析如下：

第一种情况：

$$分出公司赔付率=800\div 1\,000=80\%$$

因为 70%<80%<(70%+50%)，需要分保，则有

自留额=1 000×70%=700(万元)

分保额=1 000×(80%-70%)=100(万元)

第二种情况：

分出公司赔付率=1 300÷1 000=130%

因为 130%>(70%+50%)，需要分保，但要在 120%的限度以内，则有

自留额=1 000×70%=700(万元)

分保额=1 000×50%=500(万元)

第三种情况：

分出公司赔付率=1 300÷1 000=130%

因为 130%>(70%+50%)，需要分保，但要在 120%的限度以内，则有

自留额=1 000×70%=700(万元)

分保额=1 000×50%=500(万元)

但因为又有 200 万元的限额规定，则有

500-200=300(万元)

自留额与分保额的调整为

自留额=700+300=1 000(万元)

分保额=200(万元)

第四节 再保险市场

一、再保险市场及主体构成

(一)再保险市场的定义

再保险市场是再保险交换的场所或机制，包括有形市场和无形市场。有形市场如劳合社，再保险交易的双方可以面对面地洽谈；无形市场主要指的是再保险市场交易的各种机制关系总和，分散于世界各地的保险机构和组织之间，通过电信、电话、互联网等方式实现交易。

(二)再保险市场的主体

再保险市场的主体包括再保险的买方、卖方和中介。再保险买方主要有直接保险公司、专业自保公司、经营再保险业务的保险公司和劳合社；卖方是再保险市场中提供再保险服务的主体，有不同类型，主要包括专业再保险人、原保险人的再保险部门、再保险集团以及伦敦劳合社承保人和专业自营保险公司五类。再保险的中介主要是再保险经纪人，其为建立再保险关系提供中介服务。再保险经纪人地位的重要性远高于保险经纪人，这主要在于再保险业务常涉及跨国、跨地区问题，买卖信息直接对接成本高、难度大，而再保险经纪人熟悉国际市场，具备丰富的专业知识和实务经验，能够为买卖双方安排最为合理的再保险计划，并提供代收保费、代付赔款和互惠交换等服务性业务。再保险经纪人因规模和业务侧重点的不同划分为多个类别，如综合经纪人、国内市场经纪人、国际市场经纪

人、临时分保经纪人、专属保险公司经纪人等。2008年12月，由怡安环球再保险经纪公司与本菲尔德集团合并后成立的Aon Benfield成为全球最大的再保险经纪公司，占据再保险经纪市场50%的份额。

（三）再保险人的构成

(1)专业再保险人。专业再保险人是专营再保险业务的保险人，一般不作为原保险人来经营直接保险业务。国际上最大的专业再保险人是德国的慕尼黑再保险公司。

(2)保险公司的再保险部门。主要经营直接保险业务的保险公司通过设立再保险部门，接受再保险业务，主要目的在于扩大商机。近年来，许多原保险人纷纷成立专营再保险业务的子公司，但所占有的市场份额远低于专业再保险公司的份额。

(3)再保险集团。再保险集团是由原保险人或再保险人组成，形成分保集团，可以在成员间分散风险，增加整个集团的承保能力，如“非洲石油和能源集团”、“阿拉伯火险、水险和航空险集团”等。

(4)伦敦劳合社承保人。劳合社通过由个人、公司成员组成的承保辛迪加承担分散风险的责任。作为一个由上百家专业承保辛迪加组成的大市场，劳合社可以办理全球的直接保险和再保险业务，还可以办理集团间再保险业务。

(5)专业自营保险公司。专业自营保险公司是大企业集团自设的保险公司，不是典型的再保险机构。其主要业务是为母公司和子公司提供直接保险，同时也承保外界的风险和接受分保业务。很多专业自营保险公司为享受免税优惠，在百慕大和开曼岛等地注册。

二、国际再保险市场

国际再保险市场主要分布在欧洲和美国，英国伦敦是世界保险中心，也是再保险发达的市场。英国的再保险市场主要由保险公司市场和劳合社两部分组成，劳合社的地位尤其显著。欧洲大陆的主要再保险市场为德国和瑞士，德国的慕尼黑再保险公司是目前世界排名最大的再保险公司，瑞士再保险公司也非常有名，业务遍布全球。美国再保险业发展相对较晚，但发展速度很快，纽约再保险市场是世界第二大再保险市场。

（一）伦敦再保险市场

伦敦再保险市场主要由劳合社再保险市场和伦敦保险人协会再保险市场构成，以劳合社为主。劳合社是一个保险社团，本身不直接接受保险业务或出具保险单，所有业务都是通过劳合社的会员——承保人单独交易。劳合社承保人以个人名义对劳合社保险单项下的承保责任负无限责任，会员间无牵连。劳合社从成员中选出委员会，委员会负有对接受新会员的身份及财务偿付能力进行审查的职责。劳合社要求会员具有一定的资产实力，并要求其经营保费的一部分(通常为25%)作为保证金交给劳合社，且承保人需要将其年度承保账册交呈劳合社特别审计机构，以证实其担保资金足以应付所承担的风险责任。劳合社的承保人按承保险种分为不同规模的组合，即承保辛迪加，每个组合中都设有积极承保人，又称承保代理人，承保代理人代表一个组合来接受业务，确定费率。这种组合并非合股关系，每个承保人各自承担的风险责任互不影响。

（二）欧洲大陆再保险市场

欧洲大陆再保险市场主要分布于德国和瑞士，分别介绍具有代表性的德国慕尼黑再保险公司和瑞士再保险公司。慕尼黑再保险公司创立于1880年，连续多年被标准·普尔评为AAA级。慕尼黑再保险公司在全世界150多个国家从事再保险业务，并拥有60多家分支机构。慕尼黑再保险公司自创办以来，财保能力不断增强，久负盛誉。瑞士再保险公司1863年成立于苏黎世，现有员工19 000人，在世界上30多个国家设有70多家办事处。瑞士再保险公司的人寿与健康险部是世界上最大的经营人寿与健康再保险的子公司，其保费收入约占集团总保费收入的30%，被公认为风险转移组合最为多元化的全球再保险公司。

（三）北美再保险市场

北美再保险市场主要由纽约再保险市场和百慕大专属再保险市场构成。纽约再保险市场在世界再保险市场中占有重要地位，其保费收入占到全球保费收入的一半。纽约再保险市场的业务主要以互惠交易、共同保险为主，经营形式主要是联营。百慕大专属再保险区主要以自保为中心，在新注册的保险公司中，有超过一半属于专业自营保险公司，主要为大企业自设的保险公司，为其母公司和子公司提供直接保险，同时也承保外界的风险和接受分入再保险业务。但专业自营保险公司一般规模不大，常常要将主要风险转嫁给再保险市场，接受分入业务相对较少。

三、中国再保险市场

中国的再保险业仍处于起步阶段，与国际著名的再保险市场间存在明显差距。1979年恢复国内保险业务后的十余年时间里，只有中国人民保险公司一家保险公司设有再保险部，垄断经营国内再保险业务。20世纪80年代中后期，国内股份制保险公司相继成立并分别设有各自的再保险部门，加之外资保险公司的再保险业务开展，才使得再保险市场逐步发展。1996年，中国人民保险公司改组后设立中保再保险公司，这是我国的第一家专业再保险公司，该公司于1999年再次改组，更名为中国再保险公司，2003年又改组为中国再保险集团公司。我国再保险市场起步较晚，但进步也很大，从最初的保险公司必须将每笔业务的30%向中国人民保险公司办理再保险，到后来的20%，再到2001年以后的法定分保业务以每年5%的比例减少，直至2005年完全取消，是一个量变到质变的过程。今天世界著名的再保险在我国设立分支机构、开办业务的比例越来越高。例如，慕尼黑再保险公司、瑞士再保险公司、科隆再保险公司和劳合社均在我国设有分支机构、开办业务，此类国际再保险市场巨头的入驻无疑为活跃我国再保险市场，提高我国整体再保险水平具有重大意义。

➤补充学习资料

石油钻井平台再保险案

英国的北海蕴藏着丰富的石油资源。1975年英国建成了一艘大型石油钻井平台——派帕·阿尔法号，很快成了这一地区石油钻井队伍中的庞然大物。这艘类似于“航空母舰”的石油钻井平台，日产石油13万桶，天然气1 800万立方米。这个钻井平台总重量超过36 000吨，可同时供200人生活、作业。投产十多年来，其源源不断的油流、气流简直成了英国的一棵“摇钱树”。1988年7月6日晚9时57分，工人们正在舱房内休息，突然一股高压天然气从一个气体压缩室中泄出，接着被意外引燃。顷刻间，震耳的爆炸声接连响起，霎时，整个平台淹没在浓烟与烈火中。20 分钟后，又是一阵更大的爆炸巨响，整个平台便开始从根本上被摧毁而下沉，最后水面上只露出不到四分之一的平台残骸。这场大火爆炸，损失惨重。当时估计直接经济损失高达 12 亿～15 亿美元，还不包括对死伤者的抚恤费用。这个石油钻井平台为 9 家公司所组成的一个国际财团所拥有，每家公司都就自己的股份安排了保险，这些保险又大都通过各种途径分保到伦敦的劳合社和世界各地的保险公司或再保险公司。因此，这次钻井平台的巨大损失最后实际上是由世界各地几十家保险公司共同分摊的。

该案例是再保险充分发挥作用的体现，国际上，再保险被称为“保险的保险”。随着现代化工业和商品经济的不断发展，工业和贸易中心城市的形成，交通运输的发达，社会财富的日益增多和集中，以及科学技术在生产中的广泛应用，一次灾害事故可能造成巨大的物质财富损毁和人员伤亡。大的灾难损失，如果要一家保险公司来履行全部赔偿责任，必然导致财务上的困难，甚至迫使其破产倒闭。承保巨额风险，不仅单独的保险人无能为力，也为保险管理机关所不允许。因此，对类似于本案石油钻井平台的巨额风险保险，保险企业都通过再保险来分散风险。因为这不仅是保险业本身的迫切需要，而且受到社会各界人士乃至国家政府的深切关注和积极支持。

（资料来源：寥秋林．保险案例 100 题．西安：西北大学出版社，2000.）

复习思考题

1. 简述再保险与原保险之间的联系和区别。
2. 请回答再保险的功能。
3. 再保险合同条款有哪些？
4. 比较成数再保险和溢额再保险的优缺点。
5. 国际再保险市场的构成怎样？有哪些主要的国际再保险市场？

第三篇

保险经营管理

第十章

保险市场

现代市场是商品经济发展的产物，保险市场(insurance market)是其组成部分之一。保险市场作为金融市场的一个分支，所交换的商品是保险产品，既具有一般金融市场的共性，又有其自身的特点。保险市场不单单指保险交易的场所，同时也包括保险产品交换关系的总和。随着电子化、全球化和保险业的不断壮大，保险市场也逐渐突破了时间和空间的局限，从有形市场扩大至无形市场。

第一节　保险市场概述

一、保险市场的含义

保险市场是现代市场体系的一个组成部分，是商品经济发展的产物，有广义和狭义之分。狭义的保险市场是指人们进行保险产品交换活动的场所。保险市场的交易对象是保险人为消费者提供的风险保障，即各类保险商品。较早的保险市场出现在英国的保险中心——伦巴第街；后来随着劳合社海上保险市场的形成，参与保险市场交易活动的两大主体——供给方与需求方渐趋明朗。随着保险业的不断发展，承保技术日趋复杂化，承保竞争日趋尖锐化，保险商品推销日趋区域化与全球化，仅由买卖双方直接参与的交换关系已经远远不适应发展的需要，保险市场的中介力量应运而生，使得保险交换关系更加复杂，同时也使保险市场趋于成熟。如今社会，随着信息产业的高度发展，人们可以直接通过网络进行保险产品的交易，因而保险市场的概念应从广义理解，即保险市场是指保险产品交换关系的总和或是保险产品供给与需求关系的总和。

二、保险市场的特征

作为现代市场经济体系的重要组成部分，保险市场与普通商品市场等其他市场有着相似点，例如，它们都是交换关系的总和，都要发挥价格机制、供求机制和竞争机制等。然而保险市场的客体所具有的特殊性决定了保险市场其自身独有的特征。

(一)保险市场是直接风险市场

任何市场都存在风险，交易双方都可能因市场风险的存在而遭受经济上的损失。但一般市场的交易对象是商品和劳务，其本身并不与风险相联系，而保险市场的交易对象直接就是风险。具体而言，在保险市场上投保人以购买保单的形式将自己所面临的风险转嫁给保险人，而保险人则通过自己的专业技术把吸纳的风险通过大数法则分摊于所有被保险人，同时再通过再保险市场将部分风险分摊给其他保险公司或再保险公司。当被保险人发生约定保险事故时，保险人根据约定进行赔偿或给付。保险市场所交易的保险商品就是对投保人转嫁的各类风险提供保险保障，所以本身就直接与风险相关联。保险商品的交易过程，本质上就是保险人聚集与分散风险的过程。风险的客观存在和发展是保险市场形成和发展的基础，正所谓“无风险，无保险”。

（二）保险市场是非即时结清市场

即时结清市场是指当市场交易一旦结束，交易双方就可以确切知道交易结果的市场，而保险市场是非即时结清的。在一般商品市场中，合同的签订往往意味着交易的完成，成本收益立刻明了；而保险合同的达成则意味交易的开始，保险合同的双方还需要利用合同约束双方的权利义务。在保险交易活动中，保险风险的不确定性和保险合同的射幸性，使得交易双方都不能确切知道交易结果，因此不能立刻结清。当保险期限已满或者保险合同约定事件发生时，保险双方才能知道交易的最终结果。

（三）保险市场是预期市场

在金融市场上，不仅有现货交易，还有期货交易，期货交易的显著特点之一就是合同订立与实际交割存在时间差。保险交易具有期货交易的特点，保险合同签订后，保险公司给予被保险人的是对未来一段时期内不确定事件发生所带来的经济损失给予补偿的承诺。当保险合同达成之时，被保险人并不能马上获得保险公司的赔偿或给付，而是只有在保险合同期限内约定的保险事故发生时，保险公司才会履行赔偿或给付的义务。支付保费与获得赔偿或给付之间存在时间差，保险市场充分体现预期市场的特征。

（四）保险市场是政府干预性市场

由于保险具有广泛的社会性，保险业的经营活动直接影响广大公众的利益，且存在市场失灵，政府需要对保险市场进行适当干预。另外，保险公司所承担的是未来损失赔偿责任，政府有责任保证保险人的偿付能力。因此，大多数国家对保险业都进行了严格的监管和控制，如对保单的格式、保险费率、责任准备金及资金投放等的规定。

三、保险市场的构成要素

保险市场由主体和客体构成，市场主体是保险市场交易活动的参与者，包括保险商品的供给方、需求方以及充当供给双方媒介的中介；客体则是指保险交易的对象，即保险产品。

（一）保险市场的主体

(1)保险人。保险人又称承保人，是指在保险市场上出售各种保险产品的经营机构，是保险市场的供给方。保险人提供各类保险商品，承担、分散和转移投保人的风险。具体而言，保险人是经营保险业务，根据保险合同收取保费并且在保险事故发生或约定保险期限届满时负责赔偿或给付保险金的保险组织或机构。为了确实保证保险保障，使保险合同得以切实地履行，除法律特准的自然人外，大多数国家和地区的保险业务都是法人经营。根据《保险法》第70条规定，保险公司应当采取下列组织形式：①国有独资公司；②股份有限公司。但是，随着中国人民保险公司、中国人寿保险公司、中国再保险公司股份制改造的完成，目前我国保险市场上的国有独资保险公司这类组织形式已经消失，而以控股公司、股份有限公司为主要组织形式的各类保险人构成当前我国保险市场的供给方。

2011年年末，我国共有保险集团公司10家，中资保险公司90家，中外合资保险公司51家。全国共有省级(一级)分公司1 259家，中支和中支以下营业机构68 007家。全国保险从业人员776 258人(不含营销员、代理员)。保险公司保费收入14 339.3亿元，赔款及给付金额为3 929.4亿元。

(2)投保人。投保人又称要保人，是指与保险人订立保险合同，并按照保险合同规定缴纳保险费的人。投保人是保险市场上的需求方，是保险产品的购买者。保险市场上的投保人可以是法人，也可以是自然人；可以是本国人，也可以是外国人。投保人可以为自己投保，也可以为法律允许的他人投保。

(3)保险中介人。在现代保险市场上，大量保险经济关系都是通过保险中介人实现的。保险中介人是为保险交易双方提供服务的专门组织或个人，是保险经济的辅助人，包括保险代理人、保险经纪人、保险公估人、保险律师、保险理算师、保险精算师、保险信用评级机构等。这些人员或机构虽然不直接经营保险业务，但却是保险市场不可缺少的重要组成部分。

(二)保险市场的客体

保险市场的客体是以保险合同为载体的保险供求双方交易的对象，体现为多种多样的保险产品。保险产品既不同于普通消费品，也不同于一般投资品，具有一定的独特性。

(1)保险产品是无形商品。保险企业经营的是看不见摸不着的风险，以风险为经营对象的保险产品必然是一种无形商品。保险产品体现为对被保险人的一纸承诺，而且这种承诺只有在保险合同约定的保险事故发生或保险期限届满时方能履行。保险产品实际上是一种服务，是对未来提供服务的一种承诺。

(2)保险产品是“非渴求商品”。所谓非渴求商品，是指消费者一般不会主动想要去购买的商品。因为保险产品是对风险事故发生后产生的经济损失的赔偿，风险虽然是客观存在的，但是风险事故的发生与否是不确定的，而人们总是在风险事故发生前存在侥幸心理。相对于普通消费品而言，主动购买保险产品的人要少得多，除非是法律强制性的规定。

(3)保险产品具有灾难的联想性。保险商品总是与未来可能发生的不幸相联系，通常是在被保险人发生如疾病、伤残、死亡等不幸事件时，才能得到保险金。因此，向保险人申请理赔往往表明被保险人正在经历着痛苦或者财务上的压力，这使得消费保险品似乎也成为一种不愉快的经历。

(4)保险商品的消费是隐性消费。保险消费者购买保险商品缴付保费后，得到的是保单，在消费保险商品的过程中，没有像其他有形物质商品那样的直观感觉，只有当风险事故发生，遭受经济损失获得赔偿时，才能真正体会到保险商品的存在。

保险商品的这些特性，使得“保险必须靠推销”。只有依靠富有想象力和创造力的推销方法、行之有效的广告宣传，才能吸引保险消费者，才能更好地完成保险市场的交易活动。

四、保险市场的种类

从宏观上看，保险市场是一个庞大的网络体系，不同的分类标准可以把保险市场进行不同的划分，而这些不同种类的保险市场又不是截然分开的，而是相互交叉和重合的。

（一）人身保险市场和财产保险市场

根据承保标的来划分，保险市场可以划分为人身保险市场和财产保险市场。其中，人身保险市场是专门从事各种人身保险产品交易的市场，如寿险市场、健康险市场等。财产保险市场是专门从事各种财产保险产品交易的市场，如家庭财产保险市场、企业财产保险市场、责任保险市场等。

（二）原保险市场和再保险市场

根据保险业务承保方式划分，保险市场可以划分为原保险市场和再保险市场。其中，原保险市场又称直接保险市场，是指投保人与保险人之间通过订立保险合同而建立保险关系的市场；再保险市场又称分保市场，是原保险人与再保险人之间通过订立分保合同而形成再保险关系的市场。

（三）国内保险市场和国际保险市场

根据保险活动的空间划分，保险市场可以划分为国内保险市场和国际保险市场。其中，国内保险市场是指在本国境内形成的各种保险商品交换关系的市场，又可分为地区性和全国性保险市场；国际保险市场是指在多个国家或者地区形成的保险商品交换关系市场的整体，又分为区域性保险市场和全球性保险市场。

（四）完全竞争、垄断竞争、寡头垄断、完全垄断保险市场

根据保险业务的竞争情况划分，保险市场可以划分为四种类型，即完全竞争市场、垄断竞争市场、寡头垄断市场和完全垄断市场。

(1)完全竞争市场。完全竞争型保险市场是指一个保险市场上有数量众多的保险公司，任何公司都可以自由进出市场，每一家保险公司都提供同质无差异的保险产品，所有公司都是保险商品价格的接受者，而不是制定者。完全竞争市场是一种理想模式，在现实中并不存在这种模式。

(2)垄断竞争市场。垄断竞争型保险市场是指保险市场上存在较多的保险公司，各公司提供有差别的保险产品，进入壁垒较低，保险公司能够自由地进出市场。垄断竞争市场是介于完全竞争市场和寡头垄断市场之间的一种市场模式。

(3)寡头垄断市场。寡头垄断型保险市场是指保险市场上只有少数相互竞争的保险公司，每一家保险公司的规模都比较大，市场集中度比较高，进入壁垒较高，其他保险公司要进入这个保险市场是比较困难的。

(4)完全垄断市场。完全垄断型保险市场是指在整个保险市场上完全由一家保险公司所控制，市场价格由该公司制定，其他公司无法进入保险市场。在完全垄断市场上，没有市场竞争，没有替代产品，消费者也没有选择余地。

（五）自愿保险市场和强制保险市场

根据保险的实施方式，保险市场可以划分为自愿保险市场和强制保险市场。其中，自愿保险市场是投保人和保险人在平等互利、等价有偿的原则基础上，通过协商，采取自愿方式签订保险合同建立的一种保险关系；而强制保险市场是指根据国家颁布的有关法律和法规，凡是在规定范围内的单位或个人，不管愿意与否都必须参加的保险。例如，世界各国一般都将机动车第三者责任保险规定为强制保险的险种。由于强制保险某种意义上表现为国家对个人意愿的干预，所以强制保险的范围是受严格限制的。我国《保险法》规定，除法律、行政法规规定必须保险的以外，保险公司和其他任何单位不得强制他人订立保险合同。

第二节　保险市场的组织形式

保险市场的组织形式是指在一国或地区的保险市场上，保险人采取何种组织形式经营保险业务。在国际上，保险市场的组织形式多种多样，按所有制关系不同一般可将经营保险业务的保险主体的组织形式分为国有保险形式、股份制保险形式、相互制保险形式、合作制保险形式和个人保险形式等。

一、国有保险形式

国有保险形式是指国家授权投资机构或国家直接投资经营保险业务的组织形式，通常为有限责任保险公司。国有独资保险公司只设董事会、总经理和监事会，因除政府外，再没有其他股东，故不设股东大会。国有独资保险公司多为资金雄厚的大型或巨型公司，经营规模大，分散风险能力强。国有保险组织在经营过程中注重社会效益，有利于国家政策的实施。原中国人民保险公司、中国人寿保险公司等都是国有保险形式，随着股份制改革的推进，我国纯粹的国有保险公司越来越少，大多都改革成了股份制保险公司。该种所有制形式也普遍存在于世界保险市场中，如日本厚生省管辖的国营健康保险机构、美国联邦政府设立的存款保险公司等。该类保险公司一般都经营政策性的或者商业保险不愿承保的强制保险或巨灾保险。

二、股份制保险形式

（一）股份制保险形式的内涵

股份制保险公司的资本以股东认购股票的形式集资而成，股东以领取股息的方式分配利润，并以出资额为限对公司承担责任，保险公司则以其全部资产对公司债务承担民事责任。股份保险公司是现代保险采用的最普遍的组织形式，世界各国保险业都广泛采用之。经过近 300 年的发展，股份保险公司已经成为成熟的保险组织形式，产权关系明晰，透明度大，能够聚集巨资承担巨额风险，并能够进行大规模经营以保证投资的利益，因而备受各国保险业的推崇。

（二）股份制保险形式的特点

(1)资合公司。股份制保险公司是典型的资合公司，公司的所有权与经营权相分离，有利于提高经营管理效率，增加保险利润，进而扩展保险业务，使风险更加分散，经营更加安全，对被保险人的保障更强。

(2)规模大。股份制保险公司通常规模较大，财力雄厚，可以有效地分散风险，保障被保险人的利益。但其也存在不足之处：由于公司的权利由股东控制，股东可能为了自身的利益最大化而无法实现公司的利益最大化，并且很可能损失被保险人的利益。

(3)资金来源广泛。股份保险公司资金来源广泛，来自不同的股东，更容易分散风险和进行筹资融资。另外，股份保险公司向社会发行股票，这样不仅获得了资金，而且可以提高公司知名度，起到宣传作用。

此外，相比于其他股份制企业，股份保险公司有其自身的特点：在保险公司刚营业时，由于尚未有足够的保费收入，因此股东投入的资本金就作为公司的经营资本，用于支付营运费用和损失的赔偿；随着保险费收入的不断增长，资本金将成为保险公司偿付能力的保证，同时，资本金的规模也直接决定了经营的保险业务的规模大小；当出现保险准备金不足以支付赔款时，资本金又将成为保险公司稳定经营的最后防线，用于支付超出预期规模的赔款。

（三）股份制保险形式的组织结构

所谓组织结构就是指保险公司为了达到经营目的，确定各个部门及其组成人员的职责以及不同职责之间的相互关系，从而使全体参加者既有一个明确的分工，又能通力合作的一种形式。股份保险公司的组织机构包括股东大会、董事会、监事会和经理。

(1)股东大会。股东大会是由股份制保险公司的全体股东组成，是股份保险公司的最高权力机构。对公司重大事项进行决策，有权选任和解除董事，并对公司的经营管理有广泛的决定权。股东大会既是一种定期或临时举行的由全体股东出席的会议，又是一种非常设的由全体股东所组成的公司制企业的最高权力机关。公司所有者通过股东大会行使经营决策权和财产管理权，企业一切重大的人事任免和重大的经营决策都需要经股东大会认可和批准才有效。

(2)董事会。董事会是由股东大会选举的，一般由5～19名成员组成，设董事长1人，副董事长1～2人，董事长、副董事长由董事会选举产生。董事任期五年，任期届满，可连选连任，董事在任期届满前，股东大会不得无故解除其职务。董事会是公司组织的主要统治集团，它受股东的委托执掌决策大权，董事会是权力机构股东大会的业务执行机关，负责公司和业务经营活动的指挥与管理，对公司股东大会负责并报告工作。股东大会所作的关于公司重大事项的决定，董事会必须执行。董事长为股份保险公司的法定代表人，负责主持股东大会和召集、支持董事会会议，检查董事会会议的实施情况，签署公司股票、公司债券。

(3)监事会。监事会由股东代表和适当比例的公司职工代表组成，成员一般不得少于3人。监事会行使的职权主要有：检查公司财务；对董事、高级管理人员执行公司职务的行为进行监督，对违反法律、行政法规、公司章程或者股东大会决议的董事、高级管理人员提出罢免的建议；当董事、高级管理人员的行为损害公司的利益时，要求董事、高级管理人员予以纠正；提议召开临时股东大会会议，在董事会不履行召集和主持股东大会会议职责时召集和主持股东大会会议；向股东大会会议提出提案；依照《中华人民共和国公司法》(简称《公司法》)第152条的规定，对董事、高级管理人员提起诉讼；列席董事会会议，对所议事项提出质询和建议；调查公司异常经营情况。监事的任期每届三年，任期届满，可连选连任。监事会应当依照国家法律、行政法规、公司章程，忠实履行监事职责。

(4)经理。经理由董事会聘任或解聘，负责执行公司的经营方针，并向董事会负责。经理是公司的代理人，有权以公司名义签约，但应当遵守公司的章程，忠实履行职务，维护公司利益，不得利用其在公司的地位和职权为自己牟私利。

三、相互制保险形式

(一)相互制保险形式的内涵

相互制保险是由所有参加保险的人自行设立的保险法人组织，是保险业特有的公司组织形式，是指有可能发生某些风险的经济组织为达到共同保险保障的目的采取公司形式建立的非营利性的保险组织，是保单所有人为了给自己办理保险而合作成立的，降低投保人成本的保险形式。相互保险公司是以会员之间相互保险为目的的一种社会互助行为，是由相互保险社的形式演变而来。人们通过购买保单而成为公司的所有人并可以从公司得到分红，利润由公司的所有人共享。相互保险公司按其制定的费率不同和缴付不同，可以分为分摊收取保险费的相互保险公司、预收足量保险费的相互保险公司和永久性保险制的相互保险公司。

相互制保险公司历史悠久，起源于中世纪欧洲的基尔特组织——为组织会员及其家庭成员在生老或病亡时提供经济保障的行会。相互保险公司是保险业特有的组织形态，没有股东，投保人根据公司章程的规定向公司交纳保险费后成为会员，又称保东，公司根据合同约定进行赔付，从事相互保险活动。公司会员是保险人和被保险人的统一体，当保险合同终止时，会员与公司的保险关系随之消失。

(二)相互制保险形式的特点

(1)投保人具有双重身份。相互保险公司的投保人具有双重身份，相互保险公司的参加者既是保险公司的所有者(保险人)，也是被保险者。他们只要缴纳保险费，就可以成为公司成员，而一旦解除保险关系，也就自然脱离公司，成员资格随之消失。

(2)公司具有非营利性。相互保险公司是一种非营利性公司，没有资本金，以各成员缴纳的保险费形成公司的责任准备金，来承担全部保险责任，成员以缴纳的保险为依据，参与公司的盈余分配和承担公司的亏损，因此没有盈利问题的存在，故而相互制保险公司是一种不以盈利为目的的组织。

(3)会员大会是最高权力机构。相互保险公司的最高权力机构是会员大会或会员代表大会，由保单持有人组成，会员大会选举董事会，由董事会任命高级管理人员。

(4)经营成本较低。相互保险公司通过所有权关系取代市场交易，为降低费率提供了条件。同时，没有利润压力使得相互保险公司更为重视那些对被保险人有利的长期保险项目。另外，由于相互保险公司投保人与保险人的同一身份，公司能够灵活地调整保险费率，可以有效避免利差损、费差损等问题。正是因为这些特点，相互保险公司为经济条件相对较差的人们寻求保险保障提供了机会。

(5)保障能力有限。由于相互保险公司不能以发行股票的形式向社会筹集资金，主要依靠留存盈余扩大承保能力，利用资本市场的能力有限，限制了相互保险公司的发展速度，保障能力随之受到制约。随着市场的发展，目前相互保险公司的相互性渐已淡薄，与股份保险公司差别越来越小，甚至也开始具有一定的营利性，相互保险公司与股份保险公司的区别如表 10-1 所示。相互保险公司始建以来，曾经被发达国家的保险业所采用，特别是人寿保险公司。作为现代人寿保险公司开端的英国公平保险公司就是于 1962 年以相互保险公司形式成立的。直到现在，世界上最大的几家人寿保险公司，如美国的大都会人寿保险公司、日本的第一生命人寿保险公司等都是相互性质的保险组织机构。在我国，监管部门取消了对保险公司组织形式的具体规定，也开始出现相互制保险，如 2005 年 1 月 11 日经中国保监会批准成立的阳光农业相互保险公司。

表 10-1　相互保险公司与股份保险公司的区别

项目	相互保险公司	股份保险公司
企业主体	会员，会员与保险参加者是同一人	股东，股东并不限于保险参加者
权力机关	会员大会	股东大会
董事	不以会员为限	只能是股东
资金来源	会员	股东
经营目的	非营利，互助性	营利性
保险费的形式	不定额保险费，资金剩余时向会员摊还，不足时向会员征收	定额保险费，剩余时计入营业利润，不足时由股东填补
利益处理	保险公司的剩余必须先支付借入资金及其利息后，才能由会员享有	股东对利益有全权处理权

四、合作制保险形式

（一）合作制保险形式的内涵

合作制保险形式即保险合作社，是由一些对某种风险具有同一保障要求的人，自愿集股设立的保险组织。保险合作社是一种特殊的相互组织形式，要求社员加入时必须缴纳一定金额的股本，社员认缴股本后即使不是保单持有人也具有社员资格，与合作社保持长久密切的关系。保险合作社一般属于社团法人，是非营利机构。合作社当年保费如有盈余，原则上应留作准备金，在不影响赔付的情况下，可参加金融流通，如短期拆借、投资、贷款等，以提高保险资金的使用效率，增强合作社自负盈亏的能力。若发生亏损，一方面可在合作社之间互相调剂，如无能力调剂时，可向国家保险公司申请有偿调剂，以保证其经营的稳定性和连续性。

（二）合作制保险形式的特点

(1)社员缴纳股本。保险合作社是由社员共同出资入股设立的，加入保险合作社的社员必须缴纳一定金额的股本。社员作为保险合作社的股东，对保险合作社的权利以其缴纳的股本为限。

(2)社员是被保险人。只有保险合作社的社员才能作为保险合作社的被保险人，保险合作社只承保合作社社员的风险。但是社员也可以不与保险合作社建立保险关系。也就是说，保险关系的建立必须以社员为条件，但社员却不一定要与之建立保险关系，保险关系的消失也不影响社员关系的存在，不丧失社员身份，因此保险合作社与社员之间的关系比较长久。

(3)固定保险费率。保险合作社采取固定保险费制，事后不补缴。

五、个人保险形式

个人保险形式是以自然人的名义承保风险的一种组织形式。从保险的发展历史来看，个人经营保险也曾经在相当长的时间内存在，但随着世界经济的发展，保险金额日益增大，个人的承保能力毕竟有限，难当此任。各国为了保护国家的利益和公民的利益，加强对保险人的管理，一般不允许个人经营保险业务。目前，只有劳合社仍保留个人保险人的形式。

劳合社是世界上最大的个人保险组织，创建于 1688 年 2 月 18 日，其前身是爱德华·劳埃德在伦敦泰晤士河畔开设的咖啡馆。1871 年议院通过《劳合社法》，劳合社以劳埃德公司的名义取得法人资格。劳合社成立迄今已有 300 余年历史，已成为国际保险业历史最悠久和最有影响的保险组织。但劳合社不是一家保险公司，而是一个社团，确切地说，是一个保险市场。劳合社本身并不直接经营业务，仅为其成员提供保险交易场所与有关服务，劳合社的社员都是以个人名义承保风险，是一个采取特殊承保方式的保险和再保险市场。1995 年之前，其成员都是具有雄厚财力，并愿承担无限责任的个人，但自 1995 年起，也开始吸收实力雄厚的法人承担，负有限责任，目前法人资金已经占劳合社总资金一半以上。劳合社的经营方式是由其成员组成辛迪加进行承保，一般不准许投保人和承保人直接签订保险合同，而是由劳合社经纪人替投保人寻找承保组合。

劳合社自建立以来，不断根据社会需要扩张业务范围，勇于创新，使自身得到很大发展，在国际保险市场享有盛誉。其优势表现在：第一，拥有雄厚的实力和财力，能够承保最大的风险单位。第二，特别擅长于海上运输和航空等高技术、高风险的承保，在业务上敢于开拓和创新。第三，有良好的及时、迅速、准确赔偿的传统和业绩，信誉高。第四，拥有完整的技术部门和人才，在世界范围内为保险经营提供海洋、航空灾害风险的信息资料。第五，社内有严格的管理制度和财务保障制度，以确保社员的清偿能力。

劳合社的业务来自世界 100 多个国家和地区，其承保的国际保险业务保费约占伦敦保险市场国际保险业务的一半，同时也是英国最大的机动车辆保险市场。历史上第一张飞机险保单、第一张盗窃险保单等都是由劳合社设计的，其设计的保单为世界各国所效仿采用。总的来说，劳合社对世界保险业的繁荣和发展起着举足轻重的作用。

第三节 保险市场的需求与供给

在保险市场的运行过程中，保险的需求与供给相互作用、相互影响，两者之间的不断调整和适应的结果决定以保险费率表达的保险价格的均衡与波动；保险价格的变动反过来影响着保险的需求与供给，使之做出调整，从而形成保险市场整体性的周期性变化。

一、保险市场的需求

（一）保险市场需求的含义

需求的经济学含义是指在一定时期内和一定价格下，消费者愿意并且能够购买某种商品或劳务的数量。因而，保险需求(demand of insurance)就是在一定时期内和一定费率水平下，保险消费者从保险市场上愿意并且能够购买的保险商品数量，是消费者对保险保障的需求量，可以从投保人投保的保险金额总量来计量。此外，保险需求还必须满足另外两个特殊的条件：一是保险需求者必须有能力履行其义务，无行为能力和限制行为能力者与保险人签订的保险合同是无法律效力的；二是投保人对保险标的必须具有可保利益。保险需求从不同角度可以有不同的类别划分，具体包括：

(1)物质需求与精神需求。与一般需求表现不同，保险需求的表现形式有两方面：一方面是物质需求，即在约定的风险事故发生并导致损失时，能够对经济损失予以充分的补偿；另一方面则体现为精神需求，即在投保后，被保险人心理上感到安全，从而消除精神上的紧张和不安。

(2)总量需求与结构需求。从市场整体角度出发，保险需求包括总量需求和结构需求。总量需求是特定市场上所有个体的保险需求的叠加，可以用投保人投保的保险金额总量来计算；结构需求是指各类保险商品占保险商品需求总量的比重，如机动车辆保险保费收入占财产险保费收入的比重，财产险保费收入占全部保费收入的比重等。

保险需求是保险市场生存和发展的必要前提，如果没有保险需求，保险业就没有存在的客观需要，更谈不上发展的可能，保险需求对保险公司的经营和发展具有决定性意义。

（二）保险市场需求的特征

(1)保险需求的客观性。保险需求的客观性来源于风险的客观存在，风险是不以人的意志为转移的，使得人们对风险管理也就具有了必然性。风险管理的最重要手段就是保险，这就使得保险需求具有了客观必然性，但是在现实生活中，并不是所有人都选择购买保险，其原因一方面是人们选择其他风险管理方式，如人们为了避免飞机意外事故发生，会选择其他交通工具，也就没有购买航空意外险的需求；另一方面则是人们没有意识到保险的重要性，觉得保险可有可无。

(2)保险需求的多样性。保险需求具有多样性的特征同样来源于风险的多样性，在现实生活中，既存在自然风险，也存在社会风险，为了应对多元的风险，人们对保险的需求也是多样性的。据不完全统计，现存的保险品种有万余种，我国的国内保险业务在恢复开办的20余年时间里，推出的险种也多达千余种，在保险业发达的西方国家，保险双方当事人可以根据投保人的具体需求，为其量身定做个性化保险商品。对于具体的每一个保险需求者，其对保险品种的需求也是多样化的。个人既需要人身保险，也需要财产保险，既需要医疗保险、养老保险，也需要意外险；企业既需要财产保险，也需要信用保险。

(3)保险需求的差异性。每一个被保险人都有着一定的保险偏好，有些强调一定的保障，有些则强调十足的保障。以人身保险为例，被保险人的年龄、性别、健康、教育水平、职业和爱好等的差异，决定所选保险产品的不同。

(4)保险需求的非渴求性。保险需求的非渴求性是指消费者不会迫切地需要保险产品，虽然风险是客观存在的，但在风险转变为现实损失之前，人们总存在一种侥幸心理，认为风险的出现是偶然现象，不一定会发生，故保险产品似乎不是十分重要。另外，有的保险属于长期投资，如养老保险，一些人认为这是几十年以后的事情，现在投资过早。

(5)保险需求的隐蔽性。保险需求的隐蔽性在于人们面临的一部分风险具有难以识别的特点，与尚未识别的风险相联系的安全需求也就无法显现，而成为潜在的需求。保险需求的隐蔽性使得保险营销成为保险经营的重点，保险人要把这种潜在的保险需求转化为现实的保险需求，要运用系统的观点和科学的方法，站在保险需求者的立场和角度上，创造保险产品，诱发购买动机和现实购买行为。

（三）保险市场需求的分类

(1)现实保险需求和潜在保险需求。现实保险需求是指人们有支付能力的保险需求，是测算一定时期内，保险人获得最大营销数额的依据，每个保险公司都是依据现实保险需求来确定各自营销额度的。潜在保险需求是指人们尚未认识到或者虽已认识但无支付能力的保险需求，潜在保险需求在一定条件下可以转化为现实需求。

(2)长期需求和短期需求。保险需求按持续时间长短划分为长期需求和短期需求。长期需求一般是指时间超过一年的持续性需求，如一个人从出生到死亡的一个生命周期中的持续性保险需求；短期需求一般是指一年之内的一次性需求，通常只涉及个别保险标的或者一次性短期行为，如卫星发射保险需求和短期旅行保险需求等。

(3)低层次、高层次和特殊保险需求。保险需求按层次可以划分为低层次保险需求、高层次保险需求和特殊保险需求。低层次保险需求也称基本保险需求，包括满足人们基本生存条件的各种保险需求，例如，基于企业财产安全、家庭及个人财产安全和人的生命、身体安全的保险需求。高层次保险需求是相对于低层次保险需求而言的，是指在基本保险需求得以满足的条件下，仍然有能力消费的保险需求，如企业投保的利润中断险、雇主责任险，个人投保的婚嫁保险和保险馈赠等。特殊保险需求主要是指人身保险中带有炫耀性消费性质的保险需求，常见的是以身体的某一部位投保高额保险，例如，好莱坞影星伊丽莎白·泰勒的眼睛投保100万美元，法国香水制作家艾费·里昂的鼻子投保500万美元等。

(4)财产保险需求、人身保险需求、责任保险需求和保证保险需求。保险需求按内容可分为财产保险需求、人身保险需求、责任保险需求和保证保险需求。财产保险需求是由于人们担心所拥有、占有和保管的物质财产遭受风险损失而产生的保险需求；人身保险需求是人身面临生、老、病、死、残的风险而产生的保险需求；责任保险需求是人们对于违反法律、合同的规定而造成他人财产损失和人身伤害所引起的民事赔偿责任的担心而产生的保险需求；保证保险需求则是指在贸易、信贷等合同中因义务人未履行合同义务而造成经济损失所产生的保险需求。

（四）保险市场需求的影响因素

保险需求及购买行为受到多种因素的影响，第一位的因素是风险，风险的客观存在是产生保险需求的前提。保险需求总量与风险因素存在的程度呈正比：风险程度越大，风险所致的损失越大，以至于消费者无法自行承担，保险需求就会越大；反之，保险需求就越小。但是风险是无形的，并不是每个人都能意识到。对风险的认识受到许多因素的影响，因此对保险的需求也受到多种因素的影响。这些影响因素可以分为三类，即产品因素、人的因素、社会因素。

1. 产品因素

(1)保险价格。保险商品的价格即保险费率，商品的需求一般与价格成反向关系，保险商品也是如此。费率越高，保险需求就越少，当保险费率下降时，保险需求随之增加。当然，费率对保险需求的影响会因不同的保险商品而存在差异。

(2)互补品与替代品价格。保险商品与普通商品一样，其互补品与替代品的价格变化直接影响保险的需求：①互补品价格与保险需求呈反向变化关系。互补品是指两种商品必须同时使用才能满足消费者的某一类或者某一种欲望，即这两种商品之间存在互补关系，如基本险与附加险、汽车与车险等。当基本险的费率增加，基本险的消费减少，附加险的需求量也随之减少；当汽车价格下降时，对汽车的需求量会增加，机动车辆保险的需求也会随之增加。②替代品价格与保险需求呈正向变化关系。替代品是指使用功能在一定程度上可相互替代的产品，如铁路货物保价运输是铁路货物运输保险的替代品，储蓄是某些人寿保险产品的替代品。当铁路货物保价运输的费率增加，铁路货物保价运输的需求下降，消费者转而选择铁路货运险，铁路货运险的需求上升。同理，存款利率的上升，代表寿险产品的替代品价格下降，人们转而选择储蓄，导致部分寿险产品的需求下降。

2. 人的因素

(1)人口因素。人口因素包括人口总量因素和人口结构因素，保险业的发展与人口因素密切相关。一国的人口总量体现了该国保险潜在市场的容量，在其他因素既定的条件下，人口总量越大，保险需求量也越大。人口结构主要包括年龄结构、职业结构、文化结构和民族结构，不同年龄、职业、文化程度和民族习惯的人群，对保险商品的需求是不同的，甚至存在较大差异。

(2)形势因素。形势因素在消费决策的过程中扮演着重要角色，包括购买决策的重要性、时间压力等。如果时间充裕，消费者通常会推迟决策，当越接近死亡或生病时，人们对保险越产生较大的需求。当人们的家庭责任增加、社会地位提高、收入增长时，保险需求也会增大，如结婚、生子、升职等。

3. 社会因素

(1)文化传统。保险需求在一定程度上受人们风险意识的直接影响，而人们的风险防范和保险意识又是受特定文化环境的影响和控制。在我国，由于封建文化的长期渗透，对于一些风险，人们有时宁愿求助于神灵保佑，也不接受保险的保障，从而抑制了保险需求。中国传统文化中的“养儿防老”、“在家靠父母，出门靠朋友”、“远亲不如近邻”等思想，也使得人们更强调以家庭为核心寻求帮助，而不是采用保险的社会互助方式，最终影响保险需求量的增长。

(2)经济水平。保险是社会生产力发展到一定阶段的产物，并且随着生产力的发展而发展。一方面，经济发展带来对保险产品购买能力的增加；另一方面，收入水平的提高也会带来保险需求总量和结构的变化。从财产保险角度来看，经济总量的增长直接提升了保险需求的扩大，从而直接表现为保险费收入总量的不断增长和保费收入在经济总量中比重的上升；从人寿保险和个人财产保险角度看，国民收入水平越高，保险需求越强。

(3)强制保险的实施。强制保险是政府以法律的、行政的、金融的手段强制实施的保险保障方式，在规定范围内的被保险人都必须投保，或者虽不强制执行，但未投保者将遭受某些限制或享受不到某些优惠措施，如我国的机动车交通事故责任强制险。强制保险制度的实施是对高风险事故的强制保障，维护社会稳定，人为地扩大了保险需求。

（五）保险市场需求的弹性

保险需求弹性是指保险需求对其影响因素变动的反应程度，用公式表示如下：

$$E_d=(\Delta D/D)/(\Delta F/F) \tag{10-1}$$

其中，E_d 表示保险需求弹性；ΔD 表示保险需求的变动；D 表示保险需求量；F 表示某个影响保险需求的因素变量，如价格、收入等；ΔF 表示影响保险需求因素的变动。保险需求弹性一般可分为保险需求的费率弹性(价格弹性)、保险需求的收入弹性和保险需求的交叉弹性。

(1)保险需求的费率弹性。保险需求的费率弹性表示保险需求量对保险费率变化的敏感程度，即保险费率变动 1%所引起的保险需求量的变化比率。用公式表示如下：

$$E_p=(\Delta D/D)/(\Delta P/P) \tag{10-2}$$

其中，E_p 表示保险需求的费率弹性；ΔD 表示保险需求的变动；D 表示保险需求量；P 表示保险费率；ΔP 表示保险费率的变动。

由于保险费率与保险需求之间呈负相关关系，保险需求的费率弹性为负值，通常用其绝对值表示。当 $|E_p|=0$ 时，称完全无弹性，即保险需求量不因费率的上升或下降而有任何变化，如强制保险；当 $|E_p|>1$ 时，称富于弹性，即当该险种的费率下降时，保险需求量的增加幅度大于费率下降的幅度，如大部分的汽车保险；当 $|E_p|=1$ 时，称单位弹性，即保险需求的变化与费率变化等比例；当 $|E_p|=\infty$时，称无限大弹性，即保险费率的微小变化就会引起保险需求量无限大的反应。

从短期来看，保险的需求价格弹性较大；但从长期来看，则相对较小，原因在于，保险产品及其费率是通过对风险评估、投资收益及各种相关因素的精算分析后确定的，一旦确定就不易变更。消费者购买保险商品，特别是人寿保险，在保险合同下的费率几年甚至几十年不变，享受的保险保障也不变，至于同样的保险商品在这些年中费率如何变化，都不会影响已经形成的保险需求。另外，不同保险商品之间的费率弹性也存在差异，例如，强制保险的费率弹性较低，甚至被认为“完全缺乏弹性”，而自愿保险的费率弹性相对较大。

(2)保险需求的收入弹性。保险需求的收入弹性表示保险需求量对消费者收入变动的敏感程度。一般地，收入和保险需求量呈同方向变化，收入越高，保险需求越大。用公式表示如下：

$$E_i=(\Delta D/D)/(\Delta I/I) \tag{10-3}$$

其中，E_i 表示保险需求的收入弹性；ΔD 表示保险需求的变动；D 表示保险需求量；I 表示货币收入；ΔI 表示货币收入的变动。

保险需求的收入弹性常大于一般商品，主要原因在于三个方面：第一，保险商品特别是人身保险具有很强的储蓄性，随着消费者货币收入的增加，必然带动储蓄性保险需求量的增加。第二，人们的消费结构会随着货币收入的增加而变化，一些高额财产、文化娱乐、旅游等精神消费支出比例会由此而增大，而与其具有互补作用的保险会随着消费者货币收入的增加而增加。第三，对于大多数中低收入的消费者而言，保险尚属于奢侈品，当他们的货币收入增加时，必然会创造对保险商品的需求。然而，由于各种保险商品结构、保障对象和投保人的观点、风险意识的差异，不同保险消费者对保险商品的需求是不同的，需求的收入弹性也会不一样，因而会出现不同情况：收入无弹性，$E_i=0$；收入富于弹性，$E_i>1$；收入缺乏弹性，$E_i<1$；收入单位弹性，$E_i=1$；收入负弹性，$E_i<0$。

(3)保险需求的交叉弹性。保险需求的交叉弹性表示保险需求相对于其他相关产品价格变化的敏感程度，这里其他相关产品主要指的是互补品或替代品。用公式表示如下：

$$E_x=(\Delta D/D)/(\Delta P_g/P_g) \tag{10-4}$$

其中，E_x 表示保险需求的交叉弹性；ΔD 表示保险需求的变动；D 表示保险需求量；P_g 表示互补商品或替代商品的价格；ΔP_g 表示互补商品或替代商品的价格变动。

由于保险需求与互补品的价格变动呈反向关系，交叉价格弹性为负值；保险需求与其替代品的价格变动则呈同向关系，交叉价格弹性为正值。交叉弹性的大小则取决于保险商品与其他相关产品之间的互补或替代程度，如果互补或替代程度高，则保险需求的交叉价格弹性就大，反之则小。

二、保险市场的供给

（一）保险市场供给的含义

供给是指在一定时期内和一定条件下，生产者或劳务提供者对某种产品或某种劳务可能供应的数量。相应地，保险供给(supply of insurance)是指在特定时期内和一定的费率水平下，保险市场上的保险人愿意并且能够提供保险商品的数量。保险市场供给可以用承保能力表示，是各个保险企业的承保能力之和。保险人愿意出售保险商品的量和保险人供应保险商品的能力是构成保险供给必须满足的两个条件。

(1)保险供给的规定性。保险供给包括质和量两个方面的规定性：质的规定性是指各保险产品的品种和质量，如承保风险的范围、保障程度和补偿方式；量的规定性是指某险种提供保障的额度或保险企业为全社会提供的经济保障额度。

(2)保险物质供给与精神供给。与保险需求相联系，保险供给的表现形式也体现在物质和精神两个方面：保险提供的是经济保障，即保险人对遭受损失的被保险人，按保险合同的约定给予一定数量的经济补偿或给付，即物质供给；保险同时还提供无形的、心理上的安全保障，即精神供给。

(3)保险供给总量与供给结构。从市场整体角度出发，保险供给也可以分为供给总量和供给结构。供给总量是指市场上所有保险人承保的保险金额总和，即所有保险人为整个市场负担的风险责任总量；供给结构体现为险种结构，即某种保险品种所提供的经济保障总额占供给总量的比重。

（二）保险市场供给的影响因素

影响保险供给的因素可以分为两大类，即公司因素和外部因素，图 10-1 中列示出了影响保险供给的主要因素。

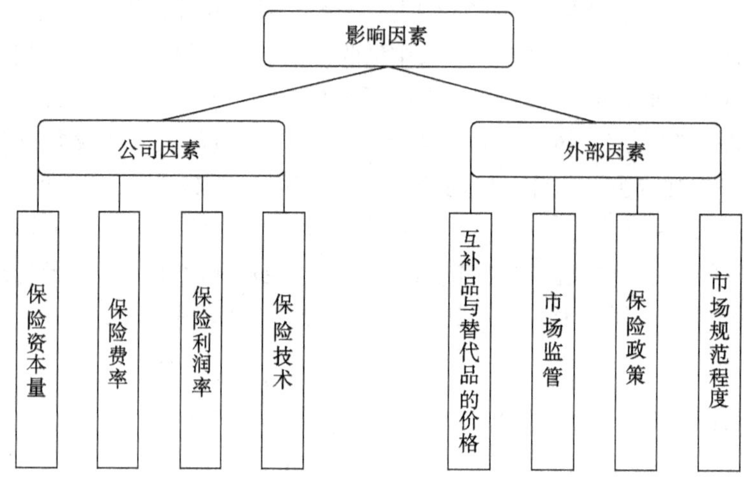

图 10-1 保险供给影响因素

1. 公司因素

(1)保险资本量。保险公司经营保险业务必须拥有一定数量的经营资本，其一为运营资金，其二为赔付准备金。我国《保险法》规定，设立保险公司，其注册资本的最低限额为人民币 2 亿元。保险公司对每一危险单位，即对一次保险事故可能造成的最大损失范围所承担的责任，不得超过其实有资本金加公积金总和的 10%，超过部分需要办理再保险。可见，有限的资本量客观上制约着保险供给的总规模。

(2)保险费率。价格是影响产品供给的主要因素，保险费率上升，保费收入增长，会刺激保险行业增加保险供给；反之，保险费率降低，保险供给就会减少，保险市场供给与保险费率间存在正相关关系。保险公司可根据保险市场费率的变化，从保险结构上调整业务经营，通过扩大或减少供给，调高或调低费率的办法来使险种的结构合理化。

(3)保险利润率。在现代商品市场中，利润率是影响商品供给的重要因素，保险也不例外。保险利润是保险人从当年保险费收入中扣除赔款、税金、费用支出和提留各项准备金后的纯收入与投资收益之和，包括承保利润和投资利润两部分。保险业平均利润率高，该行业就会吸引大量资本投入，从而扩大保险供给；反之，就会有大量资本退出保险业，缩小保险供给。

(4)保险技术。保险企业的经营是一项技术性、专业性很强的管理活动，保险产品的开发与供给以风险处理技术发展为前提。由于保险技术水平的限制，保险企业无法设计出相应的保险产品满足多方面的保障需求。保险技术进步可以增加新的险种，使原来不可保的风险转化为可保风险，降低风险处理成本，从而使保险供给增加。

2. 外部因素

(1)互补品与替代品的价格。互补品价格上升，该险种费率上升，保险供给增加；互补品价格下降，该险种费率下降，保险供给减少；替代品价格上升，保险的供给者就会转向价格上升的替代品的供给，从而减少该险种的供给；当替代品价格下降时，该险种的供给则会增加。

(2)市场监管。由于保险经营的特殊性，各国对保险市场都进行严格的监管，不但控制其经营的各个方面，如定价、经营规模，还监管保险公司的偿付能力。在严格的监管体制下，即使保险费率上升，保险的供给也难以扩大。

(3)保险政策。为了实现特定的政策目标，政府会对某些保险产品，如农产品，提供补贴和税收优惠，此类政府政策会在一定程度和一定范围内促进保险供给的增加。

(4)市场规范程度。市场竞争的规范程度也会影响保险供给，有序竞争、行为规范的保险市场信誉度高，有助于促进保险公司开拓创新，促进保险供给量的扩大。

(三)保险市场供给的弹性

保险的供给弹性通常指的是保险商品供给的费率弹性，即指保险费率变动所引起的保险商品供给量变动，它反映了保险商品供给量对保险费率变动的反应程度，一般用供给弹性系数来表示，公式如下：

$$E_s=(\Delta S/S)/(\Delta P/P) \tag{10-5}$$

其中，S 为保险商品供给量；ΔS 为保险商品供给量变动；P 为保险费率；ΔP 为保险费率变动。

由于各保险商品的有机结构、保险对象、设计的难易程度等诸多因素的影响，保险商品供给弹性表现出不同的情况：供给无弹性，即 $E_s=0$，无论保险费率如何变动，保险商品供给量都保持不变；供给无限弹性，即 $E_s=\infty$，即使保险费率不再上升，保险商品供给量也无限增长；供给单位弹性，即 $E_s=1$，保险费率变动的比率与其供给量变动比率相同；供给富于弹性，即 $E_s>1$，表明保险商品供给量变动的比率大于保险费率变动的比率；供给缺乏弹性，即 $E_s<1$，表明保险商品供给量的变动比率小于保险费率变动的比率。

三、保险市场的均衡

保险市场供求平衡，是指在一定费率水平下，保险供给恰好等于保险需求的状态，即保险供给与需求达到均衡点。也即当费率 P 不变时，则 $S=D$。

保险市场的均衡状态如图 10-2 所示。

保险市场供求关系受竞争程度的制约，市场竞争程度影响费率水平的高低，在不同的费率水平下，保险供给与需求的均衡状态也是不同的。如果保险市场达到均衡以后，市场费率高于均衡费率，则保险需求减少，迫使保险供给减少以维持市场均衡；反之，如果市场费率低于均衡费率，则保险供给减少，从而迫使保险需求下降，以实现新的市场均衡。所以保险市场的均衡是动态的，影响这一动态均衡的因素有保险总供给和总需求、国民收入平均水平、保险公司的数量和经营策略、政府的监管等。

保险市场供求平衡包括供求的总量平衡与结构平衡，总量平衡是保险供给规模与需求规模的平衡，结构平衡是保险供给的结构与保险需求的结构相匹配，包括保险供给的险种与消费者需求险种的适应性；费率与消费者缴费能力的适应性以及保险产业与国民经济产业结构的适应性等。

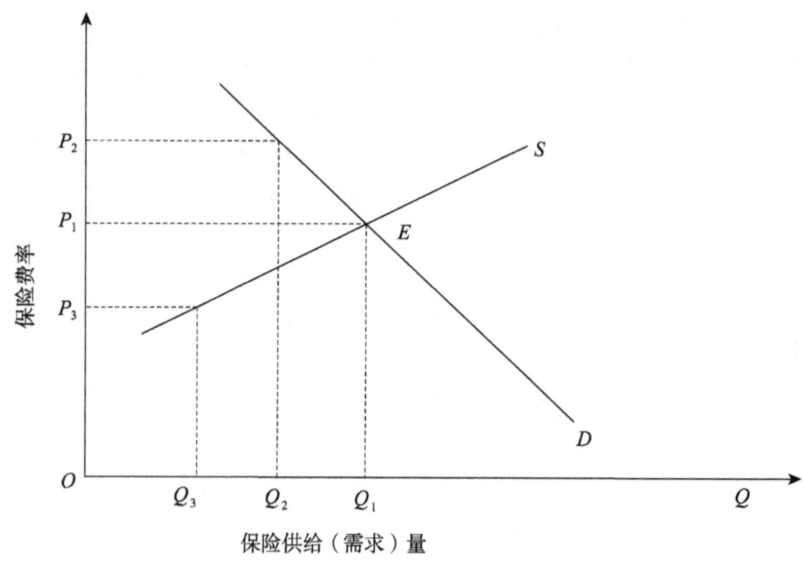

图 10-2 保险市场的均衡状态

➤补充学习资料

吴定富：中国将成长为全球最重要的保险市场之一

中国保监会主席吴定富 2010 年 6 月 26 日在“2010 陆家嘴论坛”上指出，在应对金融危机的过程中，中国保险业认真贯彻党中央国务院关于应对金融危机的各项决策部署，紧密结合行业实际，注重做到应对危机和抓住机遇相结合，应对危机与转变行业发展方式相结合，应对危机与提升行业服务能力相结合。通过应对国际金融危机，中国保险业长期健康发展的基础不断夯实，进入了一个新的发展阶段，中国将在未来一个时期成长为全球最重要的保险市场之一。

吴定富指出，应对国际金融危机过程对年轻的中国保险业来说是一笔宝贵的财富。金融危机不仅是对保险业防范系统性风险的一次现场练兵，也是对保险工作的一次全面检验。金融危机凸显了不审慎经营和不审慎监管带来的巨大危害，这对中国保险业在思想和理念上是一次重大的冲击和洗礼。通过应对金融危机，保险业在四个方面发生了深刻变化。一是对保险业运行规律的认识更加深刻。保险业发展不能脱离经济社会发展和人民群众的需要，保险创新不能脱离经济、金融的发展阶段，保险监管不能偏离“防风险、促发展、保护被保险人利益”的目标，保险经营不能背离稳健经营的规律。二是行业转变发展方式取得实质性突破。长期、稳健、可持续发展逐步成为全行业的共识。财产保险业扭转了多年来持续亏损的局面，市场竞争逐步走向规范有序；人身保险业更加注重发展长期型和保障型业务，公司后援服务和管理向大集中的方向发展，业务质量和盈利能力明显提高；保险资金运用渠道稳步拓宽，保险资产负债管理的空间不断扩大。2009 年全国保费收入突破 1 万亿元，比 2005 年翻了一番，提前一年完成保险业“十一五”规划目标。三是保险监管体系建设取得重要进展。新《保险法》顺利颁布实施，保险法规不断加强，基本形成了覆盖保险经营和监管全过程的监管制度框架。建立并全面实施了分类监管制度，加强了对保险公司法人和高管人员监管，强化监管的执行力和约束力，提高了监管的科学性、针对性和有效性。四是在防范风险特别是系统性风险方面积累了新的经验。建立了金融危机跟踪研究制度、风险排查制度、预警监测制度和压力测试制度、完善了信息披露和舆论引导机制，强化了保险监管的国际合作与交流，制定了一系列风险应急预案，保险业应对突发性、系统性风险的能力明显提升。同时中国保监会对部分保险公司的保险风险隐患进行了清理和处置，消除了保险行业发展中的不健康、不稳定因素。

吴定富强调，金融危机没有改变中国经济长期持续向好的大趋势，也没有改变中国保险业快速健康发展的大趋势，中国保险市场仍然是一个大有可为的市场。其主要体现在：一是中国将在未来一个时期成长为全球最重要的保险市场之一。二是"高质量的增长"将成为未来一个时期中国保险市场最重要的特征之一。三是服务民生将成为未来一个时期保险业发展的根本着眼点。四是保险业的市场化、信息化和国际化趋势将在未来一个时期进一步深入发展。五是切实防范系统性风险将是未来一个时期保险业发展的底线。

（资料来源：中国保监会，http://www.circ.gov.cn/tabid/106/InfoID/133736/frtid/3871/Default.aspx.）

复习思考题

1. 简述保险市场的构成要素。
2. 保险市场具有哪些特征？
3. 比较股份保险公司与相互保险公司在组织形式上的主要区别。
4. 请分析劳合社组织形式的特点。
5. 保险需求有哪些特征？
6. 试述保险需求的影响因素。
7. 简述保险供求平衡的形成。

第十一章 保险营销

保险公司的业务经营活动主要可分为保险营销(insurance marketing)、承保、理赔和投资等几个环节，而其中保险营销最终的目的是为保险公司组织和争取保险业务。根据保险经营必须遵循的风险大量、风险分散和风险选择的原则，保险公司只有大量地招揽业务，才能把风险在众多的被保险人之间进行分摊，才能积累雄厚的保险基金，在保险市场上增强其竞争能力，为被保险人提供更广泛的优质服务。因此，保险营销是保险经营活动中最基本的工作，是保险公司所有活动的先导。

第一节　保险营销概述

一、保险营销的概念

（一）保险营销的含义

保险营销是在变化的保险市场环境中，旨在满足被保险人风险保障需要、实现保险企业的经营目标和为社会安定谋福利而进行的保险商务活动的全过程。它包括保险市场调研、选择目标市场、新险种开发、厘定费率、营销渠道选择、保险商品促销及保后的一系列服务活动。

保险营销不同于保险推销，保险推销是保险市场营销过程的一个重要阶段。保险商品具有特殊性，即保险企业经营的是看不见、摸不着的风险，“生产”出来的产品仅是对保险消费者的一种承诺，而且这种承诺的履行只能在保险事故发生或约定的期限届满时，而不像一般商品或服务即时有所感受。保险单从其外在形式来看只不过是一张纸，它虽然代表了保险公司的信用，但对投保人而言，却无法在买保险时立即见到保险单的收益及效果。此外，保险商品抽象，保险单过于复杂，使得人们对保险商品了解甚少，在没有强烈的销售刺激和引导下，一般不会主动地购买保险商品。正是这种购买欲望的缺乏使保险推销成为保险营销中的一个重要组成部分，即保险营销必须靠推销。

在保险市场营销定义中包含以下要点：保险营销是一个动态的管理过程；保险需求是保险市场营销的基础与前提；保险商品的实用性与保险服务的时效性是交换的必要条件；研究保险消费者的心理与行为非常重要。了解保险营销的上述内涵，才能够准确地发现消费需求，并采用适当的方法供给适宜的产品。

（二）保险营销的特点

(1)服务性。保险营销是一种服务活动，其营销对象是保险这一特殊商品。保险商品从外在形式来看只是一纸承诺，并且这种承诺只能在约定的事件发生或约定的期限届满时履行，保户无法从保险单中马上获得实质性的消费感受。因此，与其他职业相比，保险营销服务质量的优劣尤为重要，它关系到保险企业的生存与长远发展。

(2)专业性。保险学是一门范围非常广泛的交叉学科，涉及经济、法律、医学、数学、社会学等诸多方面。此外，保险营销人员在营销过程中要与各行各业的人物进行广泛的接触，涉及许多专业知识和技能的运用，因而保险营销人员仅具备静态保险理论与业务知识是远远不够的，更要不断更新知识、提高技能，以便紧跟现代保险经营和市场变化的新趋势。

(3)挑战性。尽管保险营销在发达国家的发展已日臻成熟，但在我国还是一个较新的工作领域，这在于：其一，保险是高端消费品。保险品是公众在当前的衣食住行得到满足后才会考虑消费的，而我国保险消费能力得到快速提升是最近 10 年才发生的；其二，保险文化也是制约保险消费的因素。保险作为舶来品，我们引进运行方式和操作模式是相对简单的，但文化的积淀则非一蹴而就的。中国文化中的家庭观念和家族意识与保险的陌生人互助是不同的，我们逐步接受保险的“一人为众、众为一人”的理念还需要时间。这就使得我国商业保险发展较之经济增长相对缓慢，国民的保险意识还不强，使得保险营销环境不理想，保险营销工作也极富挑战性。这就要求保险营销人员具备良好的心理素质和坚强的意志。

(4)竞争性。我国保险市场上已经形成了多元主体并存的格局，各家保险公司之间在营销工作上的竞争不断增强。随着我国作为世界贸易组织的成员国，保险市场逐渐对外开放，这种竞争更会上升到前所未有的激烈程度。需要指出的一点是，价格竞争是任何市场的重要特征，但保险营销竞争主要表现为非价格的竞争。

（三）保险营销的原则

(1)服务至上。保险营销是一种商业服务行为，保险公司只有提供优质服务才能占领较大的市场份额。这种服务不仅表现在投保前为达成客户签约而提供的各项服务。实际上，客户签约投保并不意味着一笔交易的完成，恰恰相反，而是保险服务的真正开始。保险营销人员还要热心地为保户提供续保、制订新的保险计划、协助索赔等一系列售后服务。为了提供优质的服务，保险营销人员应当运用自己的专业知识，进行广泛的市场调研和市场分析。一般来说，保险服务包括两个方面的内容：一是指保险业务自身的服务，如承保、防灾防损、理赔等；二是拓展性服务，如汽车修理服务、风险管理咨询服务、社会福利服务、金融服务等，保险营销人员向客户提供的保险服务必须具有全面性和高效性。

(2)遵守职业道德。保险营销人员代表保险公司与客户进行沟通活动，其品德和信誉的优劣不仅影响保险公司的整体形象，而且还关系到客户的利益是否得到保障。一般而言，保险营销人员严禁有下列不道德行为：①保费折扣。这是保险营销人员对客户进行的一种经济诱惑，容易引起保单持有人之间的不平等，也会使保险公司及营销人员名誉扫地。②换约招揽。即劝说客户中断在另一家或同一家保险公司现已生效的保单，购买新保单，给客户带来不必要的经济损失。③错误陈述。对保险条款等方面的错误陈述，最终导致保险公司与客户之间发生纠纷，破坏保险公司形象。

保险营销是一项经济活动，它受法律的保护和约束，每个营销人员在营销活动中，都必须考虑自己的行为是否符合国家有关法律法规的要求。

(3)及时获取有关信息。信息是保险营销中进行预测和决策的基础，所以保险营销人员应对市场上的各种需求状况进行调查，全面掌握市场需求信息，包括潜在市场、市场占有率、销售趋势、竞争形势等各方面的信息。同时对信息的收集一定要注重迅速、准确、灵敏，即具有一定的时效价值和准确性，这样才能在营销工作中处于主动地位，灵活出击。

(4)积极开拓市场。保险营销人员在以推销保单为自己主要任务的同时，还要创造性地开拓新的市场和保险服务领域。这一方面要求保险营销人员在众多保险需求不同的客户群中，有针对性地开展营销活动，开拓自己的营销市场；另一方面也要求保险营销人员利用获取的市场需求信息，分析客户群的心理活动和保险购买偏好，不断开拓新的服务领域，不断推出新的保险险种，不断挖掘新的保险客户，从而提高公司的市场占有率。

二、保险营销理念

保险营销理念是指保险公司经营管理的指导思想，现代市场营销学称这种经营管理思想为“营销管理哲学”，它是保险公司经营管理活动的一种导向、一种观念。经营管理思想正确与否对保险公司经营的兴衰成败具有决定性的意义，从营销发展的过程来看，一般认为保险公司的营销理念经历了五个不同的阶段，即生产理念、产品理念、推销理念、营销理念和社会营销理念。

（一）生产理念

生产理念又称生产导向，20 世纪 20 年代之前流行，是一般工商企业经营思想的沿用。生产观念首先认为消费者需要的是价廉物美的产品。而所谓价廉物美，就是便宜和大量销售的东西。遵循这样的经营观念，企业努力方向是致力于提高劳动生产率，通过提高劳动生产率、提高产量，降低成本。因此，奉行生产观念的组织，往往单一生产一种产品，并希望通过规模的扩大，使用效率更高的机器和用其他的方法，使产品的产量增加、成本降低，并且采用广泛的销售渠道将产品尽量多地销售到顾客手中。人们通常认为美国福特汽车公司的创始人亨利·福特是这种观念的创始人，他曾经说过：“我不管消费者需要什么，我只生产黑色 T 型车。”可口可乐公司的原董事长伍德鲁福也曾“得意”地说过：“可口可乐就是可口可乐，只有这种味道。”

这是一种指导保险公司行为的传统的、古老的理念之一。这种观念体现在保险营销上是消费者可以接受任何买得起的保险险种，因而保险公司的任务就是努力提高效率，降低成本，提供更多的保险险种。

（二）产品理念

产品理念是一种与生产观念相类似的经营思想，开始于 20 世纪 20 年代。产品观念的产生，是在市场上产品供应比较充裕后，单纯奉行生产观念越来越不见效，特别是在产品积压的时候，增加产量的做法甚至会给企业带来灾难性的后果，产品观念应运而生。产品观念比较典型的表述是："产品即顾客。"意思是指，只要企业生产的产品好，就不愁没有销路，好的产品，自然就有大量的顾客会找上门来抢购，即所谓"酒好不怕巷子深"。在技术发展、普及和传播速度不快的时代，一个企业可能凭借一个成功开发的产品而取得极大的市场优势，得到丰厚的经营利润，这是导致产品观念出现的社会经济发展的主要原因。从现代的营销活动所处的环境来讲，产品观念容易导致企业在开发出了一个成功的、市场当时需要的产品后故步自封，认为这个产品会永远为企业带来不尽的滚滚财富，企业主要的经理人非常迷恋自己的产品。

这种观念体现在保险营销上是消费者最乐意接受高质量的险种，保险公司的任务就是多开发设计一些高质量、有特色的险种，只要险种好，不怕没人保；只要有特色，自然会客户盈门。

（三）推销理念

推销理念又称推销导向，是生产理念的发展和延伸。这一理念流行于 20 世纪 30～40 年代。推销理念认为消费者在无外力的影响下，都不会购买足够的本企业的产品，所以企业需要向消费者施加影响，积极地向可能的顾客推销和促销企业的产品。推销理念认为消费者普遍存在购买惰性和对卖主的抗衡心理。购买惰性使消费者不愿寻求不熟悉的产品，不愿对市场上的好产品额外加以注意；而抗衡心理使消费者总认为卖主是想"骗取"他的钱财，所以对卖方缺少信任。解决的办法就是通过更多向消费者做说服工作，施加影响，来解决消费者对不熟悉产品的问题，建立消费者对企业产品和服务的信任。

这种理念体现在保险营销上就是假设保险公司若不大力刺激消费者的兴趣，消费者就不会向该公司投保，或者投保的人很少。因此，很多公司纷纷建立专门的推销机构，大力施展推销技巧，甚至不惜采用不正当的竞争手段。

（四）营销理念

营销理念产生于 20 世纪 50 年代初，是商品经济发展史上的一种全新的经营思想，是作为以上诸理念的挑战而出现的一种企业经营哲学。营销理念认为实现企业组织目标的关键在于正确地确定目标市场的需要和欲望，并且比竞争对手更有效、更有力地传送目标市场所期望满足的产品。它的基本含义是：企业组织通过确定满足目标市场的需要和欲望，用比竞争对手更好的方法，向目标市场输送产品或服务，进而实现企业组织的目标和利益。营销理念的本质是以顾客即消费者满足为导向，即企业是为消费者服务的，企业经营者的所有活动服从于消费者的需要。在现实生活中，营销理念还有许多精辟的、通俗的表述，最典型的也是人们最熟悉的是"顾客是上帝"或"用户是帝王"。

这种理念体现在保险营销上是以投保者的需要和欲望为导向，以整体营销为手段，来取得消费者的满意，实现保险公司的长远利益。

（五）社会营销理念

社会营销理念是对营销理念的批判继承，奉行营销理念不能做到在满足个别消费者需要和欲望的同时，兼顾其他消费者的利益与社会整体利益，兼顾消费者当前利益和长远利益。也就是说，正确的营销理念应能够实现公司利润、消费者需要和社会福祉的均衡，由此提出社会营销理念。社会营销理念认为：企业组织的任务是在明确目标市场的需要后，在保护或者提高消费者及社会福利的高度上，比竞争者更有效地向目标市场提供产品。

这种观念体现在保险营销上是保险公司在提供保险产品和服务时，不但要满足消费者的需要和欲望、符合本公司的利益，更要符合消费者的长远利益和社会发展的整体利益。

三、保险营销管理程序

保险营销管理是一个满足消费者保险需求的管理过程，是识别、分析、选择和发掘保险营销机会，以实现保险公司的任务和目标的管理过程，也就是保险公司与其最佳的市场机会相适应的过程。这一过程包括以下几部分内容。

（一）分析保险市场机会

分析保险市场机会，发掘保险营销机会，是保险营销管理过程的第一步。保险市场机会，是保险市场上尚未满足的保险需求，保险营销机会则是指对本企业的营销活动具有吸引力，能够使本企业取得竞争优势和获得差别利益的市场机会。一个市场机会能否成为保险公司的营销机会，要看它是否符合保险公司的目标和资源，不符合企业目标的市场机会，不能转化成营销机会。

（二）保险市场调查与预测

在分析营销机会的基础上，保险公司要对保险市场进行调查和预测，市场调查在于弄清各种保险需求及其发展趋势，市场调查一般包括确定调查目的、调查计划、调查方法、对掌握的数据进行分析及撰写调查报告等步骤。市场预测是市场调查后进行的目标市场容量测定，一般要经过六个步骤完成：明确预测目标；制订预测计划；确定预测时间和方法；搜集预测资料；分析预测结果；整理预测报告等。

（三）确定保险营销的目标市场

在竞争激烈的保险市场上，无论实力多么雄厚的保险公司也不可能占领全部市场领域。在对各类保险市场机会进行分析和评估以后，保险公司根据自己的目标和资源选择了适合本企业的保险营销机会，接下来就需要进一步对保险市场的容量和结构进行分析，从而选择最适合于本企业的目标市场。

（四）制定保险营销策略

保险公司选定了自己的目标市场之后，可能会发现进入这个目标市场的企业不止一个，而且各自都有特色。因而，一个保险公司在选定目标市场以后，首先就要对自己的险种进行市场定位，采取适当的定位战略。保险公司在选定了目标市场并进行市场定位以后，营销管理过程的下一步就是确定营销策略。保险营销策略主要有险种策略、费率策略、销售渠道策略和保险促销策略等。在所有的保险营销策略中，最基本的营销策略是险种策略，最关键的营销策略是费率策略、分销与促销策略。确定保险营销策略时，要注意两个方面：一方面，保险营销策略是一个复合式组合性策略，每一个组成因素各自都包含着若干小的因素，形成各个因素的亚组合；另一方面，保险营销策略又是一个动态式组合性策略，每一个组成因素都是不断变化的，同时又是互相影响的。

（五）组织实施和控制保险营销活动

保险营销管理的最后一个程序是组织保险公司的所有营销资源，根据本企业在保险行业中的竞争地位，制定相应的营销战略和战术，以实施和控制保险营销活动。保险公司根据自身在市场上的竞争地位，制订保险营销战略和战术。保险营销战略和战术的具体化就是保险营销计划，包括长期计划和短期计划。为保证营销计划和战略的实施，还需要建立相应的营销组织部门和营销控制系统。后者的功能主要在于及时发现和处理计划实施过程中出现的意外情形，并及时反馈和控制营销活动。

第二节　保险营销渠道

保险营销渠道是指保险商品从保险公司到保户转移过程中所经过的途径。对于保险公司来说，如果不能使保险消费者在想买的时间和地点买到自己需要的保险商品，就不能达成最终的营销目标。因此，保险营销渠道的选择直接制约和影响着其他营销策略的制定和执行效果。选择适当的营销渠道，不仅会减少保险公司经营费用的支出，而且还会促成保险商品的销售。

一、保险营销渠道的类型

按照有无中间商参与的标准，可将保险营销渠道划分为直接营销渠道和间接营销渠道。

（一）直接营销渠道

直接营销渠道是指保险公司利用支付薪金的直属员工或利用网络、电话等传媒向顾客直接提供各种保险商品和服务。直接营销渠道依据所利用的手段不同又可分为自销和直接营销。

1. 自销

自销是指依靠保险公司的雇员推销保险商品并提供客户服务，这些雇员不仅从保险公司领取薪金，并根据销售、业绩获取一定的奖励和报酬，自销的具体方式有五种：

(1)内部营销。内部营销是指在保险公司内部全面贯彻市场营销观念，使每一个与顾客接触的部门和个人均从事营销活动，而不仅仅由营销部门和外勤人员承担营销任务。

(2)保险超市。所谓保险超市，是指同一地区的各家保险公司在同一场所设立保险门店，从事保险咨询、保险商品推销的业务。

(3)金融超级市场。在一个固定的金融服务场所，人们可以同时接受银行、保险、股票交易和投资基金等多项服务。其范围涵盖一个金融产品消费者所需要的，包括银行储蓄、银行结算、人身保险、财产保险、股票买卖、债券、基金买卖等在内的全部业务。

(4)银行保险。即保险公司针对银行特定顾客群体设计保险产品，通过银行进行销售的方式。

(5)摊位销售。保险公司在零售店或其他场所设立摊位，吸引顾客，推销保险商品，摊位销售具有良好的广告效应。

2. 直接营销

直接营销是指允许供应商和消费者相互直接交易的方式，在这种营销中，保险信息往往通过电子邮件、报纸、杂志、电视和电台的广告直接传给顾客。采用直销营销方式的保险公司可利用多种不同的方法接近顾客，这些方法包括：通过互联网、其他在线服务及与潜在顾客相连的电子网址；电话营销；直接邮件、印刷及媒体活动；传真营销，包括利用传真技术来传送促销信息或者使用传真查询服务系统；交互式电视等。

（二）间接营销渠道

间接营销渠道，也称中介制，是指保险公司通过保险代理人和保险经纪人等中介机构推销保险商品的方法。保险中介人不能真正代替保险人承担保险责任，只是参与、代办、推销或提供专门技术服务等各种保险活动，从而促成保险商品销售的实现。

(1)保险代理人及保险代理制度。保险代理人是根据保险人的委托，向保险人收取代理手续费，并在保险人授权的范围内代为办理保险业务的单位或个人。保险代理制度是代理保险公司招揽和经营保险业务的一种制度。我国对保险代理人采用复合分类法，先按保险代理主体的性质将保险代理人分为单位代理人和个人代理人，然后将单位代理人按行业性质不同分为专业代理人和兼业代理人，从而形成了专业代理人、兼业代理人和个人代理人三位一体的代理制度。专业代理人是专门从事保险代理业务的保险代理公司，其组织形式为有限责任公司；兼业代理人是受保险人的委托，在从事自身业务的同时，指定专人为保险人代办保险业务的单位；个人代理人是根据保险人的委托，向保险人收取代理手续费，并在保险人授权的范围内代为办理保险业务的个人。

(2)保险经纪人与保险经纪制度。保险经纪人是基于投保人的利益，为投保人与保险人订立保险合同提供中介服务，并依法收取佣金的单位。保险经纪制度是指保险人依靠保险经纪人争取保险业务，推销保险单的一种营销方式，保险经纪人按险种可分为人寿保险经纪人、非人寿保险经纪人和再保险经纪人三种。人寿保险经纪人是指在人寿保险市场上代理保险客户选择保险人，代为办理投保手续，并从保险人处收取佣金的中介人。非人寿保险经纪人主要为保险人与投保人接洽财产保险、责任保险和信用保证保险等非寿险业务的居间人。他们比人寿保险市场上的经纪人更活跃，如在海上保险中，保险经纪人的作用十分突出，他们既深谙航海风险，又通晓保险知识，能为被保险人寻求最佳保险保障。再保险经纪人是指专门从事再保险业务的特殊保险经纪人，再保险经纪人不仅介绍再保险业务，提供保险信息，而且在再保险合同有效期间继续为再保险公司服务。由于再保险业务具有较强的国际性，事实上，每个国家的许多再保险业务都是通过再保险经纪人促成的，充分利用再保险经纪人显得十分重要。

(3)保险代理人与保险经纪人的区别。保险代理人和保险经纪人都是保险中介，都是保险的间接营销渠道，对他们的合理利用，均有利于减少保险公司的经营费用，扩大保险公司的客户群，但二者的区别也是非常明显的。一是主体不同。按照我国的有关法律规定，保险代理人可以是单位和个人，而保险经纪人只能是“有限责任公司”。二是法律地位不同。保险代理人是保险人的代理人，代表保险公司的利益，为保险公司招揽业务；而保险经纪人则代表投保人的利益，运用专业知识为投保人争取合适的保险保障。三是进行业务活动的名义不同。保险代理人从事代理行为时，必须以保险人的名义进行；而保险经纪人的居间行为必须以自己的名义进行。四是法律后果不同。保险代理人的行为效力直接对保险人和投保人产生约束力，其产生的法律上的后果由保险人承担；而保险经纪人的居间行为效力作用于自己，其产生的法律上的后果由自己承担。五是民事责任不同。保险代理人在授权范围内由于自己的过错给投保人、被保险人和受益人造成损失的，由被代理人承担民事责任；而保险经纪人由于在办理保险业务中的过错，给投保人、被保险人造成损失的，则由自己承担赔偿责任。

(4)其他间接营销渠道。

二、影响营销渠道选择的因素

保险公司选择哪种营销渠道才能以最小的代价，最有效地把保险商品送达到目标顾客手里，这是一个非常现实的问题。保险公司在选择和评价保险营销渠道时，一般要考虑如下因素：

(1)商品因素。保险公司生产和销售什么样的保险商品，将直接影响到保险公司营销渠道的选择。商品因素主要包括保险商品的类别(险种)、保险商品的服务对象(一般公众或特殊阶层)、保险商品的价格(费率)。保险公司设计行销何种保险、保险费率是多少、面对什么样的目标顾客，都是选择营销渠道时应重点考虑的问题。例如，所经营的主要是企业财产保险，选择自销和保险经纪人销售的方式较为得当；假如目标顾客是银行卡持有者，那么采用银行保险的营销方式较为合适。

(2)市场因素。市场因素主要是注重顾客的保险需求。有效的渠道规划首先需要决定不同目标，细分市场内的消费者从这一渠道得到何种服务。渠道服务分为五类：一是服务数量。保险消费者要购买一份还是多份保险？数量越少所提供的服务越快。二是市场分散化。保险消费者是想就近，甚至不出门购买，还是要乘车、打电话、邮购和利用网络购买？渠道越分散提供的服务越多。三是等候时间。保险消费者要立即购买，还是愿意等待？越快速的服务意味着服务越好。四是商品多样化。保险消费者需要多种保险组合还是专门性保险服务？渠道提供的组合越多，服务水准越高。五是售后服务。保险消费者需要更多的附加价值服务，如提供风险预测及风险管理咨询，还是不需要？附加价值服务越多，渠道服务水准越高。

由此可见，保险营销渠道的设计者应当充分了解消费者所需要的服务水准，以选择最有效率的营销渠道。但要提供所有的服务是不可能的，也是不切实际的，保险公司及其他渠道成员不可能具备提供所有服务的技术和资源，而且提供较高水准的服务将导致渠道成本增加，对消费者而言意味着价格的提高。保险公司必须在消费者的服务需求、符合需求成本与可行性、消费者对价格的偏好三者之间达到平衡。

(3)企业自身。由于直销制具有明显的优点，所以保险公司大都有直销的愿望，但是进行直销必须有一定的人力、物力和财力，保险公司对市场是否熟悉、有无营销人才和财力大小决定着完成渠道功能的效率。如果条件不好，完成渠道功能的效率还不如中介商，就不应贸然采用直销手段。

(4)中介机构。有时候选择什么营销渠道并不是保险公司单方面的问题，还要考虑中介商的态度和意见。中介商态度是否积极、是否合作，对渠道效率必然会产生重大影响。例如，有些新险种，保险代理人或保险经纪人对其销路没有把握，不肯轻易接受委托，在这种情况下，保险公司只能自己推销。

(5)环境因素。从微观环境看，企业大都尽量避免采用与竞争对手相同的营销渠道，但也不尽然。从宏观环境看，经济形势有较大的制约作用，例如，在经济萧条时，保险公司的营销策略重点只能是控制和降低保险商品的营销成本。因此，必须尽量减少中间环节，节省非必要的附加费用。此外，政府有关保险营销的种种政策、法规也会限制保险营销渠道的选择。

(6)营销绩效。这是决定渠道选择的最终因素。保险公司在做出选择之前，对可供选择的若干渠道的费用、风险和利润，最好进行详细的分析、评价和比较，以确保选择的营销方案是最佳方案。

三、保险营销渠道选择

在现代保险市场上，无论是经营财产保险业务的保险公司，还是经营寿险业务的保险公司，无论是刚刚成立、规模较小、实力较弱的保险公司，还是历史悠久、规模庞大、实力雄厚的保险公司，都应该采用多层次营销，即同时利用多种营销渠道推销保险商品。如果哪一家保险公司采取“单打一”的方式，只利用某一种营销渠道进行保险营销，那无疑是在自缚手脚，所能招揽的客户以及所能占领的市场份额必定十分有限。

一般来说，较小的保险公司由于自身财力、经营技术以及其他外部条件的种种限制，利用的营销渠道不宜过多，随着公司规模的不断扩大、市场份额的不断增加、营销技术和经验的不断积累，在条件允许的情况下可随时增加营销渠道。而大型保险公司，实力雄厚、规模宏大、分支机构众多、声誉卓著，则完全可以选择既符合自身业务情况又符合市场规律的最优营销组合，采用集约营销的方式是可行的。

保险公司从总体上应该采用多层次营销组合，但具体到某一保险商品、某一特定的目标顾客则不一定这样。另外，寿险和非寿险由于承保技术、管理方式的区别，所采用的营销组合也会有所不同。目前我国市场上的经纪人公司是做财产保险业务的，所以寿险公司无法利用。而个人代理人的营销制被广泛地用于分散、小额保险商品的销售，对集中的大额的企业财产保险未必适用。但不管如何，选择保险营销渠道总的原则就是：以最小的代价最有效地推销保险商品。

总之，保险公司无论选择哪种营销渠道，都必须根据自身条件、保险商品特性和保险市场需求情况，对可供选择的各种渠道的费用、风险和利润进行详细的分析、评价和比较，才能选择出最有效的保险营销渠道。

第三节 营销策略选择

一、目标市场策略

（一）目标市场的定义

所谓目标市场，是指保险企业经过市场细分后所要服务的一群保险消费者。目标市场策略就是保险企业根据自身情况和市场情况，确定最具吸引力的细分市场作为自己服务的目标市场，以自己有限的能力来满足市场上特定保险消费者需要的营销策略。

（二）目标市场选择步骤

(1)细分市场。细分市场是按照消费者对险种和营销组合的不同需求，将市场划分为不同的消费群体。

(2)选择目标市场。选择目标市场是在细分市场之后，制定衡量细分市场的标准，选择一个或几个要进入的细分市场。

(3)确定营销险种及营销组合策略。在目标市场选择之后，确定保险企业向每个目标市场提供的险种和营销组合策略，以保证本企业在市场上的竞争地位。

（三）目标市场策略的类型

(1)无差异性市场策略。无差异性市场策略又称整体市场策略，这种策略是指保险公司把整体市场看做一个目标市场，只注意保险消费者对保险需求的同一性，而不考虑他们对保险需求的差异性，以同一种保险条款、同一标准的保险费率和同一营销方式向所有的保险消费者推销同一种保险。保险企业的许多险种都是适用于无差异性营销的。无差异性市场策略适用于那些差异性小、需求范围广、适用性强的险种。这种策略的优点是：减少保险险种设计、印刷、宣传广告等费用，降低成本；能形成规模经营，使风险损失率更接近平均的损失率。其缺点是：忽视保险消费者的差异性，难以满足保险需求的多样化，不适应市场竞争的需要。

(2)差异性市场策略。差异性市场策略是指保险企业选择目标市场后，针对每个目标市场分别设计不同的险种和营销方案，来满足不同保险消费者的需求。差异性市场策略的目的就是要保险企业根据保险消费者需求的差异性去捕捉保险营销机会。差异性市场策略的优点体现在：保险营销策略的针对性更强，有利于保险企业不断开拓新的保险商品和使用新的保险营销策略，适用于新的保险企业或规模较小的保险企业。其缺点是：营销成本高、增加险种设计和管理核算等费用。

(3)集中性市场策略。集中性市场策略亦称密集性市场策略，保险企业选择一个或几个细分市场为目标市场，制定一套营销方案，集中力量争取在这些细分市场上占有大量份额，而不是在整个市场上占有小量份额。集中性市场策略的优点是：能够集中力量，迅速占领市场，提高保险商品知名度和市场占有率，使保险企业集中有限的精力去获得较高的收益；可深入了解特定的细分市场，实行专业化经营；适用于资源有限、实力不强的小型企业。其缺点是：目标市场集中，经营的保险险种较少，经营风险较大，一旦市场上保险需求发生变化，或者有强大的竞争对手介入，就会使保险企业陷于困境。

二、营销组合策略

营销组合策略包括险种策略、费率策略、促销策略和渠道策略。下面主要介绍险种策略、费率策略和促销策略。

（一）险种策略

保险是一种用来交换的经济保障劳务产品，从营销学的角度来看，保险产品的整体概念包括核心产品、有形服务和附加产品三个部分。核心产品是消费者购买产品的目的所在，是消费者追求的效用和利益；有形服务是保险产品的核心部分转换为一种有形的服务标志；附加产品也称引申产品，是消费者在购买保险产品时所获得的各种附加利益的总和，能满足消费者的更多需要。保险产品整体概念的三个层次，十分清晰地体现了一切以消费者为中心的现代营销观念。

1. 险种开发策略

新险种是指原创险种或者有部分创新的原有险种，新险种能够给保险消费者带来新的利益和满足。从营销学的角度看，新险种不一定是完全创新的险种，但必须是有发展前途，能够为市场接纳的险种。新险种开发是一项十分复杂而又极具风险的工作，它直接关系到保险营销的成功与否，因此必须按一定的科学程序来进行。新险种开发的程序包括构思的形成、构思的筛选、市场分析、开发设计、试销过程和商品化。

2. 险种组合策略

保险险种组合是指保险公司根据保险市场需求、保险资源、公司的经营能力和市场竞争等因素，确定保险产品保障机能的结合方式。保险产品的组合关系到保险公司险种开发的计划与保险资源的利用，关系到保险公司的经济效益和发展前途，具体又可细分为多种策略。

(1)扩大险种组合策略。扩大险种组合策略有三个途径：一是增加险种组合的广度，即增加新的险种系列；二是加深险种组合的深度，即增加险种系列的数量，使险种系列化、综合化；三是险种广度、深度并举。

(2)缩减险种组合策略。这种策略是指保险公司缩减险种组合的广度或深度。保险公司可在保险市场处于饱和状态、竞争激烈、保险消费者交付保险费能力下降的情况下，为了更有效地进行保险销售，或者为了更集中精力进行专业化经营，取消某些市场占有率低、经营亏损、保险消费者需求不旺盛的险种。

(3)关联性小的险种组合策略。随着保险市场需求的发展和保险公司之间的激烈竞争，越来越多的保险公司将财产保险与人身保险进行组合，使新组合的保险险种更能满足消费者的需求。例如，家庭财产保险与家庭成员的人身意外伤害保险的组合，房屋的财产保险与分期付款购房人的人寿保险的组合，将形成具有特色的新险种。从保险业的发展来看，财产保险与人身保险的组合适应保险市场的需求变化，受到了广大消费者的欢迎。

3. 险种生命周期策略

险种生命周期是指一种新的险种从进入保险市场开始，经历成长、成熟到衰退的全过程，险种的生命周期包括导入期、成长期、成熟期和淘汰期四个阶段。针对生命周期不同阶段的特点，需分别采用不同的营销策略。

(1)导入期的营销策略。导入期是指险种投放保险市场的初期阶段。其特点是：第一，由于对承保风险缺乏了解，所积累的风险资料极为有限，保险费率不尽合理；第二，由于承保的保险标的数量极为有限，风险分散程度较低；第三，由于保险费收入低，而投入的成本较高，保险公司利润很少，甚至会出现亏损。因此，保险公司通常采用的营销策略有：①快速掠取策略，即以高价格和高水平的营销费用推出新险种；②缓慢掠取策略，即以高价格和低水平的营销费用将新险种投入保险市场；③迅速渗透策略，即用低价格和高水平的营销费用推出新险种；④缓慢渗透策略，即用低价格和低水平的营销费用推出新险种。

(2)成长期的营销策略。成长期是指险种销售量迅速增长的阶段。其特点是保险公司已掌握风险的出险规律，保险条款更为完善、保险费率更加合理，保险需求日益扩大，风险能够大量转移，承保成本不断下降等。这一阶段，保险公司应采取的营销策略包括不断完善保险商品的内涵，广泛开拓营销渠道，适时调整保险费率，确保售后服务的质量，以尽可能地保持该险种在保险市场上长久的增长率。

(3)成熟期的营销策略。成熟期是指险种销售量的最高阶段。其特点是险种的利润达到最高峰，销售额的增长速度开始下降，市场处于饱和状态，潜在的消费者减少，更完善的替代险种开始出现。这一阶段，保险公司应采取的营销策略有：开发新的保险市场；改进险种；争夺客户。对于向其他保险公司投保同一保险标的投保人，可采取适当降低保险费率或提供优质服务来吸引他们。

(4)淘汰期的营销策略。淘汰期是险种已不适应保险市场需求，销售量大幅度萎缩的阶段。其特点是保险供给能力大而销售量迅速下降，保险公司的利润也随之下滑，保险消费者的需求发生转移等。这一阶段，保险公司要采取稳妥的营销策略，不要仓促从市场中撤退，而是要有计划地、逐步地限制推销该险种。此外，还应有预见性地、有计划地开发新险种，将那些寻求替代险种的消费者再一次吸引过来，使险种淘汰期尽量缩短。

（二）费率策略

费率策略是保险营销组合策略中最活跃的策略，与其他策略存在相互依存、相互制约的关系。

(1)低价策略。低价策略是指以低于平均价格水平而确定保险费率的策略，实行这种定价策略的目的是为了迅速占领保险市场或打开新险种的销路。

(2)高价策略。高价策略是指以高于原价格水平而确定保险费率的策略，保险公司可以通过实行高价策略获得高额利润，有利于提高自身经济效益，同时也可以利用高价策略拒绝承保高风险项目，有利于自身经营的稳定。

(3)优惠价策略。优惠价策略是指保险公司在现有价格的基础上，根据营销需要给投保人以折扣费率的策略。实行优惠价策略的目的是为了刺激投保人大量投保、长期投保，并按时缴付保险费和加强风险防范。优惠价策略包括以下几种情况：①统保优惠。如果某个地区或某个大公司所属的分支机构全部向一家保险公司投保，保险公司可按所交保险费的一定比例给予优惠。②续保优惠。保险公司通常对现已投保的被保险人，如果在保险责任期内未发生保险赔偿，期满后又继续投保的，可按上一年度所交保险费的一定比例给予优惠。③趸交保费优惠。在长期寿险中，如果投保人采取趸交方式，一次交清全部保险费，保险人也可给予优惠，因为这样减少了保险人按月、按季或按年收取保险费的工作量。④安全防范优惠。例如，财产保险的条款中规定，保险人对于那些安全措施完善、安全防灾工作卓有成效的企业可以给予一定比例的保费返还。⑤免交或减付保险费。在人身保险中，有些险种规定，如果投保人在保险期限中途丧失交保费的能力，保险公司允许免交保险费或减少保险费的数额，而保险合同可继续有效。

(4)差异价策略。这一策略包括地理差异和险种差异：地理差异价是指保险人对位于不同地区的相同保险标的采取不同的保险费率；险种差异价是指各个险种费率标准和计算方法都有一定的差异。

（三）促销策略

(1)广告促销策略。广告是通过大众媒介向人们传递保险商品和服务信息，并说服其购买的活动。广告是保险促销组合中的一个重要方面，是寻找保险对象的有效手段。广告的作用主要有：第一，树立企业形象；第二，介绍新险种服务项目或营销策略；第三，宣传社会对保险公司的评价；第四，促进保险消费者接受保险营销的手段。

(2)公共关系促销。公共关系对保险营销能够产生积极的作用。保险公司在保险营销中可运用的公关工具有新闻报道、事件创造、公益活动、书刊资料、视听资料、电话等。

(3)人员推销策略。人员推销是指保险营销员直接与客户接触洽谈并宣传介绍、销售保险商品的活动。人员推销在保险营销组合中起着不可取代的重要作用，尤其是人寿保险公司，人员推销是其主要的营销手段。

三、竞争策略

保险企业采取有效的竞争策略，可以在竞争中处于有利地位，达到长期保持竞争优势的目的。处于不同地位的保险企业，应当选用不同的竞争策略，主要有以下几种情况：

(1)市场领导者的策略选择。市场领导者是指在保险市场上占有最高份额的保险企业。它通常在保险商品开发、保险费率变动、保险促销强度等方面领导其他企业。市场领导者通常采取的策略是：扩大总市场，即扩大整个保险市场的需求；适时采取有效防守措施和攻击战术，保护其现有的市场占有率；在市场规模保持不变的情况下，扩大市场占有率。市场领导者之所以扩大整个保险市场，是因为它在现有市场上占有率最高，只要市场的销售量增加，它就是最大的受益者。市场领导者既可以采取扩大营销的方式来提高其市场占有率，又可以采用各种防守措施来保护其市场占有率。

(2)市场挑战者的策略选择。市场挑战者是指位于行业中第二或第三名的公司，它们以市场领导者、经营不善者或小型经营者为攻击对象，以扩大市场占有率为目标，选择进攻策略。市场挑战者最常用的策略是正面攻击、侧翼攻击、围堵攻击、游击战等。

(3)市场跟随者的策略选择。市场跟随者是指那些无意改变市场现状而想要保持原有市场占有率的保险公司。市场跟随者并非不需要策略，而是谋求用其特殊能力参与市场的发展，有些市场跟随者甚至比本行业的领导者获得更高的投资回报率。因此，市场跟随者必须懂得如何保持现有的客户，如何争取一定数量的新客户。每个跟随者都力图给目标市场带来某些独特的利益，如在地点、服务和融资方面给予优惠或方便。市场跟随者必须保持低廉的成本和良好的产品质量与服务，当新市场开放时，市场跟随者也必须很快打进去。跟随的策略有三种，即紧随其后策略、有距离跟随策略和有选择的跟随策略。

➤补充学习资料

布兰希的保险公司的营销策略

美国有一家叫做布兰希的保险公司，曾一度因业务停滞不前而更换了业务经理。新经理到任后不久，便在招揽保险业务方面连出新招，推动了公司业务的迅速发展。他嘱咐员工们通过深入调查取得大量销售对象之后，便向对方寄上布兰希公司的各种保险说明书和简单的调查表；同时还别出心裁地附上一张优待券，上面写着：“请您把调查表上面的几个空栏填好，然后撕下优待券寄回我公司，公司将回赠两枚中国或世界各国的仿古硬币。这是感谢您的协助，而非请您参加我们的保险。”

布兰希保险公司的员工们就这样寄出了 3 万多封信。没过多久，该公司则收到了 2.3

万封信。根据客户回信，公司便有的放矢，派出员工携带着古色古香的精致仿古硬币，按地址逐户登门拜访。当保险推销员让顾客在五光十色的各式硬币中任意挑选两枚时，双方的关系就一下子变得亲切而融洽了。这时，推销员顺势介绍古币的种类与鉴赏知识，并不时提问顾客对各种名目繁多的保险项目是否也爱好。由于这种保险宣传和推销方式，已有了良好的气氛和顾客的认同，所以大多能获得顾客的接受，轻松地得到其购买承诺。布兰希保险公司就这样顺利打开了保险销售的新局面。

事后，很多投保人都说，两枚硬币虽小，但却让人看到了布兰希保险公司的诚恳、信誉和良好的服务风尚，他们乐意和这样的保险公司打交道。

（资料来源：中国养老金网，http://www.cnpension.net/syylbxpd/bxyx/scyx/xxcl/2009-06-23/903565.html.）

复习思考题

1. 简述保险营销的概念和基本原则。
2. 请回答影响营销渠道选择的因素。
3. 什么是目标市场策略？目标市场策略是如何分类的？
4. 什么是竞争策略？竞争策略是如何分类的？

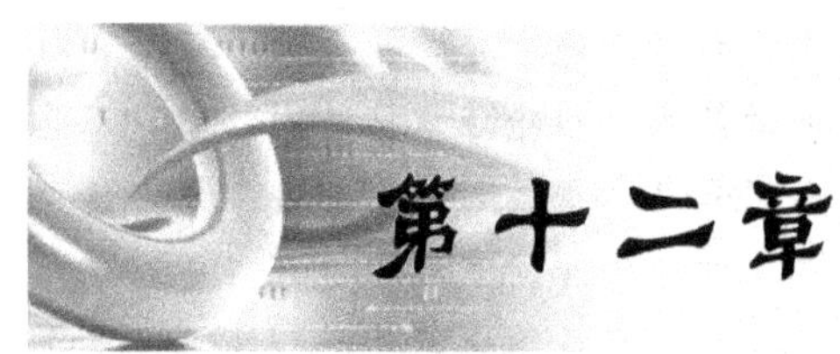

第十二章

保险监管

保险是社会经济补偿制度的一个重要组成部分，保险业是经营风险的特殊行业，对社会经济的稳定发展和人民生活的安定负有重大责任。保险事故发生的随机性带来保险经营的不确定性，加上市场竞争及道德风险的存在，使得保险行业风险偏高，需要政府对其进行严格的监管。本章将依次介绍保险监管的目标与原则、内容与模式及我国保险监管体系。

第一节　保险监管的目标与原则

归集保险基金用于风险分散的保险采用负债经营模式，资金的来源主要为投保人缴纳的保险费，加之保险产品本身又具有虚拟性特点，要求政府对保险经营必须进行监管，我国于1998年11月18日，专门成立保险监督管理委员会，作为国务院直属事业单位，专司保险的监管。中国保监会根据国务院授权履行行政管理职能，依照法律、法规统一监督管理全国保险市场，维护保险业的合法、稳健运行。2003年，国务院决定，将中国保监会由国务院直属副部级事业单位改为国务院直属正部级事业单位，并相应增加职能部门、派出机构和人员编制。

一、保险监管的含义及必要性

（一）保险监管的含义

监管是监督与管理的总称，保险监管(insurance regulation)是保险监督与管理的总称。根据监管的实施机构和组织的不同，保险监管有狭义和广义两个概念。狭义的保险监管是指政府部门依据相关法律、法规对保险市场主体及其行为进行的监督管理。广义的保险监管是指政府监管机构、保险行业自律组织、保险机构内部监管部门及社会力量等多主体、多层次、多角度对保险市场及保险主体的组织和经营活动的监督和管理。通常所说的保险监管指的是狭义的监管。

（二）保险监管的必要性

1. 保险发展需要监管

(1)保险产品需要监管。首先，保险产品与其他金融产品具有共同特征，即虚拟性，这是保险品需要监管的内在属性。其次，保险产品相对于其他金融产品还具有自身的风险特征，如射幸性、附和性和长期性，这就使得保险产品的监管重点与银行存款、股票等有所不同，更加强调公平性和诚信性，具体可细分为以下几个方面阐述。由于保险品的射幸性，保险人是否赔偿和给付保险金取决于风险是否发生，具有不确定性，投保人或者被保险人必须能够证明保险事故发生的原因在保险责任之内，否则保险人可以不予赔付。这就需要对保险人进行监管，防止保险公司为增加利润，拒绝被保险人合理正当的赔付要求。由于保险品具有附和性，保险单是由保险人提供的，投保人只能表示接受或不接受。这就需要通过保险监管对保险人的产品设计进行控制，防止显失公平的不利于被保险人的保险行为发生。由于保险品的长期性，保险公司是否在整个责任期内都能够有充足的准备以支付被保险人的损失，也需要进行严格的监管。最后，保险产品通过保险合同表达，合同条款的设计、保险费率的厘定、承保范围的设定等都需要很高的技术支撑。保险产品有别于一般产品，其性能、质量的鉴定需要相当的专业知识，为了保护公众的整体利益，保险产品需要保险监管。

(2)保险市场需要保险监管。保险市场是典型的信息不对称的市场，市场中的买卖双方均存在各自的信息优势和劣势，投保人对保险标的的了解程度远高于保险人，可能诱发投保前的逆选择和投保后的道德风险。保险合同是保险人拟定的，合同的信息优势可能引发保险人签约前隐藏信息，误导投保，签约后不履行赔偿责任。信息不对称对于市场的良性发展是有害的，假如不对该市场进行监管，仅凭市场机制自身的调节是不够的。保险市场交易的对象本质差异小，由于存在市场壁垒，当产品供给者数量未达到足够多时，市场类型属于垄断竞争。加之保险人之间的差异很大，特别是先进入市场的领导者享有较大的市场支配权和垄断地位，进而凭借市场支配力获取垄断利润，损害保险消费者的利益。保险监管的存在对于该类市场减少垄断、增加竞争意义重大。

2. 宏观经济发展需要保险监管

宏观经济发展需要社会各产业、各部门均衡推进，特别是实体经济的发展。但由于各产业资源禀赋的差异、投资回报的不同，必然出现政府基于全社会共同利益考量，需要某些行业和产业优先发展，而限制和控制其他产业的发展。政府在调节产业结构的过程中，可以采用政策的、财政的、经济的和货币的手段，保险监管主要属于货币手段。这在于政府对保险的监管手段之一就是对保险基金的监管，如对保险基金投资比例、去向等的引导和限制，可以实现资助某一经济部门或增加社会公共福利的目的。

二、保险监管的目标

（一）保护消费者的利益

保险监管的根本目标在于维护投保人和被保险人的利益，同时，这也是保险监管部门的根本职责。在保险产品供给方面，保险人的信息是占优的，要维护交易的公平，监管部门就需要通过制定产品供应的规则和制度，要求保险人对某些或者某类信息实行强制披露，让消费者尽量知情。具体地，保险监管部门对费率的公平合理性、保险公司的偿付能力、保险产品的开发、保险基金的投向等进行监管，以实现保险消费者在需要保险服务时能够及时、相对准确地获得。

（二）维护保险市场的公平竞争

保险监管的主要目标是维护保险市场的公平竞争，提高市场运行效率。一般行业管理中，政府往往采用类似于《中华人民共和国反垄断法》（简称《反垄断法》）等法规的形式防止“托拉斯”、“卡特尔”等的价格垄断，但由于保险商品的特殊性，其价格决定不受《反垄断法》的限制。为此，各国政府通常要求保险公司或同业协会制定统一价格标准——保险费率，在中国保监会等监管部门批准或备案后执行，目的在于保证各个保险公司在同等保险费率及责任条款条件下展开公平竞争。同时，政府也采用优化保险市场的进入、退出机制，保证保险交易在较公平合理的同一平台上进行，提高保险市场的运行效率。

（三）防范保险欺诈

保险监管的重要目标是防范保险欺诈。保险监管首先保证的是投保人和被保险人的利益，即保护消费者利益，但在保险交易过程中，保险双方当事人都存在一定程度的欺诈行为，违背保险互助性的本源要求，增加交易成本。为了减少交易中的此类噪音，保险监管有针对性地做出制度设计。主要的欺诈行为包括：保险人的欺诈，即超出核定的业务范围经营；缺乏必要的偿付能力；保险条款和费率显失公平；逃避保险责任。投保人或被保险人的欺诈：隐瞒重要事实；故意制造保险事故；夸大损失。其他机构或组织的欺诈：没有保险经营资质经营保险；盗用保险人或保险代理人、经纪人的名义经营保险；与保险公司工作人员勾结骗取保险金。要实现防范上述欺诈行为的监管目的，各国主要通过保险法和其他相关法律进行管理。例如，通过在保险法中明确规定保险经营范围、保险条款的行政审批制度、规定保险基本原则、保险人责任免除等实现对可能存在的欺诈进行限制和防范。

（四）促进保险行业可持续发展

保险作为人类互助合作精神的体现，具有损失补偿、资金融通和社会管理等功能，保险行业的可持续发展对国民经济和社会生活具有重要意义。如何实现保险行业的可持续发展，其重要手段之一就是保险监管。保险监管通过制度安排实现对保险行业可持续的引导，例如，各国保险监管部门均通过立法对保险公司设立的最低资本金、保证金提存、责任准备金提取、最低偿付能力指标、保险费收入与资本金比例、法定再保险业务安排等方面进行相应的规定。保险行业发展可持续，风险管理才可持续，经济、社会发展才可持续。

三、保险监管的原则

（一）依法监管原则

依法监管原则要求保险监管必须依照相关的法律和行政法规实施，法律是国家意志的最高体现，任何机构、组织和单位均不能超越法律。保险监管部门必须在法律的框架范围内对保险业进行监督和管理，保险监管机构可以援引的法律包括《保险法》、《公司法》、《合同法》和《中华人民共和国证券法》（简称《证券法》）等。同时，相对于行政监督而言，依法监管效力更高、规范性更强，在依法监管原则规范下，保险监管机构的“裁量权”受到控制，降低了“任意性”，监管过程更科学、更公允，保证了监管的权威性、严肃性和有效性。

（二）系统监管原则

系统监管原则要求保险监管必须做到前、中、后的全过程监管，内、外的全范围监管和法律、经济、行政的多手段监管。保险监管的对象是以经营风险为业务对象的保险公司，要求保险监管机构针对潜在的风险，建立预警机制，密切关注保险公司的偿付能力、公司治理结构的变化，并有针对性地采取事中、事后的规制及补救措施。全过程监管能够根据监管对象的偿付能力指标和治理评价结果等，及时做出反应，发现其存在的问题并适时调整，有效提高监管的精确度和效率。全范围监管指的是在保险监管过程中，需要将外部强制与公司自我约束相结合，监管不能代替保险公司的内部自我管理，监管的首要目标是消除公司经营的违法、违规行为，化解其经营中存在的风险，在此基础上，注重培养监管对象自身的管理能力，以达到从内部实现最终监管目标，起到事半功倍的监管效果。多手段监管强调的是保险监管在依法监管的第一原则基础上，仍需要借助经济和行政手段，法律、经济和行政监管方法和手段各取所长，配套使用，以提升监管的效果。

（三）适度监管原则

适度监管原则可细分为适度竞争原则和适度管理原则两个内容。强调监管是政府授权的保险监管机构对保险市场的适度干预，目的在于实现适度竞争的市场环境，以提高保险运行效率。适度竞争在于实现竞争适度的市场环境，没有竞争是低效率的，由于市场失灵的普遍存在，过度的竞争也会损害市场的健康发展，需要政府的适当干预。有市场失灵、同样也有政府失灵，保险监管应以不干预保险机构内部经营管理为界限，不得越界干涉。保险公司作为独立企业法人，自主经营、自负盈亏，有权在法律规定的范围内独立地决定经营方针和政策。故在保险监管中，要遵循适度监管原则，充分尊重保险企业的独立法人地位和经营自主权，构建适度竞争的良性市场环境，有效地促进保险业的健康发展。

第二节　保险监管的内容与模式

一、保险监管的主体

（一）国家保险监管机关

保险行业的监管职能主要由政府的保险监管机关行使，各国保险监管发展历程不同，形成的监管机构也各不相同。英国的保险监管由金融服务局担任，负责颁发保险营业许可证、管理资金事务及监督保险公司的偿付能力。美国的保险监管由各州政府负责，通常在州政府下设立保险署，多数保险署的监督官由州长任命，个别州则由民主选举产生。监督官通过参加监督官协会，在保险立法与监管行动上，实现国家层面的协调。法国的保险监管由保险监督委员会负责，在法律框架内，保险监督委员会监督保险公司的财务状况、行使发放经营许可证和监控的权力，惩处违纪公司直至停业。保险监督委员会是独立的监督机构，由 5 名委员和其他工作人员组成，设置特派监督官负责实地和具体问题的检查。日本负责保险监管的机构有大藏省和金融监察厅，大藏省下设保险部，分别负责寿险和非寿险业务的监管。我国保险监管的主体是中国保监会，其职责主要包括审批保险公司的设立、核定保险公司的业务范围，监督保险公司的偿付能力、资金运用和经营活动，制定基本保险条款和费率等。

（二）保险行业协会

保险行业协会是保险、保险代理人、保险经纪人等为规范保险市场而自发形成的社团组织，具有良好的协调作用。好的协会管理既可以维护市场秩序，创造良性的竞争环境，又可以避免政府监管可能出现的过度管理问题。英国的英国保险协会、劳合社承保人协会、伦敦承保人协会等都是有名的保险协会，均在各自的领域内起着重要作用。这些协会参与保险市场管理主要通过以下途径：向政府反映有关保险的立法与管理措施的协会意见；协调协会会员在市场竞争中的行为；制定统一的保险条款格式；协调最低保险费率标准等。1996 年 5 月 8 日，中国保险行业协会成立，其市场作为与发达国家相比尚存在差距，但其在保险信息沟通、行业自律管理中的作用已日渐显现。

二、保险监管的客体

保险监管的客体，即对象，主要是保险产品的供给者——保险公司，保险监管的条例主要是规制保险人的。除保险公司外，保险行为涉及的各方当事人，也都属于保险监管的客体，均在监管的视线范围内，只是监管的度有所差异而已，具体包括保险人、保险中介、投保人、被保险人、受益人等。保险代理公司或个人代理、保险经纪公司作为保险市场的润滑剂，其行为与活动直接影响保险市场，特别是中介发达的情况下。因此，规范保险中介也就日益成为保险监管的重要内容，保险中介成为继保险公司之后的第二类重要客体。

三、保险监管的内容

（一）保险机构监管

保险机构监管是对保险机构的组织形式、设立、经营方式与市场退出的监管，具体包括机构设立、变更、整顿、合并、分立、撤销及破产清算等方面的监管。

1. 组织形式

各国保险机构的组织形式规定因国情的不同而存在差异。例如，英国允许股份制、相互制和个人(劳合社)的形式存在；日本则主要为股份制、相互制和合作制；我国大陆主要是股份制和国有独资制，我国台湾为股份制和合作制。

2. 机构设立

机构设立方面的监管，各国各地区达成共识，即任何组织和个人未经批准不得经营保险业。例如，我国《保险法》第 67 条规定，设立保险公司应当经国务院保险监督管理机构批准。《保险法》第 68 条规定，设立保险公司应当具备下列条件：①主要股东具有持续盈利能力，信誉良好，最近三年内无重大违法违规记录，净资产不低于人民币二亿元；②有符合本法和《公司法》规定的章程；③有符合本法规定的注册资本；④有具备任职专业知识和业务工作经验的董事、监事和高级管理人员；⑤有健全的组织机构和管理制度；⑥有符合要求的营业场所和与经营业务有关的其他设施；⑦法律、行政法规和国务院保险监督管理机构规定的其他条件。

《保险法》第 69 条规定，设立保险公司，其注册资本的最低限额为人民币二亿元。

3. 机构变更

保险机构的变更一般包括：变更名称；变更注册资本；变更公司或者分支机构的营业场所；调整业务范围；公司分立或者合并；修改公司章程；变更出资人或者持有公司股份百分之十以上的股东；金融监督管理部门规定的其他变更事项；更换董事长、总经理。

4. 机构终止

保险监管的最终目的在于保证保险公司持续经营，具有充足的偿付能力以维护被保险人的利益。但由于多种多样的原因，保险公司还是会出现经营不善乃至濒临破产的境地。各国保险监管对保险公司的终止规定不同，有些国家允许破产，有些则不允许，下面以我国的规定为例进行说明。我国保险公司因分立、合并需要解散，或者股东会、股东大会决议解散，或者公司章程规定的解散事由出现，经国务院保险监督管理机构批准后解散。经营有人寿保险业务的保险公司，除因分立、合并或者被依法撤销外，不得解散。保险公司解散，应当依法成立清算组进行清算。经国务院保险监督管理机构同意，保险公司或者其债权人可以依法向人民法院申请重整、和解或者破产清算；国务院保险监督管理机构也可以依法向人民法院申请对该保险公司进行重整或者破产清算。保险公司依法终止其业务活动，应当注销其经营保险业务许可证。

5. 中介条款

我国保险监管还针对保险中介、保险代理人、保险经纪人和保险公估人等与保险人的不同，对该类机构的监管做出专门规定。

(1)保险代理人监管。保险代理属于民事代理范畴，适用民事代理的一般规定，但强调保险代理人以保险人的名义从事活动，在授权范围内的行为，即使未经保险人同意，也对保险人构成约束力。保险代理人的监管通常采用资格管理制度，资格的获得主要通过考试取得，美国较为严格，除考试外，还要求保险代理人每年参加由保险公司组织的 50 个工作日的培训。

(2)保险经纪人监管。保险经纪人监管主要强调经纪人的从业资格和执业管理，但各国对经纪人的定义有所差异。我国定义的经纪人是基于投保人的利益，为投保人与保险人订立保险合同提供中介服务，并依法收取佣金的单位。我国监管制度明确规定：保险经纪人从事保险经纪业务必须经过保险监管部门的批准，因为保险经纪人在办理保险业务中的过错，给投保人、被保险人造成损失的，由保险经纪人承担赔偿责任。外国保险经纪人在我国从事保险经纪业务也必须经过中国保监会批准。

(3)保险公估人监管。保险公估人作为保险辅助人中的独立第三人，具有协调保险当事人财产损失处理的重要作用，各国对保险公估人均实行严格的监管。保险公估人须经保险监管部门审批成立，需要法定最低资本金，并缴存规定数额的保证金或者投保规定金额以上的职业责任保险。我国规定保险公估人注册实缴货币资本不得少于 200 万元，且必须按注册资本的百分之五向中国保监会缴存营业保证金或者购买职业责任保险。保险公估人同样必须通过专门的资格考试，取得资格证书。

（二）保险行为监管

保险行为监管是对保险人、保险中介和保险市场行为的合法性、合规性进行界定，对违反保险监管的行为进行惩处的制度安排。其具体包括保险人行为、保险中介行为和保险市场行为三个内容。

(1)保险人行为。保险人行为规定内容较多，主要包括：①分业经营规则。寿险与非寿险须分业经营，必须按照规定办理法定保险业务，经保险监管部门核定，保险人方可经营分出、分入等再保险业务。②保险准备金规则。经营非寿险业务的保险人应当从当年自留保费中提取到期责任准备金、未决赔款准备金和其他准备金，经营寿险业务的保险人按照有效的人寿保险单全部净值提取未到期责任准备金和其他保证金。③资金运用规则。保险公司的资金运用主要限于银行存款、买卖政府债券和金融债券、资金拆借及证券投资等。④行为规则。不得对投保人隐瞒保险公司有关资金情况，不得阻碍投保人履行或诱导其不履行如实告之义务，不得向利益关系人支付保险合同以外的利益。

(2)保险中介行为。保险中介行为规则主要包括：保险代理人、保险经纪人和保险公估人均必须具备保险监管部门认定的资格并取得业务许可证，且向工商行政管理机关办理登记手续，领取营业执照和交存保证金或者投保职业责任保险。保险中介必须接受保险监管部门对其业务行为的监督，必须向保险监督部门报送营业报告、财务会计报告及相关报表。

(3)保险市场行为。保险市场行为监管主要是保证保险市场的顺畅运行而对市场行为进行的规制，具体内容包括：①发展保险机构。国家保险监管部门为合理构筑和完善我国保险机构体系，确定优先发展保险公司的战略思路，被赋予有步骤、有秩序地审批保险机构的行为权利。②完善保险法规。保险监管通过研究保险市场中出现的新问题、新状况，分析其成因，总结经验并制定新法规。③保护正当竞争。保险监管支持合法经营，纠正非法行为，引导保险市场健康发展。

（三）保险业务监管

(1)条款监管。保险条款是保险双方当事人权利义务的表达，是保险合同的核心内容，保险条款的监管主要在于保护被保险人的利益，同时也关注保险人因竞争压力而被迫对投保人做出不合理的承诺。其主要包括：第一，保险监督管理部门制定的条款，所有经营该项保险业务的保险公司必须执行；第二，保险公司自行拟订的条款，必须报经保险监督管理部门审批或备案后才可以执行；第三，保险条款存在法律禁止项、危害社会公共利益项及显失公平的，保险监管部门有权要求保险公司修改或终止执行；第四，保险同业协会具有依法制定保险条款的权利。

(2)费率监管。保险费率厘定应当满足充足性、合理性和公平性的要求，多数国家的财险费率监管要比寿险严格，几乎都规定经监管机构核定后方可使用。我国《保险法》第136条、第137条规定：关系社会公众利益的保险险种、依法实行强制保险的险种和新开发的人寿保险险种等的保险条款和保险费率，应当报国务院保险监督管理机构审批。其他险种的保险条款和保险费率，应当报保险监督管理机构备案。保险公司使用的保险条款和保险费率违反法律、行政法规或国务院保险监督管理机构的有关规定的，由保险监督管理机构责令停止使用，限期修改；情节严重的，可以在一定期限内禁止申报新的保险条款和保险费率。

(3)再保险监管。由于再保险没有统一的格式保单和费率，对原保险适用的监管规定不一定适用于再保险，且各个国家和地区对再保险的监管存在较大差异，故再保险普适性的内容很少，本书仅就典型国家和我国的再保险监管现状做一个描述。美国再保险公司在诸多方面的监管与保险公司相同，要向州监管人员提交月报和年报，接受政府和独立金融机构的检查。德国主要通过对直接保险公司管理间接监管再保险公司，只承保再保险业务的专业再保险公司不需要获得许可证，但受制于直接保险公司的管理。我国对再保险业务的规定较细。例如，经营财产保险业务的保险公司当年自留保险费，不得超过其实有资本金加公积金总和的四倍；保险公司对每一危险单位，即对一次保险事故可能造成的最大损失范围所承担的责任，不得超过其实有资本金加公积金总和的百分之十，超过的部分应当办理再保险；保险公司对危险单位的划分应当符合国务院保险监督管理机构的规定；保险公司对危险单位的划分方法和巨灾风险安排方案，应当报国务院保险监督管理机构备案；保险公司应当按照国务院保险监督管理机构的规定办理再保险，并审慎选择再保险接受人。

（四）财务监管

财务监管是对保险人资产负债的监管，资产监管主要涉及资产价值认定、资金运用两个方面，负债监管则主要是针对保险人偿付能力的监管，后者是重点。美国特别强调对保险人偿债能力的监管，在保险业与非保险业实施不同的会计准则：非保险业实施的是一般会计准则(general accounting principles，GAP)，而保险业则实施法定会计准则(statutory accounting principles，SAP)。

(1)资产价值认定。资产价值认定采用原则管理的方式，我国保险行业资产价值认定的标准遵循 2006 年颁布的《企业会计准则》及 1998 年颁布的《保险公司会计制度》。2006 的《企业会计准则》采用公允价值代替原有的历史成本计量方法，对分红保险、投资连结保险、万能寿险、变额保险等保险及其衍生产品的价值认定更加合理。

(2)资金运用监管。保险业经营的立足点是其承保业务，其全部资金运用必须围绕承保业务进行，故其投资与普通企业不同，是非常审慎的。保险资金的投资要首先满足安全性，其次满足流动性，最后才是收益性，故其投资主要对象为信用等级较高的资产，且对于风险资产投资是限定比例的。例如，我国保险资金运用限于银行存款、政府债券、金融债券、中国保监会指定的中央企业债券、规定限额范围内的股票等。英美两国宽松和严格的监管模式在资金运用管理上区别明显，英国对资金运用不作具体规定，保险公司自行确定投资范围，但要在满足最低偿付能力标准且按时向贸工部报送相关财务报表的前提下。美国则明确规定投资去向，有的州规定许可投资对象，有的州列明禁止投资的领域，有的则兼而有之，各州还规定每种投资的比例限额。另据美国的“自由投资条款”，寿险公司可以在总资产 2%的范围内自由办理投资业务。

(3)偿付能力监管。保险公司偿付能力是财务监管中一个非常重要的内容，各国保险法规均对此做出明确界定。我国《保险法》对保险公司偿付能力也做了专门规定，如保险公司资本金要求、保证金和责任准备金的提存、实际资产与实际负债的认定、最低偿付能力的确定及法定再保险等。20 世纪 80 年代以来，保险公司审批制度逐步放松，且保险费率的制定也日益市场化，保险监管的重点就落到偿付能力上。各国都强调以资产负债等的财务指标为监控重点，注重责任准备金、财务比率、现金流量和资本充足率等静态和动态的具体分析指标的运用，衡量其对保险人的偿付能力的监测和预警。我国保险公司偿付能力监管在上述指标衡量的基础上，还进行三个类别的分管理。第一类公司为偿付能力充足率低于100%，主要监管措施包括责令增加资本金或者限制向股东分红；限制董事、高级管理人员的薪酬水平和在职消费水平；限制商业性广告；限制增设分支机构和业务范围，如责令停止开展新业务、责令转让保险业务或者责令办理分出业务；责令拍卖资产或限制固定资产购置；限制资金运用渠道；调整负责人及有关管理人员直至接管公司。第二类公司为偿付能力充足率介于100%～150%，中国保监会有权利要求其提交和实施预防偿付能力不足的计划，如果发现该类公司存在巨大偿付能力风险，中国保监会可以要求其进行整改或者采取必要的监管措施。第三类公司为偿付能力充足率高于150%的，属于偿付能力最好的公司，但未来如果出现偿付能力问题，中国保监会可以要求其进行整改或采取必要措施。

(五)公司治理监管

2006年出台的《国务院关于保险业改革发展的若干意见》将公司治理结构监管与偿付能力监管和市场行为监管一并列为保险监管的三大支柱，自此保险监管机构开始高度重视保险公司治理问题。针对我国保险行业、企业存在的包括股权结构不合理、国有股所有者缺位、独立董事形同虚设、监事制度不健全和激励约束不完善等问题，公司治理监管强调公司治理结构和信息披露制度。公司治理监管的具体内容包括：明确保险公司的治理主体及其权益；严格高管薪酬激励和大股东治理制度的执行；制定保险公司信息披露标准并考核其信息披露质量，要求所有与公司经营、财务、所有权和治理相关的重大信息必须准确及时报送和公布。

四、保险监管的方式与方法

(一)保险监管方式

(1)公告监管。公告监管是指政府对保险行业的具体经营不进行直接监督，而是通过保险机构将财务报表及相关事项呈报监管部门，是最为宽松的监管方式。公告监管的优点在于最大限度满足市场竞争，主要由市场自行调节而提高运行效率和达到最优化，但由于信息不对称和保险过于专业化，市场对保险机构的优劣评判标准不易掌握。公示监管需要保险人具有相当的自律能力，且国民整体文化素质较高，对保险经营具有较正确的判断力。该种监管方式主要在英国监管模式下被采用，但20世纪六七十年代英国保险公司的破产使得人们开始反思该类监管是否过于宽松，当前完全选择该类监管方式的已很少。

(2)准则监管。准则监管也称规范监管，是政府通过颁布一系列有关保险经营的基本准则，要求所有保险市场参与主体共同遵守的监管方式。在该监管方式下，政府对保险经营的重要事件均有明文规定，并由政府授权的保险监管机构监督其执行。该种方式适用于保险法规比较严密和健全的国家，与公告监管相比较，准则监管更注重保险经营形式上的合法性，是一大进步。但由于监管考察的对象是形式上的，保险的专业技术性较强，形式监管并不涉及保险业经营管理的实质，很难起到应有的作用，随着监管实践的推进，该方式逐渐为大多数国家所放弃。

(3)实体监管。实体监管是三种监管方式中最严格的，是监管部门根据相关法律法规所赋予的权力，对保险业实行全面、深入和有效的监督管理。实体监管涉及保险机构的设立、变更、资金运用、破产清算等各个方面。实体监管方式是准则监管的发展，既包含有准则监管的形式合法性，又包含执法的严格性。包括我国在内的绝大多数国家，目前正在采用的监管方式主要为实体监管。

（二）保险监管方法

1. 现场检查法

(1)书面审查。书面审查方法是对保险监管对象的书面资料进行审查，具体又因为审查顺序的不同分为顺查法和逆查法。顺查法是按照正常的业务顺序或者财务流程进行，逆查法则是按照相反的顺序倒推。一般地，逆查法更有利于节省时间，可迅速抓住问题的要害和实质，而顺查法则更细致。书面检查的具体过程中，一般按照一定比例进行抽查，对于可能存在问题的部分使用详查法处理。在保险现场检查的实践中，书面审查的具体方法包括审阅法、核对法、查询法和分析法。审阅法是对原始凭证、记账凭证、账簿、会计报表、相关合同及会议记录等书面文件进行细致审阅，查找不适法和不合规的问题；核对法是将不同出处的同一数据或者相关数据进行比对，判断不一致的原因；查询法是针对检查过程中所发现的疑点和问题向保险公司内外人员进行咨询和查证；分析法则是监管人员运用各种分析技术对会计信息进行综合分析和评价，包括比较分析法、账户分析法和趋势分析法等。

(2)实地审查。实地审查方法是对保险监管对象的实物进行实际验证，其中最主要的是针对实物资产采用的盘点方法，如对现金、固定资产、存货类流动资产等的实地盘点，核对是否账实相符。除盘点外，观察法、调节法、问卷法和鉴定法也作为实地审查的常用方法。观察法是监管人员对工作现场实地考察，判定保险公司业务操作是否符合标准和书面记载；调节法是针对某些审查科目，如未达账项，通过调整数据检查交易双方记录，查看是否相符；问卷法是向被审查对象的员工发出问卷，检验其专业知识和业务熟练程度；鉴定法则是借助专业鉴定人员对审查者本身无法确切掌握的查证对象进行专业分析，得出有说服力的结论。

2. 非现场检查法

非现场检查法是相对于现场检查法而言，效力较差，对于实质性问题的判断没有现场检查法直接和直观，但作为一种重要的补充，非现场检查法有利于提高监管效率，并使得现场检查更具针对性。非现场分析可塑性强，是标准化和程式化的方法，可以及时跟踪保险公司的经营和分析风险态势。具体地，非现场检查法主要审核被监管对象的财务数据信息，对其资本金、准备金、资产质量、流动性和偿付能力等进行考查。报送的会计资料一般包括资产负债表、损益表、现金流量表、资金运用表、业务统计表、最低偿付能力状况表、利润分析表、分保业务统计表等。下面以全美保险监督官协会(National Association of Insurance Commissioners，NAIC)非现场检查检测的指标为例进行说明。

(1)净盈余变化率：

$$净盈余变化率=(当年净盈余-上年净盈余)/上年净盈余 \tag{12-1}$$

(2)净收入与总收入比率：

$$净收入与总收入比率=净收入/总收入 \tag{12-2}$$

(3)佣金及费用比率：

$$佣金及费用比率=佣金及费用/保费收入 \tag{12-3}$$

(4)投资收益充足率：

$$投资收益充足率=投资收入/保险产品利息支出 \tag{12-4}$$

(5)非认可资产与认可资产比率：

$$非认可资产与认可资产比率=非认可资产/认可资产 \tag{12-5}$$

(6)不动产投资比率：

$$不动产投资比率=不动产投资金额/盈余 \tag{12-6}$$

(7)附属公司投资比率：

$$附属公司投资比率=附属公司投资金额/盈余 \tag{12-7}$$

(8)再保险救济比率：

$$再保险救济比率=再保险净成本或净收益/资本或盈余 \tag{12-8}$$

(9)保费收入变化率：

$$保费收入变化率=(当年保费收入-上年保费收入)/上年保费收入 \tag{12-9}$$

(10)保险产品保费收入变化率：

$$保险产品保费收入变化率=\frac{该产品当年保费收入-上年保费收入}{上年保费收入} \tag{12-10}$$

(11)资产变化率：

$$资产变化率=(该项资产当年占有金额-上年占有金额)/上年占有金额 \tag{12-11}$$

(12)准备金变化率：

$$准备金变化率=(当年准备金-上年准备金)/上年准备金 \tag{12-12}$$

根据NAIC的规定，上述12个指标中有4个或4个以上指标超出正常范围，或者指标7和指标8同时超出正常范围，NAIC就将该保险公司定为审查单位，以尽早发现潜在的问题并进行审核以防患于未然。

五、保险监管的模式

(一)英国保险监管模式

保险发展的多个重要阶段都与英国有关，同样的，英国的保险监管模式也是非常具有特色的，主要以高度的行业自律闻名。英国保险监管在严密立法的背景下，采用宽松、温和的方式进行。英国的主要保险监管工作是由保险行业协会完成的，我国香港和新加坡等国目前仍主要沿用英联邦时期的监管模式。英国保险监管的具体工作分属于英国政府和行业协会，其中行业协会起着非常重要的作用，分述如下：

(1)政府监管。政府监管又可以细分为两个内容，其一为制定监管法律，其二为具体监管工作。英国保险监管的法律依据主要是1981年的《保险公司管理条例》和1982年的《保险公司法》，两部法律对保险公司的设立、财务、业务等都做了明确规定，并赋予工贸大臣对保险行业和企业干预的权利。但工贸大臣对保险的干预是基于“责任自由原则”基础之上的，即只要保险公司以负责的态度经营，则不加以干预。政府监管的具体工作的重点在于强调保险人的偿付能力，而对于保险产品、保险费率、保险业务等具体内容管理较宽松。但英国监管工作具有“秋后算账”特点，主要是分析保险公司年度报告，并向社会公开披露相关信息，其中就包括最为关键和重要的偿付能力问题，该类负面信息对保险公司的影响是非常严重的，甚至是致命的。

(2)行业自律。英国有着各式各样的保险行业自律组织，各组织负责各自不同的管理范围，主要包括英国保险协会、劳合社理事会、英国经纪人委员会、保险推事局、保险人协会、寿险组织协会、个体保险仲裁服务公司等。英国保险协会代表会员利益与英政府及其他国家政府、国际组织等进行沟通，反映会员公司的愿望和呼声，为会员提供技术性的帮助和服务，及时向会员传递有关统计数据、市场信息和政府对保险业的新法规、规定等；劳合社理事会是劳合社成员自我管理的机构；英国经纪人委员会是经纪人自我管理的机构，要求经纪人必须经过注册，且规定经纪人应具备的资格、经历和财务状况，该委员会有权指定调查委员会和纪律委员会；保险推事局主要为成员进行裁决和管理，主要为处理保单持有人与承保公司之间的纠纷，赔款争议处理占主要多数。

欧盟成立后，英国式的宽松监管模式为多数成员国所采纳，但也有例外，如德国，其更倾向于全程严格监管。但由于在欧盟统一框架下，德国的监管模式也有适度放宽的迹象。因此，整个欧洲主要采用的是英式的监管模式，这主要在于根据欧盟的规定，已经获准在欧盟成员国之一承保业务，则该保险人可以在任何其他成员国承保该业务，而无需所在国政府批准。

（二）美国保险监管模式

美国政府奉行严格监管，所有保险活动均处于监管范围之内，且处于联邦政府和州政府的双重监管之下。保险条款、保险费率、保单红利分配、市场准入等都有明文规定，具体监管工作主要是由州政府完成。

(1)法律监管。美国没有全国统一的保险法律，其商事立法权归属各州，各州均有各自的保险立法，对保险公司的设立、业务范围、费率、保险基金的准备、投资、市场进入与退出等都有严格规定，贯穿于保险全过程和各个环节。处于全美领先地位的纽约州于1892年颁布第一部综合性保险法，对后来各州的立法起到导引作用。目前，美国的保险法主要包括州颁布的法律、监督官颁布的法规和判例法。其中，主要具有代表性的包括《阿姆斯特朗委员会调查报告》、《标准检测法》、《全国保险监督官协会寿险与健康险协会保证金标准法案》等。在司法方面，由于美国法院的判例具有同等法律效力，各州法院对于保险合同纠纷的判决对保险机构包括保险监管机构具有约束力。司法机关甚至可以裁决保险监管机关的监管措施是否违反更高级别法律，如果违法，司法部门有权对其进行修改或要求停止执行。

(2)行政监管。保险的行政监管由各州的保险监督官行使，保险监督官由各州任命或由选民选举产生，负责对州内保险业的监督管理，全美共有保险监管人员1.4万名左右。1871年，美国成立了NAIC，其主要工作重心在于协调由于立法不同出现的各州有差异的监管活动。NAIC引入专门用于监管保险公司资本充足率的体系——RBC(以风险为基础的资本模型)，该体系具体包括利率风险、承保风险、资产风险以及管理风险等几个大类。由于大多数州统一采用RBC，因此虽然美国目前没有实施联邦统一监管，监管方式也逐渐趋于一致。

（三）日本保险监管模式

日本保险监管模式的最大特点在于浓重的行政管理特色，这与主要西方国家的监管模式差异很大。根据1939年3月颁布的《保险业法》，日本保险监管部门为大藏省，大藏省的主要监管手段为行政管制。各保险机构的设立、资本增加、撤销、合并，甚至新产品的开发、公司名称变更都需要经由大藏省批准，且大藏省还对保险公司的流动资本比率、自由资产率等规定具体的细则标准。日本保险监管中也援引较多的法律，如《保险业法实施细则》、《保险募集取缔法》及相应的《保险募集取缔法实施细则》、《损害保险费率团体法》、《外国保险人法》及《外国保险人法实施细则》、《新保险法》及《新保险法实施细则》等。具体到保险业务及保险公司的经营活动，保险监管部门实行的是美国式的严格而全面的监督和管理。近年来，日本保险监管也发生了变化，保险监管的重点由市场准入审批转向保险公司偿付能力和对投保人利益的保护上，并通过允许保险公司破产从而健全市场退出机制等。

（四）国际保险监管模式

1994年成立的国际保险监督官协会(International Association of Insurance Supervisors，IAIS)是当前国际监管模式的主要代表，其宗旨在于加强各国保险监管机构之间的合作和建立国际保险监管标准。IAIS制定的保险核心原则(insurance core principles，ICPs)是一套国际通用的保险监管基础原则。该原则的中心内核为审慎监管，包括审慎规定总则和专有监管领域的执行原则，具体为风险评估、保险活动、负债、投资、资本充足和衍生产品。根据规定，监管机构实现公司财务稳定的主要途径和措施为：其一，风险管理审慎规定，监管部门制定涵盖保险公司面临的主要风险的审慎规定，要求保险公司建立风险管理框架来有效地识别和管理风险；其二，有效评估风险，监管部门规定保险公司必须拥有有效工具评估承保风险，以获得充足的保费收入；其三，专项投资风险监管，监管部门需要专门管理保险公司投资风险，分析和衡量其市场风险、信用风险和流动性风险；其四，建立偿付能力体系，监管部门要保证保险公司具有充足的偿付能力，需要设立合理的最低资本金制度。

第三节　我国保险监管体系

改革开放以来，我国保险业取得的成果是丰硕的，现已成为金融组织体系和社会保障体系的重要组成部分，对保障人民生活和促进经济发展起到非常重要的作用。在保险业突飞猛进发展的背后是保险监管的推动，本节主要介绍我国保险监管体系的发展历程、存在的问题、机构建设和更好地发挥其监管功能的政策建议。

一、我国保险监管的发展历程

(1)完全行政管理阶段(1949～1959年)。新中国成立最初的计划经济时期，中国人民银行和财政部分别对保险业行使领导和管理职能。但准确地讲，当时的监管只能叫做行政管理，并不具备真正意义的监管。当时，保险业在宏观经济中地位模糊、职责不清，更像税务机关。根据最初政务院批准的《中国人民银行试行组织条例》的规定，保险业归中国人民银行领导和主管，后来引入苏联模式，保险业划归财政部领导，成为国家财政体系中的独立核算单位。1958年，在人民公社体制下，公民的生、老、病、死、残全部由国家和集体所包揽，保险失去存在的基础。同年 10 月，中国人民保险公司停办国内业务，至 1959 年，国内保险业务彻底退出市场，中国人民保险公司上收至中国人民银行，成为国外局下属的保险处。

(2)保险监管空缺阶段(1960～1978 年)。20 世纪 60 年代以后，保险在中国经济运行中彻底消失，监管标的已然不存在，保险监管也随之退出。1965 年，中国人民银行恢复中国人民保险公司建制，保险处升格为局级机构。但因仅有非常少量的国际保险业务，该时期的保险管理微乎其微。

(3)保险监管恢复阶段(1979～1994 年)。1979 年 4 月，国务院批准《中国人民银行分行行长会议纪要》，做出逐步恢复国内保险业务的重大决策。1983 年，中国人民银行正式开始专职行使中央银行和金融监管职能，中国人民保险公司改设为国务院直属局级经济实体，接受央行的监管。1985 年 3 月 3 日，国务院颁布《保险企业管理暂行条例》，明确规定国家保险管理机关为中国人民银行，财政部负责监督保险业的财务会计制度，国家计划委员会(简称国家计委)行使制定国家保险业发展规划职能，真正意义的保险监管拉开序幕。该阶段先后出台多部法律法规，界定监管的内容。1989 年 2 月 16 日下发的《关于加强保险企业管理的通知》提出整顿保险市场秩序的措施和办法；1991 年 4 月 13 日，针对各地在执行“89 通知”过程中出现的问题，又出台《关于对保险业务和机构进一步清理整顿和加强管理的通知》，进一步明确保险条款和保险费率、资金运用、保险代理机构和保险报表的相关规定，提出同一地区同一费率的基本原则，并规定保险资金运用的来源；1992 年 9 月 29 日，国务院办公厅下发《关于中国太平洋保险公司和中国平安保险公司业务范围的复函》，旨在针对 1988 年深圳平安保险公司和 1991 年中国太平洋保险公司的成立，授权中国人民银行批准两公司经营原由中国人民保险公司垄断的业务。该时期，保险监管真正开始，并日渐规范化。

(4)保险市场监管阶段(1995～2004 年)。1995 年是我国保险发展史上具有里程碑意义的一年。1995 年 7 月，中国人民银行设立专门行使保险监管职能的保险司，10 月，新中国第一部《保险法》正式实施，至此中国保险监管真正做到有法可依。在《保险法》颁行之后，又相继出台《保险企业管理暂行规定》、《保险代理人管理办法(试行)》和《保险经纪人管理办法》等配套规章制度，为进一步细化和规范保险各主体的市场行为提供法律依据。该时期，推向保险市场的保险产品日渐丰富，如航空意外险、机动车辆保险等。1998 年制定的《保险业监管指标》，初步探索建立保险风险检测指标体系，开始尝试保险偿付能力的监管。1999 年的《中国人寿保险业经验生命表(1990～1993)》建立人身保险准备金评估报告制度等，尝试运用风险指标监管调控保险市场。1998 年 11 月 18 日，中国保监会正式成立，保险监管进入机构独立的分业管理时期。2000 年，中国保监会制定出台《保险公司管理规定》，明确提出市场行为监管和偿付能力监管并重的监管目标，之后的文件和法案多能够反映出该阶段监管的中心内容是保险机构、保险业务等保险市场层面的监管，但已经朝着与国际接轨的方向，开始关注偿付能力的监管。

(5)偿付能力监管阶段(2005 年至今)。2005 年 10 月，中国保监会主席吴定富在 IAIS 2005 年年会上正式宣布：中国要参照国际保险监督官协会的三支柱监管框架——偿付能力监管、公司治理监管和市场行为监管，建设具有中国特色的保险监管体系，自此以后，我国保险监管进入偿付能力监管的新阶段。2008 年公布的《保险公司偿付能力管理规定》和 2009 年修订的《保险法》均强调保险公司内部控制及公司治理结构监管，对于偿付能力不足的公司，保险监督管理机构可以根据具体情况责令增加资本金、办理再保险；限制业务范围；限制向股东分红；限制固定资产购置或者经营费用规模；限制资金运用的形式、比例；限制增设分支机构；责令拍卖不良资产、转让保险业务；限制董事、监事、高级管理人员的薪酬水平；限制商业性广告；责令停止接受新业务等措施。

二、我国保险监管体系存在的问题

(1)体系不完善。我国保险监管体系与欧美等国家相比，仍处于初级阶段，保险监管者、监管对象和监管利益保护者在保险文化层面还有待加强，即仍不成熟，保险监管体系建设还有待完善①。其具体表现在以下几个方面：一是规章制度不健全。监管领域中还存在制度真空，例如，保险机构和从业人员的准入标准仍停留在保险市场发育的初期水平，市场退出机制尚未建立，保险消费者利益保护不足，保险费率市场化机制尚未形成。二是监管标准化建设不足。行政许可申请事项的受理标准、审批标准把握不一，行政处罚的自由裁量权没有得到有效约束和规范，对保险市场的风险识别和管理没有形成完整的量化指标体系。三是监管机制不完善。监管组织机构体系不健全，基层保险监管力量薄弱。监管内设部门之间职能交叉，存在多头监管，保监会和派出机构之间还没有形成各有侧重、协调统一的工作机制。

(2)建设滞后。我国近年来保险市场的快速发展与保险监管的建设滞后形成鲜明对比，需要后期监管跟进，否则不利于保险市场的进一步发展。保险监管体系建设之后主要体现在：一是保险监管规则制定滞后。保险监管是首先制定规则，而后衡量保险企业的合规性，进而引导保险市场顺畅运行。然而，当前保险监管中用于考察保险人偿付能力的规则尚未系统建立，监管重心仍然在保险机构的市场行为上，对保险企业风险评价和风险防范的管理重视不足，措施不得力。二是保险监管手段建设滞后。科学规范的保险监管手段是以法律监管为主、经济监管为辅、行政监管为补充的系统组合，而目前我国监管手段中采用行政化的比例仍过多，市场化成分不足，保险监管透明性不足。三是监管信息化建设滞后。保险监管整体信息化水平低，信息化建设投入不足，不同信息系统间割裂，统一的保险信息监管平台尚未建立起来。

(3)构成单一。完整的保险监管体系是保险企业、行业自律、社会监督与政府监管"四位一体"的系统工程，而我国保险体系虽然在形式上也具有四个子系统，但实际功能并未充分发挥，主要是采用政府监管一家独大的方式。公司治理不完善、自组织化程度低，内控不力，各级各类保险协会未充分发挥协调功能，独立审计机关以及社会监督作用有限，尚未形成多主体合作的监管体系。

三、我国保险监管体系建设的政策建议

(1)规范保险监管制度。保险监管效力的充分发挥首先需要监管制度建设，具体包括：一是加强顶层设计。通过学习欧美等发达国家保险监管制度各自的优缺点，寻找能够与我

① 赵新宇．对健全我国保险监管体系的研究．上海保险，2012，7：5～8.

国保险发展相适应，特别是有文化接近性的部分，充分挖掘，为我所用。就欧美而言，本书更倾向于选择美国式的审慎监管，其与我国当前的监管契合性更好。二是加快监管制度更新建设。2005年后我国在形式上与国际保险接轨，即推行偿付能力、公司治理和市场行为三位一体的监管架构，但目前实际可用的关于偿付能力、公司治理方面的创新制度设计非常有限，且原有的关于市场行为的部分也存在制度真空，均需要本着急用先建的原则，快速铺设。三是统一行政管理制度口径。当前的行政管理部分还存在处罚差异和许可标准不一致的问题，需要保险监管当局认真梳理现有行政处罚和行政许可规章制度，规范自由裁量权的行使，减少监管随意性，尽快形成监管决策权、执行权和监督权的相互制约和协调。

(2)深化保险企业改革。保险监管的重要内容之一为保险公司结构治理，而我国保险公司存在的包括股权结构不合理、国有股所有者缺位、独立董事形同虚设、监事制度不健全和激励约束不完善等问题，都需要进一步深化改革。上述问题存在的根本因素在于我国保险企业尚未完全按照现代企业制度运行，产权不清晰，利润驱动不显著，规避风险及处置资产等方面规范化程度低。随着近年来民营、合资保险公司的大量组建，公司产权商业化、市场化日渐明显，但整体上距离产权清晰、权责明确的现代保险企业还有一定的差距。深化保险企业改革需要做到：一是积极推进公司改制和上市。从当前企业发展态势来看，要建立健全保险市场微观主体企业制度，推进保险公司重组、改制和上市是一个有效的选择，改制直至上市后，保险企业可以实现监管者、所有者和经营者的有效分离。二是优化股权结构。通过对现有保险公司股权结构优化，也能够实现保险公司的真正企业化蜕变，如通过定向募集、公开发行股票和选择其他融资方式实现增资扩股，改变股权结构。三是提高董事会管理效力。完善保险董事制度，鼓励在董事会下建立核保、理赔、投资、审计、再保险等专门委员会，提高董事会决策的效率和质量。提高董事会效力还需要真正推行独立董事制度，而不是仅为了在形式上满足监管的需要。

(3)加强监管机构自身建设。完善我国保险体系建设还要从保险监管功能发挥的机构载体着手，夯实监管机构基础，为现代保险监管提供高级别的工作平台。针对我国保险体系中存在的问题，需要考虑从以下几个方面着手：一是实现监管国际化。监管机构首先要实现与国际同行的沟通，立足我国保险市场化程度较高的实际，推进国际保险监管合作，在向国外学习的同时，增强话语权，提升我国保险监管的国际地位。二是实现监管信息化。构建保险业信息网及保险监管信息系统，及时披露保险机构的经营和风险状况，充分运用网络等信息工具手段，提高信息时效性，增加透明度和准确性，为实时监管提供物质条件。针对保险风险监管滞后的问题，建立预警指标体系，提供实时风险报告和预案措施。三是实现监管人员的高素质化。监管工作最后还是依靠监管人员的能动工作完成，要加强保险监管机构的自身建设就无法绕开人员建设的硬约束。提高人员素质需要两个方面跟进，其一是提高业务素质，其二是加强人员管理。业务素质的提高可以通过动态跟踪学习、选拔培训等方式完成；人员管理主要在于明确工作责任制，推行内审和监察制度，严肃查处监管中的违法、违规、违纪行为，加强对保险监管的再监督，保证监管人员的公正性。

补充学习资料

中国保险监督管理委员会的机构构成

中国保监会成立于1998年11月18日，是国务院直属事业单位。根据国务院授权履行行政管理职能，依照法律、法规统一监督管理全国保险市场，维护保险业的合法、稳健运行。2003年，国务院决定，将中国保监会由国务院直属副部级事业单位改为国务院直属正部级事业单位，并相应增加职能部门、派出机构和人员编制。中国保监会内设16个职能机构，并在全国各省、直辖市、自治区、计划单列市设有35个派出机构。其中，16个内设部门为：

（一）办公厅（党委办公室、监事会工作部）。拟定会机关办公规章制度；组织协调机关日常办公；承担有关文件的起草、重要会议的组织、机要、文秘、信访、保密、信息综合、新闻发布、保卫等工作。

（二）发展改革部。拟订保险业的发展战略、行业规划和政策；会同有关部门拟订保险监管的方针政策及防范化解风险的措施；会同有关部门研究保险业改革发展有关重大问题，提出政策建议并组织实施；会同有关部门对保险市场整体运行情况进行分析；对保监会对外发布的重大政策进行把关；归口管理中资保险法人机构、保险资产管理公司等的市场准入和退出；负责规范保险公司的股权结构和法人治理结构，并对公司的重组、改制、上市等活动进行指导和监督；负责中国保监会对外重要业务工作与政策的协调。

（三）政策研究室。负责中国保监会有关重要文件和文稿的起草；对中国保监会上报党中央、国务院的重要文件进行把关；研究国家大政方针在保险业的贯彻实施意见；研究宏观经济政策、相关行业政策和金融市场发展与保险业的互动关系；根据会领导指示，对有关问题进行调查研究；开展保险理论研究工作，负责指导和协调中国保险学会开展研究工作。

（四）财务会计部（偿付能力监管部）。拟定保险企业和保险监管会计管理实施办法；建立保险公司偿付能力监管指标体系；编制保监会系统的年度财务预决算；审核机关、派出机构的财务预决算及收支活动并实施监督检查；审核会机关各部门业务规章中的有关财务规定；负责机关财务管理。

（五）保险消费者权益保护局。拟订保险消费者权益保护的规章制度及相关政策；研究保护保险消费者权益工作机制，会同有关部门研究协调保护保险消费者权益重大问题；接受保险消费者投诉和咨询，调查处理损害保险消费者权益事项；开展保险消费者教育及服务信息体系建设工作，发布消费者风险提示；指导开展行业诚信建设工作；督促保险机构加强对涉及保险消费者权益有关信息的披露等工作。

（六）财产保险监管部（再保险监管部）。承办对财产保险公司的监管工作。拟定监管规章制度和财产保险精算制度；监控保险公司的资产质量和偿付能力；检查规范市场行为，查处违法违规行为；审核和备案管理保险条款和保险费率；审核保险公司的设立、变更、终止及业务范围；审查高级管理人员任职资格。承办对再保险公司的监管工作。拟定监管规章制度；监控保险公司的资产质量和偿付能力；检查规范市场行为，查处违法违规行为；审核保险公司的设立、变更、终止及业务范围；审查高级管理人员的任职资格。

（七）人身保险监管部。承办对人身保险公司的监管工作。拟定监管规章制度和人身保险精算制度；监控保险公司的资产质量和偿付能力；检查规范市场行为，查处违法违规行为；审核和备案管理保险条款和保险费率；审核保险公司的设立、变更、终止及业务范围；审查高级管理人员任职资格。

(八)保险中介监管部。承办对保险中介机构的监管工作。拟定监管规章制度；检查规范保险中介机构的市场行为，查处违法违规行为；审核保险中介机构的设立、变更、终止及业务范围；审查高级管理人员的任职资格；制订保险中介从业人员基本资格标准。

(九)保险资金运用监管部。承办对保险资金运用的监管工作。拟订监管规章制度；建立保险资金运用风险评价、预警和监控体系；查处违法违规行为；审核保险资金运用机构的设立、变更、终止及业务范围；审查高级管理人员任职资格；拟订保险保障基金管理使用办法，负责保险保障基金的征收与管理。

(十)国际部。承办中国保监会与有关国际组织、有关国家和地区监管机构和保险机构的联系及合作。负责中国保监会的外事管理工作；承办境外保险机构在境内设立保险机构，以及境内保险机构和非保险机构在境外设立保险机构及有关变更事宜的审核工作；承办境外保险机构在境内设立代表处的审核和管理事宜；对境内保险及非保险机构在境外设立的保险机构进行监管。

(十一)法规部。拟订有关保险监管规章制度；起草有关法律和行政法规，提出制定或修改的建议；审核会机关各部门草拟的监管规章；监督、协调有关法律法规的执行；开展保险法律咨询服务，组织法制教育和宣传；承办行政复议和行政应诉工作。

(十二)统计信息部。拟订保险行业统计制度，建立和维护保险行业数据库；负责统一编制全国保险业的数据、报表，抄送中国人民银行，并按照国家有关规定予以公布；负责保险机构统计数据的分析；拟订保险行业信息化标准，建立健全信息安全制度；负责保险行业信息化建设规划与实施；负责建立和维护偿付能力等业务监管信息系统；负责信息设备的建设和管理。

(十三)稽查局。负责拟订各类保险机构违法违规案件调查的规则；组织、协调保险业综合性检查和保险业重大案件调查；负责处理保险业非法集资等专项工作；配合中国人民银行组织实施保险业反洗钱案件检查；调查举报、投诉的违法违规问题，维护保险消费者合法权益；开展案件统计分析、稽查工作交流和考核评估工作。

(十四)人事教育部(党委组织部)。拟订会机关和派出机构人力资源管理的规章制度；承办会机关和派出机构及有关单位的人事管理工作；根据规定，负责有关保险机构领导班子和领导干部的日常管理工作；负责指导本系统党的组织建设和党员教育管理工作；负责会机关及本系统干部培训教育工作；会同有关部门提出对派出机构年度工作业绩的评估意见。

(十五)监察局(纪委)。监督检查本系统贯彻执行国家法律、法规、政策情况；依法依纪查处违反国家法律、法规和政纪的行为；受理对监察对象的检举、控告和申诉。领导本系统监察(纪检)工作。

(十六)党委宣传部(党委统战群工部)。负责本系统党的思想建设和宣传工作；负责思想政治工作和精神文明建设；负责指导和协调本系统统战、群众和知识分子工作。机关党委负责会机关及在京直属单位的党群工作。

（资料来源：保监会官网，http://www.circ.gov.cn./web/siteo/tab 591.）

复习思考题

1. 请回答保险监管的含义及必要性。
2. 保险监管的目标是什么?
3. 请回答保险监管的原则。
4. 保险监管的模式是什么?
5. 保险监管的方式有哪些?
6. 保险监管的方法有哪两个类别?
7. 试述我国保险监管体系存在的问题及可行的对策建议。

第十三章

保险公司财务管理

在保险公司经营管理中，财务管理居于非常重要的地位。保险公司财务是保险公司在进行保险经营活动中所发生的资金结算关系。这种结算关系表现为资金的筹集、运用和分配，反映在保险公司的负债业务、资产业务和所有者权益上。保险公司财务管理是指通过实施具体的财务活动和财务决策、制定财务预算、进行财务分析和控制等措施为各方提供及时有效的信息，避免或防范经营风险，支持并参与经营管理。保险公司财务管理的内容主要包括资本金管理、盈利管理和偿付能力管理等。

第一节　保险责任准备金

一、保险责任准备金的含义

保险公司收到的保险费并不是保险公司的利润，其中绝大部分会在保险事故发生或者约定的期间届至时，赔偿或者给付给被保险人或受益人。因此，为了保证保险公司有能力支付保险金，保险公司必须先期做出相应的资金储备与安排，保险责任准备金就是这样一种为未来的赔偿或者给付预先建立的资金储备。保险责任准备金是保险公司为了承担未到期责任和处理未决赔款而从保险费收入中提存的一种资金准备，由于提存的准备金是由履行保险责任而来，因此称责任准备金。保险责任准备金不是保险公司的营业收入，而是保险公司的负债，保险公司应有与保险责任准备金等值的资产作为后盾，随时准备履行其保险责任。

二、提取责任准备金的原则

根据《保险法》第98条规定，保险公司应当根据保障被保险人利益、保证偿付能力的原则，提取各项责任准备金。据此，提取责任准备金的原则有两个：

(1)保障被保险人利益的原则。保护保险当事人的合法权益，是保险法的立法宗旨，同时也是保险法的重要立法原则之一。被保险人作为保险当事人的重要一方，保障其合法利益是无可争议的。而保障被保险人的利益，最终要体现在保险公司及时、准确地履行其赔付责任。如果保险公司置被保险人的利益于不顾，片面强调公司业务的不断扩大，不真实、足额地提取各项责任准备金，一旦发生赔付责任，保险公司将处于被动，甚至出现无法履行保险合同的局面，对被保险人的利益将是极大的损害。从另一个角度来看，保险公司要求发展，必须以被保险人的信任为基础，争取足够多的投保人，为此保险公司就要有良好的信誉，切实减少被保险人面临的风险损失。如果保险公司没有充足的各项责任准备金作为后盾，就很难及时对被保险人的损失进行赔付。故保险公司必须以保障被保险人利益为原则，提取各项责任准备金。

(2)保证偿付能力的原则。从实质上来讲，这一原则的最终目的也是为了切实保障被保险人的利益。因为要想保障被保险人的利益，保险公司必须要有基本的偿付能力，而保险公司要拥有一定的偿付能力，就必须提取各项责任准备金，以备不时之需，否则保障被保险人的利益也就无从谈起了。

三、非寿险责任准备金

非寿险责任准备金根据其用途可分为未到期责任准备金、未决赔款准备金和总准备金。

(一)未到期责任准备金

未到期责任准备金又称未满期保险费准备金，或未到期风险准备金，是指当年承保业务的保险单中，在下一会计年度有效保单的保险费。之所以会产生未到期责任准备金，其原因在于，保险合同规定的保险责任期限与企业会计年度在时间上不可能完全吻合，因为企业会计年度总是自公历 1 月 1 日起至当年 12 月 31 日止，而保险责任期限却可以发生在任何一个时间点上。因此，在会计年度结算时，必须有期限未届满或虽已收取但应属下一个年度收取的保险费，这一部分保险费即称为未到期责任准备金。例如，某保险公司承保了一家商业企业的财产损失风险，保险费为 11 500 元，保险金额是 180 万元，保险期限从 2012 年 4 月 1 日零时起至 2013 年 3 月 31 日 24 时止。2012 年 12 月 31 日，保险公司需要编制年度会计报表，此时保险事故尚未发生，公司不能将该笔保费(此处暂不考虑保险费中的营业费用开支)全部作为利润来处理。因为保险期限尚未全部结束，在剩余的保险期限中保险人不确定保险事故是否会发生，一旦发生保险事故，而保险费全部以利润方式分配完毕，赔款则失去来源。但毕竟保险公司所承担的责任期已经缩短，保险人已经履行一定的保险责任，因此需要确认部分利润。会计处理上，应预提一部分保险费作为保险人承担未来责任的准备金，其余部分可以作为当期会计利润，此准备金即是未到期责任准备金。未到期责任准备金是在会计年度决算时一次计算提取，提取的计算方法有年平均估算法、季平均估算法、月平均估算法和日平均估算法。

1. 年平均估算法

年平均估算法也称 1/2 法或 50%估算法，该算法假定一年中承保的所有保险单是 365 天逐日开出的，每天开出的保险单数量、保险单金额大体均匀。以保险期限一年为例，其计算公式为

$$\text{未到期责任准备金} = \text{当年自留保险费总额} \times 50\% \tag{13-1}$$

提取当年保险单自留保险费总额的 50%作为准备金的理由：1 月 1 日零时开出的保险单在当年 12 月 31 日 24 时满期，不需要提取准备金；而从 1 月 1 日零时以后每天开出的保险单，则在第二年 1 月 1 日零时以后满期，因此都要提取准备金，最少提取 1 天的准备

金；12 月 31 日零时以后开出的保险单，在下年度的 12 月 30 日 24 时以后满期，需要提取 364 天的准备金。根据这个道理，可以计算提取未到期准备金的平均天数，其计算公式为

$$平均天数=\frac{1+364}{2}=182.5(天) \tag{13-2}$$

182.5 天是 1 年 365 天的一半，此即表明未到期责任准备金是已收保险费的 50%。如前文提及的保险公司当年保险费为 11 500 元，按年平均估算法计算的未到期责任准备金为 5 750 元，计算如下：

$$11\,500\times50\%=5\,750(元)$$

2. 季平均估算法

季平均估算法也称 1/8 法。假定一个季度内，所有承保的保单是 90 天逐日开出的，且保险单数量、保险金额大体均匀。以保险期限 1 年为例，说明 4 个季度应提取的未到期责任准备金的计算方法。按季平均估算未到期责任准备金要考虑两个因素：一是季初到季末签订的保险单，总有半个季度的责任延续到下一年度的同季，占全年 4 个季度的 1/8。二是由于时间的延伸，签订保险单的季度有先有后，则转入下年的延续责任期是不同的。保险人为了使延续责任期间的未了责任有财务保证，必须按照延续责任期间占全年的比例，作为当季转入下年度自留保险费的份额。其计算公式为

$$P_n=A[\frac{1}{4}(n-\frac{1}{2})]=A\times\frac{2n-1}{8} \tag{13-3}$$

其中，P 为本季度提存的未到期责任准备金；n 为时序季度，如第一季度 $n=1$，第二季度 $n=2$，…，第四季度 $n=4$；$n-\frac{1}{2}$ 为本季度签发的保单转入下年度的延续责任(季度数)；A 为本季收入的自留保险费；$\frac{1}{4}$ 为一个季度占全年的比例；$A\times\frac{2n-1}{8}$ 为转下年度的延续责任。以此计算结转下年度自留保险费的份额。

那么，按季平均估算法计算全年的提存未到期责任准备金为

$$\sum P_n = P_1 + P_2 + P_3 + P_4 (n = 1,\cdots,4) \tag{13-4}$$

上例按季平均估算法计算的未到期责任准备金为 4 312.5 元，计算如下：

$$\frac{3}{8}\times11\,500=4\,312.5(元)$$

3. 月平均估算法

月平均估算法也称 1/24 法。假定一个月内，所有承保的保单是 30 天逐日开出的，且保险单数量、保险金额大体均匀。以保险期限 1 年为例，说明 12 个月度应提取的未到期责任准备金的计算方法。按月平均估算未到期责任准备金要考虑两个因素，基本同按季估算法，不再赘述。其计算公式为

$$P_n=A[\frac{1}{12}(n-\frac{1}{2})]=A\times\frac{2n-1}{24} \tag{13-5}$$

其中，P 表示本月提存的未到期责任准备金；n 表示时序月份，如第 1 个月 $n=1$，第 2 个月 $n=2$，…，第 12 个月 $n=12$；$n-\frac{1}{2}$ 表示本月签发的保单转入下年度的延续责任(月

数）；A 表示本月收入的自留保险费；$\frac{1}{12}$表示一个月占全年的比例；$A\times\frac{2n-1}{24}$表示转下年度的延续责任。

依此计算结转下年度自留保险费的份额。那么，按月平均估算法计算全年的提存未到期责任准备金为

$$\sum P_n = P_1 + P_2 + \cdots + P_{12} (n = 1, \cdots, 12) \tag{13-6}$$

上例按月平均估算法计算的未到期责任准备金为 3 354.17 元，计算如下：

$$\frac{7}{24}\times 11\ 500 = 3\ 354.17(\text{元})$$

4. 日平均估算法

日平均估算法是按天提取准备金，即根据每天的保费收入计提未到期责任准备金。对于 12 月 31 日取得的保费，它认为下年要承担 364 天的责任，因此需提取当天保费的 364/365；对 12 月 30 日取得的保费，则提取当天保费的 363/365，依此类推。

上例中，保险公司尚未完成保险责任的天数是 90 天(365 天－275 天)，这样，该笔保险业务的未到期责任准备金就应该提取 2 835.62 元，计算如下：

$$\frac{90}{365}\times 11\ 500 = 2\ 835.62(\text{元})$$

可以看出，不同方法下，对未到期责任准备金提取的金额可能存在差异。这种差异存在的原因是保险公司取得保单的金额和时间不均匀。由于现实中保险公司取得保费肯定是不均匀的，运用不同方法提取的金额可能存在较大差异。假定一年中，保费逐日增加，此时按照 1/2 法计提的准备金会远远小于按照 1/365 法计提的金额。各种方法中，1/365 法按照天数进行提取，最接近或符合公司实际经营情况，提取金额最为准确，1/24 法、1/8 法次之，1/2 法最不准确。由于提取准备金构成当年的成本，提取金额的多少，又会影响到相应险种的损益和财务结果。

（二）未决赔款准备金

未决赔款准备金又称赔款准备金，是指保险公司在会计年度决算以前发生保险责任而未赔偿或未给付保险金，在当年收入的保险费中提取的资金。未决赔款准备金不是保险公司的营业收入而是保险公司的负债。提取未决赔款准备金的目的在于保证保险公司承担将来的赔偿责任或给付责任，切实保护被保险人及其受益人的权益。未决赔款准备金具有以下三个特点：一是未决赔款一般是以保险金形式支付给被保险人或受益人，是确定的，因为未决赔款准备金提取时保险事故已经发生，其支付只是时间迟早的问题。二是未决赔款准备金一般全部转化为保险金。三是未决赔款准备金的提取方法比较单一，即按照已经提出的保险赔偿或者给付金额，以及已经发生保险事故但尚未提出的保险赔偿或者给付金额，从当年的自留保险费中足额或者基本足额提取。未决赔款准备金对非寿险公司来说是最为重要的负债项目之一，如何科学准确地对其进行估算具有非常重要的意义。未决赔款准备金通常有以下几种估计方法：

(1)逐案估计法。逐案估计法(case-by-case estimating method)是理赔人员对已经报告的全部赔案进行逐案分析判断，做出每案赔款额的估计数，然后汇总得出总的未决赔款估

计数。其基本思想是：检查赔偿案件的登记表，由理赔人员对尚未解决的案件进行分析，估计每案的赔款额，加上少数尚未报告的赔偿案件的估计金额，汇总即得未决赔款准备金数额，然后加以适当的修正。此方法几乎完全凭估算人的主观判断，且耗时费力，工作量大。

(2)保费比例法。保费比例法是按照本年度保费总收入的一定比例来估算未决赔款。据了解，目前国内只有个别保险公司采用这一办法，提取比例大概是本年度保费收入的10%左右。用保费比例法的优点是简洁、明了，但缺少科学依据，可靠性较差。

(3)平均估算法。平均估算法是指依据保险公司的历史数据计算出每案赔款额的平均数，再根据对将来赔付金额变动趋势的预测加以修正。这一方法不依据个人主观判断，适用于索赔案多但索赔金额不大的保险业务，这些待决案件的金额大体相同，或其金额有大体相当的配比率，如汽车车身保险。但平均价值法将赔款的持续时间计算在内，所得平均赔付额随赔款持续时间的变化而变化，因而此法不适合理赔延迟时间较长的险种。

(4)赔付率法。赔付率法用该类保险所假定的赔款率来计算最终赔付数额，未决赔款额是从预计的最终赔付额中扣除已支付赔款和相关理赔费用后得出的。例如，汽车车体责任保险，实践中一般用60%的估计赔付率，最终赔付额是满期保费的60%，再减去已付的赔款及理赔费用的余额，即为未决赔款准备金。这一方法的优点在于简单易用，但除了事故数量很大的公司和健康保险之外，并未得到广泛使用，因为使用的赔付率往往基于过去的经验，它未必与当前的赔付率一致。

(5)链梯法。链梯法与平均估算法非常接近，它是在流量三角形(run-off triangle)的基础上最早发展起来的一种方法，它依据流量三角形中的各列的比例关系来外推预测未来索赔数据的值。保险公司将索赔数据，如赔付额、索赔次数和逐案估计值等，按照保险事故发生的年度和赔付额支出的年度进行交叉排列，组成三角形的格式，此表格被称为流量三角形。流量三角形从左下角到右上角的对角线上的元素代表在每一日历年度的赔付额。而链梯法假设各事故年的赔案支出延迟大体是相同的，从而可以根据过去各事故年不同延迟阶段的累积赔款之间的平均比率和迄今为止的累积赔款数据估计出最终赔付额，再减去已作赔付即可得出未决赔款。链梯法计算简单方便，但是当存在通货膨胀、未满期保险责任组成变化、结算率变化以及法律规定变化等情况时，往往会对估计结果有很大影响，从而造成有偏估计。

(三)总准备金

总准备金又称自由准备金，是用来满足风险损失超过损失期望以上部分的责任准备金。总准备金是保险人从决算后的利润中按一定比例提取并逐年积累，用以应付巨大赔款时弥补亏损的资金，它是保险公司支付赔款的最根本保证。保险公司的资本越大，承受亏损的能力就越强，其偿付能力也越强。设置总准备金，既是保持保险人业务经营稳定和组织经济补偿的需要，也是巨型灾害和特大事故的发生在年度间不平衡的必然结果。总准备金的计算公式为

$$\text{总准备金}=\text{当年实现的利润}-\text{当年所得税}-\text{调节税}-\text{利润留成} \tag{13-7}$$

四、寿险责任准备金

寿险责任准备金是指保险公司为履行今后保险给付的资金准备。人寿保险责任准备金

适用于长期性人寿保险业务，它来源于当年收入纯保险费及利息与当年给付保险金的差数。人寿保险责任准备金可分为理论责任准备金与实际责任准备金。

（一）理论责任准备金

理论责任准备金是保险人按照死亡率和利息率计算的纯保险费收入和利息收入之和与保险人承担的当年风险责任之差。对年缴均衡纯保费的人寿保险业务的具体计算方法有两种。

(1)过去法。过去法也称已缴保费推算法，是指以生命表和设定的利率为依据，计算合同在过去的保险期间中全部已收纯保费的复利终值减去全部已给付保险金的复利终值，所得余额就是当年应提取的理论责任准备金。

(2)未来法。未来法也叫未缴保费推算法，是指以生命表和设定的利率为依据，计算合同在剩余的保险期间未收的保险费的现值与同期保险人应承担给付保险金的现值之差，这个差额就是该会计年度应当提留的理论责任准备金。

（二）实际责任准备金

理论责任准备金只涉及纯保险费与保险赔偿、给付金额之间的关系，在现实经济生活中还涉及保险公司经营保险业务的各种费用问题。实际责任准备金是在理论责任准备金的基础上，考虑到经营费用后的责任准备金。实际责任准备金的计算方法有两种。

(1)一年定期法。一年定期法即把保险期间的第一年视为定期死亡保险，完全不提取责任准备金，责任准备金的提取是从第二年开始。这种方法实际上是将一张保单视为两张保单的组合，一张为一年定期死亡保险，另一张为增加一岁的同样保单，相当于把第一年保费的余额全部充作营业费用。

(2)扣除一定数额法。扣除一定数额法即在保险开始的第一年，从保险费收入中扣除用于支付营业费的必要数额，剩余部分留作责任准备金，以后逐年减少这种扣除额。全部扣除既可以在保险缴费期末结束，也可以在期中结束，但都要在整个期间分摊营业费用，在保险合同终了时，实际提留的责任准备金要等于理论的责任准备金。

总之，不管哪种方法，每张保单在期满之前，各年的实际责任准备金与理论责任准备金的数额不同，实际提存的准备金要小于理论责任准备金。两者的差额随时间的延长逐渐缩小，一直到规定的时间，两者的差额缩小至零。实际责任准备金和理论责任准备金于保险期间的哪一刻达到一致，因交费方式、缴费期长短和实际责任准备金的计算方法的不同而不同，但到保单期满时，无论如何，二者的数额必须相等。只有这样，才能保证保险人能够充分履行自己的结付义务。人寿保险责任准备金是投保人存放在保险公司的资金，投保人在保险期内退保或变更保险合同，保险人应根据当时实际责任准备金的数额确定投保人应享有的权利。由于人身保险与财产保险在经营技术上的不同，寿险责任准备金必须单独留存。

第二节　保险公司盈利管理

一、保险公司盈利模式的特点

保险作为一种制度安排，以风险为经营对象，为人们提供特定的风险保障，实现风险转移，同时具备储蓄功能。保险公司作为一个营利性组织，财务管理也以追求价值最大化为目标，但由于保险公司是一种经营风险的特殊行业，其盈利模式与一般工商企业相比有其特殊性。

(1)更注重安全性。保险公司的经营对象是风险，因此比一般企业要更注重安全性。保险公司在经营过程中，通常是预收保费，在保险责任发生或终了时按照事先约定的保额给付保险金或赔偿金，因此保险经营是典型的负债经营。若其经营不善，不仅会倒闭破产，而且会侵害被保险人或受益人的利益，甚至会诱发社会不稳定。

(2)更注重营销和服务。保险产品不是消费者的生活必需商品，对于经济发展水平相对落后的发展中国家人们很少主动购买保险产品，这就使得营销活动在整个保险的经营和盈利模式中起着举足轻重的作用。同时，保险产品不是一种有形物品，其价值体现在一个长期的服务过程中，因而保险公司必须比一般企业更加注重服务质量，尤其是保单签发后的保全、理赔服务。

(3)成本核算估计性。成本核算建立在估计的基础上。首先，由于保险公司是负债经营，因此保险公司的利润确定与一般企业有所不同，保险公司的经营成本不可能像其他商品经营一样，在售出后即可迅速结清，保险公司在售出保单后相当长的时期内，都不能及时结清。其次，由于风险的不确定性，保险公司的成本只能靠一定的数理估计，具有不确定性，保险公司现阶段的盈利，可能就是以后的成本，费率与成本的关系不够密切。

二、保险公司盈利及其来源

保险公司的利润表不能反映利润形成的原因，必须找到保险盈余的根源，有目的地分析影响保险公司获利的因素，控制和管理各种风险。对保险公司利润渠道的分析就是利源分析。通过利源分析，保险公司可以明确其利润贡献的主要来源，有助于制定公司的业务发展战略。利源分析也是分红保险业务发展的需要，因为分红基础即是根据利源分析结果进行分红的。

(一)寿险业务利源分析

1. 传统寿险业务的利润来源

传统寿险业务的利源主要包括死差损益、费差损益及利差损益。死差益为寿险产品按照预定死亡率收到的保费足够支付实际的死亡成本，反之，当不足以支付实际死亡成本时就形成死差损。

$$死差益=(预定死亡率-实际死亡率)\times 风险保额 \tag{13-8}$$

寿险中被保险人实际所获得的保障，并非保险金额而是风险保额，是实际的保险金额扣除责任准备金的余额。在一般的两全保险和终身保险中，责任准备金是随着保单年度的增加而递增的，故风险保额随着年度的增加而减少，满期时则接近于零。因此，死差益随着年度的增加而减少，至满期时则为最少。实际经营管理中，为确保死差益的获得，应加强核保环节，重视被保险人的风险选择，尽量避免逆选择的发生。费差益为保费中扣除用于准备金积累部分后的额度与实际费用之间的差额，其中，保费中扣除用于准备金积累部分后的额度称为预定费用，当预定费用超过实际费用时产生费差益，反之则为费差损。这里的费用包括佣金手续费和业务及管理费。

费差益=(预定费用率－实际费用率)×保险费　　(13-9)

通常，寿险保单在首年度由于大量获得费用会产生费差损，往后随着费用的减少，有效保单的积累，会产生费差益。在保险市场竞争日趋激烈的今天，为了提高费差盈余的比重，可以采取提高产能、提升继续率、增加保费收入和控制各环节费用，使产品定价费用尽可能合理等措施。利差益是指当实际收益率高于预定收益率时，则产生利差益。这里的预定收益率是指保单负债评估中用到的评估利率。

利差益=(实际收益率－预定收益率)×责任准备金总额　　(13-10)

责任准备金是寿险公司的主要资金来源，由式(13-10)可知，利差与责任准备金具有比例关系，为确保利差益的获得，经营上应加强资金运用，提高业务继续率。除此之外，还需要在总体上对寿险资产进行行之有效的管理，在现有的投资条件限制下，根据负债结构，科学、合理配置好投资资产，使投资资产在风险约束下的投资收益最大化。但在管理、运营投资资产时还必须注意防范业务风险、信用风险、流动性风险、利率风险以及资产与负债匹配风险。

2. 寿险公司利源分析实例

【例 13-1】 35 岁投保 5 年期定期死亡保险 10 000 元，年缴纯保费 388 元(预定利率 6%)。表 13-1 列示的是该险种的基本情况表，表 13-2 是假定实际利率为 7%时该险种的利差益分析，表 13-3 是在实际死亡人数与预计死亡人数不一致的情况下该险种的死差损益分析。

表 13-1　5 年期定期死亡保险基本情况表

年龄/岁	平准保费/元	年初人数/人	保费收入/元	上年度末基金/元	死亡人数/人	保险给付/元	本年度基金预计额/元
	①	②	③=①×②	④	⑤	⑥=⑤×10 000	⑦=(③+④)×1.06－⑥
35	388	100	38 800	0	2	20 000	21 128
36	388	98	38 024	21 128	3	30 000	32 701
37	388	95	36 860	32 701	4	40 000	33 735
38	388	91	35 308	33 735	5	50 000	23 186
39	388	86	33 368	23 186	6	60 000	0

表 13-2　5 年期定期死亡保险利差损益分析表(实际利率 7%)

年龄/岁	平准保费/元	年初人数/人	保费收入/元	上年度末基金/元	死亡人数/人	保险给付/元	本年度基金预计额/元	本年度基金实际额/元	当前利差损益/元
	①	②	③=①×②	④	⑤	⑥=⑤×10 000	⑦=(③+④)×1.06－⑥	⑧=(③+④)×1.07－⑥	
35	388	100	38 800	0	2	20 000	21 128	21 516	388
36	388	98	38 024	21 128	3	30 000	32 701	33 293	592
37	388	95	36 860	32 701	4	40 000	33 735	34 430	695
38	388	91	35 308	33 735	5	50 000	23 186	23 876	690
39	388	86	33 368	23 186	6	60 000	0	513	513

表 13-3　5 年期定期死亡保险死差损益分析表

年龄/岁	平准保费/元	年初人数/人	保费收入/元	上年度末基金/元	死亡人数/人	保险给付/元	本年度基金预计额/元	本年度基金实际额/元	当前死差损益/元
	①	②	③=①×②	④	⑤	⑥=⑤×10 000	按预定基础测算	⑦=(③+④)×1.06−⑥	
35	388	100	38 800	0	1	10 000	21 128	31 128	10 000
36	388	99	38 412	21 128	4	40 000	32 701	23 112	−9 589
37	388	95	36 860	32 701	3	30 000	33 735	43 735	10 000
38	388	92	35 696	33 735	6	60 000	23 186	13 597	−9 589
39	388	86	33 368	23 186	5	50 000	0	9 947	9 947

(二)产险业务利源分析

相对于寿险业的“三差”，产险公司利源的不确定性更大。由于市场竞争的激烈、产品的可比性等多方面的原因，目前产险公司的盈利来源主要依赖于投资利差，而费差以及边际利润组合在一起的承保利润不确定性太大。可能在某些公司某些产品类型存在承保利润，但是对整个行业而言，承保利润为负的现象比较普遍。本书以下使用杜邦分析法分析财产保险公司的利润来源。

杜邦分析法利用几种主要的财务比率之间的关系来综合地分析企业的财务状况，这种分析方法最早由美国杜邦公司使用，故名杜邦分析法。杜邦分析法的基本思想是将企业净资产收益率(return on equity，ROE)逐级分解为多项财务比率乘积，这样有助于深入分析比较企业经营业绩。杜邦分析法下，ROE 的计算公式如下：

$$\mathrm{ROE}=\frac{净利润}{所有者权益} \tag{13-11}$$

进一步分解，有

$$\mathrm{ROE}=\frac{净利润}{销售收入}\times\frac{销售收入}{总资产}\times\frac{总资产}{所有者权益} \tag{13-12}$$

$$\mathrm{ROE}=销售利润率\times资产周转率\times权益乘数 \tag{13-13}$$

这三个比率反映了企业盈利的结构，通过分析其结构变化，可以发现制约利润增长的因素，从而制定相应的策略。杜邦分析法最初在制造业中被广泛应用，后来美国学者巴里・D. 史密斯(Barry D. Smith)根据财产保险公司的经营特点，对杜邦财务分析体系进行了调整，得到以下公式：

$$\mathrm{ROE}=\frac{承保收益+投资收益}{保费收入}\times\frac{保费收入}{总资产}\times\frac{总资产}{所有者权益} \tag{13-14}$$

进一步分解，有

$$\mathrm{ROE}=\left(\frac{承保收益}{保费收入}+\frac{投资收益}{总资产}\times\frac{总资产}{保费收入}\right)\times\frac{保费收入}{所有者权益} \tag{13-15}$$

$$\mathrm{ROE}=(承保收益率+投资收益率)\times投资收益系数\times肯尼系数 \tag{13-16}$$

史密斯将公式中的四个比率的含义进行了详细解释，并且指出了其对财产保险公司财务分析的重要意义。承保收益率为承保收益与保费收入的比率，反映财产保险公司承保业务的盈利情况；投资收益率是投资收益与总资产的比率，反映财产保险公司在资金运用方面的盈利能力，史密斯以总资产作为基数，因而这个投资收益率与基于可投资资产计算的投资收益率有所区别；投资收益系数反映公司的总资产相比于保费账的规模，该系数越大，表示保险公司积累的资产规模相对越大，公司投资业务操作对公司整体盈利能力的影响越大，而承保收益对公司整体盈利的影响相对越小①；肯尼系数即保费收入与所有者权益比率，这个比率是一个指示偿付能力风险的指标，国际上对该系数的要求并不一致。在美国由于监管较为严格，一般要求该系数在3左右，而欧盟认为6～8也属于比较合理的范围。该系数对保险公司经营成果具有放大效应。

（三）影响保险公司利润来源的因素

(1)资金运用。在成熟保险市场上，保险资金运用业务对保险公司的发展具有重要作用：一是提高股东资本金的收益率。股东投资于保险公司的资本形成资本金，资本金的资金成本则是股东要求的投资回报率。资本金超出最低偿付能力额度的部分为自有资产，这部分资本可以承担更多的风险，实现更多的利润以增大股东权益。同时，只有有效地投资，才能缓解不断增大的保费收入形成的资金成本带来的压力。二是壮大保险公司的偿付能力。高效的保险资金运用，能够带来更高的利润收益。随着资金收益的增加、利润基础的扩大，税后利润固定比例的公积金计提也会不断扩大，所以资金运用收益是保险公积金积累的重要间接来源。因为公司的偿付能力主要来自于公司的自有资本和公积金，故有效的保险资金运用能够增强保险公司的偿付能力。三是降低费率，提高市场竞争力。保险资金的有效运用，相应地带来更多的投资回报，扩大保险基金规模，从而使保险公司有条件降低费率。保险费率的降低，会增加保险需求，吸收更多的保费收入，从而有更多的资金运用，最终形成良性循环。

(2)承保业务。承保业务的好坏直接关系到保险公司的经营利润。由于各国经济发展水平、保险发展的程度不同，各国保险公司的保险利润方面必然有较大差异。一是承保业务对保险公司的经营业绩起着重要作用。承保业务在欧洲和亚洲地区对保险公司利润有较大的贡献，我国保险公司在承保业务上做得不够，这与我国保险公司一直采取粗放型的低水平经营战略不无关系。在谈及国外保险公司的投资业务对保险公司的最终利润所发挥的莫大作用时，不应该忽视其承保业务的重大贡献。二是保险资金运用业务对国外保险业的发展发挥了重要作用，但不能盲目夸大，如果资金业务经营不善，会影响保险公司的最终利润水平。即使在投资业务相当发达的欧美地区，也有相当一批保险公司取得不错的承保利润。

(3)成本费用。保险公司的成本是指保险公司为提供劳务和产品而发生的各种耗费。保险公司在从事业务经营活动中，不仅大量吸收资金而相应地支付利息，而且还要支付业务经营和管理人员的工资等费用，同时耗费一定的物品，所有这些耗费用的货币价值都构成成本。目前，我国保险公司单纯成本费用控制得较好，但综合赔付率、综合费用率较高，导致综合业务成本率较高，其盈利能力较低。

(4)偿付能力。偿付能力是指保险公司偿付债务的能力，它表示企业资产与负债之间

① 某些情况下公司通过投资操作也可实现资产在某一时点被多倍放大。

的一种关系。保险公司偿付能力的经济内容表现为一定时期内企业资产负债表中的资产同未决负债之间的差额，一般由资本金、总准备金与未分配盈余之和来代表。资本金、总准备金和未分配盈余构成保险公司的偿付准备金，偿付准备金的增减体现着偿付能力的消长。如果保险期间的实际索赔总是与索赔期望相等，那么保险公司只要将总资产维持在与保险责任准备金相等的规模上，就足以偿付全部债务。但是，如果保险公司偿付能力不足，势必影响到保险公司经营的稳定、长远发展，甚至影响保险公司的利润稳定。从另一个角度来说，偿付能力表现为保险公司自有资本或股本，保险公司可以据此提高在承保业务上的竞争力，甚至可以牺牲暂时的利润而换取长远的市场优势；也可以利用这些接近零成本的资金进行投资运用，提高利润。因此，我们分析保险公司的偿付能力非常重要。

三、保险公司成本费用管理

（一）保险公司成本费用的概念和内容

保险公司成本费用是指保险公司在销售保险商品、提供与之相关的各种服务等日常业务中所发生的各种耗费，以及虽不具有劳动耗费性质，但是与开展保险业务密切相关的各项必要开支。保险公司的成本费用是保险公司利润的重要影响因素。

(1)寿险成本。寿险公司的成本费用包括残余医疗给付、满期给付、年金给付、退保金、赔款支出、手续费支出、佣金支出、寿险责任准备金提转差、未决赔款准备金提转差、未到期责任准备金提转差、长期责任准备金提转差、提取保险保障基金以及营业税金及附加等。

(2)非寿险成本。非寿险公司的成本包括赔款支出、手续费支出、未决赔款准备金提转差、未到期责任准备金提转差、长期责任准备金提转差、提取保险保障基金以及营业税金及附加等。

(3)营业费用。保险公司的营业费用主要包括业务宣传费、业务执行费、职工工资、差旅费、会议费等。需要提取贷款呆账准备金和投资风险准备金的保险公司，其营业费用还包括提取的这些准备金。

（二）保险公司的各类成本费用

1. 赔付成本

(1)寿险公司的保险金给付成本。寿险业务保险金的给付是寿险公司对被保险人在保险满期或在保险期中支付的保险金。按照寿险业务的性质可将寿险保险金的给付分为满期给付、死伤医疗给付和年金给付。给付保险金是寿险公司业务经营的重要组成部分，也是其最主要的成本支出。保险金给付成本时点的确认一般来说有两种，即理赔时确认和给付时确认。第一种方法遵循权责发生制原则，同时可以随时反映损益，不过也存在“应付给付”账户销账的麻烦。第二种方法是现金收付制原则的应用，虽然没有“应付给付”销账的麻烦，但其无法及时反映损益。目前保险公司实务中多采取并用方式，即平时并不注意损益的反映，除了赔案频繁的险种采用第一种方法外，其余多采用第二种方法。

(2)非寿险公司的保险赔偿成本。非寿险业务保险金的赔偿是指保险公司对被保险人在保险合同期限内发生保险事故时按保险合同规定赔偿给被保险人的保险金。根据保险理赔程序，在调查后保险双方达成在保险责任范围内的有关保险金赔偿额的协议时，保险人的赔偿责任才正式成立，也就是说，应在此时确认保险赔偿成本。因此，保险公司在处理各种理赔案件过程中按照保险合同约定预先支付的赔款在支付时不能确认为成本，而是作为预付赔款，待保险人的赔偿责任正式成立后再转为赔款支出。非寿险的保险金计量与人寿保险不同。财产保险虽然也有保险金额的约定，但须以保险价值为限。因此，保险公司应确定所得财产的损失额，并根据保险金额计算出赔偿额，据此支付保险赔款。此外，确定保险赔款时还需考虑以下因素：①必要、合理的施救费用。施救费用的赔偿应以保险金额为限，在保险标的损失外另行计算。若受损保险标的按比例赔偿，则施救费用也应按相同的比例进行赔偿。②残值处理。残值是指保险财产受损后尚有残留的部分经济价值，残值经协议作价后归被保险人所有，保险公司可在扣除残值后支付赔款。③重复保险的处理。受损财产若存在重复保险情况，保险公司应按其承保的保险金额占所有重复保险金额之和的比例承担赔偿责任。④代位追偿。因第三者对保险标的的损害造成保险事故的，保险公司自向被保险人赔偿之日起，在赔偿金额范围内代位行使被保险人对第三者请求赔偿的权利。

2. 责任准备金的提转差

责任准备金是保险公司为了承担因承担保险业务而引起的将来负债或已有负债而提存的基金。责任准备金是保险公司的一项重要负债，其产生是基于保险经营的特殊性。保险公司一般先收取保险费，待出现保险合同约定的事项后再承担保险赔付责任，因此保险公司要设置一定的储备基金以应付未来的保险责任。这说明了保险费的交付期限与保险责任的期限不一致的情况。此外，由于还存在均衡保费、储蓄保费、趸缴保费等因素，保险公司必须提取责任准备金以按照权责发生制正确核算损益。保险公司一般在期末提存责任准备金，提存数根据一定方法计算得出，同时转回上期提存的责任准备金，两者之间的差额，即责任准备金的提转差，构成保险公司的一项成本支出。

寿险公司根据保险业务的期限将准备金分为长期险责任准备金和短期险责任准备金，其中长期险责任准备金包括寿险责任准备金和长期健康险责任准备金；短期险责任准备金包括未到期责任准备金和未决赔款准备金。因此构成寿险公司成本支出的准备金提转差包括寿险责任准备金提转差、长期健康险责任准备金提转差、未到期责任准备金提转差以及未决赔款准备金提转差。

非寿险公司提存的准备金包括未决赔款准备金、未到期责任准备金和总准备金。因此构成非寿险公司成本支出的准备金提转差包括未决赔款准备金提转差、未到期责任准备金提转差以及总准备金提转差。

3. 其他成本

保险赔付是保险公司最主要的成本支出，除了保险赔付和责任准备金提转差外，保险公司的其他成本还包括退保金、手续费及佣金支出、营业税金及附加、提取保险保障基金和道路交通事故社会救助基金等。

(1)退保金。退保金多发生在人寿保险中，人寿保险业务是长期险业务，由于各种原因，会出现退保的情况。在被保险人退保时，保险公司向其支付的款项就是退保金。一般来说，退保金应等于所缴保险费减去保险成本以及处理保单发生的所有费用后的余额，即保险公司对申请退保的被保险人按合同约定退还保单的现金价值。

(2)手续费及佣金支出。其包括：①手续费支出。手续费支出是指保险公司向受其委托并在其授权范围内代为办理保险业务的保险代理人支付的代理手续费。《保险公司财务制度》规定，手续费支付比例不得超过实收保费的8%。由于收取保费的方式不同，手续费的支付方式也是不同的，即存在一次性支付手续费和分期支付手续费的情况。②佣金支出。佣金支出是指保险公司向专门推销寿险个人营销业务的个人代理人支付的佣金。已支付佣金的营销业务不得再支付代理手续费。根据《保险公司财务制度》的规定，佣金支出比例不得超过实收保费的5%，根据收取保费的方式不同，佣金的支付方式也不同。需要说明的是，此处的佣金与《保险法》中的佣金含义有所不同。《保险法》规定向保险代理人支付的费用为手续费，向保险经纪人支付的费用为佣金。

(3)营业税金及附加。营业税金及附加包括营业税、城市维护建设税和教育费附加。保险公司的保费收入按规定要缴纳营业税，并在缴纳营业税的基础上，以营业税为计税依据，计算缴纳城市维护建设税和教育费附加。

$$保险公司应纳营业税税额=应纳税保费收入\times营业税税率 \tag{13-17}$$

$$保险公司应纳城市维护建设税=应纳营业税税额\times适用税率 \tag{13-18}$$

$$保险公司应交教育费附加=应纳营业税税额\times教育费附加计征率 \tag{13-19}$$

(4)提取保险保障基金。保险保障基金是保险公司依法提取并由保险监督管理部门集中管理、统筹使用的基金。保险保障基金仅当保险公司在保险期间经营不善，发生财务及经营困难时，才能动用。例如，保险公司因失去偿付能力而进行破产清算或遭受巨灾风险致使多家保险公司发生巨额赔款而危及保险公司生存、保险行业信誉和全社会稳定时动用，其设立相当于为保险公司和保险行业的发展开办了“保险”。

2007年10月，国务院批准成立中国保险保障基金有限责任公司，负责保险保障基金的筹集、管理和使用。为适应保险保障基金管理体制改革的需要，同时，根据保险业迅速发展的新形势，中国保监会与财政部、中国人民银行等单位联合发布《保险保障基金管理办法》(简称《办法》)，规范保险基金的缴纳和使用。

根据《办法》规定，保险保障基金的缴纳比例为：非投资型财产保险按照保费收入的0.8%缴纳；投资型财产保险，有保证收益的，按照业务收入的0.08%缴纳，无保证收益的，按照业务收入的0.05%缴纳；有保证收益的人寿保险按照业务收入的0.15%缴纳，无保证收益的人寿保险按照业务收入的0.05%缴纳；短期健康保险按照保费收入的0.8%缴纳，长期健康保险按照保费收入的0.15%缴纳；非投资型意外伤害保险按照保费收入的0.8%缴纳，投资型意外伤害保险，有保证收益的，按照业务收入的0.08%缴纳，无保证收益的，按照业务收入的0.05%缴纳。

《办法》也明确了不需缴纳保险保障基金的业务范围：一是明确将由国务院确定的国家财政承担最终风险的政策性业务排除在保险保障基金的覆盖范围之外；二是将保险公司从事的企业年金受托人、账户管理人等企业年金管理业务排除在保险保障基金的救助范围之外，有关业务也不缴纳保险保障基金。这是由于企业年金业务是保险公司的受托管理业务，其风险和收益完全由委托人承担，无需保险保障基金进行救助。

(5)道路交通事故社会救助基金。道路交通事故社会救助基金，是指依法筹集用于垫付机动车道路交通事故中受害人人身伤亡的丧葬费用、部分或者全部抢救费用的社会专项基金。道路交通事故社会救助基金是经营机动车交通事故责任强制保险的财产保险公司所特有的成本。根据财政部和中国保监会联合下发的《关于从机动车交通事故责任强制保险保费收入中提取道路交通事故社会救助基金有关问题的通知》规定，自2010年起，道路交通事故社会救助基金按照交强险保费的2%提取，并规定各保险机构应在每季度结束后10个工作日内，通过银行转账方式将应提取的救助基金全额转入省级救助基金特设账户。

第三节　保险公司偿付能力管理

一、偿付能力管理概述

（一）偿付能力的含义

偿付能力（solvency）是指企业偿还债务的能力，具体表现为企业是否有足够的资产来抵偿其负债。保险公司偿付能力是指保险公司对所承担保险责任的经济补偿能力。保险公司是专门经营风险的特殊行业，通过集中起来的保险费建立保险基金，用于补偿或给付因自然灾害、意外事故或约定保险事件发生后被保险人的损失。从资产负债表上看，保险公司的负债主要包含未到期责任准备金和赔款准备金，二者合称为技术准备金。保险公司保险技术准备金的目的是为了应付未来的赔款和给付，保险技术准备金的基础是对损失或给付的期望。如果保险期间的实际赔款和给付总是等于损失或给付期望，则保险公司将总资产维持在与保险责任准备金相符的规模上就足以偿付全部债务。但实际上，由于承保风险、财务风险、理赔风险、资金运用风险等的存在，赔款和给付是经常偏离损失和给付期望的。因此对保险公司来说，当技术准备金不足时，必须具有经济补偿能力，需要在总资产和总负债之间保持一个足够大的容量，以应付可能发生的实际索赔大于索赔期望时的赔偿和给付责任。

（二）偿付能力的种类

偿付能力可分为法定偿付能力、实际偿付能力和最低偿付能力。法定偿付能力是保险监督管理机构规定的保险公司必须具备的最低偿付能力。实际偿付能力是指保险公司实际具备的偿付能力，是其会计年度末实际资产减去实际负债的差额，即实际资本。最低偿付能力是保险公司为了承担对保险客户所负的责任，从理论上讲应当保持的最低偿付能力，是保险监管机构规定的保险公司必须具备的最低资本。

最低偿付能力必须达到或超过法定偿付能力标准，如果公司的最低偿付能力低于法定偿付能力，表明该公司处于不良偿付状态，保险监督管理机构应对此进行干预，令其追加资本或限制业务规模直到达到法定标准；法定偿付能力是通过一个较长的时期，权衡各方面因素，尤其在充分考虑最低偿付能力基础上的综合性指标，是适用于众多公司的标准；最低偿付能力是运用数理科学得出的比较精确的理论结果，在一定程度上提示偿付能力的内在规律性。当实际偿付能力达到法定偿付能力标准，表示保险公司具有偿付能力，但不一定表示其财务稳定，只有具体分析其最低偿付能力边际，才有可能比较精确地深入到问题的实质，故测算最低偿付能力是偿付能力管理的基础。一个企业的偿付能力不是固定不变的，企业可以通过增加总准备金积累来提高实际偿付能力标准。但是，这一对策的实施将面临两个困难，一是筹措资金的困难，二是可能降低公司竞争力。一般来说，偿付能力过高将导致低效率，这是因为公司资金使用受到限制，选取很高的实际偿付能力标准是不现实的。

二、影响偿付能力的一般风险因素

保险行业是一个资产负债率较高的行业，其资产负债率一般在70%以上。这在于保险是用提前收取保费的现金流流入来应付未来不确定给付的现金流流出，正是由于这种资产确认在前，负债偿还在后的特殊经营方式带来了财务上偿付能力可能不足的风险。偿付能力代表保险公司资产和负债之间的差额，因此影响偿付能力的风险因素主要包括以下几个方面。

（一）资产风险

国外保险公司的赔付率通常高达70%，甚至更高，而且由于竞争激烈，保险费率被压低，保险公司只能通过投资和各种金融衍生工具弥补保险业务的亏损，用投资业务的高利润去弥补承保业务的亏损。因此保险资产和保险偿付能力有着紧密的联系，资产风险是首先需要关注的影响偿付能力的第一因素。

(1)信用风险。保险公司资产的信用风险主要体现在两个方面：其一是面临投资对象的风险，如债券发行人经营状况恶化或故意违约导致公司无法按期收回本金和利息的风险；其二是各种应收预付款无法按期足额收回，如应收保费、应收分保账款等资产项目由于债务人违约而无法收兑入账，这将直接造成资产的永久性损失。

(2)流动性风险。流动性风险是指由于面临到期支付时持有的资产流动性差和对外融资枯竭而造成损失或破产的可能性。流动性强的资产，一般具有完善的二级市场，可以随时出售；流动性差的资产由于没有完善的二级市场，不太容易交易转让，要降低价格进行交易，从而造成损失。对于保险公司，绝大部分负债是按需要来支付的，而绝大多数资产是长期性的，保险公司必须保证在每一个时点上资产收益和保费收入的现金流足以满足当时的赔付以及各项费用的现金支出，即现金流匹配。如果资金的利用比例太高，资金的流动性则较差，不能满足索赔波动带来的赔付需要。尤其是当有巨额的支付要求时，若资产不能以足够快的速度变现来满足支付负债的现金流要求，则会出现偿付能力危机。

(3)市场风险。市场风险是指由于利率、汇率、权益价格和商品价格等市场价格的不利变动而造成的损失以及由于重大危机造成业务收入无法弥补费用的可能性。市场风险影响保险市场需求量、需求类型、保险公司资金运用决策及运用绩效，市场风险又可以分为利率风险、汇率风险和权益风险。

（二）负债风险

1. 承保风险

承保风险主要是死亡率、赔付率、事故发生率和费用率等实际水平超过定价时的预期水平造成的所缴纳的保费不足以应付未来的风险责任支付而形成的风险，承保风险会导致偿付能力降低。这是因为死亡率、事故发生率是建立在过去的经验数据上的，而随着社会的进步、经济的发展等环境因素的改变，导致实际经历与过去经验产生了较大的偏差，造成定价模型假设的不合理，而精算师依据已经过时的定价模型提取的保险准备金必然是不足的。保险公司的负债主要是保险准备金，财产保险公司的准备金通常占总负债的60%～80%，寿险公司的准备金则通常占90%以上。显然，若总保险准备金的积累速度与不断增长的风险责任不适应，责任准备金不足，一旦遇有大的自然灾害和意外事故，将影响偿付责任的履行。

2. 理赔风险

(1)索赔的波动。索赔的波动是索赔量或索赔额出现非正常年份的特殊情况，一般在正常年份，索赔量或索赔额呈现恒等分布，一旦索赔量及索赔额发生随机波动，尤其是较大波动，将直接影响保险公司的偿付能力。

(2)未满期责任分布构成。保险未满期责任的分布构成状况，对预期赔款的稳定性产生直接影响。由于承保的风险责任的差异，不同险种的赔款波动趋势不同。例如，自然灾害对于农业保险而言，一旦发生承保风险，所造成的赔款波动必然是大幅度。因此，保险未满期责任中，不同险种所占比重需要认真分析，对可能影响总体赔款波动的部分做出事前预警，减少理赔风险。

(3)巨灾风险。发生巨灾的直接结果是公司产生大量索赔支出，现金流出增加。而且，正如索赔波动和保险未到期责任对偿付能力的影响一样，直接承保巨灾风险的险种在全部险种中的比重以及该险种的再保险安排是否恰当，会对保险公司造成不同程度的赔款波动，从而影响保险公司的偿付能力。

（三）资产负债匹配风险

所谓资产负债匹配，是指保险公司恰当运用各种投资渠道使其资产和负债在数量、期限、币种以及成本收益上保持匹配，并以此为目标在保险资金运用过程中不断调整资产负债结构的管理行为。资产负债匹配风险主要是指保险公司资产的数量、期限、结构、对风险的敏感度与负债相应特征不匹配而导致的风险。

(1)利率变动影响。若资产组合获得的现金流入与负债形成的现金流出在时间和数量上不一致，偿付能力将会受到资产再投资时利率变动风险的影响，从而可能导致资产收益无法达到预期，以至于无法抵偿到期日的债务。例如，有一债务D需在月底支付，在月中有一资产的现金流入C，假设保持利率不变时，在数量上C在月底时可积累到D，但若此时利率下降，则C在月底的积累值将小于D，故无法偿付债务。可见，当流动资产和流动负债较多时，大量短期资产的经营将会受到利率波动的影响，从而影响公司的偿付能力。

(2)期限变动影响。期限变动影响资产负债的匹配，主要体现在可赎回债券的投资及保单持有人等的行为选择。保险公司投资可赎回债券，而债券发行人又确是提前赎回债券，会改变保险公司现金流入的时间，导致资产的现金流入难以确定，可能无法与负债的现金流出相匹配。同时，保单持有人和年金领取人也存在多项选择权，如退保或改变年金领取方式，即当其行使相应权利时会改变负债现金流，加剧负债支付时间和数额的不确定性。

（四）再保险风险

再保险的有效安排是保险公司规避巨灾风险和扩大承保能力的良好手段，保险公司可以承保一些较大的项目，减小赔付压力。但再保险的安排不是随意的，受到法定偿付能力边际的限制，在一定净资产的条件下只能经营一定额度的自留保险。因此，如何安排再保险，对保险公司、特别是规模不大的保险公司影响较大，再保险安排不当或分保接受人的偿付能力出现问题，将对保险公司的偿付能力产生连带影响。

（五）操作风险

操作风险是由于公司内部控制不完善，出现计算机系统故障，关键职员流失、管理舞弊，诉讼、法律变化等而产生的风险。其具体表现为：管理制度松弛，内部职员贪污、挪用公款，缺乏严格的核保制度，现场查勘率不高，定损不细；缺乏专门的投资人才和控制风险手段，个别不法分子制造虚假保单，危害保险人利益等。

（六）其他风险

其他风险主要是指人为因素，如逆向选择风险、行业内部管理质量差、欺诈行为等的出现。认识、了解了可能影响偿付能力的主要因素，就要最大限度地避免其发生。

三、影响偿付能力的关键风险因素

国际形成共识的对保险公司偿付能力产生较大影响的是被称为关键风险的“C 风险”，具体又分为 C-1 风险、C-2 风险、C-3 风险和 C-4 风险。

(1)C-1 风险。C-1 风险也称资产违约风险，包括股票、债券、不动产投资、储蓄和抵押贷款等的投资风险。这类风险会使保险公司的资本与盈余减少，尤其是流动资产的损失会严重影响偿付能力。保险公司控制此类风险主要通过加强投资风险的评估、投资优质债券等审慎策略。

(2)C-2 风险。C-2 风险也称定价风险，来源于保险公司预测指标与实际指标的偏差，如预计的死亡率、费用率、发病率与实际情况的差别。C-2 风险导致保险公司的负债增加，资本与盈余减少。要防范此类风险，主要通过采用科学方法对死亡率、发病率等进行细致估算，控制营业费用，合理定价保险产品，严格进行核保和再保险。

(3)C-3 风险。C-3 风险即利率风险，其产生主要是由于利率的波动，使保险公司蒙受投资损失。如利率上升，出现客户退保，利率下跌，又会造成债券和抵押贷款较低的回报率。对于此类风险的防范与控制手段为科学有效的资产负债管理。

(4)C-4 风险。C-4 风险也称一般风险管理，这类风险来源于市场风险、税法的改变、保险欺诈、管理失误、法律诉讼等。可以通过引进高素质、有经验的管理人员及其准确的判断和良好的职业道德来控制此类风险。

四、偿付能力管理的内容

根据中国保监会令 2008 年第 1 号《保险公司偿付能力管理规定》，保险公司偿付能力管理体系包括资产管理、负债管理、资产负债匹配管理与资本管理。

（一）资产管理

(1)分配可投资的现金流。资产违约风险与偿付能力要求是正相关的，高风险的资产往往对应着高偿付能力要求，低风险的资产对应着低偿付能力要求，保险公司不会仅仅因为偿付能力要求的缘故而改变投资行为。对于各类资产，保险公司除了要考虑收益率外，还应当考虑资产坏账、资产中暗含的债券回购、贷款提前偿付等选择权、经营过程中的费用等因素。

(2)调整债券组合的质量。由于资产违约风险是产生偿付能力要求的主要原因之一，如果保险公司能够将其资产转换为较高信用评级的债券，那么就同时能够既快又容易地降低其偿付能力要求。当然，保险公司在优化债券结构过程中，不可避免会产生“成本”，投资决策中的任何实质性变化都可能迫使保险公司重新考虑它的产品的吸引力以及管理思路。

(3)债券组合的分散。债券组合的过分集中显然会带来额外的风险，导致更高的偿付能力要求。如果在持有的债券组合中，能够尽可能做到分散，投资于多种债券，能够显著改善偿付能力要求。但同时，由于公司的投资分析人员要关注更多债券发行者，此类行动也会增加他们的工作量，因此需要综合权衡后做出选择。

(4)减持商业抵押贷款。商业抵押贷款的流动性比较差，当实物资产市场萧条的时候，调整商业抵押贷款资产组合会更困难。从经济学角度分析，最好的方式是将一部分信用评级较高的商业抵押贷款证券化，提高其流动性，使之易于出售。当保险公司的商业抵押贷款潜在违约风险增大时，该措施会有效降低偿付能力要求。

(5)减持普通股。由于普通股不能很好地和大部分保险以及年金对应的负债相匹配，多数寿险公司都不倾向于在普通股上投入太多的资金。但是对于曾经销售过或正在销售大量分红保险产品的保险公司，可以持有较大数量的股票。随着偿付能力要求概念的提出，将股票替换为与股票相联系的债券将是一种有效的策略，这些债券可以是可转换债券，也可以是其他定制的债券。实际上，任何合并了权益资产和债券概念的有价证券应该都是双赢的选择。

（二）负债管理

(1)降低准备金。所有高于法定下限的准备金都可以被削减，这不仅意味着法定盈余的增加，还意味着偿付能力要求中的C-2风险部分的减少。从这两个方面来讲，削减高于法定下限的准备金有助于提高风险资本比率，但是从实践的角度来看，现在大部分保险公司持有的准备金已经达到或者非常接近法定准备金的下限，所以该措施应用空间较小。

(2)改变产品类型。C-3风险对于保险公司有这样一种内在推动力，促使保险公司销售那些低风险的产品。例如，退保时，现金价值将按照市场价值进行修正的产品，或者退保费用从出单开始，长期定在5%或更高的产品。但无论如何，这种行为对于风险资本比率仅仅产生渐进的影响，而且不能立即改善风险资本比率偏低的状况，而依赖于保险公司的长期产品计划。

(3)鼓励保单贷款。从技术角度讲，保单贷款是保险公司的资产，由于不会带来任何信用风险，保单贷款不会导致源自C-1风险的偿付能力要求的需要，可以说是质量最好的资产。事实上从偿付能力要求的角度看，保险公司鼓励保单持有人进行保单贷款是有积极意义的。但是既然保单贷款代表的是保单持有人的一种“选择权”，保险公司并不能控制在账目上这种“投资”的额度。仅能在某种程度上，刺激保单贷款的增加是有可能的，如自动贷款缴纳保费计划或对保单贷款者采用有利于他们的保单红利额度政策等。然而与其理论上的优势相悖，近些年来，许多保险公司通过采取对保单贷款者采用较低的保单红利的额度、实施保单贷款偿还计划等手段减少保单贷款，可见，该措施的选择也是受到限制的。

（三）资产负债匹配管理

期限匹配是资产负债匹配管理的重要内容，它要求保险投资的期限结构与负债结构相符，长期资产匹配长期负债，短期资产匹配短期负债，避免重大错配的出现。

(1)资产负债期限匹配。资产负债期限匹配即保险资金的运用期限与收益和负债的来源期限与成本匹配，保持长、短期负债分别对应于长、短期资产。如果投资期限超过了负债期限，就需要提前变现资产，这一方面会面临市场变现损失，另一方面会面临违约风险；如果投资期限小于负债期限，又面临再投资风险。

(2)资产负债总量匹配。资产负债总量匹配即保持投资总量与负债总量大体平衡，资金来源总额匹配资金运用总额，做到各会计年度现金流入能平衡当年负债偿付的现金流出。既要防止由于资金来源不足不得不进行投机性的买空卖空交易，威胁保险资金安全，又要避免大量资金闲置而承担过高的机会成本，无法满足将来保险金给付的需要。这种匹配需充分考虑承保风险的不确定性和经济金融环境变化所导致的资产和负债价值的变异情况，保持动态平衡。我国以前对保险资金的监管是按单个品种逐一规定投资比例，现调整为对单一主体投资比例的控制，这一调整提高了保险公司实施资产负债匹配的灵活性。

(3)资产负债结构匹配。资产负债结构匹配要考虑固定收益的资产与定额保险的负债匹配，部分变额负债，如分红保险、投资连结保险与变额资产匹配。资产负债结构匹配是防范利率风险与汇率风险的有效途径，保险公司应主动利用市场时机，优化资产结构，实现资产与负债全面匹配，避免保险资产遭受损失，尤其是在人民币对外升值同时又面临国内通货膨胀的情况下更为重要。

(4)资产负债其他匹配。资产负债匹配除期限、总量和结构匹配外，还包括币种和速度匹配：币种匹配即保持本币资产与本币负债匹配、外币资产与外币负债匹配，以防范汇率风险；速度匹配即寿险资金运用周期要根据负债来源的流通速度确定。

（四）资本管理

资本管理是保险公司偿付能力管理的重要措施，保险公司可以通过母公司注资、发行普通股和安排再保险实现增资的目的。一般而言，如果保险公司的母公司愿意注资，则通过注资提高风险资本比率水平是最简单、直接且有效的办法。其次可选择的方法是再保险，可以保证公司在资本金不足时，维系正常经营。发行股票的适应性最差，这在于当保险公司偿付能力出现危机时，很难达到资本市场融资的条件。

五、偿付能力管理的方法

（一）目标管理法

目标管理法是通过制定目标、执行目标和评价目标三个方面进行管理。

(1)制定目标。保险公司将中国保监会制定的偿付能力检测指标作为保险公司偿付能力管理的目标。

(2)执行目标。保险公司依照制定的目标执行，重点放在承保能力和资金控制上，对承保能力的控制包括单个风险单位承保能力的控制和对总量的控制，目的是确保经营的稳定性。对资金的控制包括对资金运用额度、方向、结构和收益的控制，确保资金的充足性和流动性。在执行过程中，管理层人员负责对已定目标的实施，决策层人员负责审查、监督目标的执行情况。

(3)评价目标。偿付能力管理人员每年必须对目标管理指标进行综合评价，并将结果反馈至决策层，进而判断目标的合理性，若有偏差可及时采取补救措施，最终实现管理目的。

(二)资产负债管理法

资产负债管理法是协调保险公司商品负债组合与投资组合财务影响的综合管理方法，集中体现在对净现金流和相应的风险的管理，具体方法细分为缺口分析、现金流匹配、免疫技术、现金流测试和动态财务分析(dynamic financial analysis，DFA)等。

(1)缺口分析。缺口分析方法是在一定考察期内，度量保险公司利率敏感性资产与利率敏感性负债之间的绝对差异，将该差异定义为到期缺口。由于到期缺口没有考虑现金流流入和流出的时间，也没有考虑不同期限利率变化的差异，因而当考察时间较长时，用到期缺口来估计利率波动风险就会非常不可靠。改进的做法是根据资产现金流和负债现金流的发生时间，将考察期间分为若干个较短的时间段，再分别度量各时间段的到期缺口，最后将各时间段的到期缺口累计相加。

(2)现金流匹配。现金流匹配通过构造适当的投资组合，使每一时期从投资组合获得的现金流入与该时期约定的负债现金流出在时间和数量上保持一致，从而规避利率风险。从理论上来说，资产和负债的现金流相匹配可以完全消除利率风险，但追求资产和负债现金流的完全匹配也会有一定的问题，如部分保险产品期限很长，在市场上很难找到相应期限的资产，现金流完全匹配的要求对于投资组合管理来说过于严格，降低了投资效率和灵活性。

(3)免疫技术。正是由于现金流匹配技术在实际操作中缺乏灵活机动，因此其在竞争激烈的金融市场上应用得并不广泛。而免疫技术(immunization)则弥补了现金流匹配的缺陷。它通过资产组合的设计和安排，抵消利率波动带来的负债变化，并针对保险公司资产和负债受利率敏感部分的匹配过程，对利率造成的损失进行保护，因而被称为免疫技术。免疫技术的核心思想是匹配资产和负债的久期(duration)，即现金流到期实现的平均时间长度。以8年期零息债券为例，其久期为8年，若是附息债券，则其久期短于8年。但是在有些情形下，即便保险公司资产和负债有相同的久期值，突然的利率波动也会随时将其改变，所以保险公司还有必要运用凸性(convexity)技术来确定久期本身对利率变化的灵敏程度。久期和凸性技术相结合，才能为保险公司提供较完备的利率风险监控体系。

(4)现金流测试。现金流测试是运用数学模型，在假设一系列相关变量发生变化时，判断在负债到期日保险公司的资产现金流是否满足负债的现金流出。例如，分析利率变化对保单退保、公司债券和抵押担保证券提前清偿的影响来测试资产与负债的匹配，以验证保险公司是否有足够的现金流用于清偿到期负债。保险公司可通过现金流测试预测潜在的风险威胁，穆迪等著名评估机构亦将现金流测试作为保险公司资产负债匹配状况的评估工具，这更使得现金流测试方法的重要性得到广泛的认可。但是，现金流测试也存在局限，如未考虑保险公司面临的利率意外的风险，也没有考虑新业务的销售情况，故不是以持续经营为考察基础的。

(5)动态财务分析。动态财务分析是一种整体性的财务建模方法，它通过对公司未来生存环境和经营结果进行模拟，显示公司经营如何受外部环境和内部战略决策变动的影响。动态财务分析主要包括初始条件、经济情景模型、财务计算器、优化方法与结果分析几个部分。动态财务分析是一种整体的分析方法，区别于静态的、传统的分析方法，它体现了随机性和动态性的思想，能够模拟不确定性环境下公司的资产、负债及未来的经营结果，为高层管理者控制经营风险、制定战略决策提供依据。资产负债管理分析是一项技术性极强的工作，要求精算人员和投资人员进行良好的合作，定期将资产负债管理报告呈送给决策层。

偿付能力管理对保险公司来说，是一项非常重要且要求很高的管理工作，保险公司除配备专门人员、专设机构外，还要求管理人员必须具备较强的敬业精神、扎实的管理理论、丰富的实践经验和熟练运用电脑的能力，只有这样，才能提高保险公司偿付能力管理的水平和效益。

补充学习资料

保险公司财务粉饰问题

2005 年 11 月 18 日上午，一群保险局官员与警察进入台北长安东路国华产险保险总公司与其全地区各分公司，强制执行台湾地区《保险法》第 149 条。自此揭开了台湾地区产险业第一家被清算保险公司的序幕。起初，这看起来像是一件典型的因公司经营不善遭勒令停业的例子。但是之后又有了许多出人意料的发展：经过十个月之后，国华产险员工包括董事长等 15 人，被台北地检署以伪造文书、违反商业会计法、证券交易法、洗钱防制法及保险法等罪嫌提起公诉。就金钱上的伤害，这件案子对保险安定基金的影响超过 10 亿新台币；对于业界所耗费的人力与资源更是无法单单以金钱来衡量。若当时与国华有关的合并与收购案成功的话，可能会对投资人造成无法承担的损害。目前业界评估产险公司清偿能力的技术明显无法有效地评估出类似国华这样公司的财务问题。在保险局 11 月 18 日进驻国华时，中华信评给国华的信评为“twBB”(稍弱)，展望为“稳定”。业界与金管会都知道该公司弱，只是没有人知道有多弱。

该案例应引起保险精算与监管的重视，要关心实际存在于保险公司，而不单单是国华产险中的财务粉饰问题，使得保险公司的报表看起来比实际健全。常用的粉饰手段是最原始的，也似乎是很有效的从资产和负债两个方面入手，尽量提高资产负债表里的资产金额，尽量减少资产负债表里的负债金额。其具体方法如下：

1. 资产面

以下的资产项目，容易在财务报表里被以高于实际价值的金额入账。

(1)虚报再保摊回。在台湾地区的资产负债表里，再保摊回为资产的一部分。因此，将不存在的再保摊回列为资产的一部分可有效地虚增一家公司的资产。虚增再保摊回的方法有两种：①保留无法或已摊回的再保摊回；②使用特别的再保合约造成突然大量的再保摊回。

(2)创业投资。创投在台湾地区属于高风险的投资。在过去的会计准则里，创投在账上显示的金额是以当初的投资金额为主。投资本身也许无法变现或有严重亏损，但是实际的亏损在资产负债表里并不会显示出来。因此，公司若持有严重亏损的创业投资，则其实际价值比账上所显示的金额要低。

(3)房地产。台湾地区房地产的金额可以以当初投资金额入账。房地产实际价值的上升或下降并不会反映在资产负债表里。若公司以高于市价的金额从关系人那里买进房地产标的物，可以有利于关系人，并同时在账上维持高额的房地产投资金额。另外，房地产投资报酬率的一部分在于市场租金。若公司将其房地产以低廉的价格出租于其关系人，则此房地产的投资报酬率会低于市价。这是变相地将公司房地产的一部分价值移转给关系人的方法，但却无法从财报中得知。

(4)透过子公司投资。台湾地区目前的法令规定保险公司不能举债，但是法令并没有规定保险公司的子公司不能举债。因此保险公司可以透过子公司的方式举债。目前的财务报表无法看出保险公司子公司的高额负债对母公司的影响。

(5)交叉持股。交叉持股定义为A公司与B公司互相持有对方的股票。有交叉持股的保险公司风险比无交叉持股的公司要大。当A公司与B公司互相持有对方的股票，若A公司的财务出了问题，B公司因持有A公司的股票而导致市价下降。而A公司因为拥有B公司的股票，当B公司的市价下降就会导致A公司的市价再度下降。这两家公司的市价会进入一个恶性循环。因此交叉持股的风险比一般持股的风险要大得多。目前的财务报告中并没有反映这一部分的相关风险。

2. 负债面

以下的负债项目在财务报表里可以低于实际负债的金额入账。

(1)赔款责任。在2006年之前，台湾地区产险公司的负债准备金是以法定的数学公式提存。提存的方法是依自留满期保费的一个比例提存，并不需要依过去的损失经验来预估未来。因为提存的系数厘定并无以精算的原理检验过，因此难以恰当地反映公司的实际负债。公司若是销售一些理赔时间长、容易有未报未决损失的商品，则现有的系数与实际的负债会有很大的差别。

以自留满期保费的固定比例提存未报未决赔款准备金，无法反映公司实际的理赔责任。而且公司可以透过控制自留满期保费的方式来影响其赔款准备金的提存金额。举例来说，公司可以透过特别的再保合约在实际未分出风险的前提下，使其自留满期保费的金额在账面上大幅度地下降，进而达到降低其依法应提存之赔款准备金的目的。

(2)未满期责任。大多数未满期责任准备金的计算在当时是以1/24法计算。对于一般的险种，这个方法所依据的原则可以反映未满期的风险。但是，若是一些商品在销售后才发现理赔金额将会超过保费，则未满期准备金将无法正确反映公司真实的合约责任。

举例来说，一家公司年中收受1亿新台币的保费，而这1亿新台币保费的风险将产生1.5亿新台币的赔款。在年尾时公司只提存5 000万新台币未满期准备金，但是这些未满期风险将在未来产生7 500万新台币的理赔。这些属于公司合约责任(contractual liability)的一部分。目前未到期准备金提存的方式在保险费率不足的情况下可能会低估实际的合约责任。

因此，一家产险公司让外人看起来比实际健全可以使用的方法简单汇总如下：资本面可以采用的办法是在账上虚增再保摊回、以特别再保合约制造大量再保摊回、不反映投资亏损的创投投资、不反映房地产的实际价值的入账方式、透过子公司举债和交叉持股。负债面可以采用的办法是以保费为基础的未满期准备金提存方式、过低提存自留赔款准备金和以特别再保合约降低其责任准备金提存。以上项目对公司股东权益在财务报表上所产生的杠杆效果是非常惊人的。它可以让一家实际需要超过10亿新台币来清算的公司，从外表看起来只是稍弱(somewhat weak)而已，甚至可以获得国际信评机构给予"稳定"评级。

虽然我国大陆和台湾地区的保险公司在财务管理制度上存在一定的差异，但上述粉饰财务保险的行为和操作同样要引起我们的重视。

（资料来源：豆丁网，http://www.docin.com/p-613680376.html.）

复习思考题

1. 请回答提取责任准备金的原则和方法。
2. 请回答保险公司盈利模式的特点及我国保险行业的盈利模式。
3. 保险公司的利润来源有哪些？其影响因素包括什么？
4. 请回答保险公司成本费用的含义及内容。
5. 保险偿付能力的含义是什么？有哪些类别？
6. 请回答影响保险公司偿付能力的一般风险因素。
7. 请回答影响保险公司偿付能力的关键风险因素。
8. 保险公司偿付能力的方法有哪些？

第四篇

保险操作

第十四章

财产保险业务流程

保险业务操作是保险理论的具体运用，其操作流程包括保险展业、保险承保、保险防灾防损、保险理赔等环节。本章将系统介绍财产损失保险、无形财产保险等的业务操作。

第一节 保险操作流程

一、保险展业

（一）展业的含义

保险展业，又称推销保险单或保险招揽，是保险销售人员引导潜在购买者参与保险的行为的过程，是保险经营活动的起点。具体地，保险展业由保险宣传和销售保险单两个步骤构成。

（二）保险展业的意义

保险是提供经济保障服务的无形商品，是人们满足衣食住行的基本需要之后才会产生的高端消费，其必要性和迫切性常常被忽视和忽略，必须通过保险宣传提高人们的风险意识，从而实现借助保险手段防患于未然。从保险人的角度来看，通过保险展业，增加保险标的，扩大承保面，使风险能在更大的空间和更长的时间上得以分散。

(1)增加潜在保险需求。保险产品以契约形式存在，相对于普通商品买卖的是现货，保险刚好相反，它购买的是未来的服务，是一种期货。正是保险的期货特点使得保险品购买者不能立即获得效用，即使保险能够对被保险人或受益人的未来生产、生活提供保障，保险需求也是相对消极的。因此，有必要通过保险展业唤起人们潜在的保险需求，并逐步将潜在需求转化为现实需求，实现保险品推向市场的目的。

(2)实现风险判断与选择。一般保险品的展业都需要和潜在购买者进行沟通，在这个过程中，保险人或者保险中介能够对一部分的逆选择进行筛选，有利于保险公司的稳健经营。由于保险具有射幸性，需要甄别可能存在的一部分以保险作为牟利手段的非正常投保人，这使得保险展业过程较之一般商品的销售过程重要得多。

(3)争夺保险市场份额。保险品间的差异较小，投保人选择哪个公司的保险品在一定程度上取决于哪个公司的保险展业和营销做得好。保险企业间的市场竞争首先取决于展业竞争，展业活动越主动，展业面越大，销售的保险品越多，保险责任准备金也就越多，经营风险越低，越有利于保险人在后续阶段采用低价策略吸引更多的投保人，形成良性循环，占领更多的市场份额。

(4)提高社会风险意识。通过持续性的保险展业，人们的保险意识也将逐步增强，特别是在社会经济结构发生巨大变化的今天，机遇和风险常常是相伴而生的。广泛、深入、优质的保险展业能够改变人们对风险的认识，了解到风险是可以预防的，是可以分散的。良好的展业不仅有利于树立公司形象，而且从长远来看，有利于社会风险意识的整体提高。

(三)保险展业的渠道

1. 直接展业

直接展业是指保险公司依靠本企业专职人员招揽保险业务，仅适合于规模大、实力强、分支机构健全的保险公司。规模小的保险公司只有在保险金额巨大的情况下才会考虑直接展业。但随着电子科技的日新月异，越来越多的传媒可以明显降低保险公司直接展业的成本，如网络的普及就是一个非常好的例子。网络不仅给展业提供非常好的平台，也成为销售保险的重要途径，今天保险公司很多金额较小或者风险稳定的险种越来越多地通过网络直销。直接展业的主要优点在于能够充分发挥专职业务员的经营水平，且能够把展业与核保、理赔等其他保险环节紧密结合起来，提高业务质量。

2. 间接展业

间接展业是保险通过保险中介将保险品推向市场，又因为中介的不同分为代理人展业和经纪人展业。

(1)保险代理人展业。代理人展业是保险公司与保险代理人签订代理合同，委托代理人在职权范围内为保险人招揽业务，保险人按照保险费收入的一定比例支付佣金。保险人通过代理人展业，可以节省机构设置和人员雇佣中的成本费用，特别是对于资金实力较弱的中小型保险公司而言。

(2)保险经纪人展业。保险经纪人不同于保险代理人，保险经纪人对保险市场和风险管理富有经验，能为投保人制定最为有利的风险管理方案和选择合适的保险人。经纪人的展业过程是从投保人与经纪人接洽开始，经纪人受投保人之托，为投保人选择保险品，进而代办投保、缴费和索赔等事项，是投保人的实际代理人，向保险公司收取佣金。

(四)保险展业的环节

1. 保险展业的基础工作

(1)熟悉商品。保险展业首先要熟悉所要推销的保险品，该保险品能够给购买者带来何种风险保障，其主要优点是什么？适合哪类人群购买？展业人员熟悉商品不仅限于保险品本身，还要对公司的情况进行延伸，以便在后续环节，特别是在保险谈判中援引和使用，公司信息主要包括公司的经营状况、信誉、市场占有率等。

(2)了解客户。了解客户工作就是寻找潜在顾客，潜在顾客指的是有购买力的，同时也有购买需要的企业、团体或个人。需要了解的内容包括潜在客户的行业、经济实力、风险状况、保险意识等。一般在该环节中，展业人员会对客户进行分类，归纳共同需求及特殊需要，力争满足不同的客户需要，扩大展业成果。了解客户还涉及要熟悉客户所在区域与文化的特征，如展业区域特点、地域风险、风俗习惯等。

(3)熟悉对手。熟悉对手主要是要了解其他保险公司的经营情况，其他保险公司该类产品与本公司产品，或者与计划展业产品间的主要区别，做到实际展业中可以扬长避短。熟悉对手也包括对手在该产品展业中使用何种方式，进而确定本公司的选择，做到有的放矢。

(4)出勤准备。出勤前先要制定展业规划，展业规划要有明确的目标，并落实到具体班组和个人，计划要包含展业行动的总体方案和具体的方法、技巧。在展业计划指导下，应备齐必要的单证、条款、费率表和宣传资料等。

2. 接触展业对象

在展业准备工作完成后，就需要接触潜在购买者，具体了解其保险需求，因接触方式不同，分为直接接触和介绍接触。

(1)直接接触。直接接触是指展业人员直接与展业对象接洽，因为没有中间人，直接接触时展业人员需要持有名片、展业证件或其他证件，以取得对方的信任。在保险展业准备环节，展业人员已经了解展业对象及其负责人的部分信息，实际接触中，展业人员要从潜在购买者的角度思考问题，看待风险与保险，使交谈更有说服力。直接接触要特别注意接触的时间和地点，尽量安排在对方业务不是特别繁忙、时间较宽裕的时候，这样才有深入交谈的可能，有利于展业的成功。

(2)介绍接触。介绍接触是指展业人员通过第三者介绍而接触展业对象，该种方式与直接接触相比，交流的气氛更加轻松和谐，展业深入程度好。具体介绍接触的途径较多，如亲友、同学、朋友等私人关系介绍，也可以是合作单位、老顾客、展业对象的主管机关等工作关系介绍，但无论何种途径，中介人一定要对展业对象有积极影响。

3. 制作保险设计

在与展业对象成功接触后，获取必要的信息，包括潜在购买者面临的主要风险、保险需要和收入状况等，在此基础上，设计保险计划，保险设计最重要的一点是风险管理成本要低，即以少量保费获得切实的保障。

4. 保险谈判

保险谈判是展业工作的最后环节，也是最重要的环节。保险谈判过程中，除了要完成保险计划书的顺利表述，让潜在购买者理解保险设计的目的、意义、风险保障效果，还要注意谈判的方式和技巧。一般地，要求展业人员必须做到：谈判要让展业对象置身于具体的风险状况中；要突出保险设计的低保费高保障的特征；正确回答对方提出的异议；坚持实事求是的原则；注意语言艺术。

二、保险承保

(一)承保的定义

保险人通过展业活动已将保险品推向市场，但并非所有投保风险都符合保险人的条件，且不同投保人的标的预期损失也不同，为了保证保险企业的稳定运营，保险人必须对投保标的或被保险人的风险程度进行评估与分类。所谓承保，指的就是保险人审核投保人申请并同意接受投保险责任的行为和过程。承保工作中最主要的环节为核保，目的在于避免危险的逆选择和实现保险企业的效益。

（二）承保的内容

1. 核保

核保是对投保人的审核，是保险人风险选择的过程，保险人通过核保要实现的目的是尽量选择同质风险的标的，放弃超出可保风险条件的保险标的。具体可分为对投保人的选择和对保险标的的选择两个部分。

(1)选择投保人及被保险人。由于在整个保险合同存续的全过程中，绝大多数的保险标的自始至终是处于投保人与被保险人的控制之下，被保险人对保险标的是否具有保险利益，投保人与被保险人的行为习惯、品行素质会直接影响保险事故的发生及其后果。故保险人在核保过程中重点要审核投保人的资格。

(2)选择保险标的。保险标的直接面临风险的，核保环节必须对保险标的及其利益进行选择。保险标的性质、状态与面临风险的大小直接与损失程度相关。保险人在承保时就要排除影响保险稳定经营的保险标的。例如，承保企业财产保险，就要了解厂房结构、使用年限、占用性质、坐落地点等；承保机动车辆保险，就要了解汽车出厂日期、行驶公里、型号、类型、用途、运行线路等。

2. 控制责任

在核保后，对于能够作为承保对象的标的，还要有针对性地控制风险责任。需要考虑的风险责任来源于两个方面：其一是实际存在的风险，该类风险责任需要通过限定承保条件、提高费率、设定免赔金额、降低赔付比例和通过除外责任处理。如机动车辆保险中，对上一保险年度理赔次数多或者赔款额度达到一定标准的投保人，保险人提高费率就属于此类控制实际风险带来保险责任的处理方式。其二为预期存在的风险，该类风险责任是随着保险合同的履行而诱发的风险，主要为道德和心理风险。即因为有保险合同的保障，投保人放松警惕、疏忽大意造成出险或者投保人为了获得保险理赔而故意造成事故发生。对于此类风险，保险人一个是通过在合同条款中明确规定被保险人的义务，另一个与实际风险处理相似，也是要通过限额承保、规定免赔额、共同保险及续保优惠等控制保险责任。

（三）承保的程序

1. 接受投保单

接受投保单是承保的第一步，是保险人直接收到投保人填写的投保单或者通过保险代理人、经纪人及其他中介，如4S店、银行等转接投保单的工作。

2. 审核验险

审核验险是保险人收到投保单后，详细审核投保单的内容，查验保险标的风险的工作过程，下面以财产保险为例，说明其工作内容。

(1)查验标的环境。如果标的是建筑物，要查验所处环境的性质，如是工业区、商业区还是居民区；附近是否存在易燃易爆的安全隐患；如果发生火灾，蔓延的可能性有多大；距离最近的救火水源有多远；周围道路是否通畅。如果标的为产品类的存货，还要检验其库房的情况，是否是单独存放；周围是否有其他类的危险物品存放；库房安保状况如何。

(2)查验风险隐患。认真查验财产可能发生的损失及引起损失的风险因素，如查验投保财产是否属于易燃、易爆、易损的物品；标的对温度、湿度的敏感程度如何；如果承保对象为机器设备，要检查是否超负荷运转；查验投保标的关键部位，如建筑物的基础、车船的发动机；查验标的防护，如有无消防设施、报警、排风降温系统等。

(3)查验危险状态。有些保险标的在投保时刻就已经处于危险之中了，该类保险对象必须剔除，因其损失正在或者马上就要发生，已不符合大数法则确定的一般概率，造成不合理的损失分摊，必须尽最大可能将其剔除。

(4)查验安全管理制度。保险标的距离风险的远近与被保险人的安全管理直接相关，这就意味着安全管理制度差的企业，标的距离风险更近，而安全管理制度好的企业，标的距离风险更远。故保险人要检查投保人和被保险人是否制定和严格实施安全管理制度，若存在问题，则应督促其及时更正。

3. 接受业务

接受业务是保险公司按照规定的业务范围和承保权限，在审核验险后做出承保决定的工作过程。接受业务具体完成通常是以内勤人员接受外勤人员交来的投保单、明细表和代办协议等进行认真分析和复核后，分险别进行投保登记，并在单证传递簿上标注为签收。

4. 缮制签发单证

缮制签发单证是在接受业务后，填制保险单、保险凭证并送达到投保人手中的工作过程，重要工作在于缮制部分，需要注意的问题包括以下几个部分：

(1)明确要素。保险合同三大要素包括主体、客体和内容。主体明确是指保险人、投保人、被保险人和受益人要明确，个人投保人的姓名、家庭住址、电话等个人信息要明确，团体投保人的单位名称和负责人姓名、详细地址、电话等要明确；如果是人身保险合同，还需要明确被保险人、受益人各自信息，两者的关系等。客体明确是指标明保险标的类型、地址、范围等。内容明确指的是保险责任、保险金额、保险费、保险期限、被保险人义务以及其他特约事项要清楚明晰。

(2)单证相符。单证相符是指依据投保单、验险报告等原始凭证，填制保险单。要求投保单、保险单、批单、财产清单、人身保险的体检报告及其他单证中的相同信息必须相符，如保险标的名称、数量、地址，投保人、被保险人、受益人的个人信息等。

(3)数字准确。填制保险单时，要特别注意数字的准确无误，合同中的每一个数字都代表着保险人应负的责任和投保人应承担的义务，特别注意数字的总位数，尤其注意“0”比较多的金额表达。

(4)复核签章。保险人签发的保险单包含多个文件构成，是保险合同成立的依据，每一种单证都需要复核签章，如投保单上投保人的签章、验险报告上业务员的签章；保险单上双方当事人的签章；保险费收据上财务的签章；批单上制单人与复核人的签章等。

5. 发送归档

发送保单是由业务内勤将保单、批单正本、明细表等单证交外勤人员，再由外勤人员签发并送达投保人，并收取保险费。归档与发送几乎是同时完成的，是各种保险单证和附属材料按照规定的编号登记、存档，由专人专柜管理。

保险承保流程如图 14-1 所示。

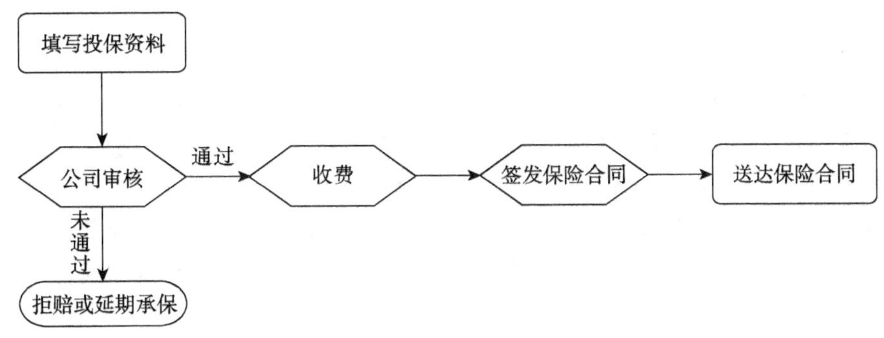

图 14-1　承保流程图

三、保险防灾防损

（一）防灾防损的含义

防灾防损是指保险人与被保险人对所承保的保险标的采取措施，减少或消除风险发生的因素，防止或减少灾害事故所造成的损失，从而降低保险成本、增加经济效益的一种经营活动。保险防灾防损与一般社会防灾防损不同，需要区分，保险的防灾防损是建立在保险业务基础之上的，是对保险标的进行的，覆盖面狭窄，而社会防灾防损则是基于全社会的利益，防护对象涉及每一个社会成员，经常采用行政或者经济处罚的手段实现防护目标。

（二）防灾防损的内容

(1)防灾防损的宣传。人们在自身没有遭受风险伤害的时候，总是体会不深刻，这就需要保险人加强宣传，提高人们的防灾防损意识。例如，宣传防灾防损的基本常识，防火、抗洪、防震，应对泥石流的逃生方法等；宣传消防条例和相关法律规定。同时特别提醒社会公众注意保险与防灾的关系，不是投保以后，保险公司一定赔付损失，被保险人要做到防灾防损，出险后要及时采取措施。

(2)防灾防损的检查。保险防灾防损还需要定期、不定期的检查督促和强化被保险人的风险意识，减少因为麻痹大意造成的伤害。一般而言，保险人的防灾防损是有侧重点的，如有的公司把保险金额在 1 亿元以上，保险费超过 10 万元以上，或是五六级工业险的企业作为重点对象。针对检查后的情况要做出及时处理，如发现事故隐患，保险人要及时提出整改意见，并在技术上予以指导，尽可能消除隐患。

(3)建立防灾基金。为了应对可能的灾害事故，保险企业每个年度均要从保险费收入中提取一定比例作为防灾防损专项基金，用于突发重大灾害时的临时紧急需要，特殊时期也可以用于增强社会防灾设施的补充。

(4)与其他防灾部门合作。保险人在完成针对保险对象的专业防灾防损工作的同时，要积极参加各种专业防灾部门的活动，如公安消防部门对危险建筑的防灾检查、防汛指挥部对防汛措施落实的检查、商检部门对进出口货物的商品检验等。保险人与其他部分的联系与合作积累更多的知识和经验，一方面可以减少保险人与被保险人间的信息不对称，另一方面也能够充分利用保险企业自身的技术优势，向社会提供各项防灾防损服务，实现社会效益的整体抬升。

（三）保险防灾的方法

(1)法律方法。法律方法是指通过国家颁布的相关法律规定，实现保险防灾防损目的的方法选择。例如，我国《保险法》第51条规定，保险人可以按照合同约定对保险标的的安全状况进行检查，及时向投保人、被保险人提出消除不安全因素和隐患的书面建议。投保人、被保险人未按照约定履行其对保险标的的安全应尽责任的，保险人有权要求增加保险费或者解除合同。保险人为维护保险标的的安全，经被保险人同意，可以采取安全预防措施。

(2)经济方法。经济方法是通过可以用货币量化的奖惩措施实现防灾防损目的的方法选择，是普遍被各国保险界采用的重要方法。具体操作中，保险人主要通过调整保费实现投保人自觉进行防灾防损的活动，对于防灾防损做得好的投保人，采用优惠费率，对于缺乏必要防灾设施和防灾防损意识懈怠的投保人，采用惩罚性的高费率。例如，机动车辆保险中的无赔款优待就是一个典型的经济方法：如果上一个保险年度，投保车辆的车损险、三者险和附加险中没有任何一项理赔，则保险人可以按照应交保费的10%提供优惠，也有部分公司采用10%、20%、30%不等的折扣比例实行。国外有些保险公司的折扣更高，如果连续3年没有索赔记录，则最高可以给予65%的折扣。

(3)技术方法。技术方法是保险公司通过针对各类风险特征发明防灾防损工具和制定防灾防损策略以抑制风险的方法选择。一般地，保险公司都有专门部分负责防灾防损技术的研发，涉及一硬一软两类技术。硬的技术如自动喷淋设施类的抑制风险扩散的工具手段，软的技术如安全生产标准、安全技术标准等。保险防灾防损的技术方法不仅对保险企业有利，更重要的是能够提高全社会的共同福祉。

四、保险理赔

（一）保险理赔含义

保险理赔是指当保险合同所规定的事故发生后，保险人对被保险人提供的索赔进行处理的行为和过程。投保人参与保险行为的最终目的在于获得保险赔付，保险服务的最终体现也是保险理赔，这就使得理赔成为保险经营非常重要的环节。保险赔付是依据合同的，是在承保风险范围内进行的，要求保险人在理赔中遵循诚实守信、迅速准确的原则，杜绝错赔、滥赔的现象发生。

（二）保险理赔程序

(1)案件受理。保险理赔从案件受理开始，接到被保险人、代理人或者经纪人的出险通知后，理赔内勤人员要立即进行单证的核对，核对无误后报告本部门负责人，经负责人审视案情后安排外勤人员进行现场查勘或委托代理查勘。

(2)现场查勘。现场查勘是外勤业务员出现场，了解出险情况，分析造成实际损失的原因，是赔付的重要依据。现场查勘的主要内容包括查明出险地点、出险时间、出险原因和经过。如果被保险人对标的进行施救，则要了解施救的过程、施救费用等。现场查勘的重要任务在于核实损失数额，如果存在第三人时，如运输类保险，还要分析责任分摊的合理性。

(3)责任审核。现场查勘后，如果确实属于保险合同范围内的损失，理赔就进入责任审核流程，具体内容包括：审定保险责任；明确赔偿范围；核定施救费用；计算赔偿和给付金额。

(4)赔偿给付。责任审核后，保险人应该立即履行赔偿给付的责任。保险人应该在规定的时限内将赔偿和给付的保险金额交付到被保险人的手中，通常为转入被保险人预留的账户。

(5)损余处理。财产保险中毁损的财产通常会有一定的残值，若保险人按全部损失赔偿，残值归保险人所有，一般是从赔偿金额中扣除残值；若保险人按部分损失赔偿，可将损余财产折价给被保险人以充抵赔偿金额。

(6)代位追偿。在保险人赔付后，如果保险事故是由第三者的过失或非法行为引起的，保险人可按保险合同的约定或法律的规定，向第三者追偿责任。

第二节 财产损失保险的承保与理赔

一、企业财产保险的承保与理赔

(一)企业财产保险的展业

(1)展业宣传。展业人员对企业财产保险的展业宣传要深入企、事业单位，根据不同险别向有关部门的负责人进行深入宣传。企业财产保险宣传的重点对象是财务部门，这在于财务部门掌握着企业全部资产的情况，财务部门的意见和建议是企业负责人经济决策的重要依据。

(2)展业服务。经营企业财产保险的保险人长期与企业风险打交道，掌控风险的能力比客户更专业，应具体根据展业对象的生产经营状况，本着改善企业安全条件，帮助客户选择适当的险别，为其设计最佳投保方案。所谓最佳投资方案，是指能够保足保全企业财产，当风险事故发生后，也能够得到足额的赔偿，且支付的保费是合理的。企业财产保险展业过程中必须做到实地查勘，针对标的可能的安全隐患提出改进意见，使企业尽早做好防范和救护的准备。

(二)企业财产保险的承保

1. 填写企业财产保险投保单

展业人员根据投保单(表 14-1)规定的内容，指导投保人认真填写，不得代填写。投保单填写过程中要注意以下问题：

(1)投保人名称。投保人名称的填写要注意为投保人单位的全称，企业财产保险的投保人与被保险人通常为同一单位，如果不同，需要核实是否具有可保利益。要翔实填写投保人地址、电话、联系人、开户银行、银行账号。

(2)保险财产地址。一般地，保险财产地址是标的坐落地点，即标的所在地，若保险标的存放地址不止一处时，需要列明各处的地址、保险金额和保险标的。

(3)签章。投保人填完投保单并核对无误后，要在投保人签章处签章，并填写填单日期。

(4)保险期限。企业财产保险的保险期限应从投保次日的零时开始，杜绝将生效日期提前，防止先出险后投保的道德风险发生。

表 14-1 企业财产保险投保单(样本)

投保人：＿＿＿＿＿＿　　　　投保单号：＿＿＿＿＿＿

<table>
<tr><td></td><td colspan="2">投保财产项目</td><td>以何种价值投保</td><td>保险金额(元)</td><td>费率(‰)</td><td>保险费(元)</td></tr>
<tr><td rowspan="7">基本险</td><td colspan="2"></td><td></td><td></td><td></td><td></td></tr>
<tr><td colspan="2"></td><td></td><td></td><td></td><td></td></tr>
<tr><td colspan="2"></td><td></td><td></td><td></td><td></td></tr>
<tr><td colspan="2"></td><td></td><td></td><td></td><td></td></tr>
<tr><td rowspan="3">特约保险财产</td><td></td><td></td><td></td><td></td><td></td></tr>
<tr><td></td><td></td><td></td><td></td><td></td></tr>
<tr><td></td><td></td><td></td><td></td><td></td></tr>
<tr><td colspan="3">总保险金额人民币(大写)</td><td colspan="4">￥：</td></tr>
<tr><td rowspan="4">附加保险</td><td colspan="2"></td><td></td><td></td><td></td><td></td></tr>
<tr><td colspan="2"></td><td></td><td></td><td></td><td></td></tr>
<tr><td colspan="2"></td><td></td><td></td><td></td><td></td></tr>
<tr><td colspan="2"></td><td></td><td></td><td></td><td></td></tr>
<tr><td colspan="3">总保险金额人民币(大写)</td><td colspan="4">￥：</td></tr>
<tr><td colspan="7">保险责任期限自 年 月 日零时起至 年 月 日二十四时止</td></tr>
<tr><td>特别约定</td><td colspan="3"></td><td colspan="3">占用性质：</td></tr>
<tr><td colspan="2">投保人地址：
电　　话：
联 系 人：
行　　业：
所有制：</td><td colspan="2">开户银行：
银行账号：
财产坐落地址：＿＿＿
＿＿＿＿＿＿
共　个地址</td><td colspan="3">本投保单未经本公司签章不发生法律效力。

××财产保险公司签章
年 月 日</td></tr>
<tr><td colspan="2">本投保人兹声明上述各项均属事实，并同意以本投保单作为订立保险合同的依据</td><td colspan="2"></td><td></td><td></td><td></td></tr>
</table>

本保险也适用于国家机关、事业单位、人民团体投保。

经(副经)理：　　　　经办人：

2. 承保审核

承保审核是审核投保单中基本信息是否正确无误，具体到财产保险，需要查验保险标的的具体情况，主要是风险调查，业务人员根据"财产保险风险情况问询表"的各项内容认真调查投保人的风险情况，验险后出具《风险评估报告》。风险评估报告的内容包括：保险财产的占用性质、建筑等级；地理范围；防灾安全设施；管理情况；以往损失情况；被保险人的信誉；危险单位的划分；最大可能损失。

3. 签发保单

签发保单包括缮制保单、复核保险单和开具保险费收据三个步骤。保险单正、副本通常采用一式三联，一次性打印。投保多项财产的要粘贴保险单附表或者财产清单，分别粘贴在保险单正、副本上，并加盖骑缝章。制单完毕后，制单员要盖章，并注明保单日期、保单号码。复核人员应严格履行职责，逐项复核保险单内容。复核无误、盖章后送达经理层最后审核，加盖专用章，填写日期。最后工作为开具保险费收据，加盖财务专用章和会计人员印章。

企业财产综合险保险单格式和内容如表 14-2 所示。

表 14-2 财产保险综合险保险单(样本)

保险单号码：

鉴于__________(以下称被保险人)已向本公司投保财产保险综合险以及附加______________险，并按本保险条款约定交纳保险费，本公司特签发本保险单并同意依照财产保险综合险条款和附加险条款及其特别约定条件，承担被保险人下列财产的保险责任。

<table>
<tr><td></td><td colspan="2">保险标的项目</td><td>以何种价值投保</td><td>保险金额(元)</td><td>费率(‰)</td><td>保险费(元)</td></tr>
<tr><td rowspan="7">综合险</td><td colspan="2"></td><td></td><td></td><td></td><td></td></tr>
<tr><td colspan="2"></td><td></td><td></td><td></td><td></td></tr>
<tr><td colspan="2"></td><td></td><td></td><td></td><td></td></tr>
<tr><td colspan="2"></td><td></td><td></td><td></td><td></td></tr>
<tr><td rowspan="3">特约保险财产</td><td></td><td></td><td></td><td></td><td></td></tr>
<tr><td></td><td></td><td></td><td></td><td></td></tr>
<tr><td></td><td></td><td></td><td></td><td></td></tr>
<tr><td colspan="3">总保险金额人民币(大写)</td><td colspan="4">¥：</td></tr>
<tr><td rowspan="4">附加保险</td><td colspan="2"></td><td></td><td></td><td></td><td></td></tr>
<tr><td colspan="2"></td><td></td><td></td><td></td><td></td></tr>
<tr><td colspan="2"></td><td></td><td></td><td></td><td></td></tr>
<tr><td colspan="2"></td><td></td><td></td><td></td><td></td></tr>
<tr><td colspan="3">总保险金额人民币(大写)</td><td colspan="4">¥：</td></tr>
<tr><td colspan="3">总保险费(大写)</td><td colspan="4">¥：</td></tr>
<tr><td colspan="7">保险责任期限自 年 月 日零时起至 年 月 日二十四时止</td></tr>
<tr><td>特别约定</td><td colspan="6"></td></tr>
<tr><td colspan="4">被保险地址：
邮政编码：
所有制：
财产坐落地址：
共 个地址</td><td colspan="3">电话：
行业：

××财产保险公司签章
年 月 日</td></tr>
</table>

经(副经)理： 会计： 复核： 制单：

被保险人收到本保险单后请立即核对，如有错误立即通知本公司。

（三）企业财产保险的理赔

1. 案件受理

接到企业报险后，保险人应详细询问并填写报案登记表，具体包括出险单位的名称、保单号码、出险时间、地点、原因、损失情况、联系人姓名、电话等，并通知被保险人做好现场保护及抢救财产，督促被保险人填写出险通知书(表 14-3)。在收兑出险通知书后，业务员要查抄保单，编号立案。

表 14-3 出险通知书

<table>
<tr><td>保险险别</td><td></td><td>保品名称</td><td></td></tr>
<tr><td>投保人名称</td><td></td><td>保品所在地</td><td></td></tr>
<tr><td>保险单或凭证号码</td><td>字第 号</td><td>航程起讫</td><td>自 经 至</td></tr>
<tr><td>批单号码</td><td>字第 号</td><td>运输工具名称及号次</td><td></td></tr>
<tr><td>保险期限</td><td>自 年 月 日起
至 年 月 日止</td><td>保险金额</td><td></td></tr>
<tr><td>出险日期</td><td>年 月 日 时</td><td>出险地点</td><td></td></tr>
<tr><td colspan="4">出现情况，主要原因及施救经过：</td></tr>
<tr><td colspan="4">损失估计：</td></tr>
<tr><td colspan="2">保险公司签注意见：
赔案编号</td><td colspan="2">投保人(或单位)签章
报案日期 年 月 日</td></tr>
</table>

注：1. 本通知书应由投保人(或单位)于出险后立即填写一份经签章后送保险公司。

2. 本通知书所列有关各栏(“保险公司签注意见”除外)均应由投保人详细填写以便进行处理。

2. 现场查勘

理赔人员进入现场前要先了解保险标的承保情况，准备携带必要工具，如笔记本、出险通知书、财产损失清单、保单副本、照相机、计算器、防护套装等，与被保险人联系后进入现场。进入现场后要勘察出险时间、出险地点、出险原因，具体工作包括拍摄事故照片、了解现场施救状况、查阅会计账表、估算核实受损财产，并缮制现场查勘报告。

3. 责任审核

主要审核查勘报告、有关证明文件和各项单证，确定是否属于保险责任范围内的责任。其具体工作包括：查明出险原因；查明标的出险前的状态；区分直接损失和间接损失；查明是否有第三者的责任，如涉及第三者，则需要填写权益转让书(表 14-4)，办理追偿手续。

表 14-4 权益转让书

你公司签发的　　第　　号保险单承保我单位　　财产，保险金额为人民币　　，于　　年　月　日　　出险受损。根据　　　　应由第三者负责赔偿损失。除按照保险单条款第　　条规定，请你公司将上述损失人民币(大写)　　¥先予赔付，先将追偿权转移给你公司，并协助你公司共同向第三者追偿损失。

此致

××保险公司

被保险人　盖章

月　日

4. 损失核定

(1)核定内容。企业财产保险损失核定的主要工作包括：①核对损失清单与保单、财务账册报表。其包括核定受损财产范围，确定承保数据是否与账表相符，是否足额投保；受损财产是否属于保险财产，是否剔除未保财产。②核定固定资产受损。其包括查明细账，分项摘录编号、原值、折旧、净值，如果受损对象为建筑物，还要索取工程决算表。③核定存货受损。其包括汇总出险日存货项下各科目余额，查原材料、产品明细账，分项摘录出险日账面存量、单价和金额，查在产品“生产成本”科目余额及成本计算单。④核定在建工程受损。其包括查“在建工程”科目账面余额、工程预算表。最后要逐项审核施救费用清单。

(2)核定重点。企业财产保险损失核定的重点包括：①核定受损财产的数量。②核定受损财产的价格。其包括核定受损财产价格确定的依据，是按账面价格确定还是按投保时约定价格确定，注意剔除其中的呆滞品，重置价值低于账面价值或保险金额的则按重置价值确定。③核定施救费用是否必要、合理，是否需要按比例分摊。④残值金额是否扣除。

5. 计算赔款

1)明确赔偿方式

企业财产保险标的差异很大，使用的赔偿方式存在差异，通常情况下，建筑物的赔偿是重置建筑物的费用，机器设备、仓储物资等赔偿是市场价值。但无论选择哪种方式，赔偿限额都是合同中约定的保险金额。例如，中国人民财产保险股份有限公司在《企业财产保险综合保险条款》中没有赋予保险人选择重置赔偿方式，而在《财产一切险条款》中规定有重置赔偿方式选择权。

2)计算赔偿金额

(1)固定资产赔偿金额计算。

毁损状态1：标的发生全损。固定资产在灾害事故中发生全损，受损财产的保险金额大于等于重置价值的，赔偿金额以重置价值为限，受损财产的保险金额小于重置价值，赔偿金额不得超过保险金额，计算公式如下：

$$\text{赔偿金额}=\text{保险金额}-\text{残余价值}\qquad(\text{保险金额}<\text{重置价值})\tag{14-1}$$

$$\text{赔偿金额}=\text{重置重建价值}-\text{残余价值}\qquad(\text{保险金额}\geqslant\text{重置价值})\tag{14-2}$$

【例14-1】 某企业投保财产一切险，其中生产厂房保险金额300万元，在保险期限内发生意外爆炸全损，残值20万元，出险时，厂房的实际价值为450万元，请计算赔款。

分析：由于保险金额小于重置价值，则有

$$\text{赔偿金额}=\text{保险金额}-\text{残余价值}=300-20=280(\text{万元})$$

【例14-2】 某企业投保财产一切险，其中1号生产机组保险金额800万元，在保险期限内发生火灾全损，出险时，实际价值500万元，残值40万元，请计算赔款。

分析：由于保险金额大于重置价值，则有

$$\text{赔偿金额}=\text{重置重建价值}-\text{残余价值}=500-40=460(\text{万元})$$

毁损状态2：标的发生部分损失。固定资产在灾害事故中发生部分损失，赔偿金额计算与投保方式有关。如果固定资产按账面原值投保，出险时，受损财产的保险金额大于等于重置价值的，赔偿金额为实际损失，受损财产的保险金额小于重置价值，赔偿金额按损失金额的一定比例计算，计算公式见式(14-3)和式(14-4)。如果固定资产按原值加成投保或者按照重置价值投保，保险人只按实际损失计算赔偿金额，如果受损固定资产无法从账面上与其他固定资产价值相区分，则按比率确定受损资产的赔偿。

赔偿金额＝损失金额×(保险金额/重置价值)　（保险金额＜重置价值）　(14-3)

赔偿金额＝损失金额　（保险金额≥重置价值）　(14-4)

【例 14-3】 某保险公司承保某企业财产保险，其保险金额为 800 万元，在保险合同有效期内发生火灾，损失额为 600 万元，出险时财产实际价值为 1 000 万元，请计算其赔款。

分析：由于保险金额小于重置价值，则有

赔偿金额＝损失金额×(保险金额/重置价值)＝600×800÷1 000＝480(万元)

(2)流动资产赔偿金额计算。

毁损状态 1：标的发生全损。受损财产保险金额等于或高于出险时账面余额，赔偿金额以不超过出险时账面余额为限；保险金额低于出险时账面余额，赔偿金额以不超过保险金额为限。

毁损状态 2：标的发生部分损失。受损财产保险金额等于或高于出险时账面余额，赔偿金额按实际损失计算；受损财产保险金额低于保险价值或账面余额，赔偿金额按保险金额与保险价值的比例计算。

(3)账外财产和代保管财产的赔偿计算。账外财产和代保管财产的赔偿的赔偿处理与流动资产相似，当标的发生全损，保险金额等于或高于出险时重置价值或账面余额，赔偿金额以不超过出险时重置价值或账面余额为限；保险金额低于出险时重置价值或账面余额，赔偿金额以不超过该项财产的保险金额为限。当标的发生部分损失，保险金额等于或高于出险时重置价值或账面余额，按保险金额与保险价值的比例计算。

(4)施救、抢救、保护费用的赔偿。施救、抢救、保护费用的赔偿参考保险财产损失金额的赔偿，即方式同步：若受损保险财产按比例赔偿，施救费用也按相同比例赔偿。施救费用的赔偿要区分用于保险财产的施救，当不能区分时，应根据保险财产价值占全部施救财产价值的比例计算。计算公式如下：

保险财产施救费用＝施救费用×(施救保险财产/全部被施救财产)　(14-5)

【例 14-4】 某企业投保一批财产，按市价确定保险金额 500 万元，保险期间发生事故，损失 200 万元，被保险人支出施救费用 20 万元。已知该批财产在发生保险事故时的市价为 600 万元，请计算保险公司的总赔款。

分析：由于受损财产需要按比率赔偿，则施救费用也要按比例赔偿，故总赔款为

保险赔偿额＝(保险财产实际损失额＋施救费)×(保险金额/保险价值)
＝(200＋20)×500/600＝183.33(万元)

3)注意事项

企业财产保险合同范围内的财产遭受部分损失赔偿后，保险人要向投保人开立批单，载明该份保单的保险金额已发生变化，合同继续有效的金额为原保险金额减去赔偿金额后的部分，保险人对该部分保险金额继续负责至合同期满。已赔偿的财产恢复后，续保时要

另外缴纳保险费，才能够恢复原有合同的保险金额，通常续费部分，按日比例计算保险费。

二、家庭财产保险的承保与理赔

（一）家庭财产保险的承保

(1)接受投保单。保险人收到投保人交来的投保单，视为承保工作的开始。

(2)投保验险。家庭财产保险的投保验险主要注意四个问题：房屋结构、占用性质、建造时间及尚可使用年限，是否为危房；房屋附近有无危险因素，房屋坐落地点，判明是否处于低洼涝地段；查明是否属于违章建筑；农村居民只承保有人居住的房屋。

(3)风险评估。家庭财产保险承保的对象原则上属于被保险人生活自用的家庭财产，对于个体工商户的营业用工具、原材料、产成品、商品、房屋机器设备和出租用于工商业的房屋，均不适用本保险。而对于以下房屋及其屋内设施均属于高风险标的，保险人不宜承保：坐落于蓄洪区、行洪区、江河岸边、低洼地区以及防洪堤以外当地常年警戒水位线以下的房屋；比较破旧，屋主忽视其管理、维修，且长年无人居住的房屋；处于危险状态下的财产。

(4)缮制保单。家庭财产保险的保险单缮制中需要注意：投保人为单位的，要使用全称；投保人为个人的，要注明详细地址，以辨别同名同姓客户；投保财产坐落地址要详细，每张投保单只能填写一个财产坐落地址；必须填写分项财产的保险金额；对于一些特别贵重的保险财产，如摄影器材、家用电脑、金银首饰以及难以确定是否属于保险财产范围的其他财产，必须经双方协商同意，并在保险单的“特约财产”栏内列明财产名称、型号、费率和保险金额；对保险合同中未尽事宜，被保险人与保险人双方可通过协商，在“特别约定”栏内予以明确。家庭财产保险单样本如表 14-5 所示。

表 14-5　家庭财产保险单样本

保险单号：

<table>
<tr><td colspan="3">被保险人姓名：</td></tr>
<tr><td colspan="3">保险财产地址：</td></tr>
<tr><td colspan="3">保险期限：　　年　自　年　月　日零时至　年　月　日二十四时止</td></tr>
<tr><td>保险财产名称</td><td>保险金额</td><td>是否附加盗窃保险</td></tr>
<tr><td>家用电器及照相器材</td><td></td><td></td></tr>
<tr><td>衣物</td><td></td><td></td></tr>
<tr><td>床上用品</td><td></td><td></td></tr>
<tr><td>家具</td><td></td><td></td></tr>
<tr><td>其他物品</td><td></td><td></td></tr>
<tr><td>总保险金额：</td><td colspan="2">保险费</td></tr>
<tr><td colspan="3">备注：</td></tr>
<tr><td>投保人对保险人的除外责任条款明确无误</td><td colspan="2">签字：　　　　日期：　年　月　日</td></tr>
</table>

(5)复核保单。家庭财产保险单复核的内容主要包括：被保险人的姓名、财产坐落地址、职工人数是否正确；缮写项目是否齐全；保险单与投保单各项内容、数字有无错漏；分项保额与总保额是否正确；保险费计算及大、小写是否正确；费率厘定是否

正确；保险期限起讫时间是否正确；附加的特约条款是否正确粘贴在保险单正本背面及副本正面上方，并加盖骑缝章。经复核无误后，复核员要在保险单正、副本上加盖业务专用章及复核员私章，并在"承保登记簿"上签章，将保险单正本和保险费收据交付投保人或被保险人。

(6)收取保险费或储金。如果采用的是储金式家庭财产保险，如家财两全险，无论是否发生赔付，保险储金归被保险人所有，保险人只提取储金的实际利息作为保险收入，如果保户中途退保，保险人将按规定收取一定的保险费。

（二）家庭财产保险的理赔

1. 现场查勘

保险人在接到报案后，详细询问并登记，对于案情重大或者超过核赔权限的，应迅速向上级公司报告，并要求共同查勘。通过查勘了解出险情况，掌握第一手资料，并缮制现场查勘报告。

2. 损失核定

损失核定要根据责任范围和除外责任来确定应该理赔还是拒绝赔付，要本着实事求是的原则，具体分析。如属于除外责任，应按照拒赔案件的审批规定办理，向被保险人发出拒绝赔偿通知书并加以解释说明，并注销案件。如果出现标的无账可查，则依据现场查勘，按照承保时分项的保险金额和财产损失程度，与客户协商核实损失数额。根据各标的受损情况与投保人协商，能洗涤的洗涤，能修理的修理，凭相关单据由保险公司给付费用。对无法修理使用的财产，按照市价对照其新旧程度进行折旧，计算赔偿份额。家庭财产保险选择分项承保，则理赔也是分项处理，单项的赔偿金额不能超过单项保险金额，不能相互调剂，且总赔偿金额不能超过保险单的总保险金额。

3. 计算赔款

家庭财产保险赔款处理中，房屋、室内装潢及附属设备采用比例责任赔偿方式，室内财产采用第一危险赔偿方式。

(1)房屋、室内装潢及附属设备的赔款计算。标的物发生全部损失，保险金额大于等于保险价值，赔偿金额不超过保险价值，保险金额低于保险价值的，赔偿金额以保险金额为限。标的物发生部分损失，保险金额大于等于保险价值，赔偿金额为实际损失，保险金额低于保险价值的，根据实际损失或者恢复原状费用乘以保险金额与保险价值的比例确定赔偿金额。但要注意的是，家财险的标的与企业财产险不同，是无账可查的，保险金额的确定也是被保险人自行估算的，科学性、准确性较差。实际理赔中主要以出险时的实际市场价格判断，家具可根据款式来推算新旧程度，电器根据功能、样式来推算新旧程度。

(2)室内财产赔款计算。室内财产采用第一危险赔偿方式，计算简单。发生保险责任范围内的损失时，应按实际损失赔偿，以不超过保险金额为限，要坚持分项承保、分项理赔的原则。

【例 14-5】 某人投保 1 年期家庭财产保险 50 万元，其中实际出险时标的价值为 70 万元。请分别计算财产损失为 40 万元和 60 万元，保险公司应该赔多少？

分析：家庭财产保险赔款计算采用第一损失赔偿方式，则有当损失为40万元时，在保险金额范围内，赔款为40万元；

当损失为60万元时，超过50万元的保险金额，赔款为50万元。

(3)施救费用的赔款计算。施救费用应与保险财产赔款分别按两个保险金额计算，均以不超过保险金额为限。计算财产赔款采用比例分摊，施救费用也适用相同的比例分摊；财产赔款不需要比例分摊的，施救费用也不需要。施救财产中包含未保险的财产，且保险财产与未保险财产所用施救费用无法分清时，则按照式(14-6)处理。

施救费用赔款＝施救费用×(所施救的保险财产价值/所施救的全部财产价值)　(14-6)

4. 赔付结案

应赔款项计算清楚后，应向被保险人出具赔款计算书，并在规定时间内支付赔款。赔案结束后，需要将该保单项下的主要信息登记人“赔款案件登记簿”。需要注意的是，当保险双方当事人对损余处理有异议，由保险人收回的，必须填写“损余物资回收单”一式三份，一份附赔案、一份做账、另一份交保管人员核实、登记留存，收回的损余物资要及时处理。

第三节　机动车辆保险的承保与理赔

一、机动车辆保险的展业

(一)展业准备

1. 确定保险对象

机动车辆保险的保险标的是机动车辆，但并非所有的机动车辆都可以成为保险合格的对象，只有经交通管理部门检验合格，具有有效行驶证和号牌，且有合格驾驶员驾驶的机动车辆才能够成为保险对象。机动车辆保险所承保的机动车辆具体细分为汽车、电车、电瓶车、摩托车、拖拉机、各种专用机械车以及特种车等。对于合格驾驶员的界定，需要注意以下几个问题：

(1)驾驶员是被保险人允许驾车的。“允许”具体指的是被保险人委派、雇用、认可的人员，未经被保险人同意私自、强行驾驶的，不是合格的驾驶员。

(2)驾驶员必须持有有效驾驶证。下列情形均不属于合格驾驶员：①没有驾驶证；②驾驶与驾驶准驾车型不相符合的车辆；③持军队或武警部队驾驶证驾驶地方车辆，持地方驾驶证驾驶军队或武警部队车辆；④持学习驾驶证学习驾车时，无教练员随车指导，或不按指定时间、路线学习驾车；⑤实习期驾驶大型客车、电车、起重车和带挂车的汽车时，无正式驾驶员并坐监督指导；⑥实习期驾驶执行任务的警车、消防车、工程救险车、救护车和载运危险品的车辆；⑦持学习驾驶证及实习期在高速公路上驾车；⑧驾驶员持审验不合格的驾驶证，或未经公安交通管理部门同意，持未审验的驾驶证驾车；⑨使用各种专用机械车、特种车的人员无国家有关部门核发的有效操作证；⑩公安交通管理部门认定的其他属于无有效驾驶证的情况。

2. 掌握险种特点

机动车辆保险与财产损失保险间存在明显的差异，主要包括：①不定值保险方式。保险合同中只有保险金额，没有保险价值，保险事故发生后，根据出险时的保险价值对比保险金额予以赔偿。②赔偿方式主要为修复。保险车辆受损或致使第三者财产损坏，尽量进行修复，在无法修复后才采用现金赔付。③规定绝对免赔额。为增强驾驶人的安全意识和减少工作量，机动车辆保险规定免赔额，免赔额范围内的损失，保险公司不予赔偿，对于不愿意接受免赔的投保人，保险公司设计不计免赔条款，如果投保不计免赔险，发生事故后，不再实行免赔的规定。④定额保险方式。机动车辆保险的有些险种选择定额保险方式，即保险人事先确定保险金额，供投保人选择。例如，有的保险公司规定摩托车车损险的保险金额为 3 000 元、5 000 元、8 000 元、10 000 元、20 000 元和 30 000 元六个档次，由投保人自行选择，但车损险的保险金额不得超过同类新车购置价。又如，车上人员责任险每次事故最高赔偿限额分为 5 000 元、10 000 元、20 000 元、50 000 元四个档次，投保人可以自行选择。

3. 熟悉与机动车辆直接相关的法律

熟悉《道路交通安全法》、《交通事故处理程序规定》等与交通管理、交通事故处理相关的法律、法规。同时也要注意中国保监会对机动车辆保险的监管政策、同业机构的行业自律公约等，只有在了解以上法规、政策的基础上才能够有的放矢地展业。

4. 了解区域内机动车辆以及保险状况

展业前，要了解所辖区域内机动车辆拥有量、车型比例、承保情况、驾驶人员数量、历年事故发生频率、事故主要原因、出险赔付等情况；了解市场对机动车辆保险的需求、掌握客户投保心理动态；了解当地保险公司车险市场占有率、承保车辆数量、保费收入以及出险赔付等情况。

5. 调查展业对象的基本情况

调查展业对象的性质、规模、经营范围和经营情况；了解其车辆数量、车型和用途；了解车辆的状况、驾驶人员素质、运输对象；了解车辆管理和以往发生事故的情况；了解历年保险，包括承保公司、投保险种、赔付率等；了解投保动机和信誉程度等。

（二）展业宣传

机动车辆保险展业宣传首先要介绍机动车辆保险的职能和作用，重点在于宣传本公司险种的特点和优势。具体地，包括本公司的经营能力、偿付能力、机构网络、人才、技术和服务；参加本公司保险的条件，投保、索赔手续以及保险条款、费率规章；重点介绍保险责任、责任免除，附加险与主险在风险保障上的互补作用。需要注意的是在展业宣传中不得对保险条款进行扩展性解释或者超越权限私自承诺，误导投保人。

二、机动车辆保险的承保

1. 指导投保单填写

在保险单填写过程中，保险人要履行如实告知义务，向投保人告知保险险种的保障范围，要明示责任免除及被保险人义务等条款内容。应主动提醒投保人承保时的特别约定、可能的费率变化等情况，不能为争取保险业务故意误导投保人。对于摩托车与拖拉机保险，应向投保人解释说明定额保单与普通保单的不同。

2. 审核投保单

审查投保单填写内容是否完整、清楚、准确，审核投保车辆的行驶证、牌照号码、发动机号码是否与投保车辆一致，车辆是否年检合格，核实投保车辆的合法性和使用性质。

3. 查验车辆

根据投保单、投保单附表和车辆行驶证，实际查验投保车辆。其具体内容包括：确定车辆是否存在和有无受损、是否有消防和防盗设备；投保盗抢险的汽车需要拓印车架与发动机号码并附在保险单的正面，或拓印牌照留底并将照片贴在保险单背面，查验汽车是否安装防盗装置等；车辆的实际牌照号码、车型及发动机号、车身颜色等是否与行驶证一致；车辆的操纵安全性与可靠性是否符合行车要求；检查发动机、车身、底盘、电气等的技术状况；检查车辆品牌、排气量、车龄、车辆行驶区域、路线等。

4. 审核驾驶员

驾驶员的审核主要包括：①驾驶员的判断能力与应急能力。②驾驶员的视力。③驾驶员的年龄与驾龄。年轻人性情不稳定，发生交通事故的概率高；中青年身体比较健康，具有一定的驾驶经验，分析和判断能力较强，具有稳健的心态和较强的责任感，出险概率相对较低；老年人身体状况差，分析和判断能力减弱，出险概率增加；驾龄长的风险程度相对较低。④驾驶员的性别。通常男性驾驶员重大事故肇事概率较女性高。⑤驾驶员的职业。机动车辆驾驶员的职业会影响人的情绪、体力和心理，白领职业肇事记录低、重体力劳动者肇事概率高。⑥驾驶员驾照类型。

5. 计算保险费

机动车辆一般保费的计算主要采用表定法，即根据机动车类型、选择的险种，对应查表获得使用的保险费率和保险费。下面按照交强险和商业保险的顺序作介绍。

(1)交强险。交强险的保险费根据投保车辆的大类划分及其明细描述对照查找基础保费(表 14-6)，在基础保费的基础上，上下浮动收取。其计算公式如下：

$$\text{最终保费}=\text{基础保费}\times(1+\text{与道路交通事故相关的浮动比率})\times(1+\text{与交通安全违法相关的浮动比率}) \tag{14-7}$$

表 14-6　机动车交通事故责任强制保险基础费率表(2008 版)(单位：元)

车辆大类	序号	车辆明细分类	保费
一、家庭自用车	1	家庭自用汽车 6 座以下	950
	2	家庭自用汽车 6 座及以上	1 100
二、非营业客车	3	企业非营业汽车 6 座以下	1 000
	4	企业非营业汽车 6～10 座	1 130
	5	企业非营业汽车 10～20 座	1 220
	6	企业非营业汽车 20 座以上	1 270
	7	机关非营业汽车 6 座以下	950
	8	机关非营业汽车 6～10 座	1 070
	9	机关非营业汽车 10～20 座	1 140
	10	机关非营业汽车 20 座以上	1 320

续表

车辆大类	序号	车辆明细分类	保费
三、营业车辆	11	营业出租租赁 6 座以下	1 800
	12	营业出租租赁 6～10 座	2 360
	13	营业出租租赁 10～20 座	2 400
	14	营业出租租赁 20～36 座	2 560
	15	营业出租租赁 36 座以上	3 530
	16	营业城市公交 6～10 座	2 250
	17	营业城市公交 10～20 座	2 520
	18	营业城市公交 20～36 座	3 020
	19	营业城市公交 36 座以上	3 140
	20	营业公路客运 6～10 座	2 350
	21	营业公路客运 10～20 座	2 620
	22	营业公路客运 20～36 座	3 420
	23	营业公路客运 36 座以上	4 690
四、非营业货车	24	非营业货车 2 吨以下	1 200
	25	非营业货车 2～5 吨	1 470
	26	非营业货车 5～10 吨	1 650
	27	非营业货车 10 吨以上	2 220
五、营业货车	28	营业货车 2 吨以下	1 850
	29	营业货车 2～5 吨	3 070
	30	营业货车 5～10 吨	3 450
	31	营业货车 10 吨以上	4 480
六、特种车	32	特种车一	3 710
	33	特种车二	2 430
	34	特种车三	1 080
	35	特种车四	3 980
七、摩托车	36	摩托车 50CC 及以下	80
	37	摩托车 50CC～250CC(含)	120
	38	摩托车 250CC 以上及侧三轮	400
八、拖拉机	39	兼用型拖拉机 14.7kW 及以下	按保监产险[2007]53 号实行地区差别费率
	40	兼用型拖拉机 14.7kW 以上	
	41	运输型拖拉机 14.7kW 及以下	
	42	运输型拖拉机 14.7kW 以上	

【例 14-6】 6 座以下的私家车投保，已知在上一个保险年度内没有发生责任事故，根据相关规定，可以下浮费率 10%，则当期保费应该为多少？

分析：根据交强险费率表查得基础保费为 950 元，则有

$$应缴保费=950\times(1-10\%)=855(元)$$

(2)第三者责任险。第三者责任险保险费的计算主要按照被保险人类别、车辆用途、座位数、吨位数、排量、功率、责任限额等查表获得保费。当有挂车时，挂车根据实际的

使用性质，按照对应吨位货车的 30%计算。特种车投保第三者责任险时要区分类型：特种车一型包括油罐车、汽罐车、液罐车；特种车二型包括专用净水车、特种车一型以外的罐式货车，以及用于清障、清扫、清洁、起重、装卸、升降、搅拌、挖掘、推土、冷藏、保温等的各种专用机动车；特种车三型包括装有固定专用仪器设备从事专业工作的监测、消防、运钞、医疗、电视转播等的各种专用机动车；特种车四型包括集装箱拖头。承保对象如果为联合收割机，则参照兼用型拖拉机 14.7kW 以上计收保险费。

(3)机动车损失保险。机动车损失保险保费计算与第三者责任险相似，按照车辆用途、座位数、吨位数、排量、功率、车辆使用年限所属档次查表获得基础保费和费率，挂车根据实际的使用性质，按照对应吨位货车的 50%计算，计算公式为

保险费＝基础保费＋保险金额×保险费率 (14-8)

【例 14-7】 假定某企业 9 座非营运客车投保车损险，已知车龄 3 年，保险金额为 15 万元，在费率表中查得基础保费为 356 元，费率为 0.93%，请计算该车应缴的保费。

分析：根据已知信息，带入公式，则有

保险费＝基础保费＋保险金额×保险费率＝356＋150 000×0.93%＝1 751(元)

(4)车上人员险。车上人员责任险按照被保险人类别、车辆用途、座位数查找费率，其保险费计算公式为

驾驶人保险费＝每次事故责任限额×保险费率 (14-9)

乘客保险费＝每次事故每人责任限额×保险费率×投保乘客座位数 (14-10)

(5)盗抢险。盗抢险按照被保险人类别、车辆用途、座位数查找基础保费和费率，其保险费计算公式为

保险费＝基础保费＋保险金额×保险费率 (14-11)

(6)玻璃单独破碎险。玻璃单独破碎险按照被保险人类别、座位数、投保国产/进口玻璃查找费率，对于特种车，防弹玻璃等特殊标准的保费上浮 10%，其保险费计算公式为

保险费＝新车购置价×保险费率 (14-12)

(7)车身划痕损失险。车身划痕险按照车龄、新车购置价、保险金额所属档次直接查找保费(表 14-7)。

表 14-7 车身划痕损失险保费表(单位：元)

车龄	保额	新车购置价		
		30 万元以下	30 万～50 万元	50 万元以上
2 年以下	2 000	400	585	850
	5 000	570	900	1 100
	10 000	760	1 170	1 500
	20 000	1 140	1 780	2 250
2 年及以上	2 000	610	900	1 100
	5 000	850	1 350	1 500
	10 000	1 300	1 800	2 000
	20 000	1 900	2 600	3 000

(8)不计免赔额特约条款。按照选择的免赔额、新车购置价查找费率折扣系数(表 14-8)，其保险费计算公式为

$$保险费=适用本条款的险种标准保费\times费率 \tag{14-13}$$

表 14-8 不计免赔特约险费率表(单位:%)

险种	第三者责任险	机动车损失险	车上人员险	车身划痕险	盗抢险
费率	15	15	15	15	20

(9)可选免赔额特约条款。按照选择的免赔额、新车购置价查找费率折扣系数(表 14-9)，计算公式为

$$约定免赔额之后的机动车损失保险费=机动车损失保险保费\times费率折扣系数 \tag{14-14}$$

表 14-9 可选免赔额特约条款

免赔额/元	新车购置价					
	5 万元以下	5 万～10 万元	10 万～20 万元	20 万～30 万元	30 万～50 万元	50 万元以上
300	0.90	0.93	0.95	0.96	0.97	0.98
500	0.81	0.87	0.91	0.94	0.96	0.96
1 000	0.71	0.78	0.84	0.88	0.91	0.93
2 000	0.58	0.62	0.71	0.78	0.86	0.90

保险公司实际收取的保险费要比按照上述公式单个计算的低，这是因为保险人会按照投保人的不同、承保标的的区别进行系数调整。如无赔款优待、约定行驶区域路线、投保车辆数目、指定驾驶人、驾驶经验和管理水平等都可以进行调整。最终费率调整系数为各个系数的乘积，但如果总折扣超过监管部门规定的最大优惠幅度则按最大幅度执行。费率调整系数不适用于摩托车和拖拉机。

6. 办理保险手续

(1)缮制保险单。机动车辆保险单的缮制过程，要注意以下问题：①如果合同存在特别约定，则应完整载明在保险单对应栏目内，如果核保中有新意见，则根据核保修改；②涉及挂车时，无论主车和挂车一起投保还是挂车单独投保，挂车都必须出具具有独立保险单号码的保险单，“发动机号码”栏统一填写“无”，挂车与主车按照多车承保方式处理；③特约条款和附加条款应印在或加贴在保险单正本背面，加贴的条款应加盖骑缝章。机动车保险单样本如表 14-10 所示。

表 14-10 机动车保险单样本

被保险人						
	号牌号码		厂牌型号		发动机号	
	VIN 码		车架号		车辆种类	
	核定载客 人	核定载质量 千克	排量/功率		已使用年限 年	
	初次登记日期		已行驶公里		使用性质	
	安全配置		固定停放地址			
	行驶区域		新车购置价		元	

续表

<table>
<tr><td colspan="3">承保险种</td><td>保险金额/责任限额(元)</td><td>保险费(元)</td></tr>
<tr><td colspan="3"></td><td></td><td></td></tr>
<tr><td colspan="3"></td><td></td><td></td></tr>
<tr><td colspan="3"></td><td></td><td></td></tr>
<tr><td colspan="3"></td><td></td><td></td></tr>
<tr><td colspan="3"></td><td></td><td></td></tr>
<tr><td colspan="5">保险费合计(人民币大写)：　　　　　　　　　　　　　　　　　　　(￥：　　元)</td></tr>
<tr><td colspan="5">保险期限自　　年　　月　　日零时起至　　年　　月　　日二十四时止</td></tr>
<tr><td>特别约定</td><td colspan="4"></td></tr>
<tr><td colspan="2">保险合同争议解决方式</td><td colspan="3"></td></tr>
<tr><td>重要提示</td><td colspan="4">1. 本保险合同由保险条款、投保单、保险单、批单和特别约定组成。
2. 收到本保险单、承保险种对应的保险条款后，请立即核对，如有不符或疏漏，请在48小时内通知保险人并办理变更或补充手续；超过48小时未通知的，视为投保人无异议。
3. 请仔细阅读承保险种对应的保险条款，特别是责任免除和投保人、被保险人义务。
4. 保险车辆转卖、转让、赠送他人或变更用途，应书面通知保险人并办理变更手续。</td></tr>
<tr><td>保险人</td><td colspan="2">公司名称：
邮政编码：</td><td colspan="2">公司地址：
联系电话：
签单日期：　　　(保险人签章)</td></tr>
</table>

核保：　　　　　　　　制单：　　　　　　　　经办：

(2)复核签发保单。复核人对保单进行认真对照复核，确认无误后向投保人核收保险费，并加盖相应公章、名章后签发给投保人。行车保险合同实行一车一单和一车一证制度，业务人员必须在保险单上注明公司名称、详细地址、邮政编码及联系电话，所填内容不得涂改。

(3)单证清分与归档。单证清分是指业务人员应将投保单及其附表、保险单及其附表、保险费收据、保险证清理归类。具体清分为：①投保人留存的单证，包括保险单正本及其附表、保险费收据(客户联)、保险证。②财务部门留存的单证，包括保险费收据(财务联)、保险单副本及其附表。③业务部门留存的单证，包括保险单副本、投保单及附表、保险费收据(业务联)。单证归档是留存业务部门的单证按照要求整理、装订和存放的工作过程。要求每一套承保单、证的整理按照保险费收据、保险单副本及其附表、投保单及其附表和其他材料的顺序排列并装订。作废的单、证应加盖作废章，并同其他有效单证联号装订。各种有效单、证应专人保管，不得遗失，并按规定时间移交档案部归档。

7. 续保

在机动车辆保险实务中，在保险到期前一个月办理续保，为防止续保以后至原保险单到期这段期间发生保险责任事故，续保通知书内注明：“出单前，如有保险责任事故发生，应重新计算保险费。全年无保险责任事故发生，可享受无赔款优待。”等字样。

8. 批改

当机动车保险合同生效后，保险机动车的所有权发生变化，机动车保险合同是否继续有效，取决于批改。投保人或被保险人申请批改，保险人经过必要的核保，签发批单同意，原机动车保险合同继续有效。如果投保人或被保险人未申请批改，机动车保险不能随着保险机动车的转让而自动转让，机动车保险合同也不能继续生效。我国《机动车辆保险条款》规定："在保险合同有效期内，保险车辆转卖、转让、赠送他人、变更用途或增加危险程度，被保险人应当事先书面通知保险人并申请办理批改。"批改的主要内容包括：保险金额增减；保险种类增减或变更；车辆种类或厂牌型号变更；保险费变更；保险期间变更。

三、机动车辆保险的理赔

（一）接受报案

保险机动车出险后，当被保险人通过电话、口头、网络及业务员等方式向保险人报案，接受报案的工作人员应迅速做好报案记录，详细询问报案人姓名及联系方式、被保险人姓名、驾驶员情况、厂牌车型、牌照号码、保险单号码、出险险别、出险日期、出险地点、出险原因和预估损失金额等情况，指导被保险人尽快填报"出险通知书"。

（二）信息核对

接受报案后，尽快查出出险车辆的保险单和批单，查验出险时间是否在保险期限以内、核对驾驶员是否为保险单中约定的驾驶员、初步审核报案人所述事故原因与经过，判断是否属于保险责任等情况，若事故原因不属于承保范围，应以书面形式拒赔。

（三）现场查勘

根据报案信息，保险人迅速通知、调度查勘定损人员进行现场查勘。按照"异地出险，就地理赔"的原则，由出险地代理查勘、定损，对于需要提供现场救援的案件，应立即安排救援工作。现场查勘的具体工作包括：①查验保险单证。②查明出险时间和地点。③查明出险车辆的情况。其包括查实肇事保险车辆及第三方车辆的车型、牌照号码、发动机号码、VIN码/车架号码，详细记录事故双方车辆已行驶公里数，并与保险单、证、批单及行驶证核对是否相符。④查实车辆的使用性质，即是否运载危险品、车辆结构有无改装或加装。⑤查清驾驶员情况。其包括姓名、驾驶证号码、准驾车型、初次领证日期、职业类型，注意检查驾驶证是否有效，检验驾驶人员是否是被保险人或其允许的驾驶人员或保险合同中约定的驾驶人员，特种车要查验国家有关部门是否核发有效操作证，营业性车辆的驾驶人员要查验是否具有从业资格证书。⑥查明出险原因。⑦确定损失情况。⑧查明责任划分。其包括各方所承担的责任比例，以及是否有重复保险。⑨绘制现场图。⑩询问记录和现场拍照。⑪施救整理受损财产。

（四）定责定损

(1)车辆损失险。车辆损失险理赔包括救护费用、拖车费用和修复费用。救护费用是为防止损失扩大所需的保护、抢救、抢修的正常而正当的费用；拖车费用是移送受损车辆至承保公司同意的最近修理厂所需的费用；修复费用包括修复车损所花的人工、材料、配件及订购配件所需的费用。理赔人员对修复要件填具一式三份的机动车修理估价单，保险人、被保险人和维修厂各持一份。涉及两家或两家以上保险公司承保车辆肇事所致车损，机动车修理估价单经每家保险公司确认后才生效。如果被保险车辆异地出险，且保险公司在当地没有分支机构，则被保险人要尽快向保险公司报案，拍摄事故现场照片作为定损依据，并及时要求当地交管部门开具事故证明书，作为事故理赔的证据。

(2)第三者责任险。第三者责任险理赔的费用通常细分为人身、财产和查勘。人身伤亡部分又包括急救费用、医疗费用、交通费用、看护费用、丧葬费用及抚恤金等其他费用，各类费用均以当地交通事故处理的文件规定为标准。财产损失部分包括救护费用、运费、修复费用以及补偿费用等，其中救护费用是保护、抢救、抢修第三者财物的正当费用，运费是搬运第三者财物损失所需的费用，修复费用是修复第三者财物支付的费用。查勘费用包括：照相费用；通信费用；交通费用；差旅费；损余残值的运费；勘估损失伤害费用；代勘及估损费用；诉讼、仲裁等费用。

(五)赔款计算

1. 交强险

交强险的赔款计算标准为按照死亡伤残、医疗费用和财产损失三个细目设定赔偿限额，有责、无责均要赔偿。有责的一方上述三险赔偿金额分别为110 000元、10 000元、2 000元，无责一方则分别为11 000元、1 000元和100元。超过交强险的部分由三者险、车损险等商业保险赔偿。

2. 第三者责任险

第三者责任险赔付涉及死亡伤残、医疗费用和财产损失三个部分，计算公式如下：

$$\text{赔款}=(\text{死亡伤残}+\text{医疗费用}+\text{财产损失})\times\text{责任比例}\times(1-\text{免赔率}) \tag{14-15}$$

$$\text{死亡伤残赔款}=\text{死亡伤残费用核定金额}-\text{交强险赔偿金额} \tag{14-16}$$

$$\text{医疗费用赔款}=\text{医疗费用核定金额}-\text{交强险赔偿金额} \tag{14-17}$$

$$\text{财产损失赔款}=\text{财产损失核定金额}-\text{交强险赔偿金额} \tag{14-18}$$

3. 机动车损失险

(1)车辆发生全部损失。事故造成车辆发生全部损失，保险金额低于出险时的实际价值的，按保险金额计算赔款；保险金额高于或等于出险时车辆的实际价值的，以出险时的实际价值计算赔款。实际价值按保险事故发生时合同签订地同种类型车辆市场新车购置价(含车辆购置附加费/税)减去该车已使用累计月数折旧额确定。计算公式如下：

$$\text{赔款}=(\text{保险金额}-\text{残值}-\text{交强险赔偿金额})\times\text{责任比例}\times(1-\text{免赔率})-\text{绝对免赔额} \tag{14-19}$$

$$\text{赔款}=(\text{实际价值}-\text{残值}-\text{交强险赔偿金额})\times\text{责任比例}\times(1-\text{免赔率})-\text{绝对免赔额} \tag{14-20}$$

$$\text{实际价值}=\text{出险时新车购置价}\times(1-\text{已使用月数}\times\text{月折旧率}) \tag{14-21}$$

(2)车辆发生部分损失。投保车辆发生部分损失，如果是以新车购置价确定保险金额的，按实际修理费用计算赔偿，但每次以不超过保险金额或者实际价值为限，如果有残值，在赔款中扣除。如果保险金额低于新车购置价，按照保险金额与新车购置价的比例计算赔偿修理费用，但每次以不超过保险金额为限，如果有残值，在赔款中扣除。计算公式如下：

$$赔款=(修理费用-残值-交强险赔偿金额)\times责任比例\times(1-免赔率)-绝对免赔额 \tag{14-22}$$

$$赔款=(修理费用-残值-交强险赔偿金额)\times责任比例\times(保险金额/新车购置价)\times(1-免赔率)-绝对免赔额 \tag{14-23}$$

(3)施救费用赔款。《保险法》第 57 条规定，保险事故发生后，被保险人为防止或者减少保险标的的损失所支付的必要的、合理的费用，由保险人承担；保险人所承担的费用数额在保险标的损失赔偿金额以外另行计算，最高不超过保险金额的数额。如果是不足额投保，则施救费用也按比率赔付。计算公式如下：

$$施救费用赔款=(核定施救费用-交强险赔偿金额)\times责任比例 \tag{14-24}$$

$$核定施救费用=施救费用\times(保险财产价值/被施救财产总价值) \tag{14-25}$$

4. 附加险

1)全车盗抢险

全车盗抢险的赔款金额不得超过保险金额。被保险车辆被盗抢后找回的，若保险人尚未赔偿的，按本附加险有关赔偿的保险责任赔偿，已赔偿的应将该车辆归还被保险人，同时收回相应的赔偿。如果被保险人不愿意收回原车，则保险人成为车辆的所有人，被保险人需要协助保险人做好车辆的善后事宜。

(1)全部损失。其全部损失的赔款计算公式如下：

$$赔款=保险金额\times(1-免赔率) \tag{14-26}$$

(2)部分损失。其部分损失的赔款计算公式如下：

$$赔款=实际修理费用-残值 \tag{14-27}$$

2)玻璃单独破碎险

玻璃单独破碎险的赔款计算公式如下：

$$赔款=实际修理费用 \tag{14-28}$$

3)车上人员责任险

(1)当被保险人按事故责任比例应承担的每座车上人员伤亡赔款金额未超过保险合同载明的每人责任限额，赔款计算公式如下：

$$每人赔款=应承担的赔款金额 \tag{14-29}$$

(2)当被保险人按事故责任比例应承担的每座车上人员伤亡赔款金额超过保险合同载明的每人责任限额，赔款计算公式如下：

$$每人赔款=责任限额 \tag{14-30}$$

(3)当赔款等于每人赔款之和时，赔款人数以投保座位数为限。

4)车上货物责任险

(1)当被保险人按事故责任比例应承担的车上货物损失金额未超过保险合同载明的责任限额，赔款计算公式如下：

$$赔款=应承担的赔偿金额\times(1-20\%) \tag{14-31}$$

(2)当被保险人按事故责任比例应承担的车上货物损失金额超过保险合同载明的责任限额，赔款计算公式如下：

$$赔款=责任限额\times(1-免赔率) \quad (14\text{-}32)$$

5)无过失责任险

(1)当无过失责任险损失金额未超过责任限额，赔款计算公式如下：

$$赔款=实际损失\times(1-20\%) \quad (14\text{-}33)$$

(2)当无过失责任险损失金额超过责任限额，赔款计算公式如下：

$$赔款=责任限额\times(1-20\%) \quad (14\text{-}34)$$

6)车辆停驶损失险

(1)全部损失。其全部损失的赔款计算公式如下：

$$赔款=保险合同中约定的日赔偿金额\times保险合同中约定的最高赔款天数 \quad (14\text{-}35)$$

(2)部分损失。在计算赔偿天数时，以约定的修理天数和实际修理天数中短者为准。当赔款天数未超过保险合同中约定的最高赔款天数时，赔款计算公式如下：

$$赔款=保险合同中约定的日赔款金额\times赔款天数 \quad (14\text{-}36)$$

当赔款天数超过保险合同中约定的最高赔款天数时，赔款计算公式如下：

$$赔款=保险合同中约定的日赔款金额\times保险合同中约定的最高赔款天数 \quad (14\text{-}37)$$

7)火灾、爆炸及自燃损失险

赔款金额不得超过险种保险金额。

(1)全部损失：

$$赔款=(保险金额-残值)\times(1-20\%) \quad (14\text{-}38)$$

(2)部分损失：

$$赔款=(实际修理费用-残值)\times(1-20\%) \quad (14\text{-}39)$$

(3)施救费用：施救费用以不超过保险金额为限。

$$赔款=实际施救费用\times(保险财产价值/实际施救财产总价)\times(1-20\%) \quad (14\text{-}40)$$

8)自燃损失险

赔款金额不能超过此险种保险金额。

(1)全部损失。其全部损失的赔款计算公式如下：

$$赔款=(保险金额-残值)\times(1-20\%) \quad (14\text{-}41)$$

(2)部分损失。其部分损失的赔款计算公式如下：

$$赔款=(实际修理费用-残值)\times(1-20\%) \quad (14\text{-}42)$$

(3)施救费用。施救费用以不超过保险金额为限。

$$赔款=实际施救费用\times(保险财产价值/实际施救财产总价值)\times(1-20\%) \quad (14\text{-}43)$$

9)车身划痕损失险

在保险金额 5 000 元内按实际损失计算赔偿，并使用批单冲减保险金额。在保险期限内，赔款累计达到 5 000 元的，保险责任终止。

$$赔款=实际损失金额 \quad (14\text{-}44)$$

10)不计免赔特约条款

赔款为一次赔款中已承保且出险的各险种免赔额之和，但如果发生下述情况，保险人不负责赔偿：车辆损失保险中应当由第三方负责赔偿而确实无法找到第三方的；违反安全装载规定加扣的；同一保险年度内多次出险，每次加扣的；附加盗抢险或附加火灾、爆炸、自燃损失险或附加损失险种规定的；对家庭自用车保险合同中约定驾驶人员的，保险事故发生时由非约定驾驶人员驾车而加扣的。

【例 14-8】 有甲、乙两车，甲车为载货汽车，乙车为小型载客汽车，在道路上发生交通事故，双方负事故的同等责任，致使一名骑自行车的人(丙)受伤，并造成路产管理人(丁)遭受损失。交通事故各参与方的损失分别为：甲车车辆损失 3 000 元，车上货物损失 5 000 元；乙车车辆损失 1 万元，乙车车上人员重伤一名，造成残疾，花费医药费 2 万元，残疾赔偿金 5 万元；骑自行车人经抢救无效死亡，医疗费用 3 万元，死亡赔偿金 10 万元，精神损害抚慰金 2 万元；路产损失 5 000 元。甲、乙两车均投保了交强险，财产损失、医疗费用、死亡伤残各赔偿限额分别为 2 000 元、1 万元、10 万元；甲、乙车都投保了商业机动车保险，甲车投保险别为车辆损失险、第三者责任险、车上货物责任险、不计免赔险；乙车投保险别为车辆损失险、第三者责任险、车上人员责任险、不计免赔险。请计算甲、乙两车应获得的各项赔款。

Ⅰ交强险赔款计算

ⅰ甲车赔偿金额。

(1)财产损失赔偿金额。

受损财产核定金额＝乙车辆损失金额＋路产损失/2
＝10 000＋5 000/2＝12 500(元)＞2 000(元)

财产损失赔偿金额＝2 000(元)

其中，

乙车辆得到的赔偿＝10 000/(10 000＋2 500)×2 000＝1 600(元)

路产管理人得到的赔偿＝2 500/(10 000＋2 500)×2 000＝400(元)

(2)医疗费用赔偿金额。

医疗费用核定损失金额＝20 000＋30 000/2＝35 000(元)＞10 000(元)

医疗费用赔偿金额＝10 000(元)

其中，

乙车人员得到的赔偿＝20 000/(20 000＋15 000)×10 000＝5 714(元)

骑自行车人得到的赔偿＝15 000/(20 000＋15 000)×10 000＝4 286(元)

(3)死亡伤残费用赔偿金额。

死亡伤残费用核定损失金额＝50 000＋120 000/2＝110 000(元)

死亡伤残费用赔偿金额＝110 000(元)

其中，

乙车人员得到的赔偿＝50 000(元)

骑自行车人得到的赔偿＝60 000(元)

汇总有

甲车交强险总赔偿金额＝2 000＋10 000＋110 000＝122 000(元)

ⅱ乙车赔偿金额。

(1)财产损失赔偿金额。

受损财产核定损失金额＝3 000＋5 000＋5 000/2＝10 500(元)＞2 000(元)

财产损失赔偿金额＝2 000(元)

其中，

甲车得到的赔偿＝(3 000＋5 000)/(3 000＋5 000＋2 500)×2 000＝1 524(元)

路产管理人得到赔偿＝2 500/(3 000＋5 000＋2 500)×2 000＝476(元)

(2)医疗费用赔偿金额。

医疗费用核定损失金额＝30 000/2＝15 000(元)＞10 000(元)

医疗费用赔偿金额＝10 000(元)

骑自行车人得到的赔偿＝10 000(元)

(3)死亡伤残赔偿金额。

死亡伤残核定损失金额＝(100 000＋20 000)/2＝60 000(元)＜110 000(元)

死亡伤残赔偿金额＝60 000(元)

骑自行车人得到的赔偿＝60 000(元)

汇总有

乙车交强险总赔偿金额＝2 000＋10 000＋60 000＝72 000(元)

本例中事故各方分项得到的交强险赔偿金额如下：

甲车得到的为

财产损失赔偿＝1 524(元)

其中，

赔偿车辆＝3 000/(3 000＋5 000)×1 524＝571.50(元)

赔偿货物＝5 000/(3 000＋5 000)×1 524＝952.50(元)

乙车得到的为

车辆损失赔偿＝1 600(元)

医疗费用赔偿＝5 714(元)

死亡伤残赔偿＝50 000(元)

骑自行车人得到的为

医疗费用赔偿＝4 286＋10 000＝14 286(元)

死亡伤残赔偿＝60 000＋60 000＝120 000(元)

路产管理人得到的为

路产损失赔偿＝400＋476＝876(元)

Ⅱ商业保险赔款计算

ⅰ甲车。

车辆损失险赔偿金额＝(实际修理费用－交强险赔偿金额)×50％

＝(3 000－571.50)×50％＝1 214.25(元)

车上货物责任险赔偿金额＝(5 000－952.50)×50％＝2 023.75(元)

第三者责任险赔偿金额＝[(乙车方损失－交强险赔偿金额)

＋(骑自行车人的损失－交强险赔偿金额)

＋(路产管理人的损失－交强险赔偿金额)]×50％

=[(10 000+20 000+50 000−1 600−5 714−50 000)
+(30 000−14 286)+(5 000−876)]×50%
=21 262(元)

甲车商业险总赔偿金额=1 214.25+2 023.75+21 262=24 500(元)

ⅱ 乙车。

车辆损失险赔偿金额=(10 000−1 600)×50%=4 200(元)

车上人员责任险赔偿金额=(20 000−5 714+50 000−50 000)×50%=7 143(元)

第三者责任险赔偿金额=[(甲车方损失−交强险赔偿金额)+(骑自行车人的损失
−交强险赔偿金额)+(路产管理人的损失
−交强险赔偿金额)]×50%
=[(3 000+5 000−571.50−952.50)+(30 000
−14 286)+(5 000−876)]×50%
=13 157(元)

乙车商业险总赔偿金额=4 200+7 143+13 157=24 500(元)

汇总整理全部计算结果有

甲、乙两车交强险和商业机动车保险总赔偿金额=122 000+72 000+24 500+24 500
=243 000(元)

所有参与方的总损失金额=8 000+80 000+150 000+5 000=243 000(元)

本例题计算中包含精神损害抚慰金，需要投保人另行购买附加险才能够得到保障。

(六)核赔

根据查勘审定的责任以及单证、票据等缮制“赔款理算书”一式三份，报上级核赔部门审批，并编写结案报告书，摘要记录理赔过程和重要事项。通常，被保险人应在公安交通管理部门对交通事故处理结案之日 10 天内向保险公司提交事故的有关必要单证，如表 14-11 和表 14-12 所示。

表 14-11 交通事故必备单证一览表

所需单证	事故类型				获取渠道
	单方肇事	双方车毁	人员受伤	人员死亡	
责任认定书	√	√	√	√	交警
调解书或审判书		√	√	√	交警、法院
行驶证、驾驶证	√	√	√	√	自备
住院、出院证明			√	√	治疗医院
医疗费用收据			√	√	治疗医院
伤残鉴定证明			√		治疗医院
伤残补助说明					公安机关
死亡、销户证明			√	√	公安机关
修车发票	√	√	√	√	修理厂
赔偿对方的凭证		√	√	√	接受赔偿方

表 14-12　车辆盗抢事故必备单证

单证名称	获取渠道	单证名称	获取渠道
事故报案证明	公安交警部门	购置附加费证	自备
车辆未破获证明	公安侦破部门	权益转让书	自备
车辆档案封存证明	公安车辆管理部门	购车发票	自备
养路费报停证明	养路费征收部门	全套车钥匙	自备
行驶证	自备		

（七）结案归档

核赔后，开具赔款通知书，向被保险人说明赔偿标准和计算依据并支付保险赔偿金。赔款交付被保险人后，有关各种单据、证明文件集合归类、装订，保存在档案室，以备未来查阅。

第四节　其他财产保险承保与理赔

一、国际货物运输保险业务处理

（一）承保

(1)填写投保单。国际货物运输保险的投保单填写时，要明确以下内容：①被保险人名称。②标记。标记与提单一致，特别要与刷在货物外包装上的实际标记符号一样。③包装数量。箱、包、件、捆以及数量应书写清楚。④货物名称要填写具体。⑤保险金额。按照发票到岸价 CIF 加成 10%～20%，如采用的离岸价 FOB 或成本加运费价 CFR 则需要先调整为 CIF 价，中国人民保险公司办理进出口货物运输保险，保险金额确定采用逐笔投保或者预约投保，保险金额计算如式(14-45)，例题如【例 14-9】。⑥船名或装运工具。海运写明船名，转运也需注明，联运需注明联运方式。⑦航程或路线。⑧承保险别。⑨赔款地点。赔款地点一般为目的地。⑩投保日期。

$$\text{保险金额}=\text{CIF}\times(1+\text{投保加成率}) \tag{14-45}$$

$$\text{CIF}=\text{FOB}(1+\text{运费率})/(1-\text{保险费率}) \tag{14-46}$$

$$\text{CIF}=\text{CFR}/[1-(1+\text{投保加成率})\times\text{保险费率}] \tag{14-47}$$

【例 14-9】 出口一批货物，CFR 报价 20 万美元，若按 10%投保海运一切险，保险费率为 1%，请计算保险金额。

分析：保险金额计算需要采用 CIF，故先将 CFR 换算为 CIF，则有

CIF 货价＝CFR 价/[1－保险费率×(1＋加成率)]＝200 000/[1－1%×(1＋10%)]

＝202 224.47(美元)

保险金额＝CIF×(1＋加成率)＝20 224.47×(1＋10%)＝222 446.92(美元)

(2)收费签单。国际货物运输保险的保险费率根据不同险别、不同商品、不同运输方式和不同目的地，参照国际费率水平而制定，分为一般货物费率和指明货物加收费率，后者指特别列明的货物，如某些易碎、易损商品，在一般费率的基础上另行加收的费率。收取保险费后，保险人即向投保人签发保险单。

（二）理赔

1. 损失通知

当被保险人获悉或发现保险货物遭受毁损，应立即通知保险人，延迟通知若引起异议，将影响索赔。

2. 向承运人等提出索赔

被保险人在提货时发现货物明显受损或整件短少，在除向保险公司报损的同时，应立即向承运人、受托人以及海关、港务局等索取货损货差证明。当损失涉及承运人、受托人或码头、装卸公司等的责任时，立即以书面形式向其提出索赔，并保留追偿权利，必要时还要申请延长索赔时效。

3. 采取施救措施

货物受损后，被保险人应该对受损货物采取施救措施，防止损失进一步扩大。由于被保险人对于货物的性能、用途更加熟悉，原则上残货应由货方处理，被保险人要协助保险人进行转售、修理或改变用途处理。

4. 备全索赔单证

被保险人需要准备的单证包括：保单或保险凭证正本；运输契约，包括提单、运单和邮单等；发票；装箱单、磅码单；向承运人或有责任方请求赔偿的书面文件；检验报告；海事报告摘录或海事声明书；货损货差证明；索赔清单。如果发生诸如修改、海事、共同海损及散货等其他事件，还需要提供更多单证，如修复费用发票；海事报告；正本发票和装箱单；设备交接单；装船前的品质和重量证明等。

5. 计算赔款

(1)货物全损。发生货物全损时，赔偿按保险金额扣除免赔额后计算赔款。国际货物运输保险的货物全损包括一张保单所保货物全损、一张保单分类货物全损、驳船全损及装卸时整件货物的全损。

(2)部分损失。部分损失根据具体损失情况，按比例计算赔偿。货物发生部分损失的处理具体包括：

其一，数量(重量)短少。保险赔款金额为保险金额与保险货物灭失或损失的数量(重量)占保险货物总量之比的乘积。计算公式如下：

赔款＝保险金额×毁损货物的件数(重量)/承保货物的总件数(总重量)　(14-48)

其二，质量损失。保险货物遭受局部损失，仍有一定使用价值，赔偿金额考虑完好货物与残损货物的市场价值比率，计算公式如下：

赔款＝保险金额×(货物完好价值－受损后的价值)/货物完好价值　(14-49)

其三，部分损失扣免赔率。按国际惯例，对于容易发生破碎、短量、渗漏等损失的货物，可根据具体商品的不同性质确定免赔率，如散装粮谷、油籽仁、豆类等，其赔偿额计算公式如下：

赔偿金额＝保险金额×赔偿重量/保险总重量　(14-50)

赔偿重量＝损失重量－免赔重量　(14-51)

免赔重量＝残损货物包数×每包原装重量(数量)×免赔率　(14-52)

其四，加成投保。外贸货物为保证利润，通常加成投保，如果加成投保的货物发生部分损失，其赔款计算公式如下：

赔款＝保险金额×按发票价值计算的损失数/发票价值 (14-53)

二、国内货物运输保险的承保与理赔

国内货物运输保险分为国内水路、陆路货物运输和国内航空货物运输保险两类，保险责任按“仓到仓”执行，如果收货人未及时提货，则保险责任的终止期最多延长至以收货人接到“到货通知单”后的15天为限，以邮戳日期为准。投保国内货物运输保险的货物受损，收货人应在10天内向当地保险机构申请，并与保险人共同检验受损的货物，否则保险人不予受理。索赔时，需要备齐下列单证：保险单(保险凭证)、运单(货票)、提货单、发票(货价证明)；承运部门签发的货运记录、普通记录、交接验收记录、鉴定书；收货单位的入库记录、检验报告、损失清单及救护货物所支付的直接费用单据。有应当由承运人或其他第三者负责赔偿的部分或全部的，需要携带向第三者提出索赔的书面材料及诉讼书。货物发生保险责任范围内的损失，按保险价值确定保险金额的，保险人以保险金额为限，根据实际损失计算赔偿；保险金额低于保险价值的，保险人按保险金额与保险价值的比例赔偿，计算公式如下：

保险金额＝损失金额(或施救费用)×(保险金额/保险价值) (14-54)

三、建筑、安装工程保险的承保与理赔

(一)承保

1. 确定保险金额

建筑安装工程保险在填写投保单前应首先明确保险金额，通常保险单明细表中列明的保险金额不得低于以下项目：被保险工程建筑完成总价值，包括原材料费用、设备费用、建造费、安装费以及由工程所有人提供的原材料和设备的费用；重置同型号、同负载的新机器、装置和机械设备所需的费用；由被保险人与保险人商定的其他项目金额。若被保险人是以工程概算总造价投保，被保险人应在各项费用涨价或升值后超出原造价时，尽快以书面通知保险人。如果工程建造期超过3年，必须从保险单生效日起每隔12个月向保险人申报实际投入金额和调整后的造价，在保险期限届满前3个月内向保险人申报最终工程造价。

2. 填写投保单

建筑、安装工程保险投保单填写过程中要注意几个问题：按建筑、安装工程保险投保要求中列明的项目分项填写；投保时以工程预算或承包合同价格初步确定保险金额；分承包人施工(安装)的项目应详细列明分承包人的名称及施工(安装)的项目和金额；明确规定第三者责任险赔偿限额及每次事故的免赔额；确定保费方式，分期缴付保险费的最多不超过三期，且第一期必须缴付总保费金额的50%；提供保险人要求的各类文件，并附清单及明细附表；投保人对调查表及投保单所填内容核对无误后签名盖章，并填写填单日期。

3. 风险评价

保险人在投保人如实详尽地填写投保申请书后，需要对建筑工程项目及有关各方面进行调查，填写风险评估表和施工用机具及设备清单，并进行现场查勘。建筑工程需要掌握的信息包括工程建设投资组成、工程业主及总承包商，工程监理公司以及实际投保人，工

程设计单位，建筑结构类型，工地场内或场外预制，工程现场周边业主原有建筑以及第三者建筑及地下管线，工程地点年平均降雨量和近年最大洪水水位或汛期最高水位。安装工程需要掌握的信息除和建筑工程相同的部分外，还需要安装工程企业的生产流程工艺，设备储存仓库结构及建筑面积，施工单位消防组织和管理培训制度以及消防设施的配置，易燃、易爆、有毒物品及材料的管理制度和试车安排等。

4．核保

建筑、安装工程核保的内容包括保险费率形式、保险金额确定、保险期限与保证期。一般地，建筑工程工期不超过 4 年，安装工程工期不超过 3 年，试车考核期不超过 3 个月，若超过 3 个月，加收保险费。保证期保险依照工程合同规定的缺陷期进行设定，保证期自工程验收完毕移交后开始至保单上注明的加保日期或合同规定的日期满时终止，以先到者为准，通常 6～12 个月，最长不超过 24 个月，且不得超过保险单列明的期限。对旧设备或转手设备不承保试车期，也不承保保证期责任。保证期有有限责任保证期和扩展责任保证期之分，有限责任保证期主要承保在保单上载明的保证期内，因承包人履行工程合同所规定的保证期责任而进行整修保养的过程中，因保险责任范围内的风险所造成工程标的的损失，对于火灾、爆炸以及自然灾害造成的损失一概不负责；扩展责任保证期则是指在承保有限责任保证期责任的同时，还对保证期开始前已存在，并由原材料缺陷、工艺不善等原因造成的保证期内保险财产的损失负责赔偿。保险人在核保后签发保险单，建筑、安装工程保险单如表 14-13 所示。

表 14-13 建筑、安装工程保险单(样本)

投保人姓名、地址					
被保险人姓名、地址及其在本工程中的身份					
建筑、安装工程名称、地址					
保险公司依照建筑、安装工程险条款及在本保险单注明的其他条件，承保下列财产：					
保险项目	保险金额	费率‰	保险费	免赔额	备注
(1)建筑安装工程(包括永久和临时工程及物料)					
(2)安装工程项目					
(3)场地清理费					
(4)被保险人在工地上的其他财产(另附清单)					
(5)建筑、安装用机器、设备及装置(另附清单)					
(6)其他财产					
总保险金额：人民币(大写)￥____________ 保险期限： 个月：自 年 月 日零时起至 年 月 日二十四时止 保险费：人民币(大写)￥____________ 经理(副经理)签章： 保险公司盖章： 注意：收到保险单后请核对，如有错误应通知更正。					

签章： 复核： 登记： 会计：

（二）理赔

在接到被保险人的出险通知后，保险人应尽快赶赴现场，同时查阅受损部位的工程进度表(图)，查清受损部位是否按计划进度施工。在现场查勘后，明确划分保险责任和除外责任，按承保时确定的方法计算赔款。保险人可选择以支付赔款或以修复、重置受损项目的方式予以赔偿，但在修复或重置过程中，被保险财产发生的任何变更、性能增加或改进所产生的额外费用，保险人不负赔偿责任。赔偿的内容包括物质损失和第三者责任，被保险人的索赔期限自损失发生之日起开始计算，最长不得超过 1 年。

四、公众责任保险的承保与理赔

（一）公众责任保险的承保

保险人在指导投保人填好投保单后，应重点审核以下内容：①被保险人业务性质。保险人仅对从事与其业务性质有关的活动时造成的第三者责任予以负责，且业务性质是制定保险费率的主要参考因素。②被保险人的数量及各自的全称及详细地址。③承保区域范围。④赔偿限额的择取是否与投保人所处的行业和业务相适应。⑤每次事故造成他人财产损失的免赔额。⑥司法管辖权。当发生对第三者的责任事故后进入诉讼程序，保单认可法律制度的国家和地区范围。⑦附加险种保障及条件。

（二）公众责任保险的理赔

公众责任保险的理赔通常需要经历以下五个环节：

(1)出险通知。保险人收到被保险人的出险通知或索赔要求时，立即记录被保险人的名称、号码、出险原因、出险时间与地点、造成第三者损害程度及受害方的索赔要求等。

(2)现场查勘。保险人赶赴现场，调查核实责任事故的相关事宜，并协助现场施救。根据查勘结果写出查勘报告。

(3)责任审核。判断事故是否发生在保险期限内，是否在保险合同责任范围内，受害人是否向被保险人提出索赔要求或起诉。

(4)赔款计算。责任审核后，保险人要做好抗诉准备，必要时，以被保险人的名义或同被保险人一起出面应诉，以法院判决或多方协商确定的赔偿额为依据计算赔款。

(5)付款结案。

五、出口信用保险的承保与理赔

（一）承保

1. 申请投保

投保人提供企业法人营业执照、中华人民共和国进出口企业资格证书、中华人民共和国组织机构代码证、投保买家的相关资料，填写投保单。

2. 信用保险的限额与保费

投保人需要为其买家向保险人申请限额，限额规定投保人在一定时期内向该买家赊销能够获保的最高金额，限额体现保险人对潜在风险的认定。信用保险费率较低，由债务人所在国风险以及债务人自身风险等标准厘定。信用限额申请表如表 14-14 所示。

表 14-14 信用限额申请表

＊适用于非信用证支付方式＊

<table>
<tr><td>被保险人名称</td><td>保险单号</td><td>买方信息(英文大写)</td><td colspan="2">买方代码</td></tr>
<tr><td colspan="2">申请限额
支付方式　　期限
金额 USD</td><td colspan="3" rowspan="2">买方国家：
名称：
地址：
城市：
注册号：
电话：
传真：

注册时间：　　　年　　　成立时间：　　　年
企业类型：公营□　上市□　股份有限□　合伙制□　个人所有□
中资机构□
经营性质：批发□　零售□　代理□　生产□</td></tr>
<tr><td colspan="2">原批复限额(如初次申请，请注明“无”)
支付方式　　期限
金额 USD
保险人批复时间　年　月　日</td></tr>
<tr><td colspan="2" rowspan="3">销售合同情况
1. 预计本年合同总金额
USD
2. 合同付款条件
支付方式　　期限　　天
3. 当前合同总金额
USD
4. 合同执行时间
第 1 批 从____年___月至____年___月
第 2 批 从____年___月至____年___月
第 3 批 从____年___月至____年___月
第 4 批 从____年___月至____年___月
第 5 批 从____年___月至____年___月
5. 预计出运批次共　　次
6. 单批金额
最高 USD
最低 USD
7. 出口商品
名称　　　分类
8. 运输方式
海运□　空运□　陆运□　海陆联运□
9. 其他说明</td><td rowspan="3">与该买方以往交易情况
1. 最早成交年份　　　年
2. 开始放账年份　　　年
3. 上年交易情况
L/C USD
D/P USD
D/A&OA USD
4. 买方付款表现
及时□　尚可□　较慢□
5. 当前有无拖欠　有□　无□
如有
拖欠金额 USD
拖欠时间　　　天

(拖欠超过 60 天或金额超过 USD200000.00 的请附相关材料)</td><td></td><td>买方代码</td></tr>
<tr><td colspan="2">担保人(如有)信息
所在国家：
名称：
地址：
城市：
注册号：
电话：
传真：</td></tr>
<tr><td colspan="2">SWIFT
买方指定托收银行信息
名称：
地址：</td></tr>
<tr><td colspan="2">以下由保险人填写
保险人收到时间____年___月____日
保险人登记号</td><td colspan="3">被保险人声明
以上内容正确无误，如有虚假，保险人有权拒赔有关损失。
(盖章)　　　　年　　月　　日</td></tr>
</table>

填制要求：

1. 表一式两份(可复印)，一份被保险人留存，正本送保险人。 2. 有□的栏目，请在合适的□内打“√”。
3. “申请限额”请填写信用期限内对买方的累计最高放账额。 4. 本表经被保险人盖单位公章方有效。
5. 此表要求填全，地方不够请另加附页。

3. 信用保险的限制

信用保险的限制主要包括两点：一是放款赊销仅针对有清偿能力而且信用好的人或企业为限；二是被保险人被视为共保人，只有当损失超过比例以后，保险人才在约定金额内负责赔偿。

4. 具体承保的内容

出口信用保险的承保内容包括四个部分，保单的承保、国家的承保、买方的承保和出运的承保。

(1)保单的承保。保单的承保包括：保单开始生效的时间；被保险人安排的每一买家的信用限额；80%～90%的赔偿百分比；保单赔偿限额；保险费率；批注。

(2)国家的承保。国家承保指的是信用保险公司根据各个不同的国家制定的风险及评估指标，称为国家表。国家表的制定应符合一国对外贸易政策，随着国际、国内形势的变化，需要动态更新。被保险人向风险等级较低的国家出口，保险人以较低的保险费率收取保险费，相反，则收取较高保险费或者规定承保限制条件。

(3)买方的承保。买方信用限额由被保险人申请，买方信用限额是保险人对被保险人向买方出口货物承担的最高赔偿金额。

(4)出运的承保。对保险范围内的出运，被保险人必须向保险人进行申报，保险人根据申报内容计算保险费并向被保险人收取。

（二）理赔

1. 通报可能损失

被保险人填报可能损失通知书，告知保险人已经发生可能引起损失的事件、造成损失的原因，被保险人已经采取或准备采取减少损失的措施等。被保险人填报可能损失通知书的同时，要向保险人提供基本的贸易单证资料，包括贸易合同(信用证)、商业发票、海运提单或其他运输单据、有海关验讫章的出口报关单、案情说明和贸易往来函电等。

2. 申请索赔

被保险人通常在损失金额确定后，按保险单规定填报索赔申请书及索赔单证明细表向保险人索赔，如果需要超过保单规定期限索赔的，必须事先征得保险人的书面同意。索赔时需要提供的资料包括索赔申请书及其他资料，具体如下：

(1)索赔申请书。被保险人首先必须填写索赔申请书，才能够向保险人索赔。被保险人应确保索赔申请书填写准确无误、注明是否已在银行办理贸易融资，是否委托保险人进行海外调查追讨，并在索赔申请书上签字加盖公章。

(2)其他索赔材料。被保险人除了提交索赔申请书外，还要提交索赔单证明细表列示的其他文件，具体包括：①报损索赔文件，如可能损失通知书、委托代理协议、案情说明；②保险文件，如投保单、保险单明细表、批单、信用限额申请表/审批单、出口申报单、已缴保险费证明；③基本贸易单证，如出口贸易合同(买方订单)、商业发票、海运提单或其他货运单据、有海关验讫章的出口报关单、质检报告、贸易往来函电和买方(银行)承兑函电等文件；④损失证明材料，如银行出具的未收汇证明(信用证和托收项下)、买方违约证明、买方拒收货物或要求降价的函电、买方破产或丧失偿付能力的证明文件、证明政治风险事件发生的文件；⑤证明被保险人已履行合同义务，采取必要减损措施的文件，如拒付抗议书、催讨欠款的函电、被保险人已进行仲裁或海外诉讼的证明文件、转卖或处理货物的相关文件等。

3. 核赔付款

保险人首先审核被保险人提供的索赔文件和单证是否齐全、详细、连贯和合理，保险人依据贸易合同规定，审核被保险人是否履行出口商合同项下的义务，向国外买方核实相关贸易事实，确定损失原因，判定是否属于保险人承保责任范围。保险责任确定后，保险人向被保险人支付赔款。

六、雇员忠诚保证保险的承保与理赔

（一）承保审核

(1)审核被保险人。审核被保险人的工作包括三个内容：一是归类被保险人。雇员忠诚保证保险的被保险人按照所从事行业的不同分为高风险类和普通风险类。高风险类如银行、证券公司等金融机构、快递公司、押运公司、黄金珠宝店等，普通风险类则是指高风险类以外的行业。二是审核被保险人的经营和财务状况。其目的在于防范被保险人因经营不善或面临破产而进行保险欺诈。三是提供有效证件。要求被保险人提供有效的营业执照及其他证明合法身份的文书，并确认被保险人营业地址在中国大陆。

(2)审核雇员。了解雇员人数和结构，雇员中的风险岗位，如经手现金、管理账务、销售人员、采办、快递员、押运或直接接触贵重物品人员占总职员的比例，银行等金融机构的全体员工均属于风险岗位员工。了解被保险雇员中是否有不忠诚行为发生，如果有，要将该雇员剔除。了解过去一定期限内，如半年，雇员收入是否有变动，是否因为职位变动引起。

(3)审核被保险人风险管理能力。审核被保险人风险管理状况，是否有严格的审计制度，是否对销售环节的安全问题进行专项管理，是否采用保险箱管理等。

（二）理赔

被保险人在发现雇员有不诚实行为并造成钱财损失后，应及时通知保险人，自发现之日起，在3个月内提交完整的索赔单证：保单正本；保费收据；出险通知书；索赔申请书；综合报告书；赔款计算；出险雇员劳动合同；公安机关立案证明；出险雇员起保日到出险日的收入证明；出险证明材料，如账册、发票等；出险雇员留存在被保险人处的财产明细；被保险人在雇佣出险雇员前对该雇员诚信情况的查询材料；被保险人内部财务管理规定。需要注意的是，雇主对雇员只能提出一次索赔请求，保险保证金额不能累计，雇主向保险人提出索赔后，应协助保险人向有不诚实行为的雇员进行追偿。

➤补充学习资料

未填写地址的家庭财产保险纠纷案

2003年5月30日，王某向保险公司投保家庭财产保险，保险金额为16 000元，其中楼房两间，保险金额为6 000元，保险费为12元；房屋以外财产保险金额为10 000元，保险费为20元，保险期限1年。由本村协保员张某填写家庭财产保险集体投保分户清单，该清单上王某投保财产的详细地址未填。协保员张某收取了王某缴纳的保险费32元并出具保险公司家庭财产保险费收据。2003年10月23日，因王某租用的本村祠堂内电线老化漏电引起火灾，致使王某堆放在祠堂内的家具、杉木、农副产品和残疾人专用三轮车、新鲜猪肉等财产均被烧毁，共计损失 19 800 元。事故发生后，保险公司派人到现场对起火原因、施救经过、损失情况进行调查核实。王某向保险公司提出索赔遭到拒绝，遂诉至法院。

分析：处理本案的关键点有以下两个：一是原告王某存放于祠堂内的财产是否属于保险公司承保财产范围？二是协保员的行为性质如何认定？

法院认为，王某以参加村集体投保的形式向保险公司投保家庭财产，保险公司收取了保险费，应认定保险合同成立。王某未向保险公司申明投保的财产中有部分存放于祠堂内，保险公司亦未审核保险标的及坐落地点，即按协保员填具的财产分户清单做出承保表示，双方对本案纠纷产生均有过错。最后法院主持调解，双方当事人达成协议结案，由保险公司赔偿给王某人民币 4 000 元。

（资料来源：许飞琼．财产保险案例分析．北京：中国金融出版社，2004.）

复习思考题

1. 请回答保险展业的含义、渠道与意义。
2. 请回答保险承保的含义、内容与程序。
3. 请回答防灾防损的含义与方法。
4. 什么是理赔？理赔的程序是怎样的？
5. 企业财产保险投保单的主要内容包括哪些？
6. 请回答家庭财产保险损失核定的内容。
7. 机动车辆保险的主要险种类别包括哪些？
8. 建筑、安装工程保险承保审核的内容包括哪些？
9. 请回答国际货物运输保险的理赔程序。
10. 公众责任保险承保审核的主要内容包括哪些？
11. 雇员忠诚保证保险的承保审核内容包括哪些？

第十五章

人身保险业务流程

在保险实务中，人身保险公司的操作流程包括展业、承保、理赔等环节，本章将逐一介绍人身保险的展业、人寿保险的承保与理赔、人身意外伤害保险的承保与理赔、健康保险的承保与理赔以及团体人身保险业务操作。

第一节　人身保险的展业

人身保险展业是通过宣传和引导，使有人身保险需求的人参加保险的行为，也是为投保人提供投保服务的行为。

一、展业准备

(1)专业知识准备。由于面对的每一个潜在购买者都存在收入、文化、身体状况、保险意愿、社会保障等多个方面的不同，展业人员对于人身保险专业知识的牢靠掌握和灵活运用就显得非常重要。人身保险展业前，展业人员首先扎实地掌握人身保险的基本知识，准确理解和表述人身保险条款的内容，这样才能熟练运用人身保险的实战规则和经验，成为保险理财“专家”。

(2)心理、形象和礼仪准备。人身保险的展业人员必备良好的心理素质，人的情感和情绪是可以相互传染的，展业人员信心十足的情绪将会增加潜在购买者的信任感，而低落的情绪会增加对方的疑虑，展业人员在展业前，一定要调整好心态，全力投入工作。展业人员需要良好的仪表仪容，得当的服饰和言谈举止提供给潜在购买者的是正的信息：睿智、稳重和成功。为了赢得潜在购买者对自己的认同和好感，展业人员需要知晓各方面的礼仪知识，这不仅包括了日常生活的一般礼仪常识，也包括了解民族习惯和禁忌、地区风土人情等。

二、展业谈判

(1)识别良质潜在购买者。认同人身保险、经济比较宽裕、责任感强、家庭理财观念强、注重健康、注重身份价值、创业初期、风险较高、家人或朋友发生病故等的客户对人身保险的需求较为迫切，是人身保险展业人员需要特别关注的。

(2)掌握潜在购买者的开拓方法。要掌握潜在购买者，需要通过多种方法进行开拓，展业人员把认识的、熟悉的人作为潜在购买者，直接拜访陌生人，请求老客户介绍，参与社交活动，通过网络等熟悉潜在购买者，并最终实现填写投保单的展业目的。

(3)拜访潜在购买者。通过与潜在购买者见面的自我介绍、握手寒暄，表明身份和所在公司名称，消除对方紧张心理，缓和气氛。在拜访准客户时，要学会倾听，神情专注，礼貌反馈，从而了解其保险需求。在面谈初期，展业人员要针对潜在购买者感兴趣的话题展开讨论，使客户产生兴趣，同时寻找客户的购买点，选择一个恰当的时机切入人身保险主题。在面谈的过程中，要通过微笑与赞美、投其所好、妙用小礼物等方法，松弛对方的戒备心，获得好感，从而了解更多信息，捕捉潜在购买者保险需求的切入点。

(4)发掘潜在购买者的真正需求。每一个成功的保险展业人员都一定要去发现潜在购买者的需要，这是销售过程的重要阶段。而要发现投保动机，就必须掌握倾听的技巧。通过交流，理解对方的话、领悟对方话里意思；复述与引申，说出你的理解；听出其希望与忧虑，引导其发现自身的需求。作为训练有素的保险营销人员，在了解潜在购买者的需求后，就应当将工作重点放到使其清楚意识到自身的需求，产生购买相关保险的动机。

三、设计保险计划

在充分了解潜在购买者的真实保险需求后，人身保险展业人员由于熟悉人生各个阶段的保险规划，可以结合不同购买者的具体状况和要求制订保险计划。

（一）人生各个阶段的保险规划

不同的人生阶段，可以有不同的保险规划。如果把人的一生从有收入开始到最后去世分为五个阶段，以一般工薪阶层为对象，人生各阶段保险规划思路如下：

(1)初入社会期(20～30岁)。初入社会期的年轻人，一般有一定收入，消费往往无计划，积蓄少，经常会出现日后需要用钱时无大量现钱可用的状况，但年轻人承受失业及抵御疾病的能力比较强。从储蓄看，这一年龄段的人可购买5年或10年期的储蓄投资型保险，在获得保险保障的同时，可变相获得一份“储蓄投资”，也可购买隔年领取保险金的保险，在获得保险保障的同时，强制自己间接获得“储蓄投资”。

(2)成家立业期(30～40岁)。在这一人生阶段，应均衡考虑三个方面的保险：一是本人的健康保障安排，如购买短期、中期或长期的健康保险；二是家人保障安排，如购买本人死亡保险，本人一旦发生不幸，家人可以得到一定的保障；三是教育安排，如购买子女教育保险。

(3)收入高峰期(40～50岁)。该时期是人生收入的巅峰，同时也是身体状况逐步下滑的阶段，应重点安排本人的健康保险和养老保险。

(4)退休期(50～60岁)。该阶段，可以选择的险种已比较少，如果再不做安排，由于健康险的年龄限制和养老保险费随年龄递增，可能丧失通过保险方式安排人生规划的最后机会。

(5)空巢期(60岁以上)。该阶段的老人，大都没有自身之外的负担，但其收入一般已经大大降低，身体状况也每况愈下，花销集中在日常生活和医药费用上。此时若要购买保险，仅能选择意外伤害保险、个别的两全保险和为遗产问题选择死亡后给子女留下免税保险金的死亡保险等。

（二）制订保险计划

1. 保险计划书的含义

保险计划书又称保险建议书，是根据潜在购买者的个人背景、工资背景、经济情况、家庭情况等，将保险公司的人身保险产品进行组合设计出的一个适合的保险方案。制作保险计划书前，要统筹所收集到的信息，信息涵盖潜在购买者的家庭状况，投保人和被保险人的姓名、年龄，家庭成员的状况；经济状况，潜在购买者的工作种类及收入水平，家庭成员的收入情况及主要支出项目；被保险人的身体健康状况，目前的健康情况和曾经是否有过疾病史，家庭是否有遗传史；投保人是否有财务决策权；被保险人是否有其他人身保险等。

2. 保险计划书的内容

一份完整的保险计划书(表 15-1)应该包括如下内容：

(1)潜在投保人、被保险人的基本资料。其包括姓名、年龄、性别、职业、收入、投保意向等。

(2)设计思路与需求分析。分析潜在购买者的保险需求并据此说明设计思路，让可能的投保人了解设计思路，知道是专门为其量身定做的，增强信任感。

(3)保险方案。保险方案是计划书的核心部分，包括选择的险种种类、保险金额、保险费、保险期限、保险保障和缴费方式等。

(4)结束语。其包括保险公司介绍、公司地址、展业人员联系方式等。

表 15-1 个人保险计划书

致尊敬的王女士：

人生的风险太多太多，生命有时是无比脆弱的，为了您生活得更加幸福，保险将成为您解除后顾之忧的良好选择。

××××保障计划

投保年龄：33 岁　　　性别：女

保险名称	保险金额		年存保费		交费期限		保险期间
××终身	15	万元	4 000	元	20	年	至终身
意外保险	10	万元	200	元	1	年	1 年
住院医疗	1	万元	300	元	1	年	1 年

保险利益：

被保险人初次罹患重大疾病时(生效 180 天后)，给付重大疾病保险金 15 万元，合同终止。

被保险人因疾病(生效 180 天后)造成身故，给付保险金 15 万元，合同终止。

被保险人因意外伤害造成高残或身故，最高给付保险金 25 万元，合同终止。

被保险人因疾病住院(生效 90 天后)，每年最高可以报销 10 000 元，因意外门诊或住院，每年最高可以报销 16 000 元。

重大疾病范围：

心脏病、脑中风、慢性肾衰竭、癌症、瘫痪、重大器官移植手术、严重烧伤、爆发性肝炎、主动脉手术、冠状动脉旁路手术等 20 种疾病。

保障您的权益：

减额交清、转换权益、保单借款

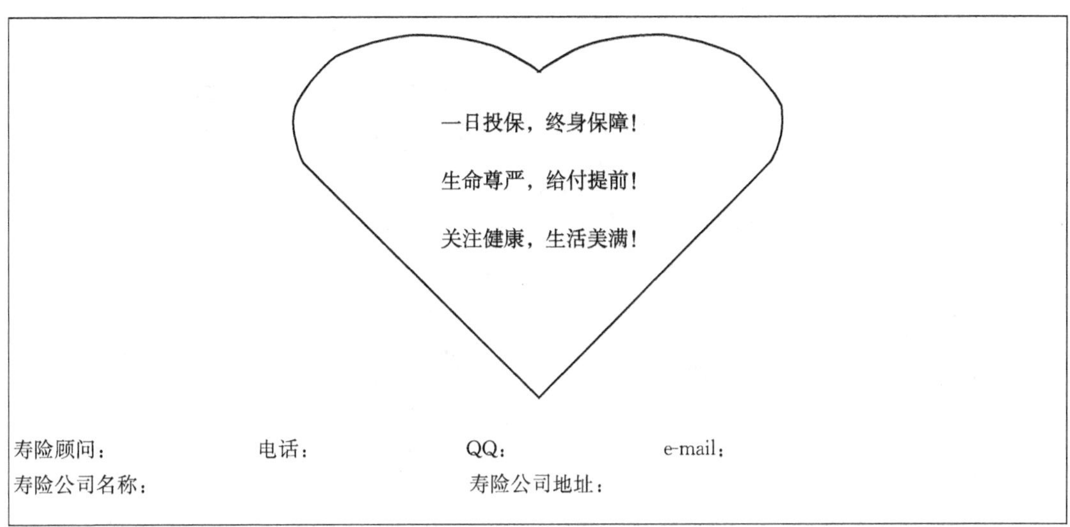

第二节 人寿保险的承保与理赔

一、人寿保险承保

人寿保险承保是保险人对愿意购买保险的单位或个人所提出的投保申请进行审核，做出是否同意接受和如何接受的决定的过程。可以说，保险业务的邀约、承诺、核查、订费等签订保险合同的全过程，都属于承保业务环节(图 15-1)。

（一）填写投保单

人寿保险投保单应由以下几部分组成：投保人、被保险人及受益人；投保事项；转账授权；健康告知；财务及其他告知；说明栏；投保人、被保险人声明和授权。客户填写投保书并缴纳首期暂收保险费后，业务员应对以下内容进行初步核查：客户完整、翔实填写投保书项目；首期或续期缴费账号须完整、准确填写，并有账户持有人授权签名；通讯地址完整准确填写，否则影响相关资料的寄送；客户回访电话准确无误，否则影响后期电话服务工作；健康告知要尽量详细说明并提供相关资料；投保单中详细填写业务员姓名、部门代码、联系电话及业务员声明；业务员收取首期保费，开具的暂收收据。在核查无误后，填写《业务员报告书》。

（二）接单初审

承保内勤接受业务员递交来的保险费和投保资料，并进行初审。投保材料一般包括投保单、保费暂收收据，有的公司还有客户回访约定告知书、业务员报告书、委托银行代扣保险费协议书和附加问卷。接单初审是新单进入保险公司的第一关，主要将明显不合格的投保件剔除，以尽可能减少因投保单填写不合格、投保资料不齐全导致其他后续业务处理工作不能正常进行。内勤人员根据客户签字后的投保单逐项认真审核，投保单上的保险费金额应与暂收收据、委托银行代扣保险费协议书上的金额一致，填写应准确无误，取费正确，再看投保人的基本情况是否符合公司的承保要求。如果有误，退回业务员纠正；如果

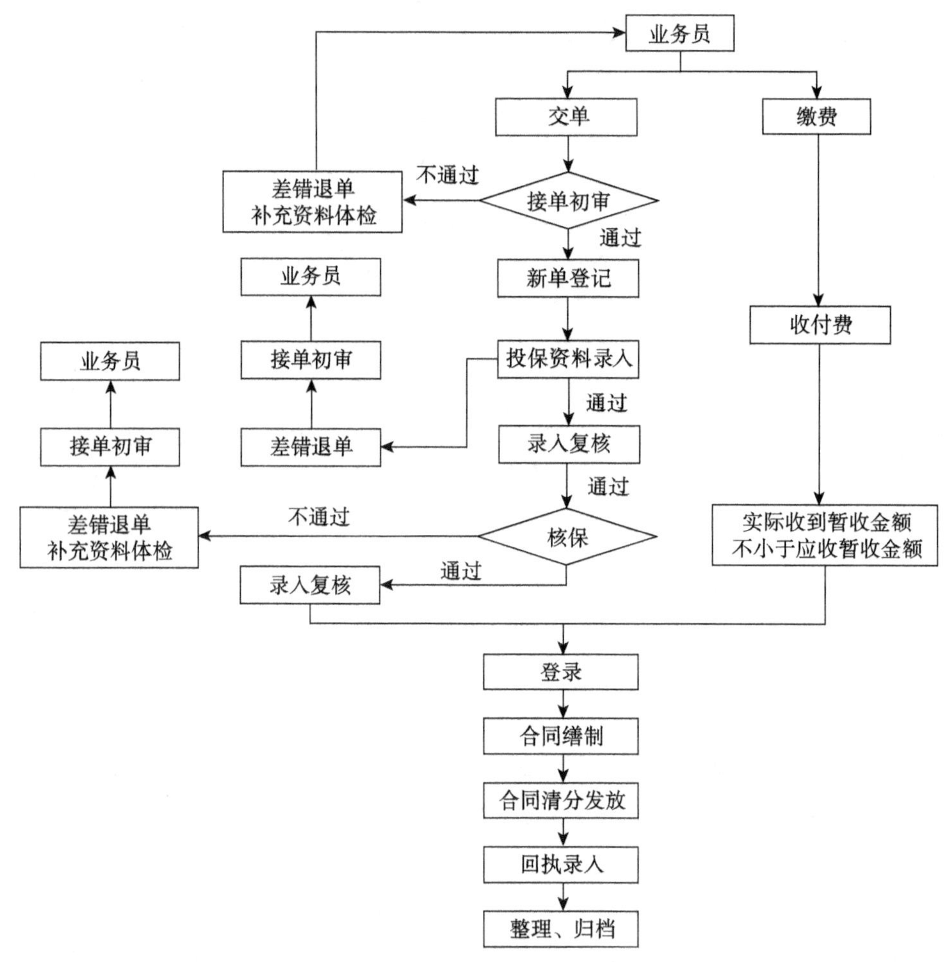

图 15-1 人寿保险承保业务流程图

无误，则在“新单登记簿”上进行登记。收到问题件后，业务员应及时联系客户，指导其按照问题件上具体事项要求办理有关事宜。作为保险合同的组成部分，投保人、被保险人或监护人、连带被保险人或监护人需要在客户意见栏中亲笔签名确认，并注明日期。需要特别注意的是，业务员需在问题件中规定的截止日期前将以上客户签名问题件交回契约部，否则投保资料将会被注销，系统会强制撤件处理。

（三）预收录入

收银员根据初审合格的投保单、暂收收据及委托银行代扣保险费协议书等相关文件，核实与业务员所交保险费是否一致，并收取保险费。对现金缴费者在相关文件上加盖相应的收讫章，将暂收收据第三联退还业务员，以备业务员进行查询；对采用银行划账方式缴费者直接录入。录入是内勤人员将投保资料中的各项信息输入电脑，并由电脑进行核保，若不通过，说明投保单填写有误，退给业务员由客户重新填写签字。如通过，则进入下一个环节。

（四）专业核保

业务内勤初审也称快速核保，而预收录入同时是一种电脑核保的过程，能通过快速核保和电脑核保的投保单成为正常保件或标准保件，随即进入出单程序，不能通过的称为问题保件或非标准保件，需要医务上的支持，即相应的体检，也称医务风险选择。有的还需要派工作人员到投保人、被保险人生活和工作的环境走访，向其家属、邻居和同事调查了解有关情况，即做生存调查。专业核保人员根据体检和生存调查的结果，对被保险人的风险进行分类，根据投保规则和核保规定做出相应的核保结论，确定承保费率或拒保。

（五）缮制保单

制单内勤将暂收收据号快速连续输入，电脑则根据暂收收据号自动生成保单号并连续打印出正式保单，根据保单号由专人负责打印正式收据并加盖保费业务结算专用章。清分人员将投保书、暂收收据、委托银行代扣保险费协议书、保单和正式收据等单证按其所列用途进行清分，加盖保险合同专用章，并配齐保险合同的封面、现金价值表、保险条款、投保单副本和保险合同送达书等文件，然后将其成套装订，在相应交接本上登记后装箱，由通勤车传至各初审收银岗后再由业务员交到客户手中。

（六）递送保单

业务员从递送投保单的窗口领取保险合同，登记后送达客户的同时，请客户填写《保险合同送达书》，并将回执部分剪下交由业务人员送回公司存档。

（七）整理归档

承保内勤每天分险种将当天的业务汇总成日报表，连同保费暂收收据和保险费交给财务部门，财务人员核对后在保费暂收收据业务留存联上加盖财务收讫章后返回承保内勤。内勤人员每天将回执单录入，将保费收据、保险合同副本和原始投保材料整理好放在一起，装进档案袋中，放进卷柜，月底统一登记后归入档案室保存。

此外，为了获得充分的保障，许多投保人还投保意外伤害或健康保险作为附加险。附加险应填写相应的附加险投保单，连同主险的投保单一并上交，同时核保。附加险的生效对应日应与主险的生效对应日相同，续保时附加险是没有宽限期的，应提前办理续保手续。

二、人寿保险核保

人寿保险核保，又称风险选择，是指寿险公司对投保体的风险性质、程度进行分类和评估，并依据结果做出接受或拒绝的决定过程，核保是承保业务中的核心业务。寿险核保是寿险公司于承保前，依据被保险人的年龄、性别、健康状况、疾病史和职业等因素决定其风险程度，并据此给予公平保费的过程。风险评估结果认为被保险人的风险程度在承保条件允许范围之内，公司按标准体或次标准体费率承保，如果风险程度过高，将予以拒保。

（一）人寿保险核保程序

人寿保险核保是一个相当复杂的过程，自接受投保申请书开始至签约为止。人寿保险公司在承保新合同时，对投保体进行选择的程序主要包括以下四个阶段：

(1)第一阶段——直接接触。第一阶段的风险选择由业务员完成。公司对被保险人的选择是由业务员通过观察、询问投保体健康状况、职业、收入水平以及环境等各方面情况进行的，并按规定如实填写清楚，提供给保险公司，作为最后承保与否的依据。业务员所要完成的这些工作，即所谓的第一次风险选择。在直接面对被保险人时，作为担任第一次风险选择任务的公司业务员来说，必须切实做到与当事人面晤，了解准确信息，并据实向保险公司报告。

(2)第二阶段——体格检查。第一次风险选择之后，紧接着必须对投保体进行必要的身体健康检查，即体检。体格检查一般由专职或兼职体检医师完成。在风险选择过程中，体格检查是一个不可忽视的环节，必须认真对待。在保险实务中，往往通过体检来进一步证实投保人、被保险人告知的内容是否真实，同时也能获取初次选择中可能遗漏的重要信息。例如，对于做过手术者，可通过体检发现手术疤痕，有利于进一步了解手术原因，这是一个非常重要的信息，倘若不经过体检而被遗漏，则有可能带来严重后果。

(3)第三阶段——查定。第三次风险选择即为保险公司的核保人员根据“投保申请书”，即第一次选择的报告书及体检报告书上所提供的资料，以及调查资料等进行综合分析、研究、判断，做出“承保”、“限制承保”或“不承保”的决定，并制定相应的保险费率。这一阶段是合同成立前的最主要工作之一。

(4)第四阶段——生存调查。由于部分被保险人对重大告知事项有可能隐瞒，必要时，公司可在未正式承保之前指派生存调查员对被保险人实施生存调查，此即第四次风险选择，也是最后一次风险选择。生存调查是由与人寿保险公司、投保人双方均无利害关系的第三方——生存调查员进行的，因此能较为客观、公正地判断合同当事人双方的正确与否，迅速排除逆选择。进行生存调查，从时间上看可分为签约前与签约后两种。生存调查的方式可依据具体需要分为直接正面调查和间接侧面调查两种。

（二）人寿保险核保内容

1. 人寿保险风险因素

就个人寿险而言，其风险影响因素主要是指对死亡率的影响因素。死亡率的变化过程相当复杂，涉及社会的、经济的、环境的、医学的、政策的、政治的、自然的以及个人的等多种因素。这些因素概括起来可分为两大类，即与死亡率相关的因素和非相关因素。在寿险实务中，与死亡率相关的因素主要是指医学方面和环境方面的因素，非相关因素则主要是指来自道德方面的因素。医学方面因素主要包括年龄、性别、健康状况、体格、个人和家族病史等。环境方面因素主要包括职业、嗜好、居住地及环境、兼职状况。道德(或者心理)方面因素是指在人寿保险合同中从投保动机、保险利益、逆顺位选择、保险费交纳方式、受益人的指定等方面来判断有无道德风险。核保工作是一个综合评估、判断的过程，不能依据其中个别因素做出承保与否的决定，且每个因素之间可能相互影响，因此核保工作准确与否取决于真实、全面地收集尽可能多的核保信息。核保人员必须准确、熟练地掌握每一项可靠而有用的信息资料以作为最后决定的依据。

2. 个人寿险核保信息来源

从业务员接触投保体，填写投保申请书的第一次风险选择开始，即开始核保信息的收集和获取，直到完成生存调查工作。在整个核保过程中，核保信息大致来源于四个方面。

(1)投保书。投保书可以看成核保的第一手资料，也是最原始的风险选择记录。从投保书上可得到几项重要信息：投保人、被保险人和受益人的原始资料；投保人、被保险人的告知和健康声明内容；体检保户的生存调查报告。

(2)体检报告书。体检报告书是指记载体检医师检查被保险人身体情况的报告书，以及被保险人对于书面询问的告知书，包括被保险人的详细病史和被保险人的体检结果两部分。体检报告书由体检医师填写，并经投保人、被保险人确认盖章，最后由体检医师直接送交总公司的医务部门进行医务审查。体检内容依被保险人的年龄及保额而定，当年龄及保额达到一定标准以上时，寿险公司常需附加某些体检项目，如做X光、心电图检查等。虽然各寿险公司可自行规定体检项目，但由于同业竞争已导致体检项目渐趋一致。对无需体检的被保险人，投保书都附有健康声明栏。

(3)生存调查报告。由于部分被保险人对于重大的告知事项有可能隐瞒，故有时需要生存调查员进行生存调查，并提交生存调查报告。生存调查是获取核保信息的另一个重要手段，调查可在签约前或签约后进行，但必须在保单生效后两年内完成。

(4)医务信息服务所。医务信息服务所是指有关投保过寿险、健康保险的被保险人的病历资料收集中心。该机构为各寿险公司提供资料、咨询等服务。寿险公司为提高核保的准确性，可向该机构查询投保体的缺陷记录以作为核保参考信息。

3. 个人寿险核保中的风险测算

(1)风险测算的含义。经过风险选择，对投保体的风险程度予以评估，也即测算风险大小。所谓风险大小，是指在一定时间内，某种偶然事件发生及其结果可能性的程度，对于这种程度的估量，即为风险测算。对风险进行测算，实质上是对风险进行定量分析，即依据一定的量化标准，对风险进行评估、分类。由于对每一个风险体保费的收取必须与其风险相当，因此有必要把风险评估转化为保费，这是通过一个分类过程来实现的。

(2)风险测算方法。对风险进行测算，常被解释为对每个保险标的的风险测算。实际上如果要对每一保险标的分别计算其风险费率，既不可能，也毫无意义。风险测算的具体做法是：将各个保险标的编入同样的风险集团，再将集团的风险率应用于个别风险标的。即首先统计调查各种有明显标志的风险，然后由各种标志风险汇集成若干风险集团，再计算各个风险集团的损失率，进而将每个集团的损失率作为集团内部各风险的损失率。

对于身体有某种缺陷，无法按照正常标准收取保费的投保体，承保必须附加条件，如加收额外保费等。对此，首先必须决定其额外死亡率，依此计算额外加收的保险费。然而，这种额外加收的保费，由于资料欠缺无法编制特殊生命表，在寿险实务上一般根据额外风险的特征，结合资料计算出比较正确的近似值。此外，各国寿险公司常采用一种客观的评分制方法——点数审查法或称数理审查制度来计算。其基本原理为假定寿险公司按正常费率承保的平均风险为标准风险，假定死亡指数(用M表示)100%为标准死亡指数，然后根据各个风险因素对死亡率影响的程度，将其与标准风险的各项因素比较，按差额增加或减少，这样即得到某一因素的风险程度。采用死亡指数百分比值的点数计算，有利因素予以减点，不利因素予以加点，最后累计全部分数与标准体健康系数相加减，得出差值，超出越多者，风险程度越高。死亡指数计算公式如下：

$$死亡指数=实际死亡率/预定死亡率 \tag{15-1}$$

【例 15-1】 假设某人 45 岁，男性，投保申请书告知栏填写事项为：三年半前患胃溃疡住院两月治愈，现身体基本健康；职业为某公司文职人员；父母均已年过 70 岁仍健在；偶有饮酒，每天吸烟 10 支；生活环境良好。体检报告为：身高 170cm，体重 61kg，胸围 91cm，腹围 87cm，脉搏、血压正常；X 光检查及尿常规检查均正常；体检医师为兼职者。根据日本协荣生命保险会社计点手册查得有关因素的评分见表 15-2。

表 15-2 数理审查制度示例

风险因素类别	不利因素(加分)	有利因素(减分)
体格(91+87)−170=8	—	—
体重 61kg	—	—
脉搏、血压正常	—	—
胃溃疡(既往症)	+85	—
吸烟	+10	—
长寿系家庭	—	10
文职人员	—	—
兼职体检医生	+10	—
合计	+105	−10

注：标准死亡率基数 100%

资料来源：陈云中．人寿保险理论与实务．台北：三民书局，1992

分析：【例 15-1】中死亡指数(M)为 100%+105%−10%=195%。超过死亡指数为 195%−100%=95%，应为次标准体。次标准体的额外死亡率比值用来计算保险费时，不是按某一具体的额外死亡率比值，而是按预先分类的平均额外死亡率比值来计算。因为总死亡指数为 195%，超过死亡指数为 95%，额外死亡指数属于第四类，其加收的保险费费率按平均额外死亡指数 100%计算(表 15-3)。

表 15-3 额外死亡率比值的分类(单位：%)

类别	额外死亡率比值	平均额外死亡率比值
第一类	20～25	25
第二类	40～60	50
第三类	65～68	75
第四类	90～120	100
第五类	125～170	150
第六类	175～225	200
第七类	230～275	250
第八类	280～350	300
第九类	355～450	400
第十类	455～	500

资料来源：陈云中．人寿保险理论与实务．台北：三民书局，1992

4. 个人寿险风险选择后的处理

投保体经过风险选择，其结果大致有三种，即标准体(M<120%～130%)、次标准体(103%<M≤300%)、拒保体(M>300%)。个人寿险风险选择后的处理方法为：

(1)承保。承保又分无条件承保和有条件承保两种。无条件承保又称标准体承保，此种风险程度可依据寿险公司规定的标准费率进行承保。有条件承保又称次标准体或弱体承保，其风险程度较高，不能按正常费率承保。在寿险实践中，对于弱体保险的承保，主要有保险金消减给付法、年龄增加法和加收额外保费法。

(2)延期承保。延期承保主要是指由于暂时的、特殊的生理及身体方面的原因，不能立即承保，而需经过一个等待期的观察才能最后做出承保与否的决定，如妇女妊娠6～8个月，或分娩后不到2个月，可作为延期承保的理由。

(3)拒保。拒保是指身体上的缺陷永久无法消失，这种缺陷所导致的风险超过保险公司所能接受的承保限度。对于拒保的规定也不是固定不变的，现在有些寿险公司已积累了相当丰富的经验，将拒保体的死亡指数放宽至500%，甚至1 000%。例如，日本的一些寿险公司就开办了"癌症保险"等高风险特殊保险业务。标准体的范围、风险分布状况，以及死亡率范围的标准可因险种的不同而有所不同。例如，生存保险标准体的范围最广，无选择的必要，死亡保险的标准死亡率范围最小，要求也相对较严格。

三、人寿保险售后与理赔

（一）人寿保险的售后服务

1. 人寿保险售后服务的内容

人寿保险销售后，积极的售后服务和客户关系的日常维护是非常重要的。其主要包括续期保险费收取，保险合同变更服务，保险合同复效或退保服务，保单迁移服务，保单贷款服务，选择减额缴清保费或可转换权益服务，挂失、补发保险单服务，自动垫交保费服务，利差返还和红利领取服务，提前给付"孤儿"保单服务，保单附加值服务。

2. 客户关系的日常维护

(1)定期服务。在客户值得纪念的日子，如客户生日、结婚纪念日、子女生日等固定的日子提供问候服务。这时客户比较高兴，而人在高兴的时候，会更关注自身价值的体现，此时提供服务，可以使客户考虑增添一份保单或使客户考虑给家中其他成员购买保险。

(2)不定期服务。不定期服务包括公司经营的动态、保险信息的提供、不定期到客户家里拜访或电话问候等。国家出台一些相关政策时，也可视为售后服务的契机。例如，公费医疗制度的改革，新闻媒介，养老保险的宣传等，都是保险营销员与客户拜访的话题。通过对这些问题的探讨、预测，帮助客户发掘新的保险需求。

(3)保单保全服务。当保户发生保险事故时，要及时提供服务，立即参与通知保险公司、索赔与办理等环节，帮助保户办妥必需的手续。这是提供优质服务的最佳良机。保户提出的其他服务要求，如变更受益人、变更地址、更改保额、改换险种等，应及时提供良好的服务。

（二）人寿保险的理赔

1. 人寿保险理赔的基本原则

(1)重合同、守信用原则。保险合同是一种经济合同，具有法律约束力。在保险合同中，明确规定保险人与投保人的权利和义务，保险双方都应恪守合同约定，保证合同严格顺利履行。对于保险人来说，在处理各种赔案时，要严格按照保险合同条款规定的内容执行，要尊重被保险人的合法权益。

(2)实事求是原则。保险人在处理各类索赔案时，必须依照客观事实，做出的赔付决定要有理有据，不能凭主观的推测和臆断。同时，由于索赔案件形形色色，案发原因和案件情况也错综复杂。对于有些多种因素交织在一起的案件，有时根据保险合同条款很难做出是否属于保险责任的判断，加之合同双方对条款的认识和解释上的差异，容易导致赔与不赔、赔多与赔少的纠纷。在这种情况下，既要严格按合同条款办事，不能违背条款规定，又应合情合理，实事求是地对不同案件的情况进行具体分析。特别是对重大、疑难赔案，要持慎重态度，既要坚持合同条款规定的原则性，又要有结合实际的灵活性。

(3)"主动、迅速、准确、合理"原则。这是提高理赔服务质量，提升客户满意度的重要保证。所谓"主动、迅速"，是指理赔人员在处理理赔案时要积极主动、不拖延，及时进行查勘，及时核定保险事故的有关情况，及时做出核付决定，及时给付保险金。所谓"准确、合理"，就是指准确核定保险事故责任范围，合理地核定给付金额，避免错赔或滥赔；同时对不属于保险合同责任范围内的索赔请求，应当向被保险人或受益人发出拒绝给付通知书，并向被保险人、受益人解释和说明拒付原因。上述三个基本原则，是我国保险公司处理理赔工作长期坚持的原则，有较强的实践指导意义。

2. 理赔的一般过程

从保险事故的发生到保险人做出理赔决定，以及受益人领到保险金的整个过程中，需经过一系列的工作环节和处理流程。通常情况下，一个索赔案件的处理一般要经过接案、立案、初审、调查、理算、复核和审批、结案并归档七个环节(图 15-2)。在每一个工作环节都有不同的处理要求和规定，以保证理赔处理有序和高效进行。

(1)接案。接案是指发生保险事故后，保险人接受客户的报案和索赔申请的过程，分为报案和索赔申请两部分。

第一，报案。报案是指保险事故发生后，投保人或被保险人、受益人通知保险人发生保险事故的行为。报案是投保人应尽的法定义务，在保险合同条款中对事故通知也有相应的规定。一是报案方式。报案人采用多种方式将保险事故通知保险人，可以亲自到保险公司当面口头通知，也可以采用电话、电报、传真和信函等方式通知保险公司，当然也可以填写保险公司事先印制的事故通知书。其目的是将保险事故的信息及时传递到保险公司，以便保险公司及时采取相应的处理措施。二是报案内容。报案人应在条款规定的时间内，及时将有关的重要信息告知保险公司的接案人，包括出险人的姓名、身份证件号码、身份(是投保人还是被保险人)、出险人持有的保险合同号、险种名称、出险时间、地点、简要经过和结果、就诊医院、病案号，以及报案人姓名、联系地址及电话等。三是接案要求。接案人员对报案人提供的信息应做好报案登记，准确记录报案时间，引导和询问报案人，尽可能掌握必要的信息。接案人员应根据所掌握的案情，依据相关理赔规定，判断案件性质以及是否需要采取适当的应急措施，并在报案登记表中注明。对于应立即展开调查的案件，如预计赔付金额较大、社会影响较大的案件，应尽快通知理赔主管及调查人员展开调查，对于应保留现场的案件，还应通知保安人员采取相应的保护措施。

第二，索赔申请。索赔是指保险事故发生后，被保险人或受益人依据保险合同向保险

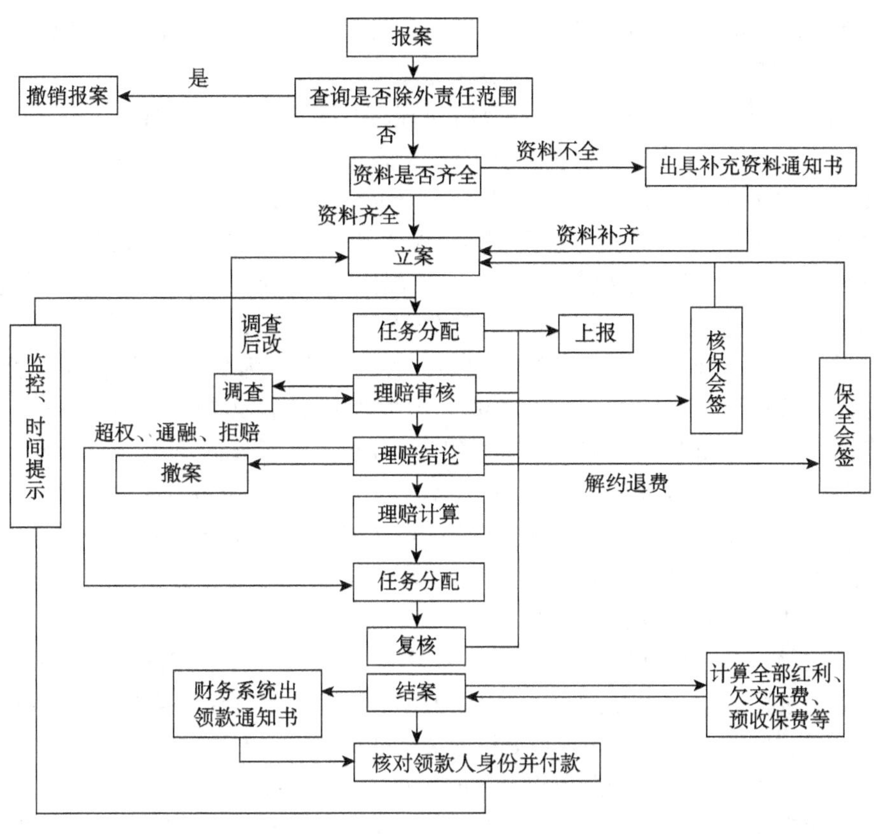

图 15-2　人寿保险理赔流程图

人请求赔偿损失或给付保险金的行为。客户报案只是将保险事故及时通知保险公司的一项义务，但不等同于保险索赔。报案是投保人、被保险人或受益人的义务，索赔是保险事故发生后被保险人或受益人的权利。首先，对索赔申请人的资格要求。索赔申请人是对保险金具有请求权的人，如受益人、被保险人。人寿保险身故保险金给付应由保险合同约定的身故受益人提出申请。没有指定受益人时，则由继承人作为申请人提出申请，如受益人或继承人系无民事行为能力者，则由其法定监护人提出申请。人寿保险中被保险人在生存状态下的保险金给付申请，如伤残保险金给付、医疗保险(津贴)给付、重疾保险金给付，受益人均为被保险人本人，应由被保险人本人提出申请。如被保险人系无民事行为能力者，则由其法定监护人提出申请。其次，索赔时效。保险事故发生后，被保险人或受益人，必须在规定的期间内向保险人请求赔偿或给付保险金，这一期间成为索赔时效期间。在索赔时效期间内，被保险人或受益人享有向保险人索赔的权利；超过索赔时效期间以后，被保险人或受益人向保险人索赔的权利丧失，保险人对索赔不再受理。《保险法》规定，人寿保险的被保险人或受益人对保险人请求给付保险金的权利，自其知道保险事故发生之日起五年不行使而消灭。最后，索赔举证责任。其是指索赔权利人向保险人索赔时应承担的提供证据的义务，证明保险事故已经发生、保险人应当赔偿或给付保险金的责任。《保险法》规定，保险事故发生后，依照保险合同请求保险人赔偿或给付保险金时，投保人、被保险人或者受益人应当向保险人提供其所能提供的与确认保险事故的性质、原因、损失程度等相关的证明和资料。保险人依照保险合同的约定，认为有关的证明和资料不完整的，应当通知投保人、被保险人或受益人补充提供有关的证明和资料。

(2)立案。立案是指保险公司理赔部门受理客户索赔申请，按照一定的规则对索赔案件进行登记和编号的过程，以使案件进入正式的处理阶段，共分为四个步骤：①索赔资料提交。申请人按一定的格式要求填写“索赔申请书”，并提交相应的证明和资料给保险公司。如果申请人不能亲自到保险公司办理，而是委托他人代为办理，委托人还应提交申请人签署的“理赔授权委托书”。②索赔资料受理。保险公司的受理人员在审核材料后，在一式两联的“理赔资料受理凭证”上注明已接收的证明和资料，注明受理时间并签名，一联留存公司，一联交申请人存执，以作为日后受理索赔申请的凭据。受理人如发现证明材料不齐，应向申请人说明原因，并通知其尽快补齐证明材料。③立案条件。可立案处理的索赔申请，需符合的条件包括保险合同责任范围内的保险事故已经发生，保险事故在保险合同有效期内发生，在《保险法》规定时效内提出索赔申请，提供的索赔资料齐备。④立案处理。经审核符合立案条件的索赔申请，受理人员进行立案登记，并生成赔案编号、立案时间和经办人等情况；然后将所有资料按一定顺序存放在案卷内，移交到下一步工作环节。

(3)初审。初审是指理赔人员对索赔申请案件的性质、合同的有效性、索赔材料等进行初步审查的过程。初审要注意四个方面：①审核出险时保险合同是否有效。初审人员要根据保险合同、最近一次交费凭证或交费记录等材料，判断申请索赔的保险合同在出险时是否有效，特别注意出险日期前后保险合同是否有复效或其他变动的处理。②审核出险事故的性质。初审人员首先要审核出险事故是否在保险合同保险责任条款约定的事故范围之内，或者出险事故是否属于保险合同责任免除条款约定的情形之一。③审核申请人所提供的证明材料是否完整、有效。一是根据客户的索赔申请和事故材料，判断出险事故索赔申请的类型，如医疗给付、残疾给付或身故保险金给付申请等；二是检查证明材料是否为相应事故类型所需的各种证明材料；三是检查证明材料的效力，是否合法、真实有效，材料是否完整，是否为相应的机关或部门出具，如公安、医院等，如出险事故类型为残疾给付，审查是否需要对出险人进行伤残观察。④审核出险事故是否需要理赔调查。初审人员根据索赔提供的证明材料，以及案件的性质、案情的状况等判断该案件是否需要进一步理赔调查，并依据判断结果分别做出相应处理。对需要调查的案件，提出调查重点、调查要求，交调查人员进行调查；待调查人员提交调查报告后，再作初审意见。对不需要调查的案件，做出初审意见后，将案件移交理算人员做理赔计算的处理。

(4)调查。理赔调查在理赔处理中占有重要地位，对理赔处理结果有决定性的影响。调查是指对客观事实进行核实和查证的过程。理赔调查的注意事项包括：调查必须本着实事求是的原则；调查应力求迅速、准确、及时、全面；调查人员在查勘过程中不得就理赔事项做出任何形式的承诺；调查应遵循回避原则；调查完毕应及时撰写调查报告，真实、客观、全面反映调查情况。

(5)理算。理算是对索赔案件做出给付、拒付或豁免处理并进行保险金计算的过程。理算人员对案卷进行理算前，应审核案卷所附资料是否足以支持理算人员做出正确的给付、拒付、豁免保费处理结论。如果资料不够完整，应及时通知补齐相关资料；如果对资料尚有疑义，需要通知调查人员进一步调查核实。理算人员根据保险合同以及类别的划分进行理赔计算，缮制“理赔计算书”和“理赔案件处理呈批表”。对于属于正常给付责任范围内的索赔案件的处理，理算人员应根据保险合同内容、险种、给付责任、保额和出险情况计算出应给付的保险金金额。如果属于身故保险金则根据合同中的身故责任进行计算；如果属于伤残保险金则根据伤残程度及鉴定结果，按规定比例计算；对于医疗保险金则根据客户支出的医疗费用及保险合同的赔偿规定等进行计算。对于属于拒付的案件，理算人员应作拒付确认，并记录拒付处理意见及原因。对于保险合同由此终止的，应在处理意见中注明，按条款约定计算应退还保费或现金价值以及补扣款项及金额；对于保险合同继续有效的，应在处理意见中注明，将保险合同置为继续有效状态。对于应豁免保费的案件，理算人员应作豁免保费确认，同时将合同置于豁免保险费状态。理算结果直接涉及客户的经济利益，因此必须保证给付保险金额计算的准确无误。理算中若涉及补扣款的项目，须一并计算。可能涉及的扣款项目包括：在宽限期内出险，应扣除欠交保险费，客户有借款及应收利息，应扣除借款及利息，有预付赔款，应将预付赔款金额扣除，以及其他扣除的项目。可能涉及的退款项目包括预交保险费，未领取满期保险金，未领取红利、利差等。

(6)复核和审批。复核是理赔业务处理中的一个关键环节，起控制和把关的作用。通过复核，保险人能够发现业务处理过程中的疏忽和错误，并及时予以纠正；同时复核对理赔人员也具有监督和约束的作用，防止理赔人员个人因素对理赔结果的影响，保证理赔处理的客观性和公正性，也是理赔部门内部风险防范的一个重要环节。复核的内容及要点包括：出险人的确认；保险期间的确认；出险事故原因及性质的确认；保险责任的确认；证明材料完整性与有效性的确认；理赔计算准确性与完整性的确认。根据案件的性质、给付金额、理赔权限以及审批制度，已复核的案件要逐级呈报有相应审批权限的主管进行审批，对于一些重大、特殊、疑难案件，需成立赔案审查委员会集体对案件进行审理，根据审批结果，进行相应的处理。批复需要重新理算的案件，应退回理算人员重新理算；批复需进一步调查的案件，应通知调查人员继续调查；批复同意结案的案件，则转入结案处理环节。

(7)结案并归档。第一，结案。结案人员根据理赔案件呈批的结果，缮制“给(拒)付通知书”或“豁免保险通知书”，并寄送索赔申请人。拒付案件应注明拒付理由及保险合同效力终止的原因，如有退还款项，应同时在通知书中予以反映，并注明金额及领款人，提示前来领款。给付案件应注明给付金额、受益人姓名，提示受益人凭相关证件前来办理领款手续。领款人凭“给(拒)付通知书”和相关证件办理领款手续，保险公司应对领款人的身份进行确认，以保证保险金正确支付给合同规定的受益人。领款人可能通过现金、现金支票、银行转账或其他允许的方式领取应得款项。同时，结案人员根据保险合同效力是否终止，修改保险合同的状态，并做结案标志。第二，归档。结案人员将已结案的理赔案件的所有材料按规定的顺序排放和装订，并按业务档案管理的要求进行归档管理，以便将来查阅和使用。

第三节 人身意外伤害保险的承保与理赔

一、人身意外伤害保险的核保内容

根据2002年10月28日第九届全国人民代表大会常务委员会第三十次会议《关于修改〈中华人民共和国保险法〉的决定》，同一保险人不得同时兼营财产保险业务和人身保险业务，但是经营财产保险业务的保险公司经保险监督管理机构核定，可以经营短期健康保险业务和意外伤害保险业务。人身意外伤害保险是以被保险人因遭受意外伤害事故造成死亡或残废为保险事故的保险业务，在保险期限内因发生意外事故致使被保险人死亡或伤残的，保险人按照保险合同的规定给付保险金。在人身意外伤害保险的核保中，保险人主要考虑以下九个方面。

（一）投保单

(1)被保险人签字。每笔业务均须由投保人填写投保单并经被保险人签字或投保团体盖章。对撕单式保单，投保人不需填写投保单，但具名投保的撕单式保单，被保险人应在保险凭证上签字。

(2)投保单要素。投保单是保险合同的一部分，包括投保人姓名或名称、被保险人姓名、职业、职位、被保险人人数、险种名称、每人保险金额及总保险金额、受益人及受益人与投保人、被保险人的关系等。

（二）投保人、被保险人与受益人

投保人对被保险人必须具有保险利益，投保人可以是被保险人本人或其配偶、子女、父母，或是与投保人有抚养、扶养、赡养关系的其他近亲属；投保人可为被保险人的所在单位，也可为与被保险人有经济利益关系的其他人，如债权人对债务人，某一合伙人对其他合伙人的投保等。投保人在为被保险人投保时，须取得被保险人的书面同意。受益人指的是身故受益人，保险人不应接受身故受益人之外的其他给付的受益人，以避免道德风险。受益人可由投保人或被保险人指定，但投保人指定或变更受益人时，须经被保险人书面同意。

（三）被保险人的职业分类

意外伤害保险一般根据被保险人所从事职业的不同，分为若干个保费标准，考察被保险人所从事的具体工作性质，目的主要是了解被保险人工作的危险性，以评判其职业危险。这一点无论是团体业务还是个人业务，均要认真地作为重点对待。职业危险选择的内容，主要包括对危险职业者的识别和对危险职业的评价。危险职业者是指其意外伤害事故发生率明显高于普通人。在承保前，对投保人的职业危险程度、性质、种类以及工作内容、环境、劳保制度应做深入、仔细的调查，并详细记录。这就要求核保人员除具备比较扎实的保险专业知识外，还必须掌握一定的医学知识和危险选择方面的理论与方法，同时也需掌握历年危险职业事故发生率等情报与资料，这是一个成熟的核保人员所必须具备的基本条件。职业危险等级与保险费率的关系见表15-4。同时，还需要考虑被保险人的出差几率大小，出差范围，是限于国内、省内、市内，还是范围遍及世界各地，出差通常采

用的出行方式；被保险人从事该工作的收入情况，在工作单位的职位高低；被保险人工作区域的治安状况等。

表 15-4　职业危险等级与保险费率

序号	工种	保险费率/%
1	机关团体、事业单位(包括行政编制的汽车司机和其他人员)、一般工商企业单位的人员	2
2	建筑、冶炼、勘探、航海、伐木、搬运、装卸、筑路、地面采矿、汽车驾驶、高空作业等行业人员	4
3	地下采矿、海上钻探、海上打捞、海上捕鱼、航空执勤等行业人员	7

资料来源：沈其惠．实用保险医学．海口：三环出版社，1990

(四)被保险人的其他个人事项

如承保的是个人业务，除考虑上述主要因素外，还须考虑被保险人的年龄、健康状况、个人喜好、性格品质、家庭状况、被保险人生活区域的治安情况等因素，以及有无投保过其他同类保险、保险额度、期限、有无赔付记录等信息。此部分内容难以量化操作，但对高保额投保者必须仔细询问，作为控制风险的参考因素。

(五)投保团体的风险识别

团体业务，应重点分析投保团体本身的风险程度，重点包括：一是经营管理水平。投保人的经营管理水平如何，生产或经营的自动化程度高低。二是安全防范措施。投保人对工伤事故或重大险情，有无应急措施，投保单位过去三年的工伤事故发生及索赔情况。投保人如果采取了有效的安全防范措施，则职工发生工伤事故的可能性较之同行业其他单位就要低。对险情安排了良好的预警措施，一旦发生工伤事故，也会最大限度地减少损失程度。如过去频繁发生同类工伤事故，说明该企业有可能未能在安全生产方面提高警惕，事后也未能对同种隐患进行排除或对设施进行改进。三是投保单位职工平均收入水平。收入水平较高，则被保险人个人受到外来攻击的可能性就会加大，而收入水平的增高也可能会促使被保险人采取更为有力的防护外来伤害的措施。四是企业所在地的社会治安状况。

(六)风险保障范围的确定

意外伤害保险所保风险为“意外伤害”，是有约定定义和界定范围的，并非一切原因造成的意外伤害都是可保风险。下列风险即不属保单的保障范围：犯罪活动、寻衅斗殴、醉酒、吸毒、自我故意伤害等造成的被保险人意外伤害；被保险人生育意外、精神失常、艾滋病期间所发生的意外等；战争、核辐射等巨灾风险；风险集中的高风险运动或活动，如登山、滑雪、漂流、攀岩、探险等活动。前三类风险作为一般保险的除外责任，一般不可特约扩展；而第四类风险经过特别约定并加收保费后经过特别核保也可以承保。

(七)承保条件

(1)主条款。投保人所要求的主条款必须是获准开办的主险条款。根据各个条款保险责任规定的不同，目前国内人身意外伤害保险的主要保险责任是意外死亡保险金给付、意外伤残保险金给付、意外医疗费给付。

(2)附加条款。保险公司在办理意外险时为了满足不同的需要，往往在主险的基础上增加附加险，扩大保障范围。扩展附加险承保应注意，附加险必须在投保主险的基础上方能投保。附加险的效力优于主险的效力，附加险没有规定的，以主险规定为准。

(3)保险金额。审核被保险人所要求的保险金额是否合理，与其收入水平、所供养或赡养人的生活需要等是否相适应，有无超过条款规定的最高限额等。对个人被保险人的保险金额超过保险人规定的限额情况的，需重点调查其收入情况，必要时还需提供收入证明等资料。另外，对含意外医疗给付责任的险种，医疗保险金额不应高于意外伤害保险金额，考察每张保单的保险金额时，应将主险保额与附加险保额合并计算。

(4)免赔额。意外伤害保险免赔额的规定一般是针对意外伤害医疗部分的，保险人对一次事故中 100 元以内的费用不承担给付责任，对于一次事故中 100 元以上部分的费用，按 80%的比例在保险金额内予以补偿。

(5)保险费率。意外伤害保险的费率规定基本上是以被保险人的职业分类来确定的，从危险较低的行业到危险较高的行业，费率依次上升。但这个基本费率，还要根据其他风险因素来调整，如被保险人的健康情况、嗜好等。

(八)过去损失记录

对于投保过类似保险的投保团体或被保险人，需要查看其过去 3～5 年的保险给付记录，了解被保险人发生保险事故的次数、保险金给付的额度；对未购买任何保险的投保团体或被保险人，也要了解其过去的事故发生次数、事故原因、损失金额。其目的主要是判断被保险人的风险状况，并可据此决定是否承保以及确定保险费率及免赔额。

(九)投保前已拥有的其他人身意外伤害保险单

需要了解被保险人目前拥有的其他人身意外伤害保险保单，审查其他保单与计划投保的保单的总保险金额与投保人的收入、经济背景等是否相匹配，以防范过量投保的道德风险。

二、人身意外伤害保险理赔

人身意外伤害保险的理赔流程基本上与财产险类业务的理赔流程相同，分为报案、立案、调查、理算及理赔五个步骤。尽管人身意外伤害保险在保险期限、经营特点等方面与财产险业务比较相似，但在理赔的具体处理上差异较大。

(一)人身意外伤害险理赔资料的审阅

根据赔案所涉及身故、残疾、医疗费用等保险责任的不同，案卷所需的理赔单证也有差异，需审核理赔单证是否齐全，以及该单证的真实性。

(1)被保险人身故的单证审阅。被保险人身故，赔案中需含有如下单证：理赔申请书(保险金给付申请书)；保险合同和最近一次保险费的缴费凭证(如无缴费凭证以公司记录为准)；意外伤害事故有效证明材料，包括公司指定或认可的公立医疗机构出具的意外伤害死亡原因证明，如果是交通事故，应有交通部门出具的“道路交通事故责任认定书”，工伤死亡应有劳动部门出具的工伤死亡事故处理证明，刑事案件应有公安刑侦部门出具的案情证明等，公安、司法部门出具的户籍注销证明或尸体检验报告以及殡葬部门出具的火化证明，对于一些不能出具以上证明的案件，在及时、充分调查的基础上，可参考出险人所在单位或居委会出具的有关证明文件；受益人的身份证和户籍证明，如委托他人时应出具“理赔委托书”；受益人与被保险人的关系证明；被保险人身份证明；保险公司认为必要的其他文件。

(2)被保险人残疾的单证审阅。被保险人残疾的，赔案中需含有如下单证：理赔申请书；保险合同及最近一次保险费的缴费凭证；被保险人户籍证明与身份证件；公安部门出具的意外伤害事故证明；保险公司指定或认可的医疗机构出具的被保险人身体残疾程度鉴定书；保险公司认为必要的其他文件。

(3)被保险人发生意外事故治疗的单证审阅。被保险人发生意外事故治疗的，赔案中需含有如下单证：理赔申请书；保险合同及最后一次保险费的缴费凭证；保险公司指定的或认可的医疗机构所出具的门诊病历、出院小结、疾病诊断证明、医疗费收据及明细结账清单原件、转院证明；被保险人的户籍证明或身份证件；发生意外事故的证明材料，如由劳动部门出具的工伤事故鉴定书、由公安部门出具的道路交通事故责任认定书或刑事案件证明书、由卫生防疫部门出具的中毒事故证明材料等；保险公司认为必要的其他文件。

（二）索赔人与受益人、被保险人等关系人的身份与关系的确认

(1)关于报案人身份的审核。审核内容包括报案人的姓名、联系方式、是否是本保险单的投保人、被保险人或受益人，若均不是，则需要明确其与上述主体的关系。投保人、被保险人或受益人均有及时报案的义务，对未在事故发生之日起5日内报案的，须核定原因，对非故意的，也非不可抗力造成的，则保险公司仍须承担赔偿责任，但对于延迟报案导致增加的勘查、检验费，应由被保险人或受益人承担。

(2)对受害人身份的审核。审核伤者或受害人是否为本保险单规定的被保险人，有无相应的身份证明。

(3)对索赔申请人的审核。审核索赔申请人是否为被保险人或受益人，残疾责任保险金或医疗费用的索赔人，应为被保险人本人；身故责任保险金索赔人，应为保单规定的受益人，如为法定受益人，须取得该受益人与死者关系证明书。对索赔申请人不是被保险人或受益人的，须查明该人与被保险人及受益人的关系、索赔动机，并须取得被保险人或受益人的书面索赔委托书。

(4)对赔款支付对象身份的审核。残疾责任或医疗费用的保险金受领人，须为被保险人本人。身故责任保险金受领人，须为保单规定的受益人或法定受益人。对非本人领取赔款的，须持被保险人或受益人的书面授权书及身份证明领款。

（三）保险责任的确定

(1)确认保单及条款。审核被保险人所持有的保单，确认所使用的条款及其内容，确认本保单的保障范围及除外责任以及保险期限及索赔期限的规定。

(2)对出险时间的审核。审核意外事故的发生是否在保险期限内，保险单是否有效。

(3)对身故或残疾判定时间及意外伤害医疗费支出期限的审核。死者的死亡鉴定时间或伤者的残疾判定时间是否是在意外事故发生后180天内，对治疗尚未结束的，如果需要得到残疾保险金，必须在意外伤害发生后的第180天到保险人认可的医疗机构进行伤残鉴定。对意外伤害医疗费部分，保险期限届满时治疗仍未结束的，保险公司所承担的赔偿期

限最长到意外事故发生之日起第 180 天为止。

(4)对造成伤者(死者)受伤(死亡)的事件的审核。审核该意外事件是否属保险公司意外伤害保险所承保的外来的、突发的、明显的、非故意的意外事故；是否可排除投保人或受益人故意伤害被保险人的嫌疑；是否可排除被保险人自杀或自伤的因素等。

(四)赔偿金额的确定

(1)给付项目。根据目前人身意外伤害险各险种的保障范围，给付项目主要有意外身故保险金给付、意外伤残保险金给付、意外伤害医疗费给付。

(2)保险金额。对身故、伤残保险金以及意外伤害医疗费的给付额度，以保单规定的各自的保险金额为限；对伤残保险金及医疗费的给付，要审核同一被保险人在保险期限内是否已有过赔付记录，累计的给付金额不能超出保单规定的保险金额；对残疾保险金的给付，要审核残疾鉴定结果是否有夸大残疾程度的嫌疑；对因意外事故遭受伤害而发生医疗费用的，需审核受伤情况所采取的治疗方案是否得当，有无滥用贵重药物的现象，医疗费的支出是否合理。

(3)免赔额。对给付医疗费的赔案，应扣除相应的免赔额。

第四节　健康保险的承保与理赔

一、健康保险的承保程序

健康保险承保是保险人对愿意购买健康保险的单位或个人所提出的投保申请进行审核，做出是否同意接受和如何接受的决定过程。健康保险的承保程序主要有以下 9 个步骤：①熟悉健康保险的常用条款和相关限制。②填写投保书并缴纳首期保费。③确认健康保险投保提示。为规范人身保险提示工作，推行人身保险投保提示制度，保护投保人合法权益，提升行业服务水平，从 2009 年 10 月 1 日起，各寿险公司和健康险公司按照中国保监会的要求，向客户提示风险，并要求客户亲笔签名。④业务员填写报告书。业务员要亲笔、完整、及时地填写“业务员报告书”。⑤核保。⑥出单。出单即按规定打印保险单证等，业务内勤人员根据符合条件的投保单，缮制保险单正副本两份，用双面复写纸套写，内容应与投保单一致。签发的保险单要项目完整，字迹清楚，不能任意涂改，差错的地方要按规定纠正。⑦归档。业务员需要把保险单副本及有关单证，按顺序号装订成册归档，装订要求及保存期限应按总公司档案要求办理，凡超过保存期的，可作销毁处理。⑧保单的保全变更。由投保人或被保险人提出书面申请交保险公司审核后，填写批单一式两份，批单原则上由业务内勤签妥，经复核盖章后进行清分，一联送保户粘贴在保单正本上，一联通过单证流转后粘贴在保单副本上并加盖骑缝章，粘贴时注意核对户名、保险单号，防止串户。⑨保单续费或解除。投保人要求续保，可根据健康险保证续保条款的内容，由投保人提出申请，保险公司批单处理，投保人要求退保的，投保人需要提交的资料包括保险合同、首期保险费缴费凭证、《解除保险合同申请书》(写明合同解除原因、签收合同日期)、投保人身份证明，若委托人办理，还需提供被委托人身份证明、领款方式选择、公司要求其上交的其他资料。

二、健康保险的核保

由于疾病是健康保险的主要风险，因而健康险的核保对于疾病产生的因素需要相当严格的审查。健康险核保中要特别注意使用投保手册和非标准体的评估。

(1)使用投保手册。健康险的核保要善用核保手册，一方面使核保员在核保工作时有据可依，另一方面使核保员采用相同的核保依据，在风险管理中控制风险的发生，使之符合精算师所作的死亡率预测。在使用核保手册前，核保员应首先仔细分析投保单和所获得的各种医学资料，如病历和体检报告等，判断被保险人是标准体还是非标准体。如是非标准体，则需要对每个危险因素加以评估。评估应依据实际的诊断结果，假如没有诊断结果，则可根据其症状或体征做出评估。

(2)非标准体评估。非标准体评估通常经历三个步骤：首先是确定非标准体的不健康因素，对于每个不健康因素(疾病)，可以通过目录查找；其次是查阅描述，在每种疾病下都有对该种疾病的描述或详细的评论，包括症状、治疗及预防等，使核保员能了解该种疾病，以做出专业的评估；最后是核保结论或评点，根据不健康因素对照核保手册，得出一般准则或评点，做出拒保、延期或设置除外责任等。

三、健康保险的理赔

(一)报案与受理

1. 报案

投保人、被保险人或受益人知道保险事故发生后应及时通知保险公司。《保险法》第26条规定，人寿保险以外的其他保险的被保险人或受益人，向保险人请求赔偿或给付保险金的诉讼时效是两年，自其知道或应当知道保险事故发生之日起计算。根据保险种类不同，报案的途径也不一样。一般情况下，住院医疗保险金的申请一般是通过营销人员转到公司客服部理赔受理人员处受理，然后传递给公司理赔部办理，或直接找公司客服部理赔受理人员受理，然后传递给公司理赔部办理。而申请除住院医疗保险金以外的其他各类保险金，可通过办事处或直接找到理赔部报案，保险公司提供的报案方式有电话、柜台、信件、传真及E-mail等。无论采用什么形式，报案人都应当尽可能详细描述事故经过，方便保险公司了解事故情况，以便更快地做出判断和结论；保险公司工作人员在通过报案电话大致了解事故经过后，应指导报案人如何进行索赔申请；同时，报案人也可就如何进行理赔申请，如何准备申请材料向工作人员咨询；如果报案时间延迟，报案人应尽可能告知工作人员报案延迟的原因，工作人员应就条款规定的报案时限及延迟报案对理赔可能导致的影响告知报案人；报案人应按照报案内容提供基本信息，如果信息不全者，工作人员应要求报案人及时补充。

2. 提交理赔材料

受益人按条款或协议约定的要求提交理赔材料，对符合受理要求的，保险公司予以受理。在健康险的理赔过程中，涉及约16项理赔材料：保单凭证；理赔申请书；事故者身份证明；受益人身份证明、与被保险人的关系证明；病历；出院小结；医疗费用收据原件、医疗费用结算明细表(处方)；医疗费用收据复印件；疾病诊断书；意外事故证明；死亡证明书；法医鉴定书或医院鉴定诊断书；户口注销证明；丧葬、火化证明；法院出具的宣告死亡证明；存折首页复印件等。其中，有些材料是各个理赔项目均需提供的，如保单凭证理赔申请书等，大部分的理赔材料则不相同。

3. 立案

对于理赔申请人的索赔申请，如果符合立案条件且申请文件齐全的，保险公司理赔人员应在24小时内完成立案处理，进入"立案初审"环节；对于在提交申请文件前未进行报案的视为申请同时报案。决定立案后，理赔人员应整理申请文件，归纳为理赔案卷，在"索赔申请书"上填写立案日期及签章后转呈相关主管人员进行赔案审理工作。但是，以下两种属于立案中的特殊情形，需要引起注意。

(1)延迟立案。对于符合立案条件但申请文件尚未齐全者应尽快与申请人联系，告知所欠缺文件的名称，并在"理赔流转单"上进行登记。待申请人提交相应文件后在24小时内完成立案确认处理。如申请人在被告知后60天内仍不能提供相应文件，则保险公司可做不予立案、单证退还处理，填写"理赔不予立案通知书"，并告知申请人原因。

(2)不予立案。有下列情形者不予立案：出险人并非保单上被保险人；事故的发生不在保险期间内；索赔申请超过保险法规定的时效；申请人资格审查不合格；证明材料不齐全且在规定的期限内仍无法补全的。不予立案的，由理赔人员制作《理赔不予立案通知书》，将处理决定和理由书面通知权利人，同时必须对申请人提交的重要原始文件复印留底后作退还处理。

（二）理赔审核和理赔调查

1. 理赔审查对象和内容

(1)医疗保险是一种损失补偿性质的保险，除了定额医疗保险外，在一人投保多种、多份医疗保险后，发生给付时，可以分别计算，但合计赔付金额应在保险金额之内，而且不能超过实际医疗费用。为此，索赔时必须提供医疗费用原始票据；只有当被保险人的医疗费用已经由社会保险、公费医疗等承担了一部分，保险公司差额承担时，才接受医疗费用票据复印件，但必须查验原件。

(2)保险条款约定了观察期的，保险责任在观察期结束后才开始。

(3)对于保险金给付申请书，重点审核医生诊断的病名、初诊日期、就诊医院及其地址电话、自费、社保等就诊身份；意外伤害事故详情；有关部门的鉴定或意见。

(4)受益人应为被保险人本人，未经被保险人同意，不得受理投保人的指定或变更。

(5)投保人或被保险人为医生时，不得为被保险人出具诊断书或类似证明。

(6)医院是指依照卫生管理法规领取有效执照的医疗机构，不包括专供休养、戒毒、护理、养老等非以直接诊治病人为目的的机构。

(7)根据免责条款，对被保险人故意行为、犯罪行为、吸毒或使用麻醉药物导致的疾病或伤害治疗费用，不承担保险责任。

(8)防止被保险人装病逃避工作骗取医疗费用给付。

(9)重点注意以下可疑迹象：被保险人对工作职位、收入、雇主、工作经历不如实告知，或者受雇记录不清楚、不连贯；每日医疗给付金额与被保险人财务状况不相称；被保险人家族成员理赔频率过高；住院天数过长、医疗措施过于昂贵且并不必须；索赔申请时事故原因不明，医生只能根据被保险人自述或其他主观的信息做出诊断，特别是在失能原因认定上；以国外住院治疗的单据申请理赔；保单生效后不久即发生保险事故，或者在保单届满时以及当年度末申请理赔；索赔原因难于检查，如腰痛、头痛等；失能保险中被保险人已经被认定丧失工作能力，但仍在工作；申请文件涂改、伪造或更改已被拒赔的资料再次索赔。

2. 需要进行调查的情形

对于事实简单清楚、申请材料齐全的保险事故，经过理赔人员的审核后，即可按照保险合同条款的理算规则计算出应付保险金额而结案，并通知客户领款。但是对于事实经过复杂，且申请材料不完备者或者事故存在疑点，保险公司还需要对相关事实进行调查核实后，才能做出理赔结论。

（三）理赔给付

(1)理算。理算是理赔经办人员在核定保险责任的基础上对于应承担保险责任的案件计算保险金给付金额的行为与过程。理算有着一定的规则和程序，不同的险种理算规则也是不同的，具体的理算规则规定在保险合同条款中，最终的给付保险金额依照理算规则得出。

(2)结案。结案是保险公司核赔人员审核审批的案件理赔的行为，结案时形成最终理赔结论，并告知客户，尽量使客户得到满意的结果。根据《保险法》的规定，除保险合同对保险金额及赔偿或给付期限有约定的以外，对属于保险责任范围内的部分，保险人在与被保险人或受益人达成有关赔偿或者给付保险金额的协议后10日内，履行赔偿或者给付保险金义务。对不属于保险责任的，应当向被保险人或受益人发出拒绝赔偿或拒绝给付保险金通知书。同时保险公司结案后，应电话通知索赔申请人到保险公司办理结案手续，工作人员首次电话通知后一周内会不定期电话催告申请人办理结案事宜，不定期电话催告次数不少于三次。

(3)通知领款。索赔申请人依据保险公司的要求办理完相关结案手续后，结案结论为给付保险金的，保险公司会通知申请人前来领款，整个理赔流程结束。

第五节　团体人身保险业务操作

一、团体人身保险的含义与特点

（一）团体人身保险的含义

理解团体的含义是掌握团体保险的基础。团体人身保险所承保的“团体”，必须是已经存在的、有特定业务活动、实行独立核算的正式法人团体，不能是为了投保团体保险而临时组成的团体。团体人身保险又称团体保险，是指保险公司用一份保险合同为团体内众多成员提供保险保障的人身保险业务。在团体人身保险中，符合条件的“团体”为投保人，团体内成员为被保险人，保险公司签发一张总保单给投保人。团体人身保险主要承担死亡、疾病、伤残以及养老等保险责任。团体人身保险不是一个具体的保险险种，而是保险业务的一种承保方式，它是用一份合同向一个团体的大部分成员提供人身保险保障。保险人只与团体人身保单投保人发生合同关系，而不与团体内部个人发生合同关系。保险人向投保人收取保险费，发生保险事故时，保险金由投保人领取，然后转交给被保险人本人或其指定受益人。

（二）团体人身保险的特点

团体保险中投保人和被保险人的特殊性，使其产生了一些有别于个人保险的特点。

1. 风险选择的特殊性

团体保险最重要的特点之一，就是用对团体的风险选择来取代对个人的风险选择。团体保险投保过程中无需提供团体中个人的可保证明，保险人只需对整个团体的可保性做出判断，即用团体核保来替代个人核保。保险人在对团体进行风险选择的过程中，一般需要依据对投保团体的“具体要求”。一般来讲，团体保险承保的风险比较稳定，其主要原因包括三点：①“团体”的风险分散。团体规模一般较大，自然产生风险分散的效果。②团体保险合同续订调整。团体保险中风险程度高，保险保障要求高的人身保险产品大多数是以短期保险形式出现的，在保险期结束后，投保人和保险人往往会根据过去的赔付记录等来重新订立保险合同，并调整费率。③团体保险的退保率低、退保风险小。

2. 保险计划的灵活性

与普通个人保险的保单不同，团体保单并非必须是事先印就且不可更改的，较大规模的团体投保，投保单位可以就保单条款设计和保险内容确定与保险公司进行协商。当然，团体保单也应遵循一定的格式和包括一些特定的标准条款，但与个人保险合同比较，其具有更大的灵活性。团体保险计划作为整个雇员福利项目的一部分，在绝大多数情况下，保险合同充分体现投保团体的具体要求。对于投保团体的特殊要求，只要不造成管理手续复杂化，不引起严重的逆选择，不违反法律法规，保险人都会给予充分的考虑并在合同中加以体现。在量身定制团体保险单过程中，其流程一般要经过两个阶段：一是计划设计阶段；二是承保阶段。团体保险计划的灵活性充分表现在第一阶段，投保人在这一阶段可以就保险合同条款设计和保险合同内容确定同保险人进行协商。在经过团体保险部门审核后，保险合同最终得以确定，以最大限度地满足不同团体投保人的要求。当然，团体保险合同也要按照规定的格式，使用一些特定条款。

3. 经营成本的低廉性

对于保险人而言，团体保险的经营成本会低于个人保险。其主要原因有四个方面：

(1)单证印制和单证管理成本降低。团体保险采取一张保单承保一个群体的做法，节省了大量的单证印制成本和单证管理费用，简化了承保、收费等手续，产生了规模效应。

(2)手续费(佣金)所占的比例较低。团体保险的手续费占总保险费收入的比率较个人保险的比率要低。而且，许多大型的团体投保人常常直接与保险人洽谈，节省了佣金支出。

(3)核保成本降低。由于团体中参加保险的人员比例较高，逆选择风险较小，体检和其他一些核保要求可以予以免除，节约了保险公司的体检费用等。

(4)采用经验费率法，其年度费率调整比较灵活。

4. 保险服务的专业性

团体保险的投保人是团体，他们具备很强的谈判能力且对保险保障要求、服务要求都比个人保险中的投保人高。因此，在竞争激烈的团体保险市场中，保险人要获得更多客户资源，就必须要求从业人员具有相关的社保、法律、财税、医疗、金融和管理等方面的知识，具有前瞻性、创造性的思维优势。团体保险的专业服务人员应成为投保团体的福利保险顾问，能够从保障、福利、法律和财税等方面向投保团体提出合理的保险建议，为投保团体提供设计科学的、专业水准较高的员工福利保险计划。

5. 保费分担方式的多样化

团体保险保费可以由不同分担方分担：由雇主负担全部保费；由雇主和雇员共同承担保费；由雇员单独负担保费。对于不同保费分担方式，其受到的投保限制也有所不同。例如，某保险公司为防止逆选择规定：若保费是雇主和雇员双方承担的，则参加保险的比例不得低于全部合格员工的75%；若保费全部由雇主负担，则全部职工必须100%参保。

二、团体人身保险的类别

(1)团体人寿保险。团体人寿保险又称团体寿险，它是以团体方式投保的定期或终身死亡保险。团体寿险分为两类，一类是团体定期寿险，另一类是团体终身寿险。雇主通过给雇员投保团体寿险，不仅解决雇员因意外死亡给家庭带来的经济困难，也部分地解决了依法要由雇主承担的经济责任，更为重要的是通过团体寿险为那些无法获得个人寿险保障的被保险人的老年生活提供了经济保障，因此在发达国家，团体寿险是雇员福利计划的一种最主要的形式。

(2)团体年金保险。团体年金包括传统型团体年金与创新型团体年金两类。传统型的团体年金，主要满足简单的养老保险需求，团体延期年金、预存管理年金和即期参与保证年金都属于固定投资收益型的传统团体年金；创新型的团体年金有分红型团体年金、变额型团体年金和万能型团体年金。

(3)团体人身意外伤害保险。团体人身意外伤害保险是以团体方式投保的人身意外伤害保险，其保险责任、给付方式与个人人身意外伤害保险相同，只是团体人身意外伤害保险与个人人身意外伤害保险在保单效力上有所区别。在团体人身意外伤害保险中，被保险人一旦脱离投保的团体，保单效力对该被保险人自其脱离该单位之日起即行终止，但对其他被保险人仍然有效。投保团体可以为该被保险人办理退保手续。保险实务中，如果在保险期间，未发生理赔给付的被保险人离职，投保人可以申请与新加入员工进行更换，无须办理退保和投保手续，也无须增减保费。

(4)团体健康保险。团体健康保险具有手续简便、费率低、提供的保障项目和范围广泛等特点，在美国和加拿大，大多数由商业保险公司签发的健康保险都是团体健康保险。团体健康保险承保的保险责任有两大类：一是由于疾病或意外伤害所支出的医疗费用；二是由于疾病或意外伤害丧失工作能力所致的收入损失。团体健康保险的主要险种有团体医疗保险、团体牙科费用保险、团体残疾收入保险。

三、团体人身保险的限制性规定

团体保险一般不需体检或提供其他可保证明就可以承保，但这并不意味团体保险承保时不进行风险选择和风险控制，只是其风险选择和控制的方法与个人保险不同。为了保证团体保险的承保质量，防止逆选择的产生，保险公司通常对团体保险做出了以下的限制性规定。

(1)投保团体资格的限制。投保团体必须是正式的法人团体，有其特定的业务活动，并能独立承担民事责任，团体资格的限制使得那些为了保险目的而临时集结在一起的团体不可能获得保险保障。有资格购买团体保险的团体通常有机关团体企事业单位，其中企业包括国有企业、集体企业、民营企业、中外合资企业、中外合作企业、外商独资企业，团体包括工会团体、协会团体、信用团体。

(2)被保险人资格的限制。团体保险的被保险人必须是能正常工作的团体在职人员，退休人员、长期因病全休及半休人员、兼职人员、返聘人员等均不能成为团体保险的被保险人。对被保险人资格规定的主要原因：一是能正常工作就是一种健康证明，虽然在正常工作的在职人员，有的人体质较好，有的人体质较差，但从总体上讲，采用团体投保方式，可以消除逆选择的影响，保证承保对象总体上达到平均健康水平；二是老职工退休，新职工加入，新老职工的正常交替，使大多数团体的平均年龄趋于稳定，从而保证死亡率和疾病发生率的稳定。

(3)投保人数的限制。团体保险对团体投保人数的限制包括两个方面：一是对投保团体绝对数的限制。在早期经营团体保险时，对投保人数的要求是不少于100人，随着保险公司承保技术和风险管理技术的提高以及团体保险市场竞争的加剧，对投保人数的要求逐渐降低。各个保险公司对投保人数的限定有所不同，一般地，团体保险投保人数与所在行业的危险程度有关。对一、二、三类行业，团体投保的最低投保人数为8人，如投保团体总人数不足8人，须全员投保，3人以下团体不能投保团体保险，四类及四类以上行业的团体投保，最低投保人数须达到20人。若保险条款的承保对象中包括连带被保险人，则符合条件的连带被保险人必须全员参加。二是对投保团体相对数的限制，投保团体全额负担保险费时，要求团体所有符合投保条件的在职员工都必须参加，被保险人自负部分保险费时，投保人数比例不得低于75%。若保险条款的承保对象中包括连带被保险人，则符合条件的连带被保险人的参保比例需要达到连带被保险人总数的60%以上。

(4)保险金额的限制。为了防止逆选择，团体保险的被保险人不能自行选择保险金额。团体保险中保额的确定方法有三种：一是团体所有的被保险人，不论年龄大小，采用统一保额；二是按照被保险人的工资水平的约定倍数确定每一个被保险人的保额；三是根据被保险人的职务级别分别确定保险金额。在团体保险中为了防止保额不成比例地集中在少数人身上，团体保险中最高保额与平均保额之间要有一个合理的平衡，通常最高保额不能超过平均保额的10倍。在保险实务中，究竟根据哪种规定来计算保险金额，在签订保险协议时，由投保团体与保险人具体协商决定。但是一旦保单签发，投保团体和被保险人均无权增减保险金额。

四、团体人身保险的展业

由于团体保险有其自身的特点，所以保险公司都会配备专业的团险业务员，而且与个险销售员采用的委托代理关系的管理制度不同，团队销售队伍采用的是员工制管理。团体保险流程如图15-3所示。

(一)团体协作展业

团险销售展业公关层面高、难度大，销售人员需要具备相当广度与深度的知识技能。

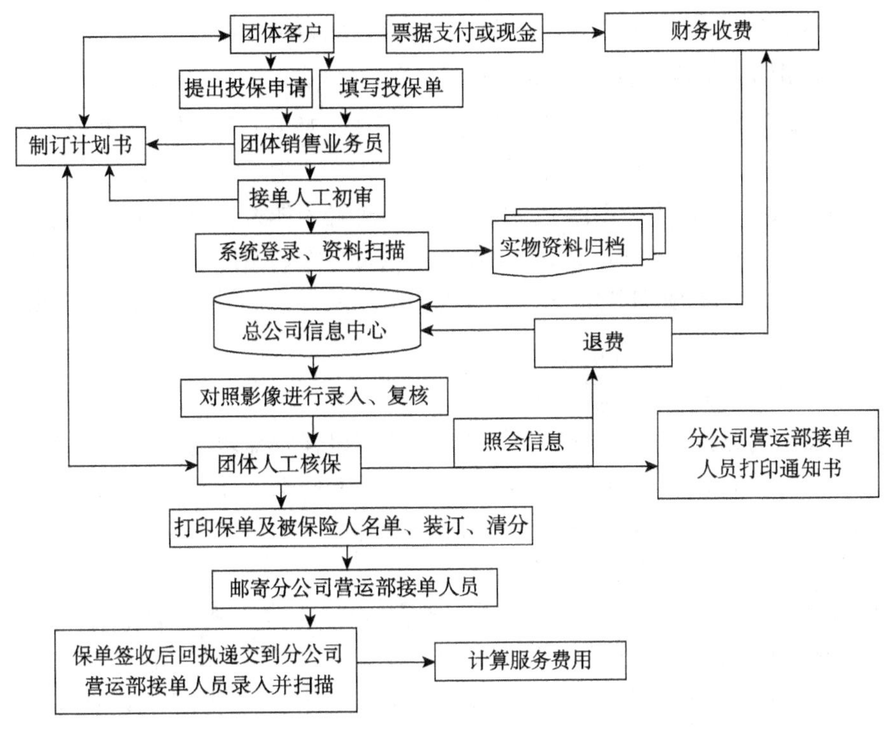

图 15-3 团体保险流程图

其中涉及许多精深的专业知识，涉及统计、精算、财务、税务、管理、心理等多个学科，有时需要公司内外专业人士组成项目组来完成。

（二）准客户展业

(1)获取准客户重要信息。在团体保险中，被保险人名单是保险合同的一个重要组成部分，是投保人必须提供的合同文件，团体保险签单成功后，被保险人名单还可以成为保险市场渗透的参考导引。

(2)重点对象展业。每一营销区域均有一两个对当地经济发展具有重要作用的支柱性企业，如单位福利好、职工收入高的企业。与此类企业成功签约，也就标志着占据了当地中高端市场的桥头堡，初步奠定了代理人及其团队在当地寿险市场的领导地位，提升了公司和业务员的市场分割能力，这是定位于个体客户市场的业务员所难以企及的。

(3)展业宣传多样化。公司应充分发挥团队的力量，利用公司品牌，达到销售目的。如学生平安保险是团险的重要业务，为占领这块阵地，公司应彻底转变传统的展业观念和模式，针对新的变化发动强大的宣传攻势，通过广播、电视、报纸、网站等媒体和在学校及乡村张贴学生保险宣传画，在每学期的开学前，印制若干份“致学生家长一封信”，送到每一位学生家长手中。

（三）优质服务展业

要做好团险销售工作，重要的是要树立公司品牌，做到讲信誉、守信用、不食言。在更新服务手段上，恪守“信、诚、爱”三字经，客观宣传，公开承诺，兑现理赔，阳光操作，提前支付，全力打造诚实守信的企业品牌形象，以赢得市场。

五、设计团体人身保险保险方案

团体人身保险计划书，是由基层展业人员根据展业对象的具体情况和需求，将几种保险产品组合在一起，并汇入公司介绍和服务承诺等内容，为准客户量身定做的保险宣传材料，也称"团体保险计划书"或"团体保险建议书"。这种团体人身保险方案在做设计时，既可以包括长险，也可以包括短险，如可以用团体人寿保险、团体年金保险等作为主险，团体人身意外伤害保险作为附加险，这样组合起来的保险方案，保险金额可以自由选择，但一般都有一个最低要求。

（一）团体保险方案设计应遵循的原则

(1)满足需求的原则。每一团体保险方案，都应以保险需求为中心，想客户之所想，急客户之所急。例如，客户想要一个以年金保险为中心的保障计划，那么在险种挑选与组合时就要选取几种年金保险作为中心，其他短险为辅助，如果客户暂不需要短险，营销人员也应尊重客户的选择，不能随便搭售。

(2)因地制宜原则。每个客户情况不同，要求不同，团体保障计划要针对客户的具体情况进行分析，提出商品组合建议。这要求事先做好调研工作，保障计划要量身定做，不能千篇一律。对于第一次投保的新客户，团体保险方案计划书不仅应该内容丰富，还应该包装精美，表示对客户的尊敬和重视，对于续保的老客户，保险保障计划书应当简明扼要，便于协商和操作。

(3)多方效益原则。制订保险保障计划时应遵守投保规则，要符合风险分散原理，杜绝逆选择情况，争取以较少的投入，使保险人获得较大经济效益和社会效益。

（二）团体人身保险方案设计的方法

1. 了解团体人身保险方案设计的构成要素

团体人身保险方案包括以下几个方面：

(1)保险方案的标题。根据所设计的保险销售方案的风险保障侧重点，拟定一个贴切、吉祥、富有创意的方案名称，给客户以亲切感，不致产生厌恶情绪，如《××公司高额无忧团体医疗保险计划》、《××公司千年福利社会统筹补充医疗保险计划》等。

(2)寿险公司简介。业务员需要对所推荐险种的公司进行必要的介绍，主要包括：该寿险公司成立的时间、地点、公司性质和注册资本金数量；简要介绍该寿险公司的发展历程、发展思路、业务规模、信誉等级；该寿险公司的售后服务情况。

(3)团体风险状况分析。其主要包括该团体所面临的各类人身风险、该团体现有的保障、该团体支付能力分析等。

(4)投保方案。投保方案是一份团体保险方案的核心，它的质量好坏对最后合同的签订有着决定性作用。为了尽可能满足客户需要，一般设计两份投保方案供展业对象选择。

(5)投保注意事项。其包括签订合同的流程和应准备的资料、文件；投保团体因在职人员增减变动应履行的手续；若中途解除合同所需办理的手续和投保团体可能遭受的损失；索赔时应准备的证件和证明资料，应填写的单证。

2. 掌握团体保险方案的设计方法

(1)险种组合。一份好的保险方案所提供的保险保障通常是全方位、多角度的，业务员应根据投保团体的具体风险状况，将多个险种的保险责任进行合理组合，以满足客户的实际需要，险种组合可以是主险也可以是附加险。

(2)同业比较。随着市场竞争的激烈，一个准投保团体往往会接触多个不同的寿险公司的推销人员，若要使本公司的投保方案脱颖而出，就必须找到所推荐条款的优势，作同业相似险种的比较，突出特色，对不足之处应明确说明，以显示诚意。

(3)举例。为了使客户更直观快捷地理解计划书的内容，可以举例来说明，举例时可借助图标或曲线图来加强表达的力度。

补充学习资料

已经患病未作说明导致理赔失败

被保险人黄某，男，45 岁，为自己投保重大疾病保险 10 万元及住院医疗津贴保险三档，健康告知事项正常。5 个月后，被保险人因“慢性乙型肝炎”住院治疗，申请住院医疗津贴保险金。病历资料显示“既往史”有“鼻咽癌放疗”，理赔人员随即到当地肿瘤医院查看了解到：被保险人在 6 年前即患有“鼻咽低分化鳞癌”，并定期进行化疗。投保前 20 天，CT 复查显示“右侧鼻咽癌放疗后复发”。但被保险人投保时未将以上信息如实告知保险公司。理赔部门对此案做出拒赔处理，之后，理赔人员将有关资料照会核保员。核保处理：因投保人投保时故意隐瞒其患癌病情，核保员决定解除此两份保险合同。

分析与结论：

此案例是一个典型的不如实告知件。不少客户存在这样一种认识，即得大病后，如癌症等，只要治疗(如手术、化疗)后，经过几年没有复发就认为是没事了，不用告知保险公司。而在保险公司看来，这却是个很需要认真考虑的风险。因为癌症患者，其 5 年或 10 年生存率明显低于普通人群。通过该案例，我们还要注意，理赔与核保是两个联系非常紧密的部门，两者在寿险公司的风险控制中起着极其重要的作用。

复习思考题

1. 请回答人身保险的展业准备的步骤。
2. 简述人身保险计划书的含义和内容。
3. 请回答人寿保险承保的含义和承保环节。
4. 人身意外伤害保险的核保内容有哪些?
5. 健康保险的核保和理赔的具体环节有哪些?
6. 请回答团体人身保险的含义、特点和类别。
7. 请回答团体人身保险保险方案的设计原则和设计方法。

参考文献

陈兵．2010．保险公司财务管理．北京：中国财政经济出版社

陈继儒．1997．新编保险学．上海：立信会计出版社

陈云中．1992．人寿保险理论与实务．台北：三民书局

迟美华．2010．保险实务．北京：经济科学出版社

邓大松，向运华．2011．保险经营管理学(第二版)．北京：中国金融出版社

邓华丽．2009．保险实务．北京：中国财政经济出版社

董恩国，陈立辉．2008．汽车保险与理赔．北京：北京理工大学出版社

高莹，苑莹．2010．金融保险实务．北京：清华大学出版社，北京交通大学出版社

黄华明．2002．保险学．北京：中国对外经济贸易出版社

江生忠．2007．保险学理论研究．北京：中国金融出版社

兰虹．2010．财产与责任保险．成都：西南财经大学出版社

蓝松．1998．保险概论．成都：西南财经大学出版社

李旭东，李锴．2006．合同法．重庆：重庆大学出版社

刘茂山．2005．保险发展学．北京：中国金融出版社

彭雪梅．2010．保险会计学(第二版)．成都：西南财经大学出版社

蒲成毅，潘晓君．2004．保险案例评析与思考．北京：机械工业出版社

勒梅尔 J．1999．欧美保险业监管．袁卫，孟生旺译．北京：经济科学出版社

申曙光．2008．现代保险学教程(第二版)．北京：中国人民大学出版社

沈其惠．1990．实用保险医学．海口：三环出版社

粟芳，许谨良．2011．保险学(第二版)．北京：清华大学出版社

孙祁祥．2012．保险学．北京：北京大学出版社

孙蓉，兰虹．2010．保险学原理(第三版)．成都：西南财经大学出版社

陶存文．2011．人寿保险理论与实务．北京：高等教育出版社

汪祖杰．2003．现代保险学导论．北京：经济科学出版社

王斐，周伟．2001．最新人身保险核保手册．北京：中国检察出版社

王国军．2006．保险经济学．北京：北京大学出版社

王海艳．2012．保险学．北京：机械工业出版社

王绪瑾．2011．财产保险．北京：北京大学出版社

王绪瑾，汪福安，李怡，等．1999．保险学．北京：经济管理出版社

魏华林，林宝清．2006．保险学(第二版)．北京：高等教育出版社

魏丽，李朝锋．2011．保险学．大连：东北财经大学出版社

吴定富．2010．保险原理与实务．北京：中国财政经济出版社

谢家智．2008．保险学．北京：中国农业出版社

徐爱荣．2009．保险学习题与案例．上海：复旦大学出版社

徐爱荣．2010．保险学．上海：复旦大学出版社

徐昆．2010．保险理论与实务．北京：北京师范大学出版社

许飞琼．2004．财产保险案例分析．北京：中国金融出版社

许谨良．2012．保险学原理．上海：上海财经大学出版社

阎栗．1998．人寿保险核保概论．北京：中国金融出版社

杨忠海．2011. 保险学原理．北京：清华大学出版社，北京交通大学出版社
袁宗蔚．2000. 保险学——危险与保险(增订三十四版). 北京：首都经济贸易大学出版社
张洪涛，王国良．2006. 保险核保与理赔．北京：中国人民大学出版社
张洪涛，王国良．2009. 财产保险案例分析．北京：中国人民大学出版社
张洪涛，郑功成．2008. 保险学(第三版). 北京：高等教育出版社
张洪涛，庄作瑾．2004. 人身保险．北京：中国人民大学出版社
钟明．2011. 保险学(第二版). 上海：上海财经大学出版社